계정과목별
회계처리와 세무실무

공인회계사 · 세무사 김병열

한국재정경제연구소

제3판을 내면서

이 책은 그동안 본인이 공인회계사·세무사로서 기업의 세무회계에 대한 기장업무, 자문과 감사업무, 강의와 컨설팅 등을 수행하면서 정리하였던 세무회계 실무처리와 관련된 내용을 계정과목별로 정리하여 기업과 세무회계사무소의 경리담당자의 실무지침서가 되도록 집필하였다.

기업의 회계처리와 세무처리는 기업회계기준(서), 세법 등을 비롯한 다양한 법률과 규정 등을 이해하고 처리해야 함으로 기업의 경리담당자는 회계와 세무에 대한 상당한 지식을 필요로 한다. 그러나 중소기업 및 소기업 또는 대기업이라도 거래발생에 따라 계정을 분류하고 그에 따라 회계처리를 하는 것이 대부분으로 반복적인 거래에 대한 계정의 이해와 그에 따른 회계와 세무의 실무처리요령을 확실하게 배우고 익히면 경리 초보자라도 세무회계에 대하여 자신을 갖게 된다. 이 책은 이러한 관점에서 쓰여졌다.

이 책은 계정과목별 회계처리요령에 대한 많은 사례를 두어 경리와 회계 담당자가 항상 옆에 두고 필요할 때마다 찾아서 활용할 수 있도록 하였으며, 다음과 같은 내용에 중점을 두었다.

첫째, 기업에서 자주 발생하고 필요로 하는 계정과목에 대한 해설과 회계처리요령에 대하여 빠짐없이 수록하였다. 또한 손익계정에 대한 해설과 회계처리요령을 앞쪽으로 편집하여 찾아보기 쉽게 하였다.

둘째, 계정과목별 회계처리요령에 대하여 체계적으로 설명하여 경리담당자가 알기 쉽고 이해하기 쉽도록 하였다. 이를 위하여 각각의 계정과목에 대하여 해설, 적요 및 재무제표 표기방법, 증빙서류, 회계처리요령, 세무 상 유의사항 등의 순서로 설명하여 경리초보자라도 쉽게 이해할 수 있도록 하였다.

셋째, 경리담당자가 실무에 즉시 적용하여 쓸 수 있도록 사용 가능한 책이 되도록 하였다. 이를 위하여 계정과목별로 회계처리에 대한 많은 사례를 두어 당해 거래에 대한 업무처리에 적용하는데 참고하도록 하였다.

넷째, 목차에서 중요시 되는 계정과목, 빈번하게 발생되는 계정과목을 구분표시하여 독자가 먼저 보아야 할 계정과목을 강조하였다.

전편 개정판에서 부족한 점을 보충 하는데 역점을 두었다.

이 책은 실무자들이 회계처리 및 세무처리를 케이스별로 해결하도록 하는데 주안점을 두었으며 일상에서 자주 발생하면서도 중요한 부분을 쉽게 해결이 되도록 수록하였다. 경리·세무업무를 수 십년간 한 회계담당자라도 그 기본이 없는 경우에는 다양하게 발생하는 케이스를 제대로 처리를 못하는 것을 보고 간단하면서도 중요한 것을 어렵지 않게 알 수 있도록 하였다.

이 책의 개정부분을 보면 기업회계기준서의 전면 재정비에 따라 내용을 수정하였으며 실무에서 발생하는 문제를 기본으로 하여 책의 내용이 전개되도록 재정비하였다. 건설업 회계처리를 추가하였으며 실무에서 자주 발생하는 회계처리를 중심으로 독자들이 쉽게 접근하도록 한 것이 주요 개정사항이다.

끝으로 이 책의 발간을 위하여 많은 도움을 주신 한국재정경제연구소 강석원 소장님과 출판팀 연구원에게 감사의 말씀을 드린다. 또한 항상 성원해주시고 격려해주시는 어머님과 아내에게 고마움을 이 책의 출간으로 대신하며 감사드린다.

2005년 1월

공인회계사·세무사 김 병 열

제1장   기업회계의 이해

제 2 장   손익계산서

제 3 장   대차대조표

제 3-1 장   자   산

제3-2장 부 채

제3-3장 자 본

제 4 장   이익잉여금처분계산서

제 5 장 건설업 회계처리와 세무실무

계정과목 찾아보기

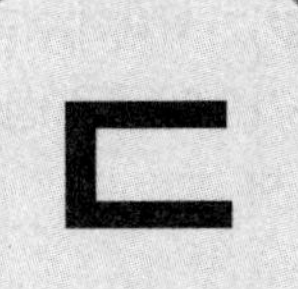

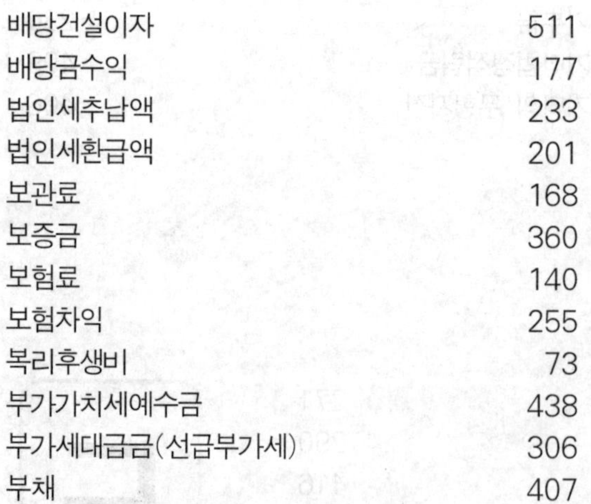

ㅅ

ㅇ

ㅈ

ㅊ

제1장
기업회계의 이해

제1절 기업회계의 목적

1. 회계정보이용자

회계란 회계정보이용자들의 의사결정에 유용한 정보를 제공함에 그 목적이 있다.

미국회계학회(AAA.ASOBAT, 1996)에서는 회계를 다음과 같이 정의하고 있다.

「회계는 회계정보이용자가 합리적인 판단이나 의사결정을 할 수 있도록 기업실체에 관한 유용한 경제적 정보를 식별, 측정, 전달하는 과정이다. 따라서 회계에는 그 종류가 무엇이고 정보이용자들이 누구이며 의사결정에는 무엇이 있는가를 먼저 파악하여 각각의 목적에 맞는 정보를 제공하는 것이 회계정보 제공자들의 관건이 될 것이다.

회계정보이용자들은 누구인가? 일반적으로 가장 이해관계가 밀접한 주주와 채권자 그리고 경영자를 들 수가 있다. 그리고 과세당국, 노조, 관공서 등도 필요에 따라 회계정보를 요구하게 된다.

2. 정보이용자의 의사결정

정보이용자인 주주는 주식의 매각시점이나 취득시점에 정보를 이용하려고 할 것이다. 또한 본인에 대한 배당금이 적정한가 여부도 회계정보를 이용하여 판단할 것이다.

채권자, 특히 금융기관들은 회계정보를 이용하여 기존 대출금을 상환 받을 것인가 아니면 추가로 대출을 할 것인가를 판단하는데 기초자료가 된다.

경영자는 본인의 경영성과를 객관적으로 평가받을 수 있는 정보가 되고 과세당국은 과세의 적정성 여부를 결정짓게 된다. 노조는 회계정보를 이용하여 파업여부를 결정하거나 회사에 대하여 요구수위를 결정하게 된다.

3. 회계의 종류

회계에는 정부회계, 국민소득회계, 자금유통회계 등 여러가지가 있으나 우리가 일반적으로 말하는 회계는 기업회계를 말한다. 기업회계도 외부공시용인 재무회계가 있고 경영자의 관리적 의사결정에 정보를 제공하기 위하여 작성되는 관리회계가 있다. 우리가 말하는 회계는 재무회계를 말한다.

제2절　기업회계기준

1. 기업회계기준의 필요성

　　회계정보는 기본적으로 회계담당자들이 생산해 내는 것이다. 그런데 회계담당자들이 동일한 회계사상, 즉 동일한 거래를 각자 나름대로 가공하여 회계정보를 생산하게 된다면 정보 이용자들이 회계정보를 이용하거나 비교하는데 어려움이 있게 될 것이다. 따라서 회계담당자들에게는 회계실무를 처리할 수 있는 통일적이고 객관적인 기준이 필요하게 되는 것이다. 뿐만 아니라 재무제표에 대한 정보의 신뢰성을 제고하고 회계정보를 쉽게 이해할 수 있도록 하고 정보의 유용성과 비교가능성을 높이기 위하여 회계원칙 제정기관은 회계담당자와 이용자 모두 만족할 수 있는 통일된 회계기준을 제정하게 되는 것이다.

2. 기업회계기준의 속성

　　일반적으로 우리가 알고있는 기준이라 함은 좀처럼 변하지 않은 것으로 알고 있으나 기업회계기준은 기준이라 불리우기 무색하리만치 수시로 변한다. 그 이유는 기업회계기준 자체가 경제환경의 변화를 적극 수용할 수 밖에 없기 때문인데 우리나라의 기업회계기준은 일관성이 없이 경제현황에 따라 너무 자주 바뀌어서 대·내외적으로 비판이 많았었다. 외환위기 이후 자의던 타의던 간에 우리 기업회계기준도 어느 정도 국제회계기준의 틀을 갖추었으므로 향후에는 예전처럼 수시로 바뀌기는 힘들 것으로 판단한다.

　　기업회계기준의 속성은 다음과 같다.

- 시간의 경과나 경제환경에 따라 변화한다.
- 실무적이고 이론적인 개념들로 구성되어 있다.
- 이해관계자들의 영향을 많이 받는다.

3. 기업회계기준의 체계

　　현행 기업회계기준은 주식회사의 외부감사에 관한 법률 제13조의 규정에 의하여 재정되이 총칙9조, 대치대조표 24조, 손익계산서 21조, 자산·부채의 평가21조, 이익잉여금 처분계산서 4조, 현금흐름표 7조, 주석 및 부속명세서 2조, 보칙 3조 등 8장 91조 및 부칙 13조로 구성되어 있다.

또한, 하위 규정으로서 업종별 처리준칙이 있으며 기업회계기준 등에 관한 해석이 있다. 도표로 예시하면 다음과 같다.

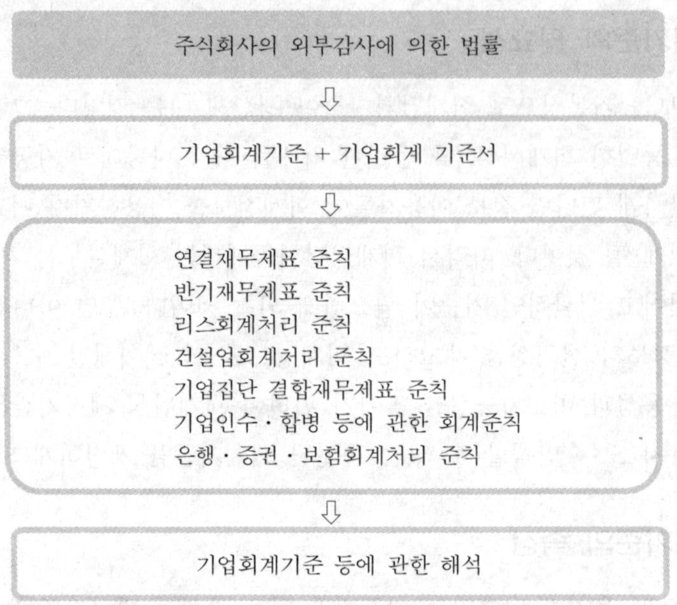

기업회계기준은 회계행위를 지도하는 일반원리이기는 하나 외부감사대상법인이 아닌 중소기업의 경우에는 기업회계기준보다 세법에 충실한 회계처리를 하는 것이 효율적이라 할 수 있다.

외부감사대상법인은 자산규모가 커서 그만큼 정보이용자가 많으므로 기업회계기준에 의한 회계처리를 하라는 의미가 있다. 한편 회계담당자들은 재무회계뿐만 아니라 세법에 관하여도 일정한 지식을 구비하여야 한다. 세법을 모르고 재무회계만 공부하였다가는 실무에서는 반드시 그 능력이 뒤처지게 된다. 특히 중소기업의 경우에는 기업회계기준보다는 세법에 더욱 더 민감하므로 재무회계를 공부하는 독자들은 세법에 관한 지식이 절대적으로 필요하다.

4. 기업회계기준의 일반원칙

기업회계기준 제9조에 의하여 회계처리는 객관적인 자료를 확보하여 거기에 근거하여 처리를 함으로서 신뢰가 있어야 하고 간단, 명료하게 처리하되 중요성의 관점에서 필요한 것은 충분히 공시하여야 한다. 또한 한번 적용한 회계처리원칙은 계속적으로 적용하여 기간별 비교가 가능하도록 하여야 하고, 한

가지의 회계거래에서 처리할 수 있는 방법이 2가지 이상으로 선택 가능할 경우에는 당기순이익을 적게 내는 쪽으로 처리를 하여야 한다. 왜냐하면 당기순이익이 많으면 배당압력이 높아질 것이고 그렇게 되면 기업의 재무적 기초가 허술해질 우려가 있기 때문이다.

독자들은 이 책을 공부하기 전에 기업회계기준 제89조 중소기업의 회계처리에 대한 특례를 이해하여야 한다. 이 조항에는 기업회계기준에서 지키도록 규정하고 있는 제반 원칙 중 까다롭고 힘든 부분은 모두 제외할 수 있도록 규정해 놓았기 때문에 주식회사의 외부감사에관한법률 대상이 아닌 일반 기업의 회계실무자들에게는 한결 공부가 쉽기 때문이다.

▶ **중소기업의 회계처리에 대한 특례**　　　　　　　(기업회계기준서 제4호)

상장법인이나 협회등록법인을 제외한 중소기업은 다음 각 호와 같이 회계처리할 수 있다(중소기업 기본법에 의한 중소기업을 의미한다).
   1. 단기용역매출은 진행기준을 사용하여야 하나 중소기업은 완성기준을 사용하여도 무방하다.
   2. 장기할부매출의 경우에 인도기준을 사용하지 않고 할부금 회수기일이 도래한 날에 매출로 계상할 수가 있다.
   3. 이연법인세를 계상하지 않아도 된다.
   4. 주당 경상이익, 주당 순이익을 주석으로 기재하지 않아도 된다.
   5. 현재가치 할인차금을 계상하지 않아도 된다.

5. 대차대조표의 이해

기업회계기준상의 대차대조표는 자산과 부채 및 자본으로 구성되어 있다. 기업이 설립목적을 수행해 나가기 위해서는 항상 자금의 소요를 필요로 하게 되는데 기업이 필요로 하는 자금의 원천은 두가지로 대별된다.

한가지는 외부차입이고 한가지는 내부조달이다. 외부차입은 부채로 내부조달은 자본이라는 과목으로 대차대조표상의 대변에 나타내게 된다. 조달된 자금은 재고자산의 제조, 취득 및 유형고정자산의 취득, 투자자산에의 투자 등에 소요된다. 결국 대차대조표상의 각 계정은 기업이 자금을 어디에서 조달하고 이를 어떻게 사용하였는가를 일정시점에서 정보이용자에게 나타내기 위한 명칭이라 할 것이다. 그러면 대차대조표의 구성을 간단히 살펴보자.

대차대조표	
자금을 어디에 사용하였는가?	자금을 어디에서 구했는가?
1. 유동자산 　1) 당좌자산 　2) 재고자산	1. 유동부채 2. 고정부채
2. 고정자산 　1) 투자자산 　2) 유형자산 　3) 무형자산	부채총계
	1. 자본금 2. 자본잉여금 3. 이익잉여금 4. 자본조정
	자본총계
자산총계　　　　　　　　　(＝)	부채와 자본총계

대차대조표의 대변은 자금의 발생원천을 나타내고 차변은 자금을 사용한 용도를 나타내는 것으로 볼 수 있다. 또는 차변의 자산의 증가가 어디로부터 발생하였느냐 하는 것을 대변의 부채나 자본으로 설명하는 것이다.

차변의 자산은 언젠가는 다른 자산으로 대체되는 미소멸 원가의 집합이다. 예를 들어 재고자산은 비록 자산이지만 팔리는 순간에는 매출원가로 비용화되는 것이다. 자산이 비용으로 되는 동시에 반대 급부로 수익이 발생하고 그 수익은 다른 자산의 증가를 설명하게 되는 것이다. 만약에 재고자산 원가 100,000원어치를 120,000원에 외상 판매하였다고 한다면 회사는 재고자산 100,000원이 없어지고 대신에 120,000원이라는 매출채권이 발생한다. 결국 회사의 일부 자산이 매출을 통하여 다른 자산으로 대체되는 것이다. 증가된 자산 20,000원은 당기순이익으로 설명되는 것이다. 이를 회계처리로 나타내면 다음과 같다.

회계처리 사례

(차변) 매출채권	120,000(자산증가)	(대변) 매출	120,000(수익발생)
(차변) 매출원가	100,000(비용발생)	(대변) 재고자산	100,000(자산의 감소)

위의 처리를 잘 살펴보면 차변의 자산이 20,000원이 증가하였고 그 20,000원은 수익에서 비용을 차감한 대변과목인 당기순이익 20,000원으로 설명이 됨을 알 수가 있다. 결국 자산의 증가는 부채의 차입이나 자본의 유입 또는 수익의 발생으로 설명이 되고 자산의 감소는 자산의 증가, 부채상환, 비용의 발생으로 설명이 되는 것이다.

제3절 분개의 이해

1. 분개의 중요성

회계처리에 있어 가장 중요한 출발점은 분개에 대한 이해이다. 요즘은 회계프로그램이 분개를 직접 처리하여 주어 실무자들이 분개를 제대로 이해하지 못하는 경우가 있는데 분개를 이해하지 못한 상태에서 회계처리를 한다는 것은 그야말로 모래 위에 성을 쌓는 것처럼 회계처리가 하염없는 상태가 될 것이고 손익에 영향을 미치는 회계처리를 하는 경우에 금액이 큰 경우에는 겁이 나서 제대로 처리를 하지 못하기도 하는 것이다. 회계실무자들은 분개를 제대로 이해하여야 함을 절대 강조한다.

2. 분개의 원리

회계사건을 장부에 옮기기 위한 첫번째의 작업이 분개인데 분개를 하기 위하여서는 먼저 계정과목을 잘 알아야 한다. 일부러 계정과목을 숙지한다는 것은 따분한 일이긴 한데 분개를 몇 번 하다 보면 저절로 계정과목을 숙지할 수 있으므로 이에 대한 염려는 하지 않아도 될 것이다. 그러나 계정과목이 자산, 부채, 자본 등의 대차대조표 항목인지 수익, 비용 등의 손익계산서 항목인지는 필히 숙지하여야 한다.

① 분개의 원리

분개란 한가지 회계사건을 반드시 차변과 대변으로 나누어 회계사건을 기록하는 것이다.

가령 회계사건이 발생하면 분개를 하게 되는데 이 분개는 자산과 부채, 자본, 수익, 비용이 다섯 가지 중 차변에 영향을 미치면 같은 금액이 반드시 대변에 영향을 미치게 되어 있는 것이다. 이를 복식부기의 원리라고 하며 대차평균의 원리이기도 하다.

따라서 분개는 반드시 차변과 대변금액을 일치하게 기록하게 되는데 이는 절대불멸의 원리임을 알아야 한다. 분개에 있어 차변과 대변의 금액이 틀리게 되는 경우는 절대 있을 수가 없다

② 분개에 있어 계정과목은 자산,부채,자본,수익,비용 등 반드시 이 다섯 가지에 속하게 되는데 자산의 증가와 비용의 발생은 반드시 차변에, 부채와 자본의 증가와 수익의 발생은 반드시 대변에 기록한다.(반대의 경우에는 반대로 처리한다. 예를 들어 자산의 감소는 대변에, 부채의 감소는 차변에 기록하게 되는 것이다).

분개실무 사례

1월1일 은행으로부터 현금 100만원을 차입하다.

| (차변) 현금 | 100만원(자산의 증가) | (대변)차입금 | 100만원(부채의 증가) |

1월2일 현금50만원으로 차량을 구입하다.

| (차변) 차량운반구 50만원(자산의 증가) | (대변) 현금 | 50만원(자산의 감소) |

1월3일 현금10만원으로 직원의 식대를 지급하다.

| (차변) 복리후생비 10만원(비용의 발생) | (대변) 현금 | 10만원(자산의 감소) |

1월4일 현금10만원으로 상품을 구입하다.

| (차변) 상품 10만원(자산의 증가) | (대변) 현금 | 10만원(자산의 감소) |

1월5일 외상으로 상품 10만원어치 구입하다.

| (차변) 상품 10만원(자산의 증가) | (대변) 외상매입금 10만원(부채의 증가) |

1월6일 위 상품 모두 40만원에 현금을 받고 판매하다.

| (차변) 현금 40만원(자산의 증가) | (대변) 상품 20만원(자산의 감소) |
| | 이익 20만원(수익의 발생) |

1월7일 차입금 10만원 상환하다.

| (차변) 차입금 10만원(부채의 감소) | (대변) 현금 10만원(자산의 감소) |

위의 사례를 장부에 이기하면 다음과 같은 결과가 된다.

현금, 자산계정

일자	적요	차변	대변	잔액
1월1일	은행차입	1,000,000		1,000,000
1월2일	차량구입		500,000	500,000
1월3일	식대지급		100,000	400,000
1월4일	상품구입		100,000	300,000
1월6일	상품판매	400,000		700,000
1월7일	차입금상환		100,000	600,000

차량운반구, 자산계정

일자	적요	차변	대변	잔액
1월2일	차량 현금 구입	500,000		500,000

상품, 자산계정

일자	적요	차변	대변	잔액
1월4일	현금구입	100,000		100,000
1월5일	외상구입	100,000		200,000
1월6일(기말)	현금판매(원가대체)		200,000	0

복리후생비, 손익계정

일자	적요	차변	대변	잔액
1월3일	식대지급	100,000		100,000

차입금, 부채계정

일자	적요	차변	대변	잔액
1월1일	은행차입		1,000,000	1,000,000
1월7일	차입금상환		900,000	900,000

외상매입금, 부채계정

일자	적요	차변	대변	잔액
1월5일	상품외상구입		100,000	100,000

이익, 손익계정

일자	적요	차변	대변	잔액
1월6일	이익발생		200,000	200,000

위의 장부상 잔액을 대차대조의 차, 대변으로 모두 모아서 표시하면 다음과 같이 정리된다.

대차대조표			
차변	금액	대변	금액
현　금	600,000	차　입　금	900,000
차량운반구	500,000	외상매입금	100,000
복리후생비	100,000	이　　익	200,000
자 산 합 계	1,200,000	부채 및 자본합계	1,200,000

그런데 위 대차대조표에는 수익과 비용항목이 섞여 있다. 수익과 비용항목은 손익계산서에 집합하여 정리하고 난 결과인 당기순이익만 대차대조표로 올라가도록 되어 있는 바 그 절차를 정리하면 다음과 같다.

회계처리 사례

1월6일자 상품원가 20만원을 40만원에 팔고 다음과 같이 분개를 하였다.

(차변) 현금	40만원(자산의 증가)	(대변) 상품	20만원(자산의 감소)
		이익	20만원(수익의 발생)

그러나 위와 같은 분개는 판매한 상품의 원가를 즉각 알 수 있는 경우로서 상품을 딱 1번만 판매하였을 경우에는 가능한 회계 처리이나 1년에 수백,수천번 판매를 하는 경우에는 건건이 상품의 원가를 알 수가 없다. 따라서 상품 매출시에는 원가를 일일이 기록하지 않고 매출만 다음과 같이 기록한다.

(차변) 현금	40만원(자산의 증가)	(대변) 매출	20만원(수익의 발생)

기말이 되어 남아 있는 상품을 보니 상품재고가 없다. 이는 달리 말하면 기중에 산 상품이 전부 판매되었음을 의미하는 것이다. 따라서 기말에 분개시 다음과 같은 결산 분개를 한다.

(차변) 매출원가	20만원(비용의 발생)	(대변) 상품	20만원(자산의 감소)

즉 판매된 상품은 판매될 때마다 기록하는 것이 아니고 기말에 재고조사를 한 뒤 기말 재고금액을 차감한 잔액을 역으로 산출하여 매출원가에 대체하는 것이다. 그 결과가 상품계정에 기말 원가대체를 하는 것으로 기록되는 것이다. 이렇게 되면 손익계산서는 위의 분개에서 수익의 발생과 비용의 발생을 집합하여 만들게 되는데 그 결과는 다음과 같다.

손익계산서(계정식)

차변	금액	대변	금액
상품원가(비용발생)	200,000	매출(수익발생)	400,000
복리후생비(비용발생)	100,000		
당기순이익	100,000		

위 손익계산서를 보고식으로 만들면 다음과 같다.

```
매 출 액        400,000
- 매출원가      200,000
= 매출총이익    200,000
- 복리후생비    100,000
= 당기순이익    100,000
```

위 당기순이익만 대차대조표로 올라가는데 그 결과를 보면 다음과 같은 대차대조표가 만들어 지는 것이다.

대차대조표

차변	금액	대변	금액
현 금	600,000	차 입 금	900,000
차량운반구	500,000	외상매입금	100,000
		당기순이익	100,000
자 산 합 계	1,100,000	부채 및 자본합계	1,100,000

결국 분개의 요체는 차변과 대변을 항상 같이 기록하여야 하며 차변,대변 항목 중 대차대조표 항목은 대차대조표로 가고 손익계산서 항목은 손익계산서에서 상계 되어 그 결과만 대차대조표에 기재되는 것이다. 모든 분개는 다음과 같이 집합된다.

대차대조표

자산	부채 및 자본
	수익
비용	

위의 수익과 비용은 손익계산서에 당기순이익으로 집합되어 다음과 같이 최종 대차대조표가 산출되는 것이다.

대차대조표

자산	부채 및 자본
	당기순이익

회계학을 공부하거나 회계실무를 하시는 분들은 처음부터 위의 분개를 잘 이해하고 난 뒤에 비로소 회계처리를 할 수가 있음에 절대 명심하여야 한다.

도매업의 회계처리, 제조업의 회계처리, 건설업의 회계처리를 먼저 간단히 살펴보고 이 책을 공부하면 전반적인 이해가 빠를것이다.

제2장
손익계산서

제1절 손익계산서의 이해

1. 의의

손익계산서란 일정기간동안 기업의 경영성과를 보고하는 동태적 재무제표이다.

대차대조표가 일정시점의 재무상태를 나타내 주는 정태적 보고서인 반면에 손익계산서는 일정기간동안의 경영성과를 나타내어주는 보고서라는 것에 차이가 있다. 손익계산서가 단순히 기업의 당기순이익을 계산, 표시하는 재무제표라기 보다는 기업의 영업활동과 비영업활동에 의한 수익과 비용을 구분 비교, 표시함으로서 재무제표의 이용자가 그 기업의 제반 수익창출능력을 평가할 수 있도록 하는데 손익계산서의 의의가 있는 것이다.

2. 손익계산서의 작성기준

손익계산서는 다음과 같은 기준에 따라 작성하여야 한다(기업회계기준 제35조).

① 발생주의 및 실현주의 : 모든 수익과 비용은 그것이 발생한 기간에 정당하게 배분되도록 처리하여야 한다. 다만, 수익은 실현시기를 기준으로 계상하고 미실현수익은 당기의 손익계산에 산입하지 아니함을 원칙으로 한다.

② 수익·비용 대응의 원칙 : 수익과 비용은 그 발생원천에 따라 명확하게 분류하고 각 수익항목과 이에 관련되는 비용항목을 대응표시하여야 한다.

③ 총액주의 원칙 : 수익과 비용은 총액에 의하여 기재함을 원칙으로 하고 수익항목과 비용항목을 직접 상계함으로써 그 전부 또는 일부를 손익계산서에서 제외하여서는 아니된다.

④ 구분 표시의 원칙 : 손익계산서는 매출총손익, 영업손익, 경상손익, 법인세비용차감전 순손익과 당기순손익으로 구분표시하여야 한다. 다만, 제조업·판매업 및 건설업 이외의 기업에 있어서는 매출총손익의 구분표시를 생략할 수 있다.

3. 수익의 인식기준

발생주의

수익의 인식기준에서 발생주의의 개념이 있다. 발생주의란 현금주의에 대응되는 개념으로서 현금의 수입과 지출이 실제 없었더라도 현금의 수입과 지출을 일으키는 사건이 발생한 시점에서 수익과 비용을 인식하는 방법이다. 이렇게 발생주의에 의하여 수익과 비용을 인식하는 이유는 우리가 기업의 경영성과를 한 회계기간(일반적으로 1년)이라는 인위적인 기간이내에서 평가하기 위함이다. 원래 기업은 영구하다는 가정 하에서 존속하는 것이지만 경영성과에 대한 평가는 매기에 이루어져야 하므로 그 기간의 경영성과를 정확히 측정하기 위하여서는 현금의 유·출입과는 별도로 현금의 유·출입을 일으킬 사건이 발생한 그 기간에 수익과 비용을 인식하여야 해당기간에 대한 손익이 정확히 평가된다는 것이다.

발생주의의 사례

㈜재경은 퇴직급여충당금을 10,000원 계상하다.

(차변) 퇴직급여(비용)	10,000	(대변) 퇴직급여충당금(부채)	10,000

㈜재경은 비록 당기의 퇴직금을 지급하지 않았음에도 불구하고 종업원에게 지급해야 할 퇴직금의 지급의무는 올해에 발생하였으므로 올해의 비용과 부채로 계상하였다.

실현주의

한편 수익과 비용을 발생주의에 의하여 인식하는 것이 정확한 손익의 측정에 있어 필요하지만 실제 발생주의에 의하여 수익을 인식하는 데에는 문제가 있다. 예를 들어 제조업에 있어서 원재료를 구매하고 제조, 가공 후 판매하여 대금을 회수하는 전 과정이 수익을 발생시키는 일련의 과정이라 볼 수가 있다.

따라서 발생주의에 의한 수익의 크기를 알기 위해서는 일정시점을 기준으로 하여 수익을 측정하여야 하는 문제가 발생하는 바 제품이 생산중에 있는 경우에 실제 발생주의에 의한 수익을 인식하기에는 수익의 크기를 측정해야 하는 난해한 문제가 발생한다.

따라서 수익의 인식에 있어서는 수익의 크기를 측정하기 쉬운 시점 즉 수익이 실현되는 시점을 인위적으로 선택하여 수익을 인식하는 바 이를 수익인식의 실현주의라 한다. 엄밀한 의미에서 발생주의가 이론적으로 타당한 수익인식 기준이나 업무의 편리를 위하여 발생주의에서 한걸음 후퇴하여 실현주의를 택하게 된 것이다. 그러므로 수익은 실현주의에 의하여 인식하게 된다.

4. 수익의 실현시기

실현주의에 의하여 수익을 인식하기 위해서는 다음의 두 가지 요건을 충족시켜야 한다.

• 수익을 획득하기 위한 모든 노력이 완료되었을 것
• 수익의 크기를 측정할 수 있을 것

기업회계기준과 법인세법 등에서 규정하고 있는 수익의 실현시기는 다음과 같다.

 기업회계기준서에 의한 수익의 인식기준

▶ 재화의 판매 (기업회계기준서 제4호)

재화의 판매로 인한 수익은 다음 조건이 모두 충족될 때 인식한다.
① 재화의 소유에 따른 위험과 효익의 대부분이 구매자에게 이전된다.
② 판매자는 판매한 재화에 대하여 소유권이 있을 때 통상적으로 행사하는 정도의 관리나 효과적인 통제를 할 수 없다.
③ 수입금액을 신뢰성있게 측정할 수 있다.
④ 경제적 효익의 유입가능성이 매우 높다.
⑤ 거래와 관련하여 발생했거나 발생할 거래원가와 관련 비용을 신뢰성 있게 측정할 수 있다.

실무적으로는 창고에서 물건이 출하되는 시점이나 세금계산서 발생시점에 매출을 인식한다.

기업회계기준서와 비교하여 법인세법 등에 의한 수익인식의 귀속시기에 관하여 살펴보자.

 법인세법 등에 의한 수익의 인식기준

▶ 손익의 귀속사업년도 (법인세법 제40조)

① 내국법인의 각 사업연도의 익금과 손금의 귀속사업연도는 그 익금과 손금이 확정된 날이 속하는 사업연도로 한다.
② 제1항의 규정에 의한 익금과 손금의 귀속사업연도의 범위등에 관하여 필요한 사항은 대통령령으로 정한다.

기업회계기준이 실현주의에 의하여 수익을 인식하도록 하고 있는 것과는 달리 법인세법 등에서는 익금과 손금에 대한 권리와 의무가 확정되는 시점을 인식하도록 하는 권리의무 확정주의를 채택하고 있음이 차이가 난다. 그러나 법인세법 등에서 규정하고 있는 수익의 인식시기가 몇 가지 사항을 제외하고는 기업회계기준과 거의 일치하고 있다.

▶ 자산의 판매손익 등의 귀속사업년도 (법인세법시행령 제68조)

① 법 제40조 제1항 및 제2항의 규정을 적용함에 있어서 자산의 양도 등으로 인한 익금 및 손금의 귀속사업연도는 다음 각 호의 날이 속하는 사업연도로 한다.
  1. 상품(부동산을 제외한다)·제품 또는 기타의 생산품(이하 이 조에서 "상품 등"이라 한다)의 판매 : 그 상품 등을 인도한 날
  2. 상품 등의 시용판매 : 상대방이 그 상품 등에 대한 구입의 의사를 표시한 날. 다만, 일정기간 내에 반송하거나 거절의 의사를 표시하지 아니하면 특약 등에 의하여 그 판매가 확정되는 경우에는 그 기간의 만료일로 한다.
  3. 상품 등 외의 자산의 양도 : 그 대금을 청산한 날. 다만, 대금을 청산하기 전에 소유권 등의 이전등기(등록을 포함한다)를 하거나 당해 자산을 인도하거나 상대방이 당해 자산을 사용수익하는 경우에는 그 이전등기일(등록일을 포함한다)·인도일 또는 사용수익일 중 빠른 날로 한다.
  4. 자산의 위탁매매 : 수탁자가 그 위탁자산을 매매한 날
② 법인이 **장기할부조건**으로 자산을 판매하거나 양도한 경우로서 판매 또는 양도한 자산의 인도일(제1항 제3호에 해당하는 자산은 동호 단서에 규정된 날을 말한다. 이하 이 조에서 같다)이 속하는 사업연도의 결산을 확정함에 있어서 당해 사업연도에 회수하였거나 회수할 금액과 이에 대응하는 비용을 각각 수익과 비용으로 계상한 경우에는 제1항 제1호 및 제3호의 규정에 불구하고 그 장기할부조건에 따라 각 사업연도에 회수하였거나 회수할 금액과 이에 대응하는 비용을 각각 해당 사업연도의 익금과 손금에 산입한다. 이 경우 인도일 이전에 회수하였거나 회수할 금액은 인도일에 회수한 것으로 보며, 법인이 장기할부기간 중에 폐업한 경우에는 그 폐업일 현재 익금에 산입하지 아니한 금액과 이에 대응하는 비용을 폐업일이 속하는 사업연도의 익금과 손금에 각각 산입한다.
③ 제2항에서 **"장기할부조건"**이라 함은 자산의 판매 또는 양도(국외거래에 있어서는 소유권 이전조건부약정에 의한 자산의임대를 포함한다)로서 판매금액 또는 수입금액을 월부·연부기타의 지불방법에 따라 **2회 이상으로 분할**하여 수입하는 것 중 당해 목적물의 인도일의 다음날부터 최종의 할부금의 지급기일까지의 **기간이 1년 이상**인 것을 말한다.
④ 제1항의 규정을 적용함에 있어서 법인이 매출할인을 하는 경우 그 매출할인금액은 상대방과의 약정에 의한 지급기일(그 지급기일이 정하여 있지 아니한 경우에는 지급한 날)이 속하는 사업연도의 매출액에서 차감한다.
⑤ 법인이 제3항의 규정에 의한 장기할부조건 등에 의하여 자산을 판매하거나 양도함으로써 발생한 채권에 대하여 기업회계기준이 정하는 바에 따라 현재가치로 평가하여 현재가치할인차금을 계상한 경우 당해 현재가치할인차금상당액은 당해 채권의 회수기간 동안 기업회계기준이 정하는 바에 따라 환입하였거나 환입할 금액을 각 사업연도의 익금에 산입한다.
⑥ 제1항 제1호의 규정에 의한 인도한 날의 범위에 관하여 필요한 사항은 재정경제부령으로 정한다.

▶ 용역제공 등에 의한 손익의 귀속사업년도 (법인세법 시행령 제69조)

① 법 제40조 제1항 및 제2항의 규정을 적용함에 있어서 건설 제조 기타 용역(도급공사 및 예약매출을 포함하며, 이하 이조에서 "건설 등"이라 한다)의 제공으로 인한 익금과 손금의 귀속사업연도는 그 목적물의 인도일(용역제공의 경우에는 그 제공을 완료한 날을 말한다. 이하 이 조에서 같다)이 속하는 사업연도로 한다.
② 제1항의 규정을 적용함에 있어서 건설 등의 계약기간(그 목적물의 건설 등의 착수일부터 인도일까지의 기간을 말한다. 이하 이 조에서 같다.)이 1년 이상인 건설 등의 경우 그 목적물의 건설 등의 착수일이 속하는 사업연도부터 그 목적물의 인도일이 속하는 사업연도까지의 각 사업연도의 익금과 손금은 동항의 규정에 불구하고 재정경제부령이 정하는 바에 의하여 그 목적물의 건설 등을 완료한 정도(이하 이 조에서 "작업진행률"이라 한다)를 기준으로 하여 계산한 수익과 비용을 각각 해당 사업연도의 익금과 손금에 산입한다. 다만, 작업진행률을 계산할 수 없다고 인정되는 경우로서 재정경제부령이 정하는 경우에는 그 목적물의 인도일이 속하는 사입연도의 익금과 손금에 각각 산입한다.

③ 제2항의 규정은 건설 등의 계약기간이 1년 미만인 경우로서 법인이 그 목적물의 건설 등의 착수일이 속하는 사업연도의 결산을 확정함에 있어서 작업진행률을 기준으로 하여 수익과 비용을 계상한 경우의 익금과 손금의 귀속사업연도에 관하여 이를 준용한다.

위에서 기업회계기준과 법인세법 등에 의한 수익의 인식기준은 크게 다르지 않다는 것을 알 수가 있다. 만약 기업회계기준과 법인세법 등에서 수익인식기준이 다른 경우에는 기업회계기준에 의하여 결산을 하고 과세소득은 법인세법 등에 의하여 조정해주어야 한다.

비용의 인식기준

비용은 수익이 발생하는 시점에서 비용으로 인식하여야 한다는 것이 수익·비용 대응의 원칙이며 수익·비용 대응의 원칙이 비용의 인식 기준이다. 요컨데 수익이 있을 때에는 그에 대응하는 비용을 인식하여야 한다.

외부감사를 받지 않는 기업은 법인세법 등에 의하여 결산을 하는 것이 편리하다. 한편 세법에 의한 수익인식 기준은 세금계산서 발행시기의 기준이 된다.

그러나 수익과 비용의 인과관계가 명확하지 않는 경우에는 다음의 두 가지 방법에 의하여 비용을 인식하여야 한다.

첫째는 수익이 발생하는 기간동안 합리적이고 체계적인 방법으로 비용을 인식하는 방법이다.

가장 대표적인 것이 감가상각비가 될 수 있는데 기계장치는 여러 해에 걸쳐 수익창출에 공헌하고 있으나 금액적으로는 어느 정도로 수익에 공헌하였는가를 측정하기가 실무적으로 불가능한 것이기 때문에 그 기계의 가액을 감가상각비라는 명목으로 합리적이고 체계적으로 수익에 대응하는 비용으로 계상하는 것이다.

둘째는 당기에 발생한 비용 전액을 비용으로 처리하는 것이다. 당기에 지출한 비용이 미래에 효익을 제공하지 못하는 경우이다.

제2절 매출액과 매출원가

1. 매출액
2. 매출에누리 및 매출환입
3. 매출할인
4. 매출관련 기업회계기준과 세법
5. 매입액
6. 매출원가

1
매출액

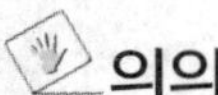 의의

매출액이란 재화나 용역의 공급에 대한 대가로 상대방으로부터 수취할 공급가액이다.

업무 · 적요

매일 기록한다.

매출액은 상품매출, 제품매출, 용역매출, 수출매출 등으로 구분하여 표기하고 손익계산서에는 이를 일괄하여 매출액으로 표시한다. 그에 대응하는 매출원가 역시 구분하여 표시한다. 회사가 제조와 도매를 겸업하게 되는 경우에는 매출액의 종류가 여럿 나타난다.

- 손익계산서 〉 매출액 〉 상품매출

증빙서류

(매출)세금계산서, 출고지시서, 매입처로부터 입고확인 받은 거래명세서, 상품수불부

회계처리요령

일반매출

상품 5,000,000원 외상으로 판매하다(부가세별도).

(차변) 외상매출금	5,500,000	(대변) 상품매출	5,000,000
		부가세예수금	500,000

■ 위탁매출 회계처리

위탁매출이란 위탁자가 자기의 상품을 타인(수탁자)에게 위탁하여 판매하는 형태이다. 위탁매출의 경우 위탁자가 재고자산을 발송한 경우에는 이를 적송품계정으로 처리하고 수탁자가 소비자에게 판매한 시점에 수익으로 인식한다. 즉 판매시점이 수탁자가 판매한 날이 된다.

위탁매출

㈜재경은 2001년 1월 1일 갑에게 상품의 위탁판매를 의뢰하고 1,000,000원의 상품을 갑에게 보내다. ㈜재경은 갑으로부터 1월 20일 위탁품을 1,200,000원에 현금으로 판매하고 수수료 100,000원을 차감한 1,100,000원을 송금하였다는 연락을 받다.

20XX년 1월 1일(적송품 발송시)

(차변) 적송품	1,000,000	(대변) 상품(매입)	1,000,000

20XX년 1월 20일(적송품이 판매된 경우)

(차변) 현금	1,100,000	(대변) 매출	1,200,000
판매수수료	100,000		
(차변) 매출원가	1,000,000	(대변) 적송품	1,000,000

매출원가는 결산시에 적송재고품을 파악한 뒤 일괄계산하여 기록하나 이해를 돕기 위하여 분개를 하였다. 기중에 매출원가는 회계처리가 없다.

■ 시용매출 회계처리

시용매출이란 상품을 소비자에게 인도하여 이를 시험적으로 사용해 본 후 소비자가 구입하겠다는 의사 표시를 함으로서 매출이 이루어지는 거래를 말한다. 시용매출의 경우 실질적인 판매는 인도시점이 아니라 소비자로부터 매입의사표시가 있은 날 이루어진 것이다. 따라서 시용매출은 매입자가 매입의사를 표시한 날에 실현되는 것으로 하여야 한다. 이 경우에 기말 결산시까지 소비자로부터 매입의사표시가 없는 경우에는 회사의 재고자산이 되는 것이고 단지 창고 내에 있지 않고 소비자에게 일단 보관되어 있는 것이 된다.

시용매출

㈜재경은 2001년 1월 1일 상품의 시용판매를 하기 위하여 1,000,000원의 상품을 소비자 갑에게 보내다. ㈜재경은 갑으로부터 1월 20일 시용품을 1,200,000원에 구입하겠다는 매입의사 표시를 하다(부가가치세 별도).

20XX년 1월 1일

(차변) 시송품	1,000,000	(대변) 상품(매입)	1,000,000

20XX년 1월 20일

(차변) 외상매출금	1,320,000	(대변) 매출	1,200,000
		부가세예수금	120,000

(차변) 매출원가	1,000,000	(대변) 시송품	1,000,000

20XX년 1월 1일은 회계처리를 생략하고 소비자에게서 매입의사가 있는 시점에 매출로 처리하면 더 간단히 처리가 될 수도 있다. 그러나 이 경우에는 기말에 장부상의 재고와 창고내의 재고가 일치하지 않는 경우가 발생하므로 별도의 비망 기록이 필요하다. 결국 적송품이나 시송품 계정은 창고 내에 있지 않는 재고자산계정의 다른 표현이 되는 것이다.

■ 용역매출과 예약매출

용역매출(건설업)과 예약매출은 장,단기 공사에 불문하고 진행기준에 의하여 수익을 인식하여야 한다. 그러나 중소기업은 예외이므로 단기 공사일 경우에는 완성기준을 적용 할 수 있다(기업회계기준, 세법 공통).

회계처리시 유의할 사항

매출을 인식하는 시기에 유의하여야 한다.

일반적으로 매출은 인도(판매)시에 인식하게 되나 위탁매출, 시용매출, 용역매출, 할부매출 등에 있어서는 매출의 인식시기가 다름에 유의하여야 한다. 실무상으로는 거래명세서에 상대방의 입고확인을 받거나 또는 매출세금계산서를 발행하는 시점에서 매출을 기록한다. 그러나 매출세금계산서 발행 시점이 부가가치세법상의 공급시기를 달리하여서는 아니 됨에 유의하여야 한다.

진행기준을 적용하여 수입을 인식하는 경우에는 진행률 측정에 대한 합리적인 자료를 구비하도록 하여야 한다.

✋ 세무상 유의할 사항

(1) 법인(소득)세법

　매출을 인식하는 시점이 기업회계기준과 세법이 별 차이가 없다(일반적으로 인도기준 임). 단지 회사의 매출을 누락하여 세무서의 조사후 결정고지를 받게 되면 법인의 경우에는 누락판매액의 70%~90%정도를 개인의 경우에는 60%~70%정도를 세금으로 납부하여야 하므로 결산시 매출총이익률이 평소보다 작은 경우에는 매출누락에 대하여 검토하여야 한다. 대체로 매출세금계산서를 빠트리거나 카드매출 누락을 실수로 누락하는 경우가 많고 간혹 고의로 누락하는 경우가 있는데 어느 경우이건 세금에 미치는 효과는 같다는 것을 명심하여야 한다.

　만약 결산 신고후 매출 누락한 것을 발견 하였다면 세무서에 곧 수정신고 하여야 한다. 수정신고란 손익계산서를 정정 표기하여서는 아니되고 매출누락을 세무조정으로 신고하는 것을 의미한다. 이 때 빠트린 원가 역시 수정신고 해 주어야 법인세(소득세)부담이 크게 줄어 들게 된다. 만약 수정신고하지 아니하고 세무서에서 결정, 고지하면 원가없이 매출만 늘게되고 그 만큼 법인세(소득세)부담이 늘게 되고, 대표자 상여처분되어 문제가 심각해지게 된다.

　가. 매출누락 1억원을 세무서에서 결정, 고지하는 경우의 세 부담액(법인의 경우)

　　① 법인세 1,500만원~2,500만원, 가산세, 주민세, 주민세에 대한 가산세

　　② 매출누락을 대표자 급여로 보아 대표자에게는 근로 소득세 부과.

　　　소득세 약 2,500만원~3,500만원, 가산세, 주민세, 주민세에 대한 가산세

　※ 개인 사업자는 위 중 ②번인 세 부담이 있다.

　　③ 부가가치세 1,000만원 + 가산세

　나. 매출누락 1억원을 세무서에서 결정, 고지하기전까지 수정신고 하는 경우

　　① 누락된 원가를 8,000만원 정도 찾아 세무조정계산서에서 수정신고 한다.

　　　증가된 당기 순이익은 2,000만원이므로 2,000만원에 대한 법인세만 부담

　　　물론 가산세, 주민세는 있다. 이 때 누락된 매출은 외상 매출이어야

대표자에 대한 상여 처분이 없음을 유의한다.
② 원가를 못 찾는 경우에는 단순히 1억 전체가 익금 산입되어 위 "가"의 ①번과 같은 세 부담이 있다. 단지 외상매출일 경우에는 위 "가"의 ②번과 같은 대표자에 대한 소득세 부담은 없게 되는 것이다.
③ 부가가치세 1,000만원＋가산세

(2) 부가가치세법

부가가치세법상 공급시기에 세금계산서를 발행하지 않고 수금할 때에 세금계산서를 발행하는 기업도 간혹 있는데 이는 업체의 잘못된 관행으로서 평소에는 별 문제가 없으나 세무조사 시 문제를 삼게 된다면 막대한 세 추징이 있게 된다. 일반적으로는 인도시점 또는 판매시점이 공급시기인데 공급시기가 속하는 과세기간 내에 세금계산서를 발행하지 않으면 공급자는 공급가액의 1%를 가산세로 물게되고 매입자는 매입세액공제를 받을 수 없게 되어 억울한 세금을 물게 되는 경우가 있으므로 부가가치세 세금계산서 발행시기와 공급시기가 달라지지 않도록 유의하여야 한다(예를 들면 공급시기는 6월 29일이나 세금계산서의 공급일자가 7월 5일인 경우에는 과세기간이 달라져 공급자는 가산세, 공급받는자는 매입세액불공제 및 가산세 문제가 발생한다. 그러나 공급시기가 3월 25일이나 세금계산서상의 공급시기는 6월 25일 경우에는 같은 과세기간이므로 공급받는 자는 매입세액공제 가능하다. 그러나 공급하는 자는 가산세가 있다).

부가가치세법에서는 현금판매, 외상판매, 단기할부판매는 인도기준이나 장기할부판매에 있어서는 대가의 각 부분을 받기로 한 때가 공급시기이므로 장기할부판매가 있는 경우에는 손익계산서의 매출액과 부가가치세의 공급가액이 일치가 안됨에 유의한다. 또한 단기공사 용역매출에 있어서 완성기준을 사용하는 경우에도 세금계산서는 선 발행되고 매출액의 인식은 완성시점이 되므로 단기 공사가 결산기를 걸치는 경우에는 매출액과 부가가치세의 공급가액이 일치하지 아니한다. 진행기준을 사용하는 경우에도 매출의 인식시기와 세금계산서 발행시기의 차이로 인하여 매출액과 세금계산서의 공급가액이 일치하지 아니할 수가 있다. 이런 경우에는 세무조정계산서의 조정후 수입금액명세서의 차액내역란에서 설명을 부기하여야 한다.(제5장 건설업 회계처리와 세무실무 참조)

관련법령

- 기업회계기준 37조
- 법인세법령 68조
- 소득세법시행령 48조
- 부가가치세법 9조
- 부가세법시행령 21조, 22조

2

매출에누리 및 매출환입

의의

매출에누리

판매한 물품의 수량부족, 품질불량, 파손 등의 하자로 인하여 거래대금을 일정금액 감액하여 주는 경우를 매출에누리라고 한다.

매출환입

물품자체의 하자보다는 공급약정의 위배 등으로 인하여 판매된 물건이 직접 반품됨으로 인하여 그 반품가액만큼 매출액을 취소하는 것을 매출환입이라고 한다.

업무 · 적요

매일 기록하거나 월말, 분기, 연말에 대체한다.

판매된 제품의 하자로 인하여 거래대금을 깎아 주거나 반품되어 오는 경우에 매출액에서 직접 감액 처리한다. 적자의 세금 계산서를 발행하여야 한다.

• 손익계산서 〉 매출액 〉 매출에누리 및 매출환입

증빙서류

반품거래명세서, 입고증명서, 상품수불부, (적자)매출계산서

회계처리요령

> **매출에누리 및 매출환입(매출액에서 차감)**
>
> 20X2년 1월 1일 ㈜재정은 갑에게 10,000,000원의 매출을 하면서 대금결제는 2월1일에 하기로 하다. 2월 1일 갑으로부터 불량을 통보 받아 1,000,000원을 에누리 해주고 대금을 회수하다.

공급자의 회계처리

20X2년 1월 1일

(차변) 매출채권	11,000,000	(대변) 매출	10,000,000
		부가세예수금	1,000,000

20X2년 2월1일

(차변) 현금	9,900,000	(대변) 매출채권	11,000,000
매출	1,000,000		
부가세예수금	100,000		

※ 위와 같이 매출계정에서 일일이 차감하거나 아니면 매출에누리 계정을 사용하여 월말, 분기별, 기말결산시에 한꺼번에 매출계정에서 차감하는 방법을 사용하여도 무방하다.(적자 세금계산서 발행)

부가세 납부시

(차변) 부가세 예수금	900,000	(대변)현금	900,000

※ 매출에누리와 매출환입시에는 매출액과 부가가치세 공급가액이 일치한다. 그러나 매출할인의 경우에는 적자의 세금계산서를 발행하지 않으므로 매출액과 부가세 공급가액이 일치하지 아니함에 주의한다.

매입자의 회계처리

20X2년 1월 1일

(차변) 매입	10,000,000	(대변) 매입채무	11,000,000
선급부가세	1,000,000		

20X2년 2월 1일

(차변) 매입채무	11,000,000	(대변) 현금	9,900,000
		매입	1,000,000
		선급부가세	100,000

회계처리시 유의할 사항

매출 에누리 및 환입의 경우에는 감액금액에 대하여 반대의 세금계산서(적자)를 발행하여 부가가치세까지 같이 조정하여야 한다.

매출에누리 및 환입과 매출할인은 회계처리에 있어 공히 매출액에서 차감하는 것은 동일하나, 매출할인은 부가가치세 계정을 건드려서는 아니 되고 매출에누리 및 환입은 부가가치세 계정까지 같이 처리한다는 것에 유의하여야겠다.

세무상 유의할 사항

매출에누리 및 환입의 회계처리에 있어서는 기업회계기준과 법인세법, 소득세법, 부가가치세법 모두 동일한 입장을 취하고 있으므로 기업회계기준에 의하여 처리를 하면 세무상으로는 큰 문제는 없겠다.

관련법령

- 기업회계기준 38조
- 소득세법 시행령 51조
- 소득세법 시행규칙 22조
- 부가가치세법 13조
- 부가가치세법 시행령 52조

한편 실무적으로는 매출에누리에 대하여 적자의 세금계산서를 발행하지 않고(매출액에서 차감하지 않고) 판매장려금으로 처리하는 경우도 있는데 이는 접대비 한도액이 줄어드는것을 방지하기 위하여 매출액을 감소시키지 않는 것으로 보인다. 실무상 용인되나 엄격히 말하면 세법위배임.

3

매출할인

 의의

약정한 판매대금회수기일보다 먼저 회수함에 따라 기간동안의 이자에 상당하는 금액을 할인하여 주는 것이다. 일종의 금융비용이다.

업무 · 적요

발생시마다 처리한다.

약정기일보다 매출대금을 빨리 수취하는 경우에 매출액에서 감액처리한다.

- 손익계산서 〉 매출액 〉 매출할인

증빙서류

매출할인약정서, 매출할인품의서, 대체전표, 회사업무처리 규약

회계처리요령

공급자의 회계처리

20X1년 1월 1일 ㈜재정은 갑에게 10,000,000원의 매출을 하면서 대금결제는 3월 1일에 하기로 하다. 단 1월 이전에 결재하는 경우에는 매출액의 5%를 할인하여 주기로 약정 함. 갑은 1월 30일 결재를 하다.

20X1년 1월 1일

(차변) 매출채권	11,000,000	(대변) 매출	10,000,000
		부가가치세 예수금	1,000,000

20X1년 1월 30일

(차변) 현금	10,500,000	(대변) 매출채권	11,000,000
매출	500,000		

※ 위 처럼 거래 발생시 마다 매출계정에서 일일이 차감하거나 매출할인 계정을 사용하여 결산시에 한꺼번에 매출계정에서 차감하여도 무방하다.

부가세 납부시

| (차변) 부가세예수금 | 1,000,000 | (대변) 현금 | 1,000,000 |

※ 매출할인의 경우에는 부가가치세 과세표준에서 감액하지 아니한다. 따라서 전체 공급가액에 대하여 부가세를 거래 징수한다.

　이 경우 손익계산서 상의 총 수입금액 9,500,000원과 부가가치세 과세표준 10,000,000원은 일치하지 않는 경우가 발생되는데, 이 때에는 세무조정 결산서의 조정 후 수입금액명세서에서 그 차액에 대하여 설명하여야 한다.

매수자 (갑)의 회계처리

20X1년 1월 1일

| (차변) 매입 | 10,000,000 | (대변) 매입채무 | 11,000,000 |
| 　　　부가가치세 대급금 | 1,000,000 | | |

20X1년 1월 30일

| (차변) 매입채무 | 11,000,000 | (대변) 현금 | 10,500,000 |
| | | 　　　매입 | 500,000 |

회계처리시 유의할 사항

　매출할인은 본래의 매출일자와 달리 매출할인일자의 거래로 인식한다. 따라서 매출할인이 회계연도를 달리하는 경우에도 매출액의 차감은 할인일자가 속하는 회계연도의 매출액에서 차감하여야 함에 유의한다.

　매출에누리 및 환입과 매출할인은 회계처리에 있어 공히 매출액에서 차감하는 것은 동일하나 매출할인은 부가가치세 계정을 건드려서는 아니 되고 매출에누리 및 환입은 부가가치세 계정까지 같이 처리한다는 것에 유의하여야겠다.

세무상 유의할 사항

　매출할인을 하는 경우 법인세법, 소득세법상으로는 매출액이 줄어드나 부가가치세법상의 공급가액은 변하지 않음에 유의한다.

관련법령

- 소득세법 시행규칙 22조 2항
- 부가가치세법 13조 3항

4

매출관련 기업회계기준과 세법

용역매출(도급공사, 분양공사)

기업회계기준과 세법이 수익시기를 달리 규정하는 것은 용역매출에 있어서 단기공사인 경우와 장기할부매출의 경우이다.

용역매출의 경우에는 기업회계기준은 공사기간의 장, 단기를 불문하고 작업진행률에 의하여 수익을 인식하는 진행기준을 적용하도록 의무화 하고 있으나 세법에서는 공사기간이 1년 이상인 장기공사는 진행기준을 의무화 하고 공사기간이 1년 이내인 단기공사는 완성주의를 허용하고 있다(그러나 중소기업은 기업회계기준에서 단기공사에 한하여 완성주의를 인정하고 세법에서도 인정하므로 사실상은 차이가 없다).

회사가 단기공사수익을 진행기준에 의하여 인식하지 않고 완성기준에 의하여 인식하는 경우는 어떻게 될 것 인가? 회사가 이와 같이 회계 처리하는 경우에는 기업회계 기준 상으로는 기업회계기준 위배이고(중소기업의 경우에는 기업회계기준서 제4호(수익인식)에 의하여 기업회계기준 위배가 아님) 법인세법 상으로는 회사가 기업회계기준을 적용하지 아니하면 법인세법에 의하므로 법인세법에 의하여 단기공사는 완성기준을 준용하기 때문에 별다른 문제가 발생치 않게 되는 것이다. 기업회계기준위배는 주식회사의 외부감사에 관한 법률에 의한 외부감사대상기업인(자산 70억원 이상) 경우에 감사보고서에서 한정의견을 받게 되는 불이익이 있으나 외감법대상이 아닌 일반기업들은 아무런 문제가 없게 되는 것이다.

따라서 외부감사대상이 아닌 중소 기업은 완성기준으로 회계처리 하더라도 아무런 문제가 없다.

구 분	기업회계기준	법인세법 등
단기공사	진행기준(중소기업은 완성기준 가능)	완성기준, 진행기준 허용
장기공사	진행기준	진행기준

대체로 건설업에서는 당해연도의 실적을 위하여 단기공사 이더라도 진행기준을 사용하여 당기의 수익으로 인식하는 경우도 있다.

한편 진행기준을 사용하기 위해서는 작업진행율을 계산하여야 하는데 실무상 작업진행율을 계상할 수가 없는 경우가 있다. 기업회계기준에서는 작업진행율을 계상하지 못하거나 수입금액의 회수가능성이 크지 않는 경우에는 원가 범위 내에서 수익을 계상하고 원가전액을 당기비용으로 계산하도록 하였으나 세법에서는 작업진행율을 계산할 수 없는 경우에는 인도기준으로 수입과 비용을 각각 계상하도록 규정하고 있음에 유의한다.

장기할부매출

장기할부매출은 기업회계기준이나 법인세법 모두 인도시점에서 수익을 인식하도록 하고 있으므로 동일하나 기업회계기준에 의한 인도기준을 준수하지 않는 경우에는 법인세법을 준용하도록 하고 있고, 법인세법은 회수하였거나 회수할 금액을 당기의 수익으로 하므로 외감법대상이 아닌 기업은 이를 고려하여 수입금액을 조정할 수 있을 것이다. 한편 부가가치세법에서는 장기할부매출에 대하여 대가의 각 부분을 받기로 한 때가 공급시기이므로(단기 할부매출은 인도시기가 공급시기이고 장, 단기의 구분은 1년을 기준으로 한다) 장기할부매출이 있는 회사는 수입금액과 부가가치세의 공급가액이 일치하지 않는 경우가 발생한다. 조정후 수입금액 명세서에 그 사유를 기재한다.

손익귀속시기 및 공급시기

구 분	손익의 귀속시기		공급시기
	기업회계 기준	법인(소득)세 법	부가가치세법에 의한 공급시기
상품, 제품	인도한 날	인도한 날	인도시점(수출재화는 선적일을 인도시점으로 본다)
매출에누리, 환입 및 매출 할인	매출액에서 차감	매출액에서 차감	매출액에서 차감하나 매출할인은 공급가액에서 차감하지 않는다. 따라서 매출할인이 있으면 매출액과 공급가액이 일치하지 않는다.
상품, 제품 이외 자산 양도	잔금청산일, 이전 등기일, 사용수익일 중 빠른 날	잔금청산일, 이전 등기일, 사용수익일 중 빠른 날	인도기준 또는 인도가능일

건설 등 기타 용역	장단기 구분없이 진행기준. 단, 비상장 중소기업은 단기공사인 경우 완성기준 사용가능	원칙은 진행기준. 단기공사는 완성기준 사용가능, 진행기준 적용 불가시 완성기준 사용가능	1. 용역의 제공이 완료되는때 2. 대가의 각 부분을 받기로 한 때
이자수익	발생주의에 의하여 인식	기간경과분에 대한 수입 이자는 익금 불산입(실래수입시 익금산입)	관계없음(자본거래는 부가세 과세거래가 아니다)
임대료 수익	기간경과분 임대료 수익인식	좌동	대가의 각 부분을 받기로 한 때
단기, 장기 할부 매출	인도기준(중소기업은 할부금 회수기일 도래기준 가능)	인도기준. 단, 회사가 회수기준 적용하면 회수기준을 허용한다(중소기업이 아닌 회사는 기업회계기준 위배).	인도기준이나 장기할부매출은 대가의 각 부분을 받기로 한 때가 공급시기(장기할부수출은 선적일)

5

매입액

당기상품매입액은 총매입액에서 매입에누리와 환출 그리고 매입할인을 차감한 금액으로 한다. 여기에서 말하는 매입에누리란 제품의 하자나 납기의 지연으로 인한 일종의 보상금 성격이며 매입할인이란 판매대금의 조기지급에 따른 이자비용의 할인성격으로 볼수가 있다. 어쨌던 당기의 순매입액은 당기의 총매입액에서 매입에누리와 매입할인을 차감하여 결정한다. 회계처리 요령은 6. 매출원가 계정에서 함께 살펴 보기로 한다.

매입액의 크기의 결정

한편 당기의 매입액에는 매입원가이외에 매입부대비용을 포함한 금액을 취득원가로 하고 있다(회계처리 요령은 6. 매출원가 계정에서 함께 살펴 보기로 한다).

수입시의 매입시기의 결정

한편 물품을 수입하는 경우에 어느 시점을 매입으로 계상하여야 하는 문제가 '있다. 일반적으로 수입을 하는 경우에는 수출상의 선적일자 외 수입상의 선적서류 입수일자, 통관일자 그리고 창고 입고일자의 네가지의 시점에서 매입을 결정하게 된다.

(1) 수출업자의 선적일자 기준

일반적으로 수출조건이 F.O.B이던 F.A.S나 C.I.F이던 가격조건에 불구 할 뿐 법률상 소유권 이전시점은 수출상의 선적일자가 기준이 된다. 따라서 법률상으로는 상품의 선적일자를 기준으로 소유의 이전이 있게 되기 때문에 선적일자를 기준으로 매입을 계상하는 것이 일견 타당한 것으로 보인다. 그러나 화물이 선적된 이후 입고되기까지에는 장시일이 소요되고 서류도 아직 입수되지 않은 상태에서 운반 중의 위험을 고려한다면 굳이 선적일자에 매입을 계상할 필요가 없게 되는 것이다.

(2) 선적서류 인수일자 기준

은행으로부터 선적서류를 입수함으로서 비로소 화환대금의 금액이 결정되는 고로 이 시점이 매입을 확정 시킬 수 있는 시점이다. 이 시점에서 미착상품으로 처리한다. 단 선적서류가 수입지은행에 도착하지 않은 상태에서 본선이 입항하고 선적서류 사본에 의하여 신용장 개설은행이 화물선취보증장(L/G)을 발급하여 줌으로서 화물을 미리 수입통관하는 경우가 있는데 이 경우에는 은행으로부터 화물선취보증장을 발급받은 일자를 기준으로 한다.

미착상품 ×××	외상매입금 ×××

(3) 통관일자 기준

이 시점 역시 아직 미착상태로서 통관에 따른 제 비용만 미착상품으로 계상한다.

(4) 창고입고시점

비로소 수입상품에 대한 모든 비용이 확정되는 시점이다. 그 동안에 미착상품에 집합되어 있던 모든 원가를 상품의 매입원가로 대체한다.

한편 수입에 따른 제 비용 중 결재 조건에 따른 이자비용을 어떻게 처리하여야 할 것인가 하는 문제가 있다. 앞에서 설명한 대로 외상구매에 따라 대금지급기일까지 발생하는 이자를 수출상이 부담 하는가 또는 수입상이 부담하는가에 따라 회계처리가 달라지는 바 수출상이 부담하는 shipper's usance 나 d/a 인 경우에는 매입원가로 기록하고 수입상이 부담하는 banker's인 경우에는 이자비용으로 기록하여야 한다.

상품(매입) ×××	미착상품 ×××

수입거래의 결재방식에 의한 분류

구　　분	외상거래		현금거래
은행신용장	Usance	Banker's	at/sight
		Shipper's	
은행신용상 무	D/a		D/p

6

매출원가

 **의의**

　매출원가라 함은 일정기간 판매된 상품, 제품 등의 매입원가 또는 제조원가를 말한다. 매출원가는 기업의 정상적인 영업활동과정에서 실현시킨 매출액에 직접 대응되는 비용이다. 즉 재고자산이 판매되면 매출이 인식되고 판매된 재고자산의 원가는 매출원가라는 비용이 된다. 판매와 관련된 비용은 판매비와 관리비로 구분하여 계상된다.

　판매업에 있어서의 매출원가는 기초상품재고액과 당기상품매입액의 합계액에서 기말상품재고액을 차감하여 구한다.

매출원가 = 기초재고액 + 당기 매입액 − 기말재고액

　※ 위 공식은 초보자는 반드시 암기, 이해하여야 한다.

　따라서 매출원가는 거래시마다 발생하는 것이 아니고 평소에는 당기매입액만 기재하였다가 회사에서 월별, 분기별 또는 연말 이익을 계산하는 시점에서 기말재고액을 파악하여 일괄적으로 계상하게된다. 일반적으로 연말결산시에 계산하는 결산 정리 사항이다.

　당기상품매입액은 상품의 총매입액에서 매입에누리와 환출 및 매입할인을 차감한 금액으로 한다.

업무 · 적요

　분기, 반기, 기말 결산시에 처리한다.

　판매업에 있어서는 기초재고액에 당기매입액을 더하여 기말재고액을 차감하여 상품매출원가를 구하고 제조업에서는 기초재고액에 당기제품제조원가를 더하여 기말재고액을 차감하여 제품매출원가를 계산한다.

· 손익계산서 〉 매출액 〉 매출원가

(1) 매입에누리

매입한 상품 등에 결함이 있는 경우 상품을 반환하거나 판매자와 협의하여 가격을 할인받은 것

(2) 매입환출

구입한 상품을 반환하는 것

(3) 매입할인

외상매입금을 조기에 상환함으로써 할인받는 것

🖐 회계처리요령

매출원가

㈜재정은 1,000,000원의 기초재고를 가지고 있었고 당기의 총 매입액은 10,000,000원이었다. 한편 기말현재 상품의 재고를 실사한 결과 그 금액은 2,000,000원이다(상품, 매입, 매출원가 계정 사용).

기초재고의 매출원가계정 대체

(차변) 매출원가	1,000,000	(대변) 상품	1,000,000

당기매입액의 매출원가계정 대체

(차변) 매출원가	10,000,000	(대변) 매입	10,000,000

평소 매입액은 매입장의 차변거래이다.
예를 들면 회사가 당기에 10,000,000원을 매입하였다면

(차변) 매입	10,000,000	(대변) 외상매입금	10,000,000

으로 기재되어 있을 것이고 총계정원장의 매입계정에는 차변금액이 10,000,000원이 기재되어 있고 기말에 이 금액을 매출원가에 대체하는 분개가 위의 분개이다.

기말재고액의 매출원가차감

(차변) 상품	2,000,000	(대변) 매출원가	2,000,000

※ 판매여부에 불문하고 기초재고액과 당기매입액을 모두 매출원가로 계상하였으므로 판매되지 않은 기말재고액은 매출원가에서 차감하여야만 실제 판매된 상품의 매출원가가 계산된다.

위의 회계처리에 의하여 당기의 매출원가는 얼마가 계상되는가?

9,000,000원으로 계상된다(앞의 매출원가 산출공식을 되 새겨 보라).

상품 a/c			매 입 a/c		
기초	1,000,000	매출원가	1,000,000	외상매입	10,000,000	매출원가	10,000,000
매출원가	2,000,000	기말	2,000,000				

매출원가 a/c			
상품	1,000,000	상품	2,000,000
매입	10,000,000	손익	9,000,000

주) 위의 상품 a/c, 매출원가 a/c은 기말 결산 정리 사항으로서만 기능하나 매입 a/c은 기 중 계속적으로 매입사항이 기록되고 있다가 기말 결산시 그 누계금액이 대체된 것을 표시한 것이다.

회계처리시 유의할 사항

매출원가 계정은 일정기간의 매출액에 대응하는 원가를 계상하기 위한 목적으로 기말 결산시에 일시적으로 설정하는 계정이므로 평소에 매입거래를 빠뜨리지 않고 잘 처리해 놓으면 회계처리에는 어려움이 없게 되겠으나 매출원가의 측정여부에 따라 당기손익에 미치는 영향이 크고 매출원가의 측정여부는 기말재고액에 의하여 결정되므로 기말재고액의 정확한 측정이 가장 중요한 관건이 된다. 왜냐하면 당기 매입액은 매입세금계산서에 의하여 그 금액이 객관적으로 증명되는 반면 기말 재고액은 재고를 실사 하여야만 비로소 판단할 수 있는 사항으로써 회계처리로서만 알 수가 있는 것이 아니기 때문이다. 대부분의 회계분식이 기말 재고액을 실제 재고액보다 과다 계상하여 당기의 매출원가를 낮게 계상 함으로써 이루어진다고 하여도 과언이 아니다. 따라서 결산시에는 기말재고액이 정확히 측정되도록 한다(기말재고액의 평가방법에 대하여는 대차대조표의 "재고자산 편"을 참조 할 것).

세무상 유의할 사항

평소에 매입거래를 잘 처리하여야 한다. 어떤 경우에는 매입거래를 누락하여 매출원가가 과소계상되는 경우도 있고 또는 매입거래를 과다 계산하여 당기의 매출원가가 과다계상되는 경우도 있다. 매출원가가 과다계상되어 세금이 추징되는 경우에는 개인은 과다계상 된 금액의 70%가량이 세금으로 법인은 법인대표이사의 소득세와 법인의 법인세, 부가가치세를 합하여 80%~90%까지 세금으로 추징되는 경우가 있으므로 매입거래를 가공으로 계상하거나 이중으로 계상하지 않도록 주의하여야 한다(세부담은 매출 누락의 경우와 동일하다).

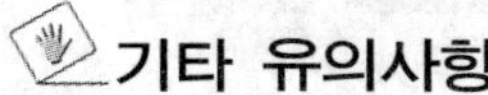 기타 유의사항

매출원가는 기초재고액에 당기매입액 또는 당기제품제조원가를 더한 총 판매가능액에서 기말재고액을 차감하여 구한다. 따라서 매입액의 크기와 기말재고액의 크기에 따라 매출원가가 달라지게 되고 그에 따라 당기순이익도 달라지게 됨에 유의하여야 한다. 원래 판매한 상품의 매출원가는 어떻게 계산하더라도 일정해야 하는것이지만 기중에 가격의 변동이 있게 되는 경우에는 기말재고자산의 평가방법에 따라 기말재고액의 차이가 난다. 따라서 매입액과 기말재고액의 평가여부가 매출원가의 크기를 결정짓는데 가장 큰 영향을 미친다.

기말재고액에 따라 당기순이익이 달라지는 도식은 다음과 같다.

매출총이익 = 매출액 − 매출원가(= 기초상품재고액 + 당기매입액 − 기말상품재고액)

따라서 기말재고액이 커지면 매출원가가 낮아지므로 매출총이익이 커지게 된다. 즉 기말재고액과 매출총이익은 정비례하게 되는 것이다(자세한 회계처리는 "재고자산 편" 참조).

관련법령

- 기업회계기준 제39조(매출원가), 기업회계 기준서 제10호
- 법인세법시행령 제19조(손비의 범위)
- 법인세법시행령 제74조(재고자산의 평가)

제3절　판매비와 관리비(제조경비)

1. 판매비와 관리비의 이해	19. 판매장려금
2. 급여	20. 사무용품비
3. 퇴직급여	21. 도서인쇄비
4. 잡급	22. 보험료
5. 복리후생비	23. 차량유지비
6. 교육훈련비	24. 판매수수료
7. 여비교통비	25. 지급수수료
8. 통신비	26. 수선비
9. 소모품비	27. 외주비
10. 임차료	28. 수도광열비
11. 접대비	29. 수출제비용
12. 감가상각비	30. 운반비
13. 무형자산상각비	31. 견본비
14. 세금과 공과금	32. 회의비
15. 광고선전비	33. 포장비
16. 연구비	34. 보관료
17. 경상개발비	35. 잡비
18. 대손상각비	

1

판매비와 관리비의 이해

의의

판매비는 상품이나 용역의 판매와 관련하여 발생하는 비용으로서 매출원가에 속하지 아니하는 영업비용을 말한다. 한편 관리비는 회사의 관리와 유지에 수반하여 지출되는 비용을 말한다. 판매비는 매출액의 증감에 따라 변동하는 변동비의 성격이 크며 관리비는 매출액의 증감과는 상관없이 일정하게 발생하는 고정비의 성격이 있다. 기업회계기준에서는 손익계산서에 "판매비와관리비"로 같이 표기하도록 하고 있다.

업무 · 적요

급여, 잡급, 퇴직금, 퇴직급여, 단체퇴직급여, 복리후생비, 여비교통비, 통신비, 수도광열비, 세금과 공과, 지급임차료, 감가상각비, 수선비, 보험료, 차량유지비, 교육훈련비, 연구비, 경상개발비, 운반비, 도서인쇄비, 회의비, 포장비, 사무용품비, 소모품비, 지급수수료, 외주비, 무형자산상각비, 견본비, 접대비, 대손상각비, 잡비

범위 및 기재방법

판매비와 관리비는 상품과 용역의 판매활동 또는 기업의 관리와 유지에서 발생하는 비용으로 매출원가에 속하지 아니하는 영업비용을 말한다. 판매비는 판매활동과 관련하여 발생하는 비용이며 관리비는 회사 전체의 관리 및 유지에 필요한 비용을 말한다. 판매비는 매출액의 증감에 비례하여 증감하는 변동비의 성격을 갖는데 반하여 관리비는 고정비성격을 갖는 경우가 많기 때문에 경영관리목적으로 이를 구분하여 처리할 수도 있지만 이를 구분하기 쉽지 않고 그 실익도 적기 때문에 손익계산서에서는 판매비와 관리비로 표시하는 것이다.

판매비와 관리비는 급여(임원급여, 급료, 임금 및 제수당을 포함한다), 퇴직급여, 복리후생비, 임차료, 접대비, 감가상각비, 무형자산상각비, 세금과 공과, 광고선전비, 연구비, 경상연구개발비, 대손상각비 등 중요하다고 판단되는 계정과목만을 규정에서 예시하고 있다. 따라서 판매비와 관리비는 회사의 관리목적에 따라 세부계정을 별도로 정하여 사용할 수 있으며 이 경우에도 손익계산서공시시 세부계정과목을 별도로 공시하거나 유사한 계정과목에 통합하여 공시할 수도 있다.

그리고 판매비와 관리비는 표준식에서는 중요한 계정과목은 기재토록 하고 요약식에서는 합계액만을 기재할 수 있도록 하여 해외에 재무제표를 제출할 경우 간단히 작성할 수 있다. 이에 따라 요약식의 경우에도 국내에서는 될 수 있으면 예시된 계정과목은 구분하여 기재하는 것이 바람직하다고 생각된다. 그리고 합계액만 기재한 경우에도 다양한 회계정보이용자를 위하여 제조원가 또는 판매비와 관리비 중 필요한 사항은 주석으로 공시하여야 한다[기업회계기준 제87조(보충적 주석사항) 제12호].

관련법령

- 기업회계기준 제43조, 제44조

2
급여

의의

급여는 판매나 관리에 종사하는 임직원에 대한 급료나 임금 등을 말한다. 그러므로 제조활동에 종사하고 있는 임직원에 대한 급여는 임금 또는 노무비의 과목으로 하여 제조원가에 계상되도록 구분 경리하여야 한다. 판매비와 관리비에 포함되는 급여는 당기에 전액 비용으로 계산되는 한편 임금 및 노무비는 제조원가를 구성하고 제조원가 중 판매된 제품의 제조원가만 매출원가로 되고 판매되지 않은 제품의 제조원가는 기말제품 재고액으로 남게된다.

업무 · 적요

매월 기록한다.

급여, 임원급여, 상여, 임원상여금, 제수당(연월차수당, 연장근로수당, 휴무근로수당, 식대, 자가운전보조금)

(주) 개인사업자 대표의 급여는 급여로 계리하여서는 아니되고 인출금으로 계리됨에 주의하여야 한다.

- 손익계산서 〉 판매비와관리비 〉 급여

증빙서류

소득세원천징수대장, 인사기록철, 출근부, 급여송금명세서, 은행이체명세서

회계처리요령

사무관리직의 급여처리

㈜재경은 당기에 사무, 관리직 급여를 총 10,000,000원 지급하다.

(차변) 급여(판매비와 관리비) 10,000,000	(대변) 현금과 예금	10,000,000

위의 급여는 전액 당기의 비용으로 계상된다.

대체로 기업은 당월의 급여를 익월 10일 등 일정한 날에 지급한다. 이런 경우에는 월말 결산시 다음과 같이 처리한다.

(차변) 급여(판매비와 관리비)	10,000,000	(대변) 미지급비용	10,000,000

익월10일 현금지급하다.

(차변) 미지급비용	10,000,000	(대변) 현금과 예금	10,000,000

생산직의 급여처리

㈜재경은 당기에 현장직 인건비를 총 10,000,000원 지급하다. 한편 기초 재고는 없으며 당기 생산량은 1,000개이고 이중에서 800개는 당기에 판매(개당 120,000원)되고 200개는 기말재고로 남아있다. 제조원가는 노무비 외에는 발생하지 않았다고 가정한다.

제조원가 집계

(차변) 노무비	10,000,000	(대변) 현금과 예금	10,000,000

제공품으로 대체(결산시)

(차변) 재공품	10,000,000	(대변) 노무비	10,000,000

제품으로 대체(결산시)

(차변) 제품	10,000,000	(대변) 재공품	10,000,000

매출원가로의 대체(결산시)

(차변) 매출채권	9,600,000	(대변) 매출	9,600,000
(차변) 매출원가	8,000,000	(대변) 제품	8,000,000

※ 판매비와 관리비에서 급여 10,000,000원 전액이 당기의 비용으로 계상된 반면 노무비는 당기의 비용이 아닌 재고자산 원가를 구성하게 되어 재고자산이 팔리는 경우에만 당기의 매출원가로서 비용으로 계상된다. 당기에 발생한 노무비 중 팔리지 않은 나머지 200개의 노무비 2,000,000원은 당기의 비용이 되지 않고 기말재고자산을 구성하게 된다.

회계처리시 유의할 사항

급여처리시에는 직원들의 급여는 큰 문제가 없으나 임원의 급여 및 상여금은 항상 유의하여야 한다. 기업회계기준에서는 임원의 급여에 대하여 별다른 규정을 두고 있지 않다. 그러나 임원급여와 상여금은 일반직원과 달리 상법과 세법의 제한을 받으므로 회계처리시 상법과 세법의 제한을 염두에 두고 처리하여야 한다. 한편 법인사업자의 대표이사는 급여를 손금으로 인정 받으나 개인사업자의 대표는 세법상 급여가 인정이 안되므로 내부회계처리시에는 급여로 처리하더라도 기말결산시에는 대표의 급여를 경비로 산입하여서는 아니 된다. 개인사업자의 대표 급여는 인출금으로 계리 한다.

급여와 상여금 및 퇴직금은 비록 현금으로 지급하지 아니 하더라도 당기의 비용으로 계상하여야 한다.

✋ 세무상 유의할 사항

(1) 급여

① 임원, 사용인

급여는 원칙적으로 모두 손금으로 인정된다.

② 지배주주나 특수관계자인 임원, 사용인

법인의 지배주주나 특수관계자인 임원 또는 사용인에게 정당한 사유 없이 동일직위에 있는 임원, 사용인에게 지급하는 금액을 초과하여 지급하는 경우 그 초과금액은 손금에 산입하지 않음에 유의한다.

③ 비상근 임원

비상근 임원의 급여도 특수관계자로서 과다하게 지급하는 것이 아닌 한 전액 손금으로 인정한다.

(2) 상여금

① 사용인

사용인의 상여금은 사용인이 특수관계자나 지배주주가 아닌 한 전액 손금으로 인정된다.

② 임원

임원의 상여금은 정관, 주주총회, 이사회의 결의에 의한 지급규정을 초과하여 지급하는 금액은 손금으로 인정되지 아니한다. 따라서 임원의 상여금에 대하여는 지급기준을 마련하여야 하며 지급 기준은 개개인이 아닌 범용으로 적용할 수 있는 기준이어야 한다. 여기서 임원이라 함은 등기 여부에 불문하고 실제 수행하는 업무에 따라 판단한다.

③ 임원에 대한 급여, 상여금은 주주총회 의사록을 구비해 놓도록 한다.

(3) 임원, 사용인에게 근로소득세가 부과되지 않는 비과세 근로소득으로서 실무자가 알아야 할 소득의 범위

① 월 10만원 이내의 식대 단, 식대 외 회사에서 별도로 식사를 제공받는 경

우에는 과세됨에 유의. 식대를 지급 받고 야간 또는 연장근로에 의하여 식사를 제공받는 경우에는 비과세

② 월 20만원 이내의 차량유지비

③ 국외에서 근로를 제공하고 받는 보수 중 월 150만원 이내의 금액(외국 항행 비행기, 선박 포함)

④ 생산직 근로자로서 상여, 수당 등을 제외한 월 정액급여가 100만원 이하인 근로자가 받는 야간 근로수당 중 연 240만원 이내의 금액

⑤ 일직료, 숙직료, 여비로서 실비변상 정도의 금액. 과도한 금액이 아닌 한 실비로 인정한다.

(4) 연봉제와 세무

① 종업원

종업원은 본인의 동의가 있는 한 언제든지 퇴직금의 중간정산이 가능하다. 한편 근속중인 종업원의 급여체계를 연봉제로 전환하기 위하여서는 그 동안의 퇴직금을 중간 정산하여야 하는 바 퇴직금 중간 정산이 세무상 인정받기 위하여서는 종업원의 서면에 의한 요구가 있어야 한다. 회사는 퇴직금 중간정산시에 이러한 서면 요청서를 종업원으로부터 징구 하여야 한다. 그렇지 않고 퇴직금을 중간정산하여 지급하면 가지급금으로 처리됨에 유의한다.

한편 연봉제를 실시하게 되면 퇴직금이 분할 지급되는 결과가 발생할 수가 있는데 그 금액은 가지급금으로 처리됨에 유의한다. 그 이유는 세법상 퇴직금은 1년이상 근속자에게만 인정되는데 연봉제를 실시하여 매월 퇴직금을 지급하게 되면 1년이라는 근속연수를 다 채우지 못한 상태에서 퇴직금을 지급하게 되는 결과가 되는 것이다.

따라서 연봉제를 실시하더라도 퇴직금은 1년후에 지급하는 것이 필요하다.

② 임원

일반 근로자는 중간정산이 허용되나 임원은 중간정산이 세법상 허용되지 않는다. 단 연봉제를 실시하기 위해서는 중간 정산이 허용 된다. 따라서 임원에게 퇴직금을 중간 정산하여 지급하기 위해서는 반드시 연봉제를 실시하여야만 한다. 연봉제를 실시하지 않으면 중간 정산한 퇴직금은 가지급금 규정에 걸리게 됨에 유의한다.

관련법령

- 소득세법 제20조(근로소득)
- 소득세법시행령 제38조(근로소득의 범위)
- 소득세법 제12조(비과세소득)
- 법인세법 제26조(과다경비 등의 손금불산입)
- 법인세법 시행령 제43조(상여금 등의 손금불산입)
- 상법 제388조(이사의 보수)

3
퇴직급여

의의

퇴직급여는 임직원이 퇴직하는 경우 지급해야 할 근로의 대가로서 금액은 회사가 정하는 바에 따르나 그 최저액은 근로기준법에 의한 금액이므로 그 이상 설정하는 것은 관계가 없다.

퇴직급여의 성격은 근로자가 제공한 근로의 대가를 미지급한 미지급금의 형태이다. 단지 지급시기가 퇴직시일 뿐 급여는 발생한 연도의 비용으로 계상하여야 하는 것이다. 그러므로 회사가 임직원의 근로의 대가를 지급할 것을 퇴직시까지 그 지급을 연장한 것에 불과하므로 회사는 종업원이 실제 퇴직하지는 않았더라도 매기에 지급해야 할 비용을 인식해야 하는 것이다.

한편 퇴직금을 미지급금의 성격인 퇴직급여충당금으로 계상하는 경우 차변의 과목은 퇴직급여로 한다. 그리고 실제의 퇴직금 지급 시에는 퇴직급여충당금과 상계하여야 하고 직원이 퇴직하여 퇴직급여 충당금과 상계시에는 개인별 퇴직급여 충당금액과 상관없이 상계한다.

업무·적요

제조경비 결산 또는 퇴직시 처리한다.

퇴직금, 임원퇴직금, 종업원퇴직금

• 손익계산서 〉 판매비와관리비 〉 퇴직급여

증빙서류

퇴직급여명세서, 퇴직소득 원천징수명세서철

🖐 회계처리요령

퇴직금 설정시

회사는 전년도에 설립하였다. 당기 말 현재 퇴직금 지급대상자의 총 퇴직금지급액(퇴직금 추계액)은 100,000,000원이다.

(차변) 퇴직급여	100,000,000	(대변) 퇴직급여충당금	100,000,000

다음 해 퇴직자는 없었고 전 임직원이 일시에 퇴직하는 경우 지급하여야 할 퇴직금 총액은 150,000,000만원이다.

(차변) 퇴직급여	50,000,000	(대변) 퇴직급여충당금	50,000,000

당기에 증가한 퇴직금 50,000,000원을 추가로 당기비용으로 계상하였다
다음 해 퇴직급여 추계액이 130,000,000원으로 감소하였다.

(차변) 퇴직급여충당금	20,000,000	(대변) 퇴직급여충당금환입 (영업외수익)	20,000,000

퇴직금 지급시

퇴직급여충당금보다 적은 퇴직금 지급시

퇴직급여충당금 잔액이 100,000,000원인 상태에서 종업원 1인이 퇴사하여 퇴직금 50,000,000만원을 지급하였다. 당해 종업원 앞으로 설정된 퇴직급여 충당금은 40,000,000만원이다.

(차변) 퇴직급여충당금	50,000,000	(대변) 현금	50,000,000

※ 퇴직급여 충당금 상계는 인별로 하지 않음에 주의

퇴직급여충당금보다 많은 퇴직금 지급시

퇴직급여 충당금 잔액이 100,000,000원 상태에서 입직원이 퇴사하여 퇴직금 120,000,000만원을 지급하였다.

(차변) 퇴직급여충당금	100,000,000	(대변) 현금	120,000,000
퇴직급여	20,000,000		

※ 퇴직급여충당금을 초과하는 퇴직금은 당해년도의 비용으로 처리한다.

회계처리시 유의할 사항

1년 이상 근속자만 추계액 대상이다. 회사의 정책이 1년미만 직원이라도 퇴직금을 지급하기로 하였다면 당기의 퇴직급여로 계상해도 무방하나 세법상으로는 비용인정이 안된다. 퇴직급여추계액은 인별로 계상하여 퇴직급여 대장을 작성하여야 한다. 당해년도에 추가로 쌓아야 할 퇴직급여충당금은 항상 기말현재 퇴직급여 추계액을 먼저 계산하고 추계액에서 기말현재 남아 있는 퇴직급여충당금과의 잔액을 차감하여 그 차액을 더 설정하는 방법을 택한다. 퇴직급여충당금은 당해년도의 수익에 대응하여 비용을 인식하기 위해 설정한다. 이는 기업회계기준에 의한 수익, 비용대응의 원칙을 구현하기 위함이다. 만약에 회사가 퇴직급여충당금을 설정하지 않고 퇴직시 지불할 때에 일시에 비용으로 계상한다면 종업원이 수익 창출은 연평균 고르게 하였지만 퇴직금은 퇴직하는 해에 일시에 비용으로 계상되기 때문에 수익, 비용 대응의 원칙에 위배되고 당기의 업적을 제대로 반영할 수가 없게 된다. 따라서 회사는 매년 퇴직급여를 비용으로 계상하여야 한다. 한편 세법상으로는 퇴직급여충당금을 설정하는 것은 회사의 선택사항이므로 외부감사대상이 아닌 법인은 굳이 퇴직급여충당금을 쌓을 필요 없이 종업원이 실제 퇴직시 비용으로 처리하여도 무방하다. 그러나 금융기관에서 대출을 하는 경우 회사가 기업회계기준에 의하여 회계처리가 되었는가를 살피는 수가 있으므로 회사는 가급적 기업회계기준에 의한 회계처리를 하는 것이 필요하다.

세무상 유의할 사항

(1) 종업원의 퇴직금

세무상 퇴직급여충당금은 추계액의 40% 또는 연간 총 급여의 10% 중 작은 금액 까지만 손금으로 인정됨에 유의한다. 나머지는 퇴직보험에 현금으로 예치하여야만 손금으로 인정된다. 따라서 회사가 퇴직금 추계액 전액을 당기의 비용으로 계상하였더라도 세무상으로는 60%가 손금불산입되어 손익계산서의 세전이익보다 과세소득이 증가하여 법인세의 추가부담이 있게 된다. 반면 회사가 퇴직보험에 예치하지 않아 손금불산입된 금액은 종업원의 실제 퇴직금 지급시 비용으로 손금 산입된다.

세무조정 사례(1)

회사의 퇴직금 추계액은 1억원으로서 당기에 회사는 기업회계기준에 따라 전액을 퇴직급여충당금으로 설정하였다. 한편 회사의 1년이상 근속한 임직원의 딩기 총급여액은 5억원이다. 회사는 퇴직보험에는 가입하지 아니하였다.

퇴직급여추계액의 손금산입 한도액

총급여액의 10%인 5천만원과 추계액의 40% 중 적은 금액은 4천만원이다.
회사는 당기에 퇴직급여(판매비와 관리비)를 1억원 계상하였으므로 세법상 한도를 60,000,000을 초과하였다.

① 세무조정

손금불산입 : 퇴직급여충당금 한도초과 60,000,000원(유보)
위와 같이 회사의 비용이 손금불산입되어 손익계산서의 세전이익보다 당기의 과세소득이 60,000,000원 증가되어 법인세 부담이 증가한다.

세무조정 사례(2)

한편 다음 해 회사의 직원이 퇴직하여 퇴직금 1억원을 지급하였다. 회사는 지급한 퇴직금 1억원을 퇴직급여 충당금과 상계하였다.

(차변) 퇴직급여충당금	100,000,000	(대변) 현금	100,000,000

한편 회사는 전기에 세무상 손금 인정받은 금액은 4천만원에 지나지 않으므로 전기에 인정받지 못한 퇴직급여 6천만원은 실제 지급한 당기에 손금으로 인정받는다.

① 세무조정

손금산입 : 퇴직급여충당금 60,000,000원(유보)

(2) 임원의 퇴직금

한편 임원의 퇴직금지급에 대하여서는 세법에서 별도로 제한을 가하고 있는바 퇴직급여 충당금을 쌓을 때에는 추계액을 계산하여 설정하나 실재 임원의 퇴직금지급시에는 일정한 제한이 있다. 임원은 퇴직금 지급시 퇴직급여 충당금과 무한정 상계되지 않고 정관이나 정관에서 위임된 퇴직금 지급규정에 지급할 금액이 정하여진 경우에는 그 금액을 인정하고 정관에 규정되어 있지 아니하면 1년간 총급여액의 10%를 근속연수(월할까지 인정, 1월미만은 불 포함)를 승하여 산출한 금액을 한도로 퇴직급여충당금과 상계가 인정됨에 유의한다. 따라서 임원은 퇴직금 지급규정을 미리 마련하여 놓아야 한다.

📖 관련법령

- 기업회계기준 제27조(퇴직급여충당금)
- 법인세법 제33조(퇴직급여충당금의 손금산입)
- 법인세법시행령 제60조(퇴직급여충당금의 손금산입)
- 법인세법시행규칙 제31조(퇴직급여충당금의 계산 등)
- 근로기준법 제34조(퇴직금제도)
- 근로기준법 제36조(금품정산)
- 근로기준법 제37조(임금채권우선변재)
- 근로기준법 제18조(임금의 정의)
- 근로기준법 제19조(평균임금의 정의)

4

잡급

🖐 의의

제조현장외의 관리직 일용근로자에게 지급하는 일당을 처리하는 계정이다.
주로 일당 청소부나 아르바이트생, 임시 사무직의 일당 인건비를 처리한다.

🖐 업무 · 적요

제조경비 지급시에 처리한다.
임시직 일당 근로자, 시간급 또는 일당 아르바이트직, 청소부의 일당
• 손익계산서 〉 판매비와관리비 〉 잡급

🖐 증빙서류

잡급대장, 소득세 원천징수부

🖐 회계처리요령

아르바이트비

㈜재정은 당월의 아르바이트생을 일당 100,000원에 5일간 채용하여 마지막 일자에 일당을 정산하여 주다.

(차변) 잡급	500,000	(대변) 현금	495,550
		예수금	4,450

① 소득세 $(100,000-80,000)\times9\%\times(1-0.55)=810$
② 주민세 $810\times10\%=81(80)$
③ ①+② = 890
④ 890×5일 = 4,450

✋ 회계처리시 유의할 사항

잡급의 일당 지급시에는 계정분류에는 문제가 없으나 세무상 예수금 정리를 잘하여야 한다. 일당 80,000원 이상의 잡급을 지급하는 경우에는 소득세 원천징수의무가 있는 바 계산한 전액을 잡급으로 지급하면 소득세를 징구할 방법이 없기 때문에 미리 예수하여야 한다. 관련증빙을 위해서도 소득세 원천징수가 필요하다. 잡급대장 및 주민등록등본과 잡급 대장에는 매일의 수령인이 필요하다.

✋ 세무상 유의할 사항

일용직은 일당 80,000원까지는 비과세이며 세액의 55%를 공제한다(2004년부터). 3개월이상(건설업은 1년이상)동일한 고용주에게 고용된 자는 일용근로자로 보지 않음에 유의한다. 일용근로자의 급여액은 원천징수로서 과세를 종결한다 (다음달 10일 납부). 따라서 일용근로자가 별도로 종합소득을 신고할 의무는 없다(완납적 원천징수). 일용근로자의 소득공제는 일일 80,000원이므로 80,000원 이하 지급자는 소득세가 없다.

잡급의 원천징수는 다음의 산식에 의한다.

① (일당−80,000)×9%×(1−0.55(근로소득 세액공제))=근로소득세
② 근로소득세×10%=주민세
③ 근로소득세+주민세=원천징수세액

※ 위의 수식에서 0.55를 차감하는 것은 55%의 근로소득세액공제가 있기 때문이다.

한편 일당으로 계산하지 않고 주급으로 계산하는 경우에도 일당으로 원천징수하는 것이 일용근로자의 세금 절감을 위하여 필요할 것이다.

건설업의 경우에는 매월 잡급에 대한 원천징수를 신고하고 잡급대장을 잘 구비하여 놓아야 함에 유의한다. 건설업의 잡급대장에는 동일한 인물이 1년이상 계속 기록되면 일용근로자가 아닌 정규직원으로 보게 됨에 유의한다.

✋ 관련법령

- 소득세법 제47조(근로소득공제)
- 소득세법 제59조(근로소득 세액공제)
- 소득세법 제129조(원천징수세율)
- 소득세법시행령 제20조(일용근로자의 범위)

5
복리후생비

의 의

　복리후생비란 직장의 근로환경을 보다 훌륭하게 개선하고 일상업무를 기분 좋은 상태에서 처리해 나가도록 조치하기 위하여 기업이 부담하는 비용을 말한다. 복리후생비는 건강보험료, 고용보험료 등 기업이 강제적으로 부담해야 되는 비용이 있는 반면에 직원 휴게실, 직장 체육비, 건강진단비등 기업이 자발적으로 업무환경 개선을 위하여 부담하는 비용이 있다. 복리후생비의 성격은 지출에 대한 수혜자가 종업원이 되어야 하며 그 금액은 종업원 개인의 소득을 구성하는 것이 아니라 사내에서의 종업원의 복리증진을 위한 것 이어야 한다. 만약 지출이 종업원 개인의 소득을 구성하게 되면 급여의 성격이 되어 종업원은 근로소득세를 부담하여야 한다. 기업회계기준과 달리 법인세법에서는 손금 산입되는 복리후생비의 항목을 법인세법 시행령 제45조에서 구체적으로 나열하고 있다.

업무 · 적요

　매일 기록한다.
　회사부담분 건강보험료, 고용보험료, 산재보험료, 식대, 간식대, 회식대, 직원 경조비, 화환대, 사내식당운영비, 피복비, 직장보육시설운영비, 우리사주조합운영비, 직장연예비, 직장체육비, 체력단련비 등
- 손익계산서 〉 판매비와관리비 〉 복리후생비

증빙서류

　보험료 영수증, 식대, 간식대 영수증 또는 매입세금계산서, 사내식당 계약서, 체력단련비의 경우에는 회비영수증, 화환대의 간이 영수증, 카드계산서, 지급품의서, 결의서, 출금전표

 **회계처리요령**

| 복리후생비 |

회사는 회사의 창립기념일을 맞아 체육대회를 개최하였다. 이와 관련된 비용은 2,000,000원이며 지급하지는 않았다.

| (차변) 복리후생비 | 2,000,000 | (대변) 미지급금 | 2,000,000 |

회사는 종업원의 식대 1인당 50,000원을 총 100명에게 지급하였다.

| (차변) 복리후생비 | 5,000,000 | (대변) 현금 | 5,000,000 |

회사는 당기에 종업원의 건강보험료 및 고용보험료 회사부담분 1,500,000원을 납부하였다. 종업원부담분은 500,000원이다.

| (차변) 복리후생비 | 1,500,000 | (대변)현금 | 2,000,000 |
| 예수금 | 500,000 | | |

직원의 결혼 축하금으로 200,000원을 지급하였다.

| (차변) 복리후생비 | 200,000 | (대변) 현금 | 200,000 |

※ 회사외부의 사업자가 아닌 종업원에게 지급한 경우에는 금액이 50,000원을 초과하더라도 적격증빙이 필요없다.(지출결의서, 출금전표)

직원 회식비 총 1,000,000원을 회사카드로 지급하였다.

| (차변) 복리후생비 | 1,000,000 | (대변) 미지급금 | 1,000,000 |

회계처리시 유의할 사항

복리후생비는 사회 통념상 인정되는 범위 내에서 지출이 되도록 유의하여야 한다. 복리후생비가 과도한 경우에는 세무상 접대비나 직원들의 근로소득으로 과세될 수가 있음에 유의한다. 복리후생비는 계정분류만 유의하면 회계처리에는 어려움이 없겠다. 현장 근로자들의 복리후생비는 제조원가명세서를 거쳐 제조경비로 처리되므로 제조업에 있어서는 지출에 대하여는 항상 사무직과 현장생산직을 구분하여 계리하여야 한다. 복리후생비 지출 중 5만원이 넘는 금액은 상대방이 사업자인 경우에는 세금계산서, 계산서, 카드 영수증 등의 적격증빙을 받아야 하고 사업자가 아닌 경우에는 지출관련 증빙만 있으면 된다. 예를 들면 종업원에게 식대를 지급하는 경우에는 상대방이 사업자가 아니므로 적격증빙은 필요가 없으나 식당에 식대를 지급하는 경우에는 적격증빙 수취의무가 있는 것이다.

 ## 세무상 유의할 사항

종업원의 식대 월 10만원은 복리후생비로서 근로자의 근로소득을 구성하지 않으나 10만원을 초과하는 금액은 급여로 보아 소득세가 과세된다. 한편 종업원에게 월정 10만원 이외 회사에서 별도로 점심을 제공하는 경우에는 10만원은 급여로 보아 소득세가 과세된다. 그러나 식대 10만원 지급 외 저녁에 야간근로를 위하여 식대를 별도로 회사가 부담하는 경우에는 이에 해당되지 않는다.

한편 실무상 어려운 문제로서 회사가 일정한 식당을 계속적으로 사용하고 식대를 매월 정산하는 경우에 그 금액이 5만원을 넘는 것은 어쩔 수가 없음에도 사업자와의 거래에 있어 매 건당 5만원 이상의 거래에서는 세금계산서나 계산서 또는 카드 영수증등의 적격증빙을 갖추지 못하는 경우에는 증빙불비 금액의 2%를 가산세로 납부하여야 하는 규정 때문에 어려움이 있다. 카드를 사용하거나 아니면 5만원 이하의 영수증으로 분할하여 증빙을 갖추도록 한다.

관련법령

(1) 기업회계기준

기업회계기준은 복리후생비를 판매비와 관리비로 구분하여야 한다는 것 외에는 별 다른 규정이 없으므로 계정분류에만 유의하면 되겠다. 현장직원의 복리후생비는 제조경비가 됨에 유의한다.

(2) 법인세법(소득세법)

> **▶ 복리후생비의 손금불산입**
>
> ① 법인이 그 임원 또는 사용인을 위하여 지출한 복리후생비 중 다음 각호의 1에 규정하는 비용 외의 비용은 이를 손금에 산입하지 아니한다.
>   1. 직장체육비
>   2. 직장연예비
>   3. 우리사주조합의 운영비
>   4. 삭제
>   5. 국민건강보험법에 의하여 사용자로서 부담하는 건강보험료 기타 부담금
>   6. 영유아보육법에 의하여 설치된 직장보육시설의 운영비
>   7. 고용보험법에 의하여 사용자로서 부담하는 보험료
>   8. 기타 임원 또는 사용인에게 사회통념상 타당하다고 인정되는 범위 안에서 지급하는 경조사비 등 제1호 내지 제7호의 비용과 유사한 비용　　(법인세법시행령 제45조)

(3) 고용보험법

　고용보험은 근로자가 실직하였을 때 생계지원을 위한 실업급여 뿐만 아니라 실업예방, 고용촉진, 직업능력개발 및 원할한 인력수급을 목적으로 하는 적극적인 고용정책 수단으로 1995년 7월 1일 도입되어 1998년 10월 1일부터는 1인이상 전 사업장으로 확대되었다. 고용보험의 가입대상은 사업장에서 사업이 개시되면 사업주 또는 근로자의 의사와 관계없이 고용보험에 의무적으로 가입하여야 한다. 사업주는 사업의 개시, 폐업에 따른 개시일 또는 폐업일로 부터 14일 이내에 보험가입, 소멸신고를 하여야 한다. 또한 근로자를 채용하거나 근로자가 이직하는 경우에는 각각의 사유 발생일로부터 14일 이내에 근로복지공단에 신고하여야 한다. 보험 사업별 보험료율은 다음과 같다.

구　　분	보 험 료	부담자
실업급여	1%	근로자와 사업주가 각각 반씩 부담
고용안정사업	0.3%	사업주가 전액부담
150인미만	0.1%	상동
150인이상 중 우선지원대상	0.3%	상동
150인이상~1000인미만	0.5%	상동
1000인이상	0.7%	상동

　예를 들면 상시근로자가 150인미만 기업일 경우 근로자의 월임금이 100만원이라고 가정하면 근로자는 5,000원 사업주는 9,000원 총 14,000원의 보험료를 부담하여야 한다.

6

교육훈련비

 의의

교육훈련비라 함은 회사의 업무와 관련하여 임·직원등에 대한 교육, 훈련을 실시하기 위하여 회사가 부담하는 비용을 말한다.

업무·적요

발생시에 기록한다.

해외연수비, 학원비, 위탁교육비, 워크샾 비용, 신입사원 교육비, 연수원 임차료, 교육용 소모품비

• 손익계산서 〉 판매비와관리비 〉 교육훈련비

증빙서류

원천징수영수증(강사비 소득세), 세금계산서(교육자재비에 대한), 매입세금계산서(연수원 임차료)

회계처리요령

외부초청강사

회사는 고용관계없는 강사를 초청하여 직원들에게 마케팅 교육을 실시하고 있다.

외부초청강사료는 1회당 1,000,000원이다. 강사는 대학교수이다.

| (차변) 교육훈련비 | 1,000,000 | (대변) 현금(예금) | 945,000 |
| | | 예수금 | 55,000 |

1,000,000 × (1 − 0.75) × 20%(원천징수세율) = 50,000(주민세 10%별도)

외부초청 강사비는 부가세가 면세되는 인적용역으로서 기타소득으로 원천징수 납부하여야 한다. 필요경비 75%인정

워크샵 비용

회사는 직원들의 교육을 위하여 설악산에서 워크샵을 실시하고 관련비용을 지불한다.

연수원 임차료	1,000,000(부가세 별도)
식대	2,000,000(부가세 별도)
숙박비	3,000,000(부가세 별도)

(차변) 교육훈련비	6,000,000	(대변) 현금, 예금	6,600,000
선급부가세	600,000		

회계처리시 유의할 사항

회계처리에는 특이한 사항이 없다. 다만 외부초청 강사료를 지급하는 경우에는 필요경비가 75%인정되는 기타소득으로 원천징수하여 증빙을 갖추도록 한다.

세무상 유의할 사항

세무상 교육훈련비는 부당하다고 인정될 정도가 아닌 한 전액 손금산입이 가능하므로 실제 비용을 처리하면 무난하다.

관련법령

- 기업회계기준 43조, 44조
- 법인세법 제26조

▶ 과다경비 등의 손금불산입 (법인세법 제26조)

다음 각호의 손비 중 대통령령이 정하는 바에 따라 과다하거나 부당하다고 인정되는 금액은 내국법인의 각 사업연도의 소득금액계산에 있어서 이를 손금에 산입하지 아니한다.

  3. 여비 및 교육 훈련비
  6. 제1호 내지 제5호 외에 법인의 업무와 직접 관련이 적다고 인정되는 경비로서 대통령령이 정하는 것

7
여비교통비

의 의

여비교통비과목은 임·직원이 업무 수행을 위하여 지출되는 여비와 교통비를 처리하는 계정으로서 여비의 경우에는 장거리의 출장 시에 소요되는 경비이고 교통비의 경우에는 단기간에 단거리의 업무수행에 소요된 경비이다.

업무 · 적요

매일 기록한다.

택시비, 지하철요금, 버스요금 등의 시내교통비, 항공운임, 숙박비, 출장중의 식대, 입장권, 승선권, 교통비 등 출장여비, 주차료, 통행료

- 손익계산서 〉 판매비와관리비 〉 여비교통비

증빙서류

택시비는 증빙을 수취할 수가 없다. 구간을 명기하고 금액을 표기한 지출결의서로 대신한다. 시내 교통비의 대부분은 증빙 수취 불가능하므로 택시비처럼 지출결의서로 대신한다. 여비의 경우에는 숙박비, 식대, 항공료 등 증빙수취가 가능하므로 증빙을 구비한다.

회계처리요령

출장시의 전도금 처리

20X3년 5월 1일 직원의 출장으로 인하여 선불로 300,000만원을 지급하고 돌아와서 정산하기로 함.

(차변) 전도금	300,000	(대변) 현금	300,000

20X3년 5월 2일 출장을 끝내고 다음과 같이 정산하고 관련증빙을 제출하다.
숙박비 150,000원(카드영수증), 항공료 60,000원(항공표), 식대 30,000(영수증), 택시비 20,000원(증빙없음)

(차변) 여비교통비	260,000	(대변) 전도금	300,000
현금	40,000		

일반교통비의 처리

직원의 외근업무로 인하여 택시비 30,000원 지출하다. 증빙은 없다.

(차변) 여비교통비	30,000	(대변) 현금	30,000

택시비는 적격증빙 수취의무가 없고 영수증 수취도 어려우므로 사내지급전표 및 지급결의서로 증빙을 대체하여도 상관없다.(구간거리 표기)

회계처리시 유의할 사항

여비교통비의 과목은 해외출장을 제외하고는 연중 고르게 발생하며 그 금액이 크지 않는 것이 특징이다. 따라서 회계처리시에는 그다지 어려운 문제가 없다. 여비, 교통비가 과다 지출된 월이나 해에는 그 원인을 파악하여 관련 증빙을 확보한다. 회사의 업무와 관련없는 여비, 교통비를 회사의 계산으로 계리하여서는 아니되고 사용자의 가지급금으로 개인기업의 대표자는 인출금으로 처리하여야 한다. 여비교통비의 처리에 있어 업무와의 연관성을 파악한다는 것은 회계처리를 한 담당자 외에는 그 실질을 알기가 힘든 것이 사실이다. 더욱이 여비교통비 계정의 과목은 그 금액이 다른 계정과목과 비교하여 크지 않고 실제의 여비, 교통비가 거의 대부분인 경우이므로 이에 대한 규정과 증빙을 잘 갖추기만 하면 될 것이다. 사용인이 업무와 관련하여 해외출장시 국외에서 재화 또는 용역을 공급받는 경우에는 적격증빙서류수취대상이 아니다. 따라서 해외출장비는 회사의 관리목적을 위하여 다음의 증빙을 수취하면 될 것이다. 그러나 적격증빙서류수취 대상이 아니라고 하여 증빙을 갖추지 않아도 된다는 의미는 아니다. 단지 적격증빙불비 가산세만 없을 뿐이므로 세무조사를 대비하여 다음과 같은 증빙서류는 갖추어야 한다.

항공료는 영수증, 숙박비와 음식점은 현지의 영수증, 국내 여행사의 대행수수료는 세금계산서를 수취한다.

세무상 유의할 사항

(1) 손금산입

여비교통비에 대한 회계처리는 다른 손익계정과 다를 바가 없으므로 추가적인 설명을 생략하고 세법상 여비교통비의 세무상 손금산입여부에 대하여 알아보자.

기업체가 재화나 용역의 제공을 받는 경우 거래건당 50,000원 초과는 반드시 계산서, 세금계산서, 신용카드 매출전표를 받도록 하고 있고 이러한 정규증빙을 받지 않는 경우에는 거래금액의 2%를 가산세로 납부하여야 한다. 따라서 여비교통비의 경우에도 이러한 증빙을 챙겨야 하는 문제가 발생하므로 해당 직원들의 출장 시 거래 건당 50,000원 초과는 반드시 정규증빙서류를 챙겨야 한다. 기타증빙으로 손금의 인정은 가능하나 세금계산서 등의 정규증빙이 아닌 경우에는 2%의 가산세를 부담하여야 한다. 한편 여비 출장비를 직원의 개인카드로 사용한 뒤 회사에 청구하는 경우 이러한 경우에는 회사의 경비로 인정이 가능하나 접대비의 경우에는 임·직원의 개인카드는 인정을 받을 수 없음에 유의하여야 한다.

구분	여비교통비	접대비
증빙수취의무 금액한도	건당 50,000원 초과	건당 50,000원 초과
법인카드	손금인정	손금인정
임·직원 개인카드	손금인정	손금불산입(50,000원 이하는 인정)

여비교통비를 기업회계기준에 따라 처리하는 경우라도 세법에서는 경비의 인정범위를 별도로 규정하고 있다. 경비의 경우에는 업무와의 관련에 따라 경비의 손금산입여부가 결정된다.

(2) 해외여행과 관련된 여비인정범위

사업자 또는 종업원의 해외여행에 관련하여 지급하는 여비는 그 해외여행이 당해 사업의 업무 수행상 통상 필요하다고 인정되는 부분의 금액에 한한다. 따라서 사업의 업무 수행상 필요하다고 인정되지 아니하는 해외여행의 여비와 당해 사업의 업무 수행상 필요하다고 인정되는 금액을 초과하는 부분의 금액은 원칙적으로 사업자에 대하여는 출자금의 인출로 하며 종업원에 대하여는 당해 종업원의 급여로 한다. 다만, 그 해외여행이 여행기간의 거의 전 기간을 통하여 분명히 당해 사업의 업무 수행상 필요하다고 인정되는 것인 경우에는 그 해외여행을 위해 지급하는 여비는 사회통념상 합리적인 기준에 의하여 계산하고 또한 부당하게 다액이 아니라고 인정되는 한 전액을 당해 사업의 필요경비로 한다.

관련법령

- 기업회계기준 제43조(판매비와 관리비의 범위)
- 법인세법 제26조(과다경비 등의 손금불산입)
- 소득세법기본통칙 27-29(국내여비의 필요경비 산입기준)
- 소득세법기본통칙 27-26(업무수행상 필요한 해외여행의 판정)
- 법인세법기본통칙 2-3-31…9(해외여비의 용인범위)
- 소득세법기본통칙 27-28(여비의 용인범위)

<h1 style="text-align:center">8
통신비</h1>

 **의의**

통신비는 전화료, 전보료, 텔렉스, 우표 등 의사교환을 위하여 지출한 각종 비용과 그 유지비용을 총괄하는 계정으로서 통신비 과목으로서 계리한다. 통신비의 경우에는 비교적 소액이고 또한 그 증빙의 처리가 잘 되는 편이다.

업무 · 적요

매일, 매월 기록한다.

전화료, 전보료, 텔렉스비, 우편발송비용, 우표, 인터넷 수수료, 휴대폰 요금, 전용회선 사용료, 신용카드체크기 수수료, 정보통신료

• 손익계산서 〉 판매비와관리비 〉 통신비

증빙서류

납부고지서, 입금표, 영수증, 세금계산서

회계처리요령

전화료

20X3년 5월 20일 4월분 전화료 100,000(부가세 5,000원 포함)원의 청구서가 통지되었다. 납부기한은 익월 10일까지이다.

20X3년 5월 20일 청구시

(차변) 통신비	95,000	(대변) 미지급금	100,000
선급부가세	5,000		

20X3년 6월 10일 납부시

(차변) 미지급금	100,000	(대변) 현금	100,000

앞의 회계처리가 원칙이나 결산기를 걸치지 않는 경우에는 납부시에 일괄처리하여도 무방하다.

전용회선 사용료

20X3년 5월 10일 4월분 전용회선 사용료 1,000,000(부가세 100,000원 별도)원의 청구서가 통지되었다. 납부기한은 이달 20일까지이다.

20X3년 5월 20일 청구시
납부일이 월을 넘기지 않으므로 비망기록 하였다가 납기일에 납부하면 되므로 별도의 회계처리 필요없다.

20X3년 6월 10일 납부시

| (차변) 통신비 | 1,000,000 | (대변) 현금 | 1,100,000 |
| 선급부가세 | 100,000 | | |

회계처리시 유의할 사항

통신비는 비교적 외부증빙이 잘 갖추어지고 연 중 고르게 발생하므로 회계처리에는 어려움이 없다. 월 통신비가 급격히 변동하는 경우에는 그 사유를 알아보고 관련증빙을 잘 갖추도록 한다.

회계처리 상으로는 일반 경비의 회계처리와 같이 발생시에 차변에 통신비 과목으로 대변에 현금이나 미지급금의 계정으로 처리하면 되겠다.

세무상 유의할 사항

통신비에 대하여는 세무상 별다른 제한이나 제재 규정이 없으므로 발생한 금액 그 대로 처리하고 관련증빙만 구비하면 되겠다. 결산기를 걸치는 비용은 반드시 미지급금으로 계리하여야 함에 유의한다.

9
소모품비

🖐 의의

소모품비는 사무용품외의 회사의 소모품 구입을 위한 지출을 처리하는 계정
이다.

소모품비는 다른 비품의 원활한 작동, 유지를 위한 것 또는 그 자체로서는
단독계정으로 처리하기 곤란한 잡다한 지출들을 처리한다.

🖐 업무 · 적요

구입시에 처리한다.

거울, 시계, 청소용구, 액자, 화분, 건전지, 전구, 팩스, 프린터 등의 부품교체
비, 형광등

• 손익계산서 〉 판매비와관리비 〉 소모품비

🖐 증빙서류

거래건당 부가세 포함하여 100,000원 이상인 경우에는 매입세금계산서, 카드
영수증 100,000원 미만인 경우에는 간이영수증 가능, 지출결의서, 출금전표

🖐 회계처리요령

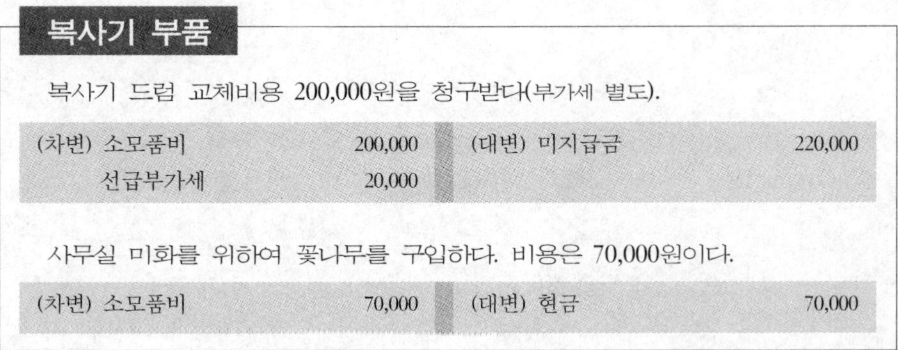

복사기 부품

복사기 드럼 교체비용 200,000원을 청구받다(부가세 별도).

| (차변) 소모품비 | 200,000 | (대변) 미지급금 | 220,000 |
| 선급부가세 | 20,000 | | |

사무실 미화를 위하여 꽃나무를 구입하다. 비용은 70,000원이다.

| (차변) 소모품비 | 70,000 | (대변) 현금 | 70,000 |

🖐 회계처리시 유의할 사항

  사무용품비와 마찬가지로 취득금액이 100,000원 이하인 소액의 소모품비는 전액 당기의 비용으로 처리하는 것이 편리할 것이다. 그러나 관리대장은 필요하다.

🖐 세무상 유의할 사항

  어구나 공구, 금형, 전기기구, 가스기기, 가정용 비품(냉장고, 비디오 등)등은 그 취득가액이 1,000,000원을 초과하더라도 회사가 경비로 처리하면 세무상으로도 손금 인정된다.

🖐 관련법령

- 법인세법시행령 제56조(즉시상각의 의제)

10
임차료

 **의의**

지급임차료는 토지, 건물, 기계, 선박, 차량운반구 등의 유형자산을 임차하여 그 소유자에게 지급하는 임차료 중 판매비와관리비에 속하는 것을 말한다. 공장 등의 제조를 위한 지급임차료는 제조간접비의 항목으로 제조원가에 산입되는 반면에 사무실이나 차량 운반구 등 판매와 관리를 위하여 지급한 임차료는 판매비와관리비의 항목에 포함하는 것이다. 지급임차료는 선급 또는 후급의 형태로 지불하는데 결산시에는 이를 구분하여 선급비용 또는 미지급비용으로 각각 구분 계리하여야 한다.

업무 · 적요

매월 한번 기재한다.

기계 임차료(제조경비), 사무실 임차료(판매비와관리비), 공장임차료(제조경비), 전시장 임차료, 복사기 등 임차료(판매비와관리비), 차량 렌트료(사용자에 따라 판매비, 제조경비 구분), 창고 및 주차장 임대료(판매비와관리비 또는 제조경비), 사택임차료, 특허권 사용료, 로열티

- 손익계산서 〉 판매비와관리비 〉 임차료

증빙서류

임차계약서, 입금전표, 은행송금영수증, 계좌이체확인서, 매입세금계산서

 **회계처리요령**

매년 선 지급시

지급시

회사는 매년 7월 1일 1년치의 임차료를 선급으로 지급한다. 올해의 임차료는 연간 10,000,000원이고 7월 1일에 지급하였다.

(차변) 지급임차료	10,000,000	(대변) 현금	10,000,000

결산시

결산기가 도래하여 선급분을 계리하다.

(차변)선급비용	5,000,000	(대변) 지급임차료	5,000,000

기간 미경과분을 당기의 비용에서 차감하다.
올해의 임차료는 5,000,000원으로 계상되었다.

다음해 1월 1일

(차변) 지급임차료	5,000,000	(대변) 선급비용	5,000,000

다음해 7월 1일 지급시

(차변) 지급임차료	10,000,000	(대변) 현금	10,000,000

다음 해 결산시

(차변) 선급비용	5,000,000	(대변) 지급임차료	5,000,000

매년 후 지불시

결산시

회사는 매년 7월 1일 1년치의 임차료를 후급으로 지급한다. 올해의 임차료는 연간 10,000,000원이고 내년 7월 1일에 지급할 예정이다. 결산기가 도래하다.

(차변) 지급임차료	5,000,000	(대변) 미지급비용	5,000,000

다음해 1월 1일

(차변) 미지급비용	5,000,000	(대변) 지급임차료	5,000,000

다음해 7월 1일 지급시

다음 해 7월1일 1년치 임차료를 후급으로 지불하다.

(차변) 지급임차료	10,000,000	(대변) 현금	10,000,000

다음해 결산시

(차변) 지급임차료	5,000,000	(대변) 미지급비용	5,000,000

※ 기간 경과분을 당기의 비용으로 계상하다.

회계처리시 유의할 사항

월별로 임차료를 지급하는 경우에 후불일 경우에는 결산일에 반드시 이 달의 미지급비용으로 계산하여 당기에 인식하여야 한다. 금액이 큰 경우에는 일할 계산하여 인식하여야 할 것이나 금액이 크지 않은 경우에는 굳이 일할 계산할 필요는 없다.

매년 1회지급하는 경우에는 앞의 예제와 같이 기간 미 경과분 또는 선급분을 반드시 인식하여야 한다.

세무상 유의할 사항

지급임차료에 있어 세금계산서 등의 수취의무가 있는 바 다음의 경우에는 적격증빙서류 수취대상에서 제외된다.

주택임대의 경우에는 법인이 아닌 주택임대업자로부터 주택임대용역을 공급받는 경우, 간주임대료를 임차인이 부담하는 경우, 간이과세자로부터 주택을 제외한 부동산 임대용역을 제공받는 경우, 위의 경우에는 은행송금 영수증으로 증빙을 대체한다.

관련법령

- 기업회계기준 43조
- 소득세법 27조
- 소득세법 시행령 55조 1항 7조 다
- 법인세법 19조
- 법인세법 시행령 19조 6항

═ **11** ═

접대비

 의의

접대비란 사업과 관련하여 특정된 거래처나 이해관계자와의 교제를 위하여 지출한 금액을 말한다. 사업상 필요한 지출이나 상대방이 불특정인 경우에는 광고선전비를 계리하는 경우와 비교된다. 사업과 관련없는 지출은 기부금으로 계리된다.

회계처리계정

상대방	사업관련	사업과 무관
특정	접대비	기부금
불특정	광고선전비	기부금

업무 · 적요

지출시마다 기록한다.

거래처와의 주대, 식대, 경조비용, 내빈 숙박비

- 손익계산서 〉 판매비와관리비 〉 접대비

증빙서류

5만원 초과 금액은 신용카드 영수증이나 매입세금계산서(계산서), 5만원이하는 간이세금계산서, 지급결의서, 대체전표, 출금전표는 공통

회계처리요령

접대비

거래처 접대를 위하여 주대 1,000,000원, 식대 100,000원, 숙박비 200,000원을 카드로 결제 하였다(모두 부가가치세 포함 가격이다).

(차변) 접대비	1,300,000	(대변) 미지급금	1,300,000

※ 접대비의 부가가치세는 매입세액 공제되지 않으므로 부가가치세를 포함한 전액을 접대비로 계리한다.

회계처리시 유의할 사항

거래처와 관련하여 지출한 비용은 접대비로 처리 하면 된다. 주주나 임원 개인의 지출을 회사의 접대비로 경리 하여서는 아니 된다. 결산기가 다가오는 10월경에는 접대비의 세법상 한도를 미리 측정하여 한도초과가 있는 경우에는 법인세 부담이 있으므로 지출을 통제하여야 한다. 연매출액 100억원인 중소기업인 경우 접대비 한도액은 3천8백만원이다. 접대비와 관련하여 수취한 매입계산서는 매입세액 공제대상이 아니므로 별도로 부가세 선급금으로 처리하지 아니하고 부가세까지 합쳐서 비용으로 처리한다.

> 세법상 한도 : (중소기업 1,800만원 : 대기업 1,200만원) + 매출액의 0.2%(100억까지)

세무상 유의할 사항

회계처리상 접대비는 그 한도가 없으나 세법상으로는 접대비의 과도한 지출을 억제하기 위하여 그 한도를 설정하여 놓고 있다. 따라서 한도를 초과하는 접대비는 세무상으로는 손금으로 인정받지 못한다. 법인이 결산한 접대비는 다음과 같이 두단계로 손금부인되는 절차를 거친다.

5만원 초과 지출 접대비 중 카드영수증, 계산서, 세금계산서가 없는 지출은 일단 손금부인된다.

위에서 부인된 금액을 제외한 나머지 금액이 세법상 한도를 초과하는가를 판단하여 초과금액은 손금부인된다.

접대비의 손금부인(사례 1)

접대비를 손금부인하는 차례는 먼저 5만원초과 지출 금액 중 적격 증빙 불비 접대비를 손금부인하고 다음으로 한도초과액을 손금부인한다.
㈜재정의 당기에 지출한 접대비의 내역은 다음과 같다.

구　　　분	건당 5만원이하	건당 5만원 초과	합　　계
신용카드 및 세금계산서분	5,000,000	10,000,000	15,000,000
영수증 수취분	23,000,000	6,000,000	29,000,000
합계	28,000,000	16,000,000	44,000,000

㈜재정은 본점을 서울에 두고 있는 중소제조업이며 당해 사업연도의 총 매출액은 2,000,000,000원이다.

① 5만원 초과 접대비 중 증빙 미 수취분 손금불산입

먼저 건당 5만원 초과 지출분 중 영수증 수취분 6,000,000원은 손금불산입 된다(기타 사외 유출).

만약에 접대비 지출액이 5만원이라면 증빙수취대상이 아니므로 전표나 지출결의서 또는 영수증으로 손금이 가능하다(5만원 초과만 대상이다).

② 접대비 한도 초과액 손금불산입

접대비 해당액 $44,000,000 - 6,000,000 = 38,000,000$

접대비 한도액 $18,000,000 \times 12/12 + 2,000,000,000 \times 2/1,000 = 22,000,000$

접대비 한도초과액 $38,000,000 - 22,000,000 = 16,000,000$(손금불산입, 기타사외유출)

직원 명의로 된 신용카드로 접대비를 결제한 경우에 세무상 인정되는가 여부는 다음과 같다.

※ 50,000원 초과는 손금불산입 50,000원 이하는 접대비로 인정한다.

【직원명의의 신용카드 사용시 세무상 손금인정여부】

	접대비	여비, 교통비, 복리후생비
50,000원 초과	불인정	인정
50,000원 이하	인정	인정

관련법령

- 법인세법 제25조(접대비의 손금불산입)
- 법인세법시행령 제40조(접대비의 수입금액계산기준 등)
- 법인세법시행령 제41조(접대비의 신용카드 등의 사용)
- 법인세법시행령 제42조(접대비의 범위)

12
감가상각비

 **의의**

　당기에 발생한 수익에는 수익창출에 공헌한 당기의 비용이 대응되어야 하는 것이 수익비용대응의 원칙이다. 당기에 발생한 수입금액에 직접적으로 대응하는 원가는 매출원가이다. 한편 판매비와 관리비 역시 당기의 수익을 창출하기 위하여 발생하는 필요 불가결한 비용이다. 그런데 건물이나 기계장치등과 같은 고정자산의 경우에는 당기 뿐만 아니라 그 수명이 다 할 때까지 수익창출에 공헌하는 바 당기의 수익에만 대응되는 비용을 산정하여야 할 필요가 있다. 이러한 감가성 자산의 수익창출에 희생된 비용을 측정하여 수익에 대응하는 방법이 감가상각인 것이다.

　감가상각비는 수익에 대응하는 비용을 인정하는 방법 중 수익에 직접대응이 어려운 경우 감가성 유형고정자산의 취득원가를 체계적으로 배분하여 수익에 간접적으로 대응하는 경우의 비용이다. 다른 원가와 마찬가지로 제품의 판매를 위하여 사용되는 사무실 건물과 같은 유형자산의 감가상각비는 판매비와 관리비의 항목으로 하며 제조에 사용되는 건물 기계장치의 감가상각비는 제조간접비로서 제조원가에 산입된다.

업무 · 적요

　결산시에 기록한다.

　건물감가상각비, 구축물 감가상각비, 기계장치 감가상각비, 차량운반구 감가상각비, 공구, 비품감가상각비

- 손익계산서 〉 판매비와관리비 〉 감가상각비

증빙서류

　취득원가에 대한 매매계약서, 세금계산서, 감가상각비 계상한 대체전표, 감가상각비계산명세서 구비

✋ 회계처리요령

(1) 감가상각비산정

감가상각비를 산정하기 위해서는 취득가액, 잔존가액, 내용연수, 감가상각방법이 결정되어야 한다.

① 자산의 취득원가는 그 자산을 사용에 공하기까지 지출한 모든 비용을 취득원가에 산입한다.

② 잔존가액은 회계담당자의 경험과 판단에 의한다. 그러나 잔존가액 자체가 추정치에 불과하고 잔존가액이 있으면 감가상각으로 인한 세 절약 효과가 줄어드는 한편 세법에서도 잔존가액을 인정하지 않으므로 잔존가액을 0으로 한다.

③ 내용연수는 회계담당자의 객관적이고 합리적인 판단에 의하여 추정한다. 일반적으로 기업에서는 세법과의 충돌을 방지하고자 세법에 의하여 자산의 내용연수를 추정하는데 기업회계기준의 입장에서는 세법의 내용연수를 인정하지 않을려고 하기 때문에 회계담당자의 합리적인 판단이 필요한 사항이다.

④ 감가상각방법은 정율법, 정액법, 생산량 비례법, 내용연수합계법 등이 있다. 실무에서는 기계장치, 차량, 공구, 비품 등은 정율법이 일반적이고 건물에 대하여서는 정액법을 사용하고 있다.

(2) 감가상각방법

❶ 정액법

취득원가를 내용연수동안 일정액으로 배분하는 방법이다.

산식은 다음과 같다.

취득원가 ÷ 내용연수 = 감가상각비

예를 들어 취득가액 1,000,000원의 차량이 내용연수가 5년이라면 상각률이 0.2로 결정된다. 그러므로 매년 상각비는 1,000,000 × 0.2 = 200,000으로 결정된다 (1,000,000원 ÷ 5년 = 200,000원).

유형자산이 제공하는 효익이 내용연수동안 일정하게 제공되는 경우에 합리적인 방법이다. 건물이 이러한 경우에 해당 될 것이다.

1년도	(차변) 감가상각비	200,000	(대변) 감가상각누계액	200,000
2년도	(차변) 감가상각비	200,000	(대변) 감가상각누계액	200,000
3년도	(차변) 감가상각비	200,000	(대변) 감가상각누계액	200,000
4년도	(차변) 감가상각비	200,000	(대변) 감가상각누계액	200,000
5년도	(차변) 감가상각비	199,000	(대변) 감가상각누계액	199,000

감가상각이 완료된 마지막 해에는 1,000원을 남기고 상각한다. 감가상각은 끝났지만 처분하기 전까지 계속관리하기 위함이다.

❷ 정율법

감가상각비가 기간이 경과함에 따라 체감한다. 기계는 초기에 많은 수익을 올리고 사용기간이 길수록 그 성능이 떨어지므로 여기에 대응하는 감가상각비도 초기에 많이 계상되고 갈수록 적게 계산되는 방법이다. 유형자산의 가치가 점차 감소한다고 가정하므로 정액법보다 수익과 비용의 대응이 잘 이루어진다. 산식은 다음과 같다.

$$\underset{\text{장부가액}}{(\text{취득원가} - \text{감가상각누계액})} \times \text{상각률} = \text{감가상각비}$$

예를 들어 취득가액 1,000,000원의 차량의 내용연수가 5년으로 결정되었다면 상각률은 법인세법 시행규칙 [별표4]에 의하여 0.451로 결정된다. 취득가액과 상각률이 결정되었으므로 5개년 간의 감가상각비를 계상하면 다음과 같다.

1년도 : $(1,000,000 - 0) \times 0.451 = 451,000$

2년도 : $(1,000,000 - 451,000) \times 0.451 = 247,600$

3년도 : $(1,000,000 - 698,600) \times 0.451 = 135,930$

4년도 : $(1,000,000 - 834,530) \times 0.451 = 74,630$

5년도 : $(90,840 - 1,000) = 89,840$

5년차의 감가상각비가 4년차보다 많은 이유는 정율법의 상각율을 계상하기 위해서는 잔존가액이 필수적이므로 잔존가액을 취득가액의 5%로 가정하여 상각률을 계산하였기 때문이다. 감가상각이 끝난해에는 장부가액 1,000원을 남긴다.

❸ 생산량비례법

생산량 비례법 : 감가상각비가 조업도에 따라 결정된다.

취득원가 × (당기채굴량 / 총채굴예정량) = 감가상각비

❹ 내용연수합계법

내용연수합계법 역시 정율법처럼 초기에 감가상각비가 많이 계상되고 기간이 경과할수록 감가상각비가 적어진다.

취득가액 × 상각율=감가상각비

예를 들어 취득원가 1,000,000원 내용연수가 4년이라면 1년부터 4년까지의 누계연수는 10년이 된다. 누계연수당 한해의 감가상각비는 100,000원씩 계산되는데 첫해에는 4년을 다음 해에는 각각 3년, 2년, 1년의 가중치를 두어 상각하는 방법이다. 첫해에는 400,000원 다음 해에는 각각 300,000원, 200,000원, 100,000원씩 감가상각비가 계상된다.

내용연수 합계법

1년도	(차변) 감가상각비	400,000	(대변) 감가상각누계액	400,000
2년도	(차변) 감가상각비	300,000	(대변) 감가상각누계액	300,600
3년도	(차변) 감가상각비	200,000	(대변) 감가상각누계액	200,000
4년도	(차변) 감가상각비	99,000	(대변) 감가상각누계액	99,000

(주) 1년도 감가상각비 : $1,000,000 \times \dfrac{4}{1+2+3+4} = 400,000$

2년도 감가상각비 : $1,000,000 \times \dfrac{3}{1+2+3+4} = 300,000$

회계처리시 유의할 사항

① 감가상각방법은 세법을 준용하여 사용하도록 한다.

세법에서는 건물과 구축물은 정액법을 기계장치와 차량운반구는 정액법과 정율법 중 선택가능하도록 되어 있으므로 회사에서도 건물과 구축물은 정액법을 기계장치와 차량운반구는 정액법, 정율법을 선택하여 계속 사용하도록 한다.

② 그러나 정율법을 사용하면 초기의 이익이 적게 발생하므로 당기순이익이

필요한 회사는 정액법을 택하는 것도 무방하다. 건물에 대하여는 세무상 정률법 인정이 안됨에 유의.

③ 한편 자산의 내용연수에 대하여는 담당자의 판단이 필요하나 세법에서 규정하고 있는 자산의 내용연수를 따르는 것이 무난하다. 기업회계기준에서는 세법상의 자산의 내용연수를 인정하지 않는다. 그러나 세법상의 자산의 내용연수가 적절하지 않다고 주장하는 경우에는 그 정당성을 주장하는 자가 입증하여야 할 것인데 그 입증도 쉽지가 않을 것이다.

④ 감가상각방법을 변경하고자 할 때에는 결산일이 12월 31일인 회사는 9월말일 까지 관할 세무서에 감가상각방법 변경신고서를 제출하여야 한다.

⑤ 회계연도 중에 감가상각 자산을 취득하는 경우에는 기업회계기준에 의하여 월 할로 상각하여야 한다. 세법상으로도 월할로 상각하는 범위 내에서만 감가상각비가 인정됨에 유의하여야겠다.

⑥ 세법에서는 정액법, 정율법, 생산량비례법만 인정하고 있다.

⑦ 실무적으로 자체 건물이 없는 사업체인 경우 차량운반구, 비품은 일괄적으로 내용연수 5년, 정율법에 의한 상각율 0.451 또는 정액법 상각율 0.2를 적용하여 계산하면 간단하다. 기계장치는 이 절 뒷부분에 있는 법인세법 시행규칙 [별표6]에 의한 내용연수와 [별표4]에 의한 상각율을 적용하면 된다.

⑧ 자산의 추가적 지출이나 취득원가를 당기의 비용으로 계산하더라도 세법상 손금으로 용인되는 경우는 다음과 같으므로 회계처리시 참조한다.

(가) 자산을 취득하는 경우의 취득원가를 비용으로 처리한 경우

    a. 품목에 관계없이 무엇이던지 100만원이하는 전액 당기의 손금으로 인정된다. 그러므로 회사가 100만원이하 자산을 구입하는 경우에는 무엇을 구입하던지 간에 당기의 비용으로 하던지 자산으로 회계처리하던지 세법상 상관이 없다(단, 대량 보유하거나 사업개시때는 안된다).

    b. 금액과 상관없이 공구, 금형, 가구, 가정용 비품은 전액 당기의 손금으로 인정된다. 그러므로 공구나 금형, 가정용 비품을 구입하는 경우에는 금액과 상관없이 전액 당기의 비용으로 하던지 자산으로 하던지 세법상 무방하다. 비디오테이프는 30만원 미만만 당기비용으로 처리가능.

(나) 자산 취득후 자본적 지출을 비용으로 처리한 경우

    a. 개별자산별 지출액이 300만원 미만이면 전액당기의 손금으로 인정이 된다.

    b. 장부가액의 5%미만이면 전액당기의 손금으로 인정이 된다.

    c. 3년미만 주기적 수선비도 전액인정

감가상각비는 결산서에 손금으로 계상한 경우에 한하여 법인세법상 손금으로 인정된다. 즉 세법은 법인이 감가상각비를 결산에 반영하였을 경우에 과다상각액을 손금부인하는 역할만 할 뿐 법인이 감가상각비를 결산에 반영하지 않았을 경우에는 아무런 역할을 하지 않는 것이다. 단 전기 부인액이 있는 경우에 법인이 결산에 감가상각을 반영 하지 않으면 당기의 감각상각한도가 남게되므로 한도내에서 손금추인은 가능하다. 결국 법인이 상각범위액을 넘지 않는 범위내에서는 감가상각여부, 금액등을 법인이 임의로 선택가능한 것이다. 그러나 법인이 감가상각을 계속적으로 하지 않으면 기업회계기준 위배이다.

세무상 유의할 사항

(1) 감가상각 일반

① 세법상으로는 감가상각은 회사가 임의로 할 수도 있고 하지 않아도 된다. 그러나 회사가 감가상각을 하지 않으면 외부감사대상기업의 경우에는 한정의견을 받게 되므로 유의한다.

② 외감법 대상이 아닌 기업은 당기의 손익계산서의 당기순이익이 커져야 할 필요가 있는 경우에는 감각상각을 생략한다.

③ 이익이 많은 회사는 세 절감을 위해서 미리 감가상각을 하는 것이 좋고 가속상각이 가능한 정율법을 택하여 하도록 한다.

④ 기업회계기준 위배와 당기순이익, 법인세 효과 등 세가지가 미치는 영향을 고려하여 감가상각 실시여부와 감가상각방법을 택하도록 한다.

회사가 조세특례제한법에 의하여 각종 세액감면, 공제를 받는 경우에는 당해년도의 결산시에 감가상각을 하였는지 검토하여야 한다. 당해년도에 감가상각을 하지 않고 세액감면, 공제를 받은 경우에는 당해년도에 속하는 감가상각비는 차기 이후에 결산시 감가상각비로 계상하더라도 세법상으로는 감가상각

비로 손금계상이 되지 않으므로 세액감면, 공제 받음으로 인한 세 절감 효과와 감가상각비를 손금으로 계상한 경우의 세 절감 효과를 비교하여야 한다.

(2) 법인세법에 의한 감가상각방법의 적용

법인세법 시행령 제26조에는 다음과 같이 감가상각 자산별로 감가상각 방법을 규정해놓고 있다. 따라서 법인도 세법에서 정하는 바에 따라 감가상각방법을 적용하는 것이 편리하겠다. 기업회계기준등에 관한 해석에서는 자산의 내용연수와 잔존가액에 대하여 일방적으로 법인세법을 따르는 것은 용인치 않고 있으나 감가상각방법에 관하여서는 별다른 언급이 없으므로 실무상 편리하게 법인세법에 따르면 편리하겠다.

건축물과 무형고정자산에 대하여는 정액법

건축물 외의 유형고정자산에 대하여는 정액법 또는 정률법

※ [참조] 광업권에 대하여는 정액법 또는 생산량비례법

광업용 유형고정자산에 대하여는 정액법, 정률법, 생산량비례법

(3) 감가상각방법의 신고기한

감가상각방법은 자산을 취득한 날이 속하는 사업년도의 법인세 과세표준신고기한(결산일로부터 3개월이내)까지 감가상각방법신고서를 납세지 관할세무서장에게 제출하여야 한다. 만약 신고를 하지 아니한 경우에는 건축물에 대하여는 정액법으로 기계장치 등에 대하여서는 정률법으로 상각범위액을 계산하여 회사가 계상한 감가상각비를 시부인한다.

시부인의 의미는 기업회계에 의한 상각비용을 법인세법에 의한 한도까지만 인정하고(시인) 초과분은 당해년도의 손금으로 인정치 않겠다(부인)는 의미이다.

---

(4) 감가상각방법의 변경신고기한

감가상각방법을 변경하기위해서는 납세지 관할세무서장의 승인을 얻도록 하고 있으며 변경승인을 얻고자 하는 법인은 그 변경할 상각방법을 적용하고자 하는 최초 사업연도의 종료일 이전 3월이 되는 날까지(예를 들어 12월31일이 사업년도 종료일이라면 9월 30일까지)감가상각방법 변경신청서를 납세지 관할세무서장에게 제출하여야 한다.

한편 감가상각방법의 변경은 다음의 요건에 해당 하여야만 세법에서 인정된다.
① 상각방법이 서로 다른 법인이 합병(분할합병을 포함한다)한 경우
② 상각방법이 서로 다른 사업자의 사업을 인수 또는 승계한 경우
③ 외국인투자촉진법에 의하여 외국투자자가 내국법인의 주식등을 100분의 20이상 인수 또는 보유하는 경우
④ 해외시장의 경기변동 또는 경제적 여건의 변동으로 인하여 종전의 상각방법을 변경할 필요가 있는 경우

■ **감가상각방법의 변경시 회계처리와 세무조정(건너 띄어도 무방)**

감가상각방법의 변경은 회계원칙의 변경이다. 따라서 법인은 감각상각방법을 변경한 경우에는 소급하여 회계처리를 하여주어야 하며 전기이월이익잉여금을 수정해 주어야 한다. 그러나 법인세법에서는 소급처리 하지 않고 전진법으로 처리하도록 하고 있다. 따라서 법인세법과 기업회계기준은 감가상각누계액에서 차이가 나게 되므로 종국에는 시부인하는 결과가 나타나게 된다. 사례를 들어보면 다음과 같다.

감가상각방법의 변경시 회계처리

1994년 1월 1일 건물취득가액 10억원 내용연수 20년 정률법 상각률 0.109
1999년 1월 1일부터 정액법으로 변경
1998년까지 감가상각누계액 438,449,885
이 경우에 기업회계기준에 의한 감가상각방법의 누적효과는 소급법으로 처리하도록 한다. 지난 5년간의 정액법에 의한 감가상각누계액은 250,000,000이다.
따라서 정률법에 의한 감가상각누계액을 수정해주어야 한다.

기업회계기준에 의한 소급법 적용

(차변) 감가상각누계액 188,449,885	(대변) 전기오류수정이익(잉여금) 188,449,885

438,449,885 − 250,000,000 = 188,449,885

기업회계기준에 의하여 전기수정을 하였으나 세법에서는 소급처리는 인정하지 않으므로 다음과 같이 세무조정된다.

감가상각방법의 변경시 세무조정

(익금산입)전기이월이익잉여금　　188,449,885(기타)
(손금산입) 감가상각누계액　　188,449,885(유보)

감가상각방법 변경 첫해에 이렇게 세무조정 되고 향후 2000년부터 15년간 계속 50,000,000원 총 750,000,000원을 상각하면된다. 그러나 세법상 상각잔존가액은 1,000,000,000 − 438,449,885 = 561,550,115 밖에 남아있지 않으므로 차이금액인 188,449,885 만큼은 손금부인되게 된다. 세법상으로는 438,449,885만큼은 이미 손금처리되었었기 때문에 750,000,000원을 더 상각하면 당연히 부인을 하여야 하는 것이다.

	정액법(세무상 한도)	정액법(기업회계기준)	세무조정(손금불산입)
1999년	37,436,674	50,000,000	12,563,326
2000년	37,436,674	50,000,000	12,563,326
2001년	37,436,674	50,000,000	12,563,326
2002년	37,436,674	50,000,000	12,563,326
2003년	37,436,674	50,000,000	12,563,326
2004년	37,436,674	50,000,000	12,563,326
2005년	37,436,674	50,000,000	12,563,326
2006년	37,436,674	50,000,000	12,563,326
2007년	37,436,674	50,000,000	12,563,326
2008년	37,436,674	50,000,000	12,563,326
2009년	37,436,674	50,000,000	12,563,326
2010년	37,436,674	50,000,000	12,563,326
2011년	37,436,674	50,000,000	12,563,326
2012년	37,436,674	50,000,000	12,563,326
2013년	37,436,679	50,000,000	12,563,321
합　계	561,550,115	750,000,000	188,449,885

(5) 내용연수와 상각률

시험연구용 자산과 무형고정자산의 내용연수는 법인세법 시행규칙 별표2 와 3에 별도로 규정해놓고 있으며 그 외의 자산의 내용연수는 업종별로 별표 5, 6에서 규정해놓고 있다.

별표 5는 건축물과 차량운반구, 공기구, 비품(감가상각비가 판매비와 관리비를 구성하는 경우의 차량운반구)의 기준내용연수를 열거해 놓았다.

별표6은 건축물과 차량운반구 외의 유형고정자산(기계장치)의 기준내용연수를 정해놓고 있다. 그러므로 실무자는 해당자산이 속하는 별표에서 내용연수를 구한다음 25%의 가감을 결정하면 내용연수에 해당하는 상각률을 정액법이나 정률법등 적용하는 상각 방법에 따라 구할 수가 있다.

한편 회사는 기준내용연수의 100분의 25를 기준내용연수에다 가감한 범위내에서 선택하여 내용연수를 신고하고 그에 따른 상각률을 적용할수 있다. 물론 내용연수만 결정되면 상각률은 별표4에 의하여 간단히 구할 수가 있겠다. 단 무형고정자산과 시험연구용자산은 25%의 가감산을 할 수가 없다는 것에 주의하여야 한다. 그러나 법인은 시험연구용 자산의 내용연수를 적용하지 아니하고 일반 사업용자산으로 상각하는 경우에는 시험연구용 자산도 25%의 가감산을 적용할 수가 있겠다.

(6) 내용연수의 변경과 특례

법인이 내용연수를 변경하고자 하는 경우에는 그 변경할 내용연수를 적용하고자 하는 최초사업년도의 종료일 이전 3월이 되는 날까지 내용연수변경승인신청서를 납세지 관할 지방국세청장에게 제출하여야 한다(감가상각방법 변경은 납세지 관할 세무서장에게 신고하는 것과 비교). 한편 법인은 다음 각 호에 해당하는 경우에는 기준내용연수의 100분의 50을 가감한 내용연수를 적용할 수가 있다.

① 사업장이 위치한 지리적·환경적 특성으로 인하여 자산의 부식·마모 및 훼손의 정도가 현저한 경우
② 영업개시후 3년이 경과한 법인으로서 당해 사업연도의 생산설비(건축물제외)의 재정경제부령이 정하는 가동률이 직전 3개 사업년도의 평균가동률보다 현저히 증가한 경우
③ 새로운 생산기술 및 신제품의 개발·보급등으로 기존 생산설비의 가속상각이 필요한 경우
④ 경제적 여건의 변동으로 조업을 중단하거나 생산설비의 가동률이 감소한 경우

한편 감가상각자산의 내용연수를 변경한 법인이 당해 자산의 내용연수를 다시 변경하고자 하는 경우에는 변경한 내용연수를 최초로 적용한 사업연도 종료일로부터 3년이 경과하여야만 가능하다는 것에 주의하여야겠다.

(7) 즉시상각의 의제(추가적 지출인 경우)

법인이 자본적 지출을 수익적 지출로 회계처리한 경우에는 해당되는 금액을 감가상각비로 계상한 것으로 보아 세무상 시부인 하는바 이를 즉시상각의 의

제라 한다. 그러나 다음의 자본적 지출은 앞에서 설명한 바와 같이 수익적 지출로 보아 즉시상각의 의제가 적용되지 않고 전액을 손금으로 인정한다.

> ① 개별자산별로 수선비로 지출한 금액이 300만원 미만인 경우
> ② 개별자산별로 수선비로 지출한 금액이 직전 사업연도종료일 현재 대차대조표상의 자산가액(취득가액에서 감가상각누계액 상당액을 차감한 금액을 말한다)의 100분의 5에 미달하는 경우
> ③ 3년 미만의 기간마다 주기적인 수선을 위하여 지출하는 경우

유형자산의 취득 후 추가적 지출이 위의 금액에 미달되는 경우에만 전액 손금으로 인정하는 것이며 취득원가는 위의 금액에 미달하더라도 전액손금 인정되지 않고 즉시 상각의제 규정을 적용함에 유의하여야 한다.

그러나 다음의 취득원가에 대하여는 즉시상각 의제 규정을 적용하지 않고 법인이 이를 그 사업에 사용한 날이 속하는 사업연도의 손금으로 계상한 것에 한하여 전액을 손금으로 인정한다(취득원가와 추가지출을 구분하여야 한다).

> ① 취득가액이 거래단위별로 100만원 이하인 감가상각자산(단, 대량으로 보유하는 것과 사업의 개시 또는 확장을 위하여 취득한 자산은 제외)
> ② 어업에 사용되는 어구(금액에 한도가 없음)
> ③ 영화필름, 금형을 포함한 공구, 가구, 전기기구, 가스기기, 가정용기구, 시험기기, 측정기기 및 간판(금액에 한도가 없음)

제조업의 경우에는 금형, 공구, 기구의 회계처리시 위를 참조하면 되겠다.

(8) 생산설비의 일부를 폐기한 경우의 폐기손실의 처리

시설의 개체 또는 기술의 낙후로 인하여 생산설비의 일부를 폐기한 경우에는 당해 자산의 장부가액에서 1000원을 공제한 금액을 폐기일이 속하는 사업연도의 손금에 산입할 수 있다. 그러나 세법상 인정받기 위해서는 관련 증빙(사진, 처분세금계산서, 내부승인자료 등)을 잘 챙겨 놓아야 한다. 나머지 1,000원은 처분시에 처리한다.

 **관련법령**

- 기업회계기준서 제5호 유형자산
- 법인세법 제23조(감가상각비의 손금불산입)
- 법인세법시행령 제25조(감가상각비의 손금계상방법)
- 법인세법시행령 젱27조(감가상각방법의 변경)
- 법인세법시행령 제29조(내용연수의 특례 및 변경)
- 법인세법시행령 제30조(감가상각의 의제)
- 법인세법시행령 제31조(즉시상각의 의제)
- 법인세법시행령 제32조(상각부인액 등의 처리)

 **관련참조**

시험연구용자산의 내용연수표(법인세법 시행규칙 제15조 제1항 및 제2항 관련)

자산범위	자산명	내용연수
1. 새로운 지식이나 기술의 발견을 위한 실험 연구시설 2. 신제품이나 신기술을 개발할 목적으로 관련 된 지식과 경험을 응용하는 연구시설	(1) 건물부속 (2) 구축물 (3) 기계장치	5년
3. 신제품이나 신기술과 관련된 시제품, 원형, 모형 또는 시험설비 등의 설계, 제작 및 시설을 위한 설비 4. 새로운 기술에 수반되는 공구, 기구, 금형 등의 설계 및 시험적 제작을 위한 시설 5. 직업훈련용 시설	(4) 광학기기 (5) 시험기기 (6) 측정기기 (7) 공구 (8) 기타 시험 연구용설비	3년

1. 시험연구용자산 중 조세특례제한법 제11조의 규정에 의하여 기술 및 인력개발을 위한 설비투자에 대한 세액공제를 이미 받은 자산에 대하여는 이 내용연수표에 의한 감가상각비를 손금에 산입할 수 없다.
2. 법인이 시험연구용자산에 대하여 이 내용연수표를 적용하지 아니하고자 하는 경우에는 건축물 등의 기준내용연수 및 내용연수범위표 또는 업종별자산의 기준내용연수 및 내용연수범위표를 적용하여 감가상각비를 손금에 산입할 수 있다.

무형고정자산의 내용연수표(법인세법 시행규칙 제15조 제2항 관련)

구분	내용연수	무형고정자산
1	5년	영업권, 의장권, 실용신안권, 상표권
2	10년	특허권, 어업권, 채취권, 유효도로 관리권, 수리권, 전기가스공급시설 이용권, 공업용수도시설이용권, 열고급시설이용권
3	20년	광업권(생산량비례법 선택적용), 전신전화전용시설이용권, 전용측선이용권, 하수종말처리장시설관리권, 수도시설관리권
4	50년	댐사용권

감가상각자산의 상각률표(법인세법시행규칙 제15조 제2항 관련)

내용연수	정액법에 의한 상각률	정률법에 의한 상각률
년	할분리	할분리
2	500	777
3	333	632
4	250	528
5	200	451
6	166	394
7	142	349
8	125	313
9	111	284
10	100	259
11	090	239
12	083	221
13	076	206
14	071	193
15	066	182
16	062	171
17	058	162
18	055	154
19	052	146
20	050	140
21	048	133
22	046	128
23	044	123

24	042	118
25	040	113
26	039	109
27	037	106
28	036	102
29	035	099
30	034	096
31	033	093
32	032	090
33	031	087
34	030	085
35	029	083
36	028	080
37	027	078
38	027	076
39	026	074
40	025	073
41	025	071
42	024	069
43	024	068
44	023	066
45	023	065
46	022	064
47	022	062
48	021	061
49	022	060
50	021	059
51	020	058
52	020	056
53	019	055
54	019	054
55	019	054
56	018	053
57	018	052
58	018	051
59	017	050
60	017	049

건축물 등의 기준내용연수 및 내용연수범위표(법인세법 시행규칙 제15조 제3항 관련)

구 분	기준내용연수 및 내용연수범위 (하한 - 상한)	구조 또는 자산명
1	5년(4년~6년)	차량 및 운반구, 공구, 기구 및 비품
2	12년(9년~15년)	선박 및 항공기(운수업 외의 업종에 사용되는 것에 한한다)
3	20년(15년~25년)	연와조, 블럭조, 콘크리트조, 토조, 토벽조, 목조, 목골모르타르조, 기타 조의 모든 건물(부속설비를 포함한다)과 구축물
4	40년(30년~50년)	철골 철근콘크리트조, 철근콘크리트조, 석조, 연와석조, 철골조의 모든 건물(부속설비를 포함한다)과 구축물

1. 건물(부속설비를 포함한다) 및 구축물이 기준내용연수 및 내용연수범위가 서로 다른 2이상의 복합구조로 구성되어 있는 경우에는 주된 구조에 의한 기준 내용연수 및 내용연수범위를 적용한다.
2. 구분3과 구분4를 적용함에 있어서 부속설비에는 당해 건물과 관련된 전기설비, 급배수 위생설비, 가스설비, 냉방 난방 통풍 및 보일러설비, 승강기설비 등 모든 부속설비를 포함하고, 구축물에는 하수도, 굴뚝, 경륜장, 포장도로, 교량, 도크, 방벽, 철탑, 터널 기타 토지에 정착한 모든 토목설비나 공작물을 포함한다.
3. 구분3과 구분4를 적용함에 있어서 건물 중 변전소, 발전소, 공장, 창고, 정거장 정류장 차고용건물, 폐수 및 폐기물처리용건물, 구축물 중 하수도, 굴뚝, 경륜장, 포장도로와 폐수 및 폐기물처리용 구축물과 기타 진동이 심하거나 부식성 물질에 심하게 노출된 것은 기준내용연수를 각각 10년, 20년으로 하고, 내용연수범위를 각각 (8년~12년), (15년~25년)으로 하여 신고내용연수를 선택 적용할 수 있다.

업종별자산의 기준내용연수 및 내용연수범위표(법인세법 시행규칙 제15조 제3항 관련)

구분	기준내용연수 및 내용연수범위 (하한~상한)	적용대상자산 (다음에 규정된 한국표준산업분류상 해당 업종에 사용되는 자산)	
		대분류	중분류
1	5년(4년~6년)	농업, 수렵업 및 임업	01. 농업, 수렵업 및 관련 서비스업. 다만, 과수의 경우는 구분 5(15년~25 년)를 적용한다. 02. 임업, 벌목 및 관련 서비스업
		광업	10. 석탄광업 11. 원유, 천연가스채취 및 관련서비스업
		제조업	22. 출판, 인쇄 및 기록매체복제업 32. 영상, 음향 및 통신장비 제조업
		건설업	45. 건설업
		도·소매 및 소비자 용품 수리업	50. 자동차판매 수리 및 차량연료소매업 51. 도매 및 상품 중개업 52. 소매 및 소비용품수선업(자동차제외)

		운수, 창고 및 통신업	60. 육상운송 및 파이프라인운송업. 다만, 도시간 철도운송업(601) 및 구역내 철도운송업(60211)은 구분 5(15년~25년)를 적용한다.
		금융 및 보험업	65. 금융업 66. 보험 및 연금업 67. 금융 및 보험관련 서비스업
		부동산, 임대 및 사업서비스업	70. 부동산업 71. 기계장비 및 소비용품 임대업 72. 정보처리 및 기타 컴퓨터 운용관련업 73. 연구 및 개발업 74. 기타 사업관련 서비스업
		공공행정, 국방 및 사회보장행정	75. 공공행정, 국방 및 사회보장행정
		교육서비스업	80. 교육서비스업
		보건 및 사회 복지사업	85. 보건 및 사회복지사업
		기타 공공, 사회 및 개인 서비스업	90. 위생 및 유사서비스업 91. 회원단체 92. 오락, 문화 및 운동관련산업 93. 기타 서비스업
		가사 서비스업	95. 가사 서비스업
		국제 및 기타 외국기관	99. 국제 및 기타 외국기관
2	8년 (6년~10년)	제조업	18. 의복 및 모피제품 제조업 23. 코크스, 석유 정제품 및 핵연료 제조업 24. 화합물 및 화학제품 제조업. 다만, 살균, 살충제 및 기타 농업용 화학제품 제조업(2421)과 의약품, 의료용 화학물 및 생약제제 제조업(2423)은 구분 1(4년~6년)을 적용한다.
		숙박 및 음식점업	55. 숙박 및 음식점업
		운수, 창고 및 통신업	63. 여행알선 및 운수관련 서비스업 64. 통신업
3	10년(8년~12년)	어업	05. 일반어업, 양식업 및 관련 서비스업
		광업	12. 우라늄 및 토륨 광업 13. 금속광업 14. 기타 광업 및 채석업
		제조업	15. 음식료품 제조업 17. 섬유제품 제조업. 다만, 섬유표백, 염색 및 가공업(1712)은 구분 2(6년~10년)를 적용한다.

			19. 가죽, 가방, 마구류 및 신발제조업. 다만, 가죽제조업(1911)은 구분 2(6년~10년)를 적용한다.
			20. 목재 및 나무제품 제조업(가구 제외)
			21. 펄프, 종이 및 종이제품 제조업
			25. 고무 및 플라스틱 제품 제조업
			26. 비금속 광물제품 제조업
			27. 제1차 금속산업
			28. 조립금속제품 제조업(기계 및 장비 제외)
			29. 달리 분류되지 않은 기계 및 장비제조업
			30. 사무, 계산 및 회계용 기계 제조업. 다만, 컴퓨터 및 그 주변기기 제조업(3001)은 구분 1(4년~6년)을 적용한다.
			31. 달리 분류되지 않은 전기기계 및 전기변환장치 제조업
			33. 의료, 정밀, 광학기기 및 시계 제조업
			34. 자동차 및 트레일러 제조업
			35. 기타 운송장비 제조업
			36. 가구 및 기타 제조업
			37. 재생재료 가공 처리업
4	12년(9년~15년)	제조업	16. 담배제조업
		운수, 창고 및 통신업	61. 수상 운송업. 다만, 외항화물운송업(61104)은 구분 5(15년~25년)를 적용한다.
			62. 항공 운송업
5	20년(15년~25년)	전기, 가스 및 수도사업	40. 전기, 가스 및 증기업. 다만, 달리 분류되지 않은 가스제조 및 공급업(40209)은 구분 3(8년~12년)을 적용한다.
			41. 수도사업

1. 이 내용연수표는 별표3 및 별표5의 적용을 받는 자산을 제외한 모든 감가상각자산에 대하여 적용한다(대체로 기계장치가 이에 해당된다).
2. 내용연수범위가 서로 다른 2이상의 업종에 공통으로 사용되는 자산이 있는 경우에는 그 사용기간 또는 사용정도의 비율에 따라 사용비율이 큰 업종의 기준내용연수 및 내용연수범위를 적용한다.

13

무형자산상각비

 의의

무형자산은 그 자산이 미래의 잠재적인 효익이 있어 회사가 그에 대한 대가는 지불하였으나 실체는 보이지 않는 자산으로서 특허권이나 영업권등이 대표적인 것들이다. 이러한 무형자산에 대한 지출은 지불한 해에 전액을 당기의 비용으로 처리하지 않고 그 효익이 발생되는 기간에 걸쳐 비용을 인식함으로서 수익,비용 대응을 이루고자 함이 무형자산의 상각이다. 기업회계기준에서는 무형자산의 상각은 20년을 넘기지 못하도록 하였고 상각방법은 정액법, 생산량 비례법에 의하도록 하였다. 경제적 비용연수와 법적 비용연수가 다른 경우에는 두 개의 비용연수 중 짧은 내용연수로 한다.

업무 · 적요

결산시에 기록한다.

특허권, 실용신안권, 의장권 및 상표권, 영업권, 광업권, 개발비 등의 상각비

• 손익계산서 〉 판매비와관리비 〉 무형자산상각비

증빙서류

무형자산 취득원가에 대한 매입세금계산서, 계산내역서, 상각처리 전표

회계처리요령

창업비			
회사의 창업과 관련하여 취득세, 등록세 등의 법인설립비용과 법무사 비용 5,000,000원을 지급하다.			
(차변) 창업비(무형자산)	5,000,000	(대변) 현금, 예금	5,000,000
※ 2003년부터 전액 당기 비용처리			

개업비

회사의 개업과 관련하여 비용 1,000,000원을 지급하다(사업인, 허가 관련된 비용은 무형자산 아님).

(차변) 개업비(영업외비용)	1,000,000	(대변) 현금, 예금	1,000,000

※ 2003년부터 전액 당기 비용처리(창업비, 개업비)

개발비

회사는 당기에 연구개발비용 5,000,000원을 지급하다. 개발비는 구분 기장하였고 미래의 효익이 확실하다고 판단 된다.

(차변) 개발비(무형자산)	5,000,000	(대변) 현금, 예금	5,000,000

회사는 개발비를 5년간 균등 상각하기로 하였다.

(차변) 무형자산 상각비(판관비)	1,000,000	(대변) 개발비	1,000,000

특허권

회사는 7월 1일 특허권 구입비용 5,000,000원을 지급하다. 특허권은 20년에 걸쳐 상각하기로 함.

(차변) 특허권(무형자산)	5,000,000	(대변) 현금, 예금	5,000,000

특허권을 상각하다.

(차변) 무형자산상각비	125,000	(대변) 특허권	125,000

5,000,000/50×6/12

회계처리시 유의할 사항

유형자산의 감가상각비는 감가상각누계액을 설정하여 취득가액에서 차감하는 방법을 사용하는 것과 달리 무형자산상각비는 무형자산의 금액에서 직접 차감한다.

세무상 유의할 사항

무형자산은 세법에서 내용연수를 정해 놓았으므로 회계처리시에도 세법과 충돌이 없도록 처리하는 것이 편리하다.

관련법령

- 기업회계 기준서 제3호
- 법인세법시행령 제24조(감가상각자산의 범위)
- 법인세법시행령 제26조(상각범위액의 계산)

관련참조

무형고정자산의 내용연수표(법인세법 시행규칙 제15조 제2항 관련)

구분	내용연수	무형고정자산
1	5년	영업권, 의장권, 실용신안권, 상표권
2	10년	특허권, 어업권, 해저광물자원개발법에 의한 채취권(생산량비례법 선택적용), 유료도로관리권, 수리권, 전기가스공급시설이용권, 공업용수도시설이용권, 수도시설이용권, 열공급시설이용권
3	20년	광업권(생산량비례법 선택적용), 전신전화전용시설이용권, 전용측선이용권, 하수종말처리장시설관리권, 수도시설관리권
4	50년	댐사용권

14
세금과 공과금

의 의

세금과 공과금 계정은 기업이 부담하는 국세, 지방세 그리고 각종 공공단체의 부과금 및 벌금, 과료, 과태료 등을 통칭한다. 그러나 자산을 구입하기 위하여 납부하여야 하는 취득세, 등록세 등은 세금과 공과로 처리하여서는 아니되고 자산의 취득원가에 산입하여야 한다. 벌금, 과료, 과태료, 가산금 등은 기업회계기준에서는 세금과 공과금으로 처리하여야 하나 세법상으로는 손금으로 인정치 않는 문제가 있다.

업무 · 적요

발생 및 지출시마다 기록한다.

세금과 공과금은 세금과 공과금과 벌금으로 나누어 볼 수 있다.

① 세금

재산세, 자동차세, 사업소세, 면허세, 매입세액 공제받지 못한 매입부가가치세, 간주임대료에 대한 부가가치세(임대사업자가 부담하는 경우), 가산세, 가산금

② 공과금

국민연금 회사부담액, 조합비, 협회비, 대한 적십자회비, 상공회의소 회비

③ 벌금 등

벌금, 과료, 과태료, 과징금, 교통사고 벌과금

• 손익계산서 〉 판매비와관리비 〉 세금과공과금

증빙서류

납부영수증, 부과고지서, 전표, 지급결의서, 품의서

✋ 회계처리요령

재산세

20X3년 5월 20일 본사 사옥에 대한 재산세 100,000원의 청구서가 통지되었다. 납부기한은 익월 10일까지이다.

20X3년 5월 20일 청구시

| (차변) 세금과 공과 | 100,000 | (대변) 미지급금 | 100,000 |

20X3년 6월 10일 납부시

| (차변) 미지급금 | 100,000 | (대변) 현금 | 100,000 |

※ 금액이 소액인 경우에는 납부시에 세금과 공과로 처리하여도 무방하다.

벌금

20X3년 5월 20일 업무수행 중 주차위반으로 인한 벌과금 50,000원을 청구받고 납부하다.

| (차변) 세금과 공과 | 50,000 | (대변) 현금 | 50,000 |

취득세, 등록세 등(자산의 취득원가)

회사는 토지를 10,000,000원에 구입하고 취득과 관련된 취득세, 등록세 등과 수수료 모두 합쳐 600,000원이 지출되었다.

| (차변) 토지 | 10,600,000 | (대변) 현금 | 10,600,000 |

※ 취득세, 등록세 및 자산을 취득하기 위하여 지출된 모든 비용은 자산의 취득원가에 산입하여야 함을 유의한다.

✋ 회계처리시 유의할 사항

회사의 업무와 관련하여 지출한 모든 세금(법인세는 별도로 법인세 비용으로 계리)과 공공협회에 제출한 협회비 및 벌금, 과료, 과태료, 가산세, 연체료, 지체상금 등을 이 계정에서 처리한다. 법인세 및 주민세는 판매비와 관리비의 과목이 아닌 별도의 법인세 비용으로 계리되고 자산취득시 소요되는 취득세, 등록세 등은 자산의 취득원가를 구성하므로 세금과 공과 계정으로 처리하면 안 됨에 유의한다. 그 외 모든 세금과 공과금은 세금과 공과로 회계처리를 한다. 4대보험료 중 국민연금은 공과금으로 처리하고 나머지 보험료는 복리후생비과목으로 처리함에 유의한다. 한편 세법상 세금과 공과는 손금부인 당하는 과목이 많으므로 회계처리 후 세무상 손금 부인 당하는 과목에 대하여는 세부담을 고려하여 처리한다. 전표 처리시에는 해당기관을 명기하여야 한다.

세무상 유의할 사항

조세공과금은 원칙적으로 손금에 인정되나 세법에서는 인정되지 않는 조세공과금을 열거하고 있다. 다음에 게기하는 과목은 조세공과금인 과목도 있고 아닌 과목도 있으나 여기에서 손금인정여부를 알아보기로 한다.

(1) 조세공과금 중 손금으로 인정되지 않는 세목

① 법인세, 소득세와 소득할 주민세(균등할 주민세는 인정)
② 법인세에 부과되는 농어촌 특별세
③ 벌금, 과료, 과태료, 교통사고 벌과금, 관세법위반 벌과금, 산재보험료의 가산금, 국세, 지방세의 가산금, 가산세액
④ 법령에 의하여 의무적으로 납부하는 것이 아닌 공과금
⑤ 원천징수의무자가 원천징수를 하지 아니하고 대신 납부한 원천징수세액
⑥ 제2차 납세의무자로서 납부한 법인세

(2) 타 계정과목 중 손금으로 인정받지 못하는 과목

① 중대한 과실로 발생한 손해배상금(잡손실)
② 부가가치세 매입세액(부가세 예수금)
③ 의무불이행으로 인하여 공제받지 못하는 부가가치세 매입세액
   · 세금계산서 미수취 매입세액
   · 사업자 등록 전 매입세액
   · 사업과 관련없는 매입세액
   · 매입처별 세금계산서 합계표의 미제출 불명분 매입세액

(3) 조세공과금 중 손금인정되는 세목

계약상의 의무불이행으로 인한 지체상금

(4) 타 계정과목 중 손금으로 인정 되는 과목

① 원래부터 공제 받지 못하는 부가가치세 매입세액, 면세사업자의 매입세액
  (매입원가)

② 토지관련 매입세액(취득원가)

③ 비영업용 소형승용자동차의 구입유지에 관한 매입세액(차량유지비, 또는
  취득원가)

④ 접대비 관련 매입세액(접대비)

⑤ 임차인이 부담하는 간주임대료에 대한 부가가치세액(임차료)

⑥ 영수증 교부 받은 매입세액(매입원가)

⑦ 건강보험의 연체료(복리후생비)는 관련된 과목에서 비용으로 처리된다.

관련법령

- 기업회계기준 43조, 44조
- 법인세법 제21조(제세공과금의 손금불산입)
- 법인세법시행령 제22조(부가가치 매입세액의 손금산입 등)
- 법인세법 시행규칙 제11조(부가가치세매입세액의 손금산입)

15
광고선전비

의의

  광고선전비는 불특정 다수인에게 자사의 제품이나 이미지를 알리기 위하여 지출하는 비용을 말한다.

업무 · 적요

  광고비 발생시마다 기록

  신문, 라디오, Tv광고비, 광고물 제작비, 간판 제작비(금액이 큰 경우에는 비품), 전시회 참가비용, 홍보매체 이용비용, 달력, 수첩 제작비용, 견본품비용, 기타 회사의 제품이나 이미지를 알리기 위하여 지출한 위와 유사한 모든 비용.

  • 손익계산서 〉 판매비와관리비 〉 광고선전비

증빙서류

  매입세금계산서, 간이영수증, 출금전표, 대체전표, 출금전표, 지출결의서

회계처리요령

  광고선전비는 지출에 대한 효익의 측정이 어렵기 때문에 지출한 그 해의 비용으로 처리함이 무방하나 기간계약으로 선급한 경우에는 미경과 기간 분에 대한 광고비는 선급비용으로 처리한다.

기간경과에 따른 광고선전비

  회사는 7월 1일 Tv 광고비용으로 연간 10,000,000원(부가세 별도)으로 계약하고 현금을 지불하다.

| (차변) 광고선전비 | 10,000,000 | (대변) 현금, 예금 | 11,000,000 |
| 선급부가세 | 1,000,000 | | |

  연말 결산이 되다.

| (차변) 선급비용 | 5,000,000 | (대변) 광고선전비 | 5,000,000 |

기간과 관련없는 광고선전비

회사의 카렌다 제작을 위하여 5,000,000원(부가세 별도) 지급하다.

| (차변) 광고선전비 | 5,000,000 | (대변) 현금, 예금 | 5,500,000 |
| 선급부가세 | 500,000 | | |

 회계처리시 유의할 사항

회사의 홍보와 관련하여 지출한 모든 비용은 광고선전비로 처리한다. 광고선전비의 효과는 불특정 다수인을 상대로 하여야 한다. 특정인을 상대로 하는 계속적인 지출은 접대비로 처리한다.

세무상 유의할 사항

광고선전비는 전액손금으로 인정되나 접대비는 한도까지만 손금으로 인정되므로 광고선전비와 접대비와의 구분을 명확히 하여야 한다. 그 구분은 지출에 대한 효과가 특정인인가 불특정다수인인가 하는 것이고 대체로 접대비는 그 상대방이 개인이나 광고선전비 지출의 상대방은 사업자인 경우가 많으므로 위 두 가지를 구분의 기준으로 삼아도 무방할 것이다.

한편 소비성 서비스업은 광고선전비를 무한정 인정하지 않고 수입금액의 2%를 한도로 함을 유의한다(해외광고선전비는 전액 인정). 소비성 서비스업이라 함은 호텔, 여관, 단란주점, 유흥주점, 무도주점, 사우나, 안마시술소, 운동, 경기 기타 오락 관련산업 등을 의미한다.

관련법령

- 조세특례제한법 제137조(소비성서비스업 광고선전비의 손금불산입)
- 조세특례제한법시행령 제131조(소비성서비스업 광고선전비의 손금불산입)
- 조세특례제한법시행규칙 제58조(소비성서비스업 광고선전비의 손금불산입)

16
연구비

의의

회사의 연구활동을 위하여 지출한 비용은 당기의 판매비와 관리비로 처리한다. 연구활동과 관련하여 발생한 비용은 미래의 경제적 효익이 불확실하므로 자산으로 인식할 수 없고 발생한 기간의 비용으로 처리한다.

여기에서 "연구"라 함은 새로운 과학적, 기술적 지식이나 이해를 얻기 위한 독창적이고 계획적인 조사활동을 말하는 바 연구활동의 일반적인 예는 다음과 같다.

① 새로운 지식을 얻고자 하는 활동

② 연구결과 또는 기타 지식의 응용가능성을 탐구하는 활동

③ 제품 등의 대체안을 탐구하는 활동

④ 신제품 등으로 선택 가능한 안들을 형성, 설계, 평가 및 선정하는 활동

연구비는 판매비와 관리비로 처리한다(경상개발비는 제조원가 또는 판매비와 관리비로 처리됨에 유의).

업무 · 적요

발생시마다 기록한다.

① 연구개발활동에 직접 종사한 인원에 대한 급여, 상여금, 퇴직급여충당금전입액 등의 인건비

② 연구개발활동에 사용된 재료비, 용역비 등

③ 연구개발활동에 사용된 유형자산에 대한 감가상각비와 무형자산에 대한 상각비

④ 연구개발활동과 관련하여 발생한 비용으로서 합리적 기준에 의하여 배부된 간접비

- 손익계산서 〉 판매비와관리비 〉 연구비

✋ 증빙서류

연구원 급여에 대한 원천징수영수증, 급여대장, 재료비 매입세금계산서, 용역비에 대한 사업소득세 또는 일용직 근로소득세 원천징수영수증, 감가상각비 계산 명세서, 제조간접비 배부액 대체 전표

✋ 회계처리요령

원재료

회사의 연구개발활동을 위하여 재료를 1,000,000원 어치 투입하다.

| (차변) 연구비 | 1,000,000 | (대변) 원재료 | 1,000,000 |

감가상각비

회사의 연구실험장치의 감가상각비 500,000원을 계상하다.

감가상각비의 계상

| (차변) 감가상각비 | 500,000 | (대변) 감가상각누계액 | 500,000 |

연구비로의 대체

| (차변) 연구비 | 500,000 | (대변) 감가상각비 | 500,000 |

인건비

연구원의 인건비 2,000,000원을 지불하다(소득세 등의 예수금 100,000).

인건비의 계상

| (차변) 급여 | 2,000,000 | (대변) 현금, 예금 | 1,900,000 |
| | | 예수금 | 100,000 |

연구비로의 대체

| (차변) 연구비 | 2,000,000 | (대변) 급여 | 2,000,000 |

✋ 회계처리시 유의할 사항

당기의 비용으로 처리하는 연구비, 경상개발비와 무형자산으로 처리하는 개발비의 구분은 쉽지가 않으리라 판단된다. 연구비이던 개발비이던 회사가 지출하는 궁극적인 목적은 회사의 수익창출을 위하여서이지 아무런 수익도 없는 과제에 대하여 회사의 비용으로 연구비 지출을 하지는 않을 것이기 때문이다. 가장 간단한 구분은 당해 연구개발활동이 특정제품과 연결되는지의

여부에 달려있다. 특정제품과 연관되지 않은 연구개발비는 연구비로 하여 당기의 비용으로 처리한다. 한편 특정제품의 개발을 위한 지출 중 특정제품의 시장성, 생산가능성 등을 고려하여 그 요건을 충족시키는 경우에는 무형자산으로 처리하며 미충족시에는 당기의 경상개발비로 처리하여 제조원가 또는 판매비와 관리비로 한다. 실무적으로 이를 구분하여 처리한다는 것은 쉽지가 않을 것이므로 기업회계기준해석을 준용한 회사자체의 처리 규정을 확립하여 놓아야 한다.

▣ 개발비와 연구비의 구분

연구개발활동과 관련된 지출 중 다음의 개발비의 요건을 충족시키는 경우를 제외하고는 전부 당기의 비용으로 처리한다.

당해 기업이 개발된 제품을 판매하려는 목적이 있어야 하고 기술적으로 생산이 가능하고 개발된 제품의 시장이 존재하며 개발하려고 하는 제품과 관련된 비용이 개별적으로 식별, 측정이 가능하여야 하고 판매를 실현하기까지 자금이 충분히 확보되어 있어야 한다.

▣ 소프트웨어 회계처리의 예

1. 외부판매 목적 소프트웨어 개발비는 무형자산 인식요건 충족하는 경우에 무형 자산으로 인식가능
2. 내부사용목적 소프트웨어 개발비는 특히 제한적으로 무형자산으로 인식
3. 외부에서 구입한 소프트웨어는 무형 자산 중 컴퓨터소프트웨어 과목으로 처리

세무상 유의할 사항

세무상으로는 다음의 요건을 충족시키는 지출에 대하여는 무형자산인 연구개발비 과목으로 처리한 후 5년 이내에 종료하는 사업연도에 균등액을 상각하도록 하고 나머지는 당기의 비용으로 처리하도록 하였다.

첫째, 신제품 신기술의 연구 또는 개발활동과 관련하여

둘째, 비경상적으로 발생한 비용으로서

셋째, 미래의 경제적 효과와 이익을 기대할 수 있는 것

한편 세법은 회사의 지출을 당기에 손금화 하는 것을 억제할 뿐 손금이연 시키는 것을 억제하지는 않는다. 따라서 회사가 무형자산의 요건을 충족시키지 못하고 당기의 비용으로 처리하여야 하는 지출을 무형자산으로 처리한 후 5년이내의 기간에 감가상각을 통하여 손금처리하는 것을 굳이 제재하지는 않는다. 그러나 기업회계기준에서는 당기의 비용을 자산처리 하는 것을 엄격히 규제하므로 개발비라는 자산성을 충족시키지 못하는 지출을 당기의 무형자산으로 처리하는 것을 엄격히 규제하고 있다. 따라서 회사가 구분이 애매한 연구·개발비를 당기의 비용으로 처리하는 경우에는 세법상으로는 손금부인되어 법인세를 부담하여야 할 위험이 있고 당기의 무형자산으로 처리하는 경우에는 기업회계기준상으로 문제가 발생할 소지(한정의견)가 있으므로 연구개발과 관련된 비용을 처리시에는 주의를 기울여야 한다.

관련법령

(1) 기업회계기준

> **▶ 판매비와 관리비의 범위**
>
> 판매비와 관리비는 상품과 용역의 판매활동 또는 기업의 관리와 유지에서 발생하는 비용으로 급여(임원급여, 급료, 임금 및 제수당을 포함한다), 퇴직급여, 복리후생비, 임차료, 접대비, 감가상각비, 무형자산상각비, 세금과 공과, 광고선전비, 연구비, 경상개발비, 대손상각비 등 매출원가에 속하지 아니하는 모든 영업비용을 포함한다.
>
> (기업회계기준 제43조)

(2) 세법

세법에서는 그 법인에 귀속되었거나 귀속될 손비는 당해법인의 손비로 계상하도록 하고 있다.

=== **17** ===

경상개발비

의의

경상개발비는 신제품 또는 신기술 개발과 관련하여 지출하는 비용 중 경상적으로 지출하는 비용으로서 자산으로 처리하는 개발비의 요건을 충족시키지 못하여 당기의 비용인 판매비와 관리비 또는 제조원가로 처리되는 비용이다.

업무 · 적요

발생시마다 기록한다.

개발과 관련한 인건비, 감가상각비, 재료비, 기타 개발과 관련하여 지출된 비용 중 미래의 효익을 기대하지 못하는 비용, 연구소에서 발생하는 식대

- 손익계산서 〉 판매비와관리비 〉 경상개발비

증빙서류

급여대장, 원천징수영수증, 매입세금계산서, 지출결의서, 출금전표, 대체전표

회계처리요령

신제품의 시장성이 불투명한 경우

회사는 신제품 개발과 관련하여 경상적으로 지출하는 인건비 1,000,000원을 당기의 경상개발비로 계상하였다. 한편 신제품은 시장성이 불투명하다.

(차변) 경상개발비	1,000,000	(대변) 현금	1,000,000

경상개발비는 제조원가 또는 판매비와 관리비로 처리한다.

비 경상지출이 아닌 경상적인 연구개발지출인 경우

회사는 회사의 일상적인 개발 활동을 위하여 경상 인건비 10,000,000원을 지출 하였다.

(차변) 경상개발비	10,000,000	(대변) 현금	10,000,000

또는 인건비 처리 후 경상개발비 과목으로 대체하는 방법으로 처리하여도 무방 함.

회계처리시 유의할 사항

개발활동 관련비용 중 다음의 요건을 모두 충족할 경우에는 개발비의 과목으로 하여 무형자산으로 처리하고, 이외의 경우에는 경상개발비의 과목으로 하여 제조원가 또는 판매비와 관리비로 처리한다.

① 제품 등이 명확히 정의되고 개발과 관련된 비용을 개별적으로 식별하여 측정할 수 있는 경우

② 제품 등을 생산하는 것이 기술적으로 실현 가능하다는 사실을 입증할 수 있는 경우

③ 당해 기업이 제품 등을 생산하여 판매 또는 사용하려는 의도가 있는 경우

④ 제품 등에 대한 시장이 존재하거나, 제품 등이 내부사용목적이라면 당해 기업에 유용하다는 사실을 입증할 수 있는 경우

⑤ 개발과제를 완료하고 제품 등을 판매 또는 사용하는 데 필요한 기술적, 금전적 자원을 충분히 확보할 수 있다는 사실을 입증할 수 있는 경우

세무상 유의할 사항

세법에서는 경상개발비이던지 개발비이던지를 불문하고 그 지출이 신제품, 신기술의 연구개발과 관련하여 비경상적으로 지출된 비용 중 미래의 경제적 효과와 이익을 기대할 수 있는 것은 무형자산인 개발비로 처리 하도록 하고 20년 이내의 기간에 경과월수에 비례하여 상각 하도록 하고 있다. 미래의 경제적 효과를 기대할 수 없는 지출의 경우에는 당기의 비용인 연구비 또는 경상개발비의 과목으로 처리 한다.

회사가 무형자산인 개발비로 계상하지 않고 전액 비용으로 처리하는 경우에는 세법에서도 그대로 인정한다(그러나 기업회계기준 위배가 된다).

관련법령

(1) 기업회계기준

개발활동에 관련한 지출과 속하지 않는 지출의 예를 들면 다음과 같다.

개발활동의 일반적인 예는 다음과 같다.

① 생산 또는 사용 전의 원형과 모형을 설계, 제작 및 시험하는 활동

② 새로운 기술과 관련된 공구, 지그, 금형, 주형 등을 설계하는 활동

③ 상업적 생산목적이 아닌 소규모의 시험공장을 설계, 건설 및 가동하는 활동

④ 신제품 등으로 최종선정된 안을 설계, 제작 및 시험하는 활동

⑤ 업무자동화 등 생산성 향상을 위한 응용소프트웨어의 개발활동

연구활동 및 개발활동에 속하지 않는 예는 다음과 같다.

① 상업적 생산의 초기단계에서의 시험생산 및 기술적 보완

② 일상적 제품검사를 포함한 상업생산중의 품질관리

③ 상업생산중의 고장에 대한 수리

④ 기존제품의 품질개선을 위한 일상적 노력

⑤ 계속적 영업활동의 일환으로 특정요구사항이나 고객의 요구에 따라 기존 생산능력을 유연성있게 변경하는 것

⑥ 기존제품에 대한 계절적 또는 정기적 설계변경

⑦ 공구, 지그, 주형, 금형에 대한 일상적 설계

⑧ 특정연구개발활동에만 사용되는 설비나 장치 이외의 설비나 장치의 제작, 재배치, 시동과 관련된 설계 등의 활동

(2) 세법

- 법인세법 시행령 26조 1항 6호

  관련제품의 판매 또는 사용이 가능한 시점부터 20년 이내의 기간내에서 연 단위로 신고한 내용 연수에 따라 매 사업연도별 경과월수에 비례하여 상각하는 방법

- 법인세법 통칙 23 – 26…9

  법인이 당해 개발비를 계상하지 아니한 금액은 그 지급이 확정된 사업연도의 손금에 산입한다.

<h1 style="text-align:center">18
대손상각비</h1>

 **의의**

　　대손이란 기업의 여러가지 채권을 못 받게 되는 경우 손실로 처리하는 계정이다. 그러나 채권이 발생하고 난 뒤 채권을 못 받을 것이 확실해질 때에 대손처리하게 되면 채권이 발생하는 시점과 채권을 대손처리하는 시점이 상이해지게 된다. 따라서 기업회계기준에서는 채권이 발생한 시점에 그 대손을 추정하여 대손상각비를 미리 계상하도록 하고 있다. 즉 차변에 대손 상각비(비용), 대변에 대손충당금(부채)로 회계처리를 하여 실제 대손되는 시점까지 기다리지 않고 대손이 예상되는 시점에 당기손실로 처리하도록 하고 있다. 그래야만 수익과 비용의 대응이 제대로 이루어지기 때문이다.

　　즉 실제 대손이 확정이 되는 시기에는 차변에 대손충당금, 대변에 매출채권으로 처리하여 대손이 확정되는 시기의 당기손익에는 영향을 미치지 않게 되는 것이다.

　　만약 1년도에 대손을 추정하고 그 추정한 대손이 3년도에 확정이 되었다면 다음과 같이 회계처리 된다.

1년도 : 대손추정시의 회계처리	
(차변) 대손상각비	(대변) 대손충당금

3년도 : 대손확정시의 회계처리	
(차변) 대손충당금	(대변) 매출채권

　　위와 같이 실제 채권회수가 안 될 것이 확실하게 된 시기는 3년도이나 3년도의 당기손익에는 영향이 없고 그 채권은 1년도에 발생한 채권이므로 1년도의 당기손익에 영향을 미치게 되는 것이다.

　　그러나 이는 어디까지나 기업회계기준에 의한 처리를 의미하는 것이지 기업회계기준을 따를 필요가 없는, 즉 외부감사 대상이 아닌 기업은 대손을 추정하여 미리 대손상각비를 계상할 필요가 없이 실제 대손이 확정되는 3년도에 대손상각비로 손실로 처리하여도 무방한 것이다. 이 때에는

3년도 : 대손확정시의 회계처리	
(차변) 대손상각비	(대변) 매출채권

위와 같이 처리하면 채권이 발생한 연도에는 당기손익에 아무런 영향이 없고 대손이 확정된 3년도의 당기손익에 영향을 미치게 되는 것이다. 이런 처리는 수익, 비용의 대응이 제대로 이루어지지 않는 문제점이 있으나 외부감사를 받지 않는 기업들은 이렇게 처리하는 것이 편리한 것이다. 세무상 아무런 문제가 발생하지 않는다.

그러나 위의 두 가지 방법 중 어느 방법을 사용하더라도 매출채권을 없애는 경우에는 세법에서는 그 확정되는 시기를 별도로 규정하고 있음에 유의하여야 한다.

업무 · 적요

발생시, 결산시에 처리한다.

외상매출금, 미수금, 선급금, 대여금(법인만 해당), 기타 회사의 채권

- 손익계산서 〉 판매비와관리비 〉 대손상각비

증빙서류

대손계산 품의서, 대손이 확정되는 시점에 대손 확정을 위한 객관적 증빙, 외한은행장의 승인서, 화의 인가서, 세금계산서, 대체전표

 **회계처리요령**

대손충당금 설정시

회사는 당기의 매출채권 잔액 1,000,000,000원 중 과거의 경험으로 보아 2%가 회수 불능한 채권으로 판단하고 대손상각비를 계상하였다. 결산기말 현재 대손충당금 잔액은 없다.

(차변) 대손상각비	20,000,000	(대변) 대손충당금	20,000,000

$$1,000,000,000 \times 2\% = 20,000,000$$

회수불능이 확실한 경우

다음 해 회사의 매출채권 10,000,000원이 소멸시효 경과로 인하여 회수불가능이 확실하게 되었다.

(차변) 대손충당금	10,000,000	(대변) 매출채권	10,000,000

※ 회사가 미리 대손충당금을 설정하지 않았다면
  (차변) 대손상각비 10,000,00000   (대변) 매출채권 10,000,000

다음 해 결산기에 대손충당금 설정시

회사는 당기의 매출채권 잔액 800,000,000원 중 과거의 경험으로 보아 2%가 회수 불능한 채권으로 판단하고 대손상각비를 계상하였다. 결산기말 현재 대손충당금 잔액은 10,000,000원이다.

(차변) 대손상각비	6,000,000	(대변) 대손충당금	6,000,000

$$800,000,000 \times 2\% - 10,000,000 = 6,000,000$$

대손충당금을 초과하여 대손이 발생한 경우

다음 해 회사의 매출채권 20,000,000원이 소멸시효 경과로 인하여 회수불가능이 확실하게 되었다. 현재의 대손충당금 잔액은 16,000,000원이다.

(차변) 대손충당금	16,000,000	(대변) 매출채권	20,000,000
대손상각비	4,000,000		

대손충당금 잔액을 초과하여 발생한 대손금은 당기의 비용으로 계상한다.

※ 회사가 미리 대손충당금을 설정하지 않았다면
  (차변) 대손상각비 20,000,000   (대변) 매출채권 20,000,000

대손처리한 매출채권이 회수 된 경우

회사가 대손처리 한 외상매출채권 5,000,000원이 회수하다.

| (차변) 현금 | 5,000,000 | (대변) 대손충당금 | 5,000,000 |

대손처리 한 매출채권이 회수 된 경우에는 대손충당금의 증가로 처리 한다.
위의 처리는 다음과 같은 분개가 합쳐진 것으로 볼수가 있다.

| (차변) 매출채권 | 5,000,000 | (대변) 대손충당금 | 5,000,000 |
| (차변) 현금 | 5,000,000 | (대변) 매출채권 | 5,000,000 |

회계처리 및 세무상 유의할 사항

대손상각비용은 대손을 추정하여 대손충당금 설정 시에 발생하는 것이고 막상 회사의 채권이 회수불능이 되는 경우에는 대손충당금과 상계하므로 당기의 손익에 영향을 미치지 않음에 유의한다. **대손금의 회계처리시에는 대손 충당금 설정 대상채권 여부와 회수불능 채권의 대손충당금과의 상계시기(대손 확정시기) 및 대손상각비의 세무상 한도를 염두에 두고 처리한다.**

기업회계기준에서는 회수가 불가능한 채권이라고 규정하고 있으나 세법에선 채권 중 대손충당금 설정대상 채권이 아닌 것도 있으므로 이에 유의하여 대손충당금을 설정하여야 한다. 동일인에 대한 채권과 채무는 상계하지 않고 채권 총액에 대하여 충당금을 설정한다.

(1) 대손충당금 설정 대상이 아닌 채권

가지급금, 할인어음, 배서어음, 채무보증으로 발생한 구상채권, 부당행위로 인한 채권(저가양도의 미수금 차액), 개인기업의 대여금. 개인기업의 작업진행율에 의한 공사미수금

(2) 대손충당금 설정대상 채권

외상매출채권, 부도어음, 할부판매 미수금, 금전소비대차계약에 위한 대여금, 어음상의 채권, 작업진행율에 의한 공사미수금(법인), 유형자산 매각대금 미수금 외 위 (1)항을 제외한 모든 채권

(3) 세무상 한도

기말 채권잔액 × (1%와 대손실적율 중 높은 율)

(4) 대손충당금 상계시기

대손이 확정되었을 경우에는 대손충당금과 상계처리 하거나 또는 대손충당금을 쌓지 아니 하였을 경우에는 당기의 대손상각비로 처리 하여야 하나 대손이 확정 즉 회수불능이 확정되는 시점은 세법에서 별도로 정하고 있으므로 세법에 정하는 대손시기를 정확히 파악하여 대손충당금과 상계 하여야 한다. 소멸시효가 완성된 채권은 반드시 소멸시효가 완성된 해에 대손처리하지 않으면 다음해에는 대손이 인정되지 않으므로 유의하여야 한다. 대손이 인정되지 않는다 함은 기업회계기준상으로는 대손충당금과 상계하더라도 세법에서는 대손충당금과 상계함을 인정하지 아니함을 의미한다.

❶ 매출채권의 소멸시효 및 대손상각

회사의 매출채권의 소멸시효는 민법의 3년의 단기시효가 적용된다. 그러나 소멸시효에는 중단의 사유가 있으므로 중단시점으로부터 소멸시효를 재계산하여야 하는 어려운 문제가 있다. 예를 들어 회사의 매출채권 회수가 어려워 민사소송을 제기한 경우에는 소 제기일로부터 소멸시효를 다시 계산하여야 하는 것이다. 실무적으로 회사가 소멸시효가 완성되는 해에 매출채권을 강제로 제각하여야 하나 이 시효기간을 놓쳐서 세무상 대손금을 부인당하는 경우가 발생한다. 그러나 회사가 민소를 제기한 경우에는 소멸시효가 연장되므로 민소를 제기한 일로부터 기산하여 3년이 되는 해가 매출채권을 제각할 수 있는 해가 되는 것이다.

❷ 부도어음의 대손상각

부도어음은 부도확인일(지급기일과 은행부도확인 받은날 중 빠른날)로부터 6개월이 경과한 날이 속하는 사업연도의 대손금으로 할 수 있다(저당권이 설정되어 있는 경우는 초과액만 대손처리 가능). 한편 민사상 매출채권의 소멸시효는 3년이므로 부도어음을 소지한 기업은 부도일로부터 6개월이 경과한 날로부터 3년이 되는 어느 시점을 선택하여 대손처리하여도 무방하다.(1,000원은 남겨 놓았다가 소멸시효 완성되는 해에 손금산입)

❸ 중소기업의 외상매출금

부도일이전에 발생한 중소기업의 외상매출금에 대한 대손처리시기는 부도어음과 동일하다.

부도일 이후에 발생한 중소기업의 외상매출금은 소멸시효가 완성된 해(3년)에 대손처리한다.

❹ 부도가 난 회사가 계속사업을 영위하는 경우 부도어음의 대손처리 가능여부

부도발생일 이후 사업을 계속하더라도 담당자의 판단에 의하여 회수할 수 없다고 판단되는 중소기업의 외상매출금은 부도 후 6개월이 경과한 시점에 대손처리가 가능하다.

❺ 어음보험에 가입한 경우 부도어음의 대손처리

어음금액의 일부를 보험금으로 회수할 수 있는 경우에는 회수할 수 없는 부분에 대하여만 대손처리 가능하다.

❻ 수출환어음의 부도처리

수출환어음의 부도는 6개월이 경과한 시점에서 대손처리할 수 없고 외환은행의 장으로부터 채권회수의무 면제허가를 받아 대손처리 하여야 한다.

❼ 부도어음 중 $\frac{10}{110}$ 의 부가가치세 대손세액공제를 받기위해서는 부도발생일 (은행에서 부도확인 받은날)로 부터 6개월이 된 날이 속하는 과세기간에 세액공제를 받아야 한다(안하면 경정청구를 하여야 함).

✋ 세무상 유의할 사항

(1) 대손을 추정하여 미리 손실로 인식하는 경우

세법에서는 회사가 기업회계기준을 준수하여 대손상각비를 추정하여 미리 계상하는 경우에는 매출채권잔액의 1%이상을 대손으로 하지 못하도록 하고 있다. 예를 들면 회사의 담당자의 판단으로는 매출채권잔액의 3%가 못 받을 것이 예상되어 3%를 대손상각비로 계상하더라도 세법에서는 1%를 초과하는 2%는 손실로 처리하는 것을 부인한다.

기업회계기준을 준수하여 회계처리하는 것이 정보이용자에게 올바른 재무정보를 제공하는 회계담당자의 올바른 처리이겠으나 세법에서는 단지 비용부인만 하여 세금만 더 내게 할뿐이므로 정보이용자에게 제공하는 정보는 보다 훌륭한 정보가 될 것이다.

한편 대손이 실제 확정되어 채권을 대손충당금과 상계하더라도 세법에서는 대손이 실제 확정되는 시기를 별도로 정하여 놓고 있으므로 세법에서 규정하고 있는 대손확정시기를 알아야만 한다. 만약 세법에서 규정하고 있지 않은 담당자의 임의대로 대손충당금과 상계하면 세법에서는 또 부인하게 되는 것이다. 대손충당금과 매출채권을 상계하면 당기의 손익에는 아무런 영향도 없는

데 세법에서는 왜 부인하는지 의아하게 생각될 수도 있으나 다음의 산식을 보면 이해가 가능 한 것이다.

기초 대손충당금잔액 - 매출채권상계액 + 당기보충액(대손상각비) = 기말 대손충당금잔액

위의 산식에서 기말대손충당금 잔액은 기말매출채권잔액의 1%를 설정하기 때문에 기말에는 그 금액이 고정적으로 산출되게 된다. 그런데 기초 대손충당금 잔액 역시 고정되어 있기 때문에 당기의 매출채권 상계액이 많으면 많을수록 당기 보충액(대손상각비)은 커지게 되므로 당기의 손익에 미치는 영향이 커지게 되는 것이다.

즉 당기말에 필요한 대손충당금 잔액은 1000원인데 대손충당금 잔액이 600원이 있으면 400원만 보충하면 되나 즉 당기의 손실로 400원만 인식하면 되나 대손충당금 잔액이 100원만 있으면 900원을 당기의 손실로 인식하여야 하므로 세법에서는 매출채권의 대손확정시기를 엄격히 규정하고 있는 것이다.

(2) 대손이 확정되는 시기에 손실로 인식하는 경우

만약 회사가 기업회계기준을 준수하지 않고 대손이 확정되는 시기에 매출채권을 없애고 손실을 인식하더라도 위와 마찬가지로 세법에서 규정하고 있는 사유가 아니면 손실을 인정하지 않는다.

관련법령

- 기업회계기준 제57조(채권의 평가)
- 기업회계기준서 제13조(채권·채무조정)
- 개인기업 소득세법 기본통칙 28-1(대손충당금을 설정할 수 없는 외상매출금 등의 범위)
- 법인세법 제34조(대손충당금 등의 손금산입)
- 법인세법시행령 제62조(대손금의 범위)
- 법인세법시행령 제61조(대손충당금의 손금산입)
- 법인세법 시행규칙 제32조(대손충당금의 계상)

19
판매장려금

 의의

약정에 의하여 다량구매자나 고정거래처에게 매입실적등에 따라 일정액의 장려금을 지급하는 거래를 처리하는 계정이다.

업무 · 적요

지급시마다 발생한다.

거래처의 거래 실적에 따라 매출액을 감액하거나 판매장려금을 현금 또는 물품으로 지급하는 경우에 발생한다.

- 손익계산서 〉 판매비와관리비 〉 판매장려금

증빙서류

사전 약정서, 감액 품의서, 대체전표, 출금전표

회계처리요령

기업회계기준에 따른 회계처리

20x2년 1월 1일 ㈜재정은 갑에게 10,000,000원의 매출을 하면서 대금결제는 3월 1일에 하기로 한다. 3월 1일 수금하면서 ㈜재정은 갑에게 판매장려금 100,000원을 현금지급하다(매출대금에서 감액한 것이 아니고 별도 지급).

1. ㈜재정의 회계처리

20X1년 1월 1일

(차변) 매출채권	11,000,000	(대변) 매출	10,000,000
		부가가치세 예수금	1,000,000

20X1년 1월 30일

| (차변) 현금 | 11,000,000 | (대변) 매출채권 | 11,000,000 |
| 판매장려금(판관비) | 100,000 | 현금 | 100,000 |

부가세 납부시

| (차변) 부가세 예수금 | 1,000,000 | (대변) 현금 | 1,000,000 |

　2. 갑의 회계처리

20X1년 1월 1일

| (차변) 매입 | 10,000,000 | (대변) 매입채무 | 11,000,000 |
| 부가가치세 대급금 | 1,000,000 | | |

20X1년 1월 30일

| (차변) 매입채무 | 11,000,000 | (대변) 현금 | 11,000,000 |
| 현금 | 100,000 | 판매장려금(영업외수익) | 100,000 |

갑의 입장에서는 수입장려금을 영업외 수익으로 처리한다.

판매한 상품의 하자와 관련 없이 거래금액이나 수량에 따라 매출액을 감액하는 경우에는 판매장려금으로서 기업회계기준이나 법인세법, 소득세법 모두 매출에누리로 보아 매출액에서 차감하도록 하고 있으나 부가세법에서는 시각을 달리하고 있고 더욱이 판매장려금을 외상매출대금에서 감액하는 것이 아니고 현금으로 직접 지급하는 경우와 물품으로 지급하는 경우에는 세법이 각각 입장을 달리하고 있으므로 여기에 대하여 살펴보면 다음 도표와 같다.

구 분	매출대금과 상계	현금으로 지급	물품으로 지급
기업회계기준	매출에누리로 보아 매출액에서 차감	매출액에서 차감하지 않고 판매비와 관리비로 처리	매출액에서 차감하지 않고 판매비와 관리비로 처리
법인세법	매출액에서 차감하지 않고 판매비와 관리비로 처리	상동	상동
소득세법	매출액에서 차감하지 않고 판매비와 관리비로 처리	상동	상동
부가가치세법	공급가액에서 차감하지 않는다.	공급가액에서 차감하지 않는다.	사업상 증여로 보아 부가세가 또 과세

✋ 회계처리시 유의할 사항

매출액에서 감액하는 판매장려금은 기업회계기준에 의하여 매출액에서 차감하더라도 세법에서는 매출액에서의 차감이 아닌 판매부대비용으로서 판매비와 관리비의 항목이 된다. 따라서 판매장려금을 매출대금에서 상계하는 경우와 별도로 지급하는 경우를 구분하여야 한다. 판매장려금을 매출대금에서 감액처리한 경우에는 기업회계기준과 세법이 다르므로 기업회계기준에 따라 처리한 경우에는 매출액과 세법상의 총수입금액의 차이가 있게 된다. 이와 같이 기업회계기준과 세법이 다르므로 외감법 대상이 아닌 일반 중소기업은 지급하는 측에서는 판매비와 관리비로 지급받는 측에서는 영업외수익으로 세법에 따라 처리하면 편리하겠다. 한편 판매장려금을 지급받은 입장에서는 기업회계기준에 의하면 매입액에서 차감하여야 하나 세법에서는 영업외수익의 항목으로 하여 총수입금액에 포함하도록 하고 있다. 판매장려금을 물품으로 지급하는 경우에는 부가가치세법으로는 사업상 증여가 되어 부가세 부담이 다시 발생하게 됨에 유의한다.

✋ 세무상 유의할 사항

판매장려금을 물품으로 지급하는 경우 회사는 단지 출고만 기재 할 뿐 아무런 회계처리를 하지 않는 경우가 있다. 그러나 부가가치세법상으로는 엄연한 과세거래이기 때문에 이의 처리에는 주의가 필요하다.

✋ 관련법령

- 기업회계기준 38조
- 법인세법시행령 19조
- 법인세법 시행규칙 10조
- 소득세법시행령 51조 3항 1호, 2호
- 부가가치세법 13조

20
사무용품비

의의

사무처리를 위하여 직접 필요한 소모성 문방구의 지출을 처리하는 계정이다.

업무 · 적요

구입시마다 기록한다.

볼펜, 잉크, 전표용지대금, 복사용지대금, 장부대금, 고무인, 필기구 대금

• 손익계산서 〉 판매비와관리비 〉 소모품비(사무용품비)

회계처리요령

회계처리 사례

1. 결산을 위하여 회사의 장부 10권 50,000원 어치 구입하다.

(차변) 사무용품비	50,000	(대변) 현금	50,000

2. 칠판을 200,000원에 구입하다.
① 비용인식

(차변) 사무용품비	200,000	(대변) 현금	200,000

② 자산인식

또는, 칠판은 대체로 장기간 사용이 가능하므로 다음과 같이 비품으로 처리하여 감가상각으로 비용을 균등 인식하는 것이 이론적이다.

(차변) 비품	200,000	(대변) 현금	200,000

소액의 비품은 별도의 비품대장으로 등재하여 유지 · 관리하여야 할 필요는 있으나 굳이 회사의 장부상 자산으로 등재한 후 일일이 감가상각을 하는 것은 비용, 효익 측면과 중요성의 관점에서 타당하지 않다(당기비용으로 처리).

증빙서류

매입세금계산서, 입금표, 간이영수증, 지출전표

회계처리시 유의할 사항

소모품과 구별한다. 소모품은 그 자체가 직접 쓰이는 것이 아니고 타 비품의 원할 한 작동내지는 유지를 위하여 사용되거나 독립적으로 계정처리가 곤란한 잡다한 소모성 비품들을 처리하는 계정이고 사무용품비는 그 자체가 하나의 독립된 효용을 제공하는 것으로 구분이 되겠다.

세무상 유의할 사항

사무용품 구입비가 50,000원을 초과하는 경우에는 세금계산서, 카드 영수증 등의 적격증빙을 갖추도록 하여야 한다. 세법에서는 취득가액이 100만원 이하 인 감가상각자산에 대하여는 비용으로 처리하여도 이를 손금으로 인정하고 있다.

관련법령

- 법인세법시행령 제31조의 4

21
도서인쇄비

의의

회사의 업무와 관련된 도서의 구입비나 인쇄대금을 처리하는 계정이다.

업무 · 적요

구입시마다 기록한다.

신문구독비, 전문지 등의 정기구독물 구입비, 인쇄비, 명함비, 복사비, 도장, 고무인

- 손익계산서 〉 판매비와관리비 〉 도서인쇄비

증빙서류

매입세금계산서, 간이영수증, 입금표, 출금전표, 지출결의서

회계처리요령

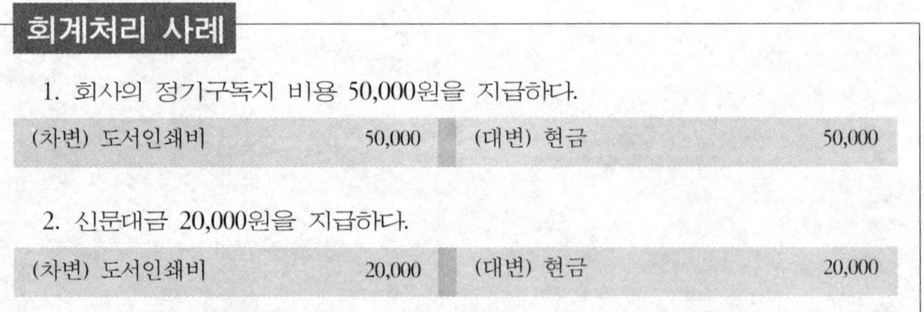

회계처리 사례

1. 회사의 정기구독지 비용 50,000원을 지급하다.

(차변) 도서인쇄비	50,000	(대변) 현금	50,000

2. 신문대금 20,000원을 지급하다.

(차변) 도서인쇄비	20,000	(대변) 현금	20,000

회계처리시 유의할 사항

도서인쇄비는 그 금액이 적고 비교적 소액이므로 과다한 변동이 있는 경우에는 지출증빙을 잘 챙기도록 하여야 한다.

 ## 세무상 유의할 사항

    사업자와의 거래에는 부가세를 포함하여 거래 건당 50,000원 초과 지출 시에는 세금계산서, 계산서, 카드영수증 등의 적격증빙을 구비하여야 한다. 부가세 포함하여 50,000원 이하의 경우에는 간이영수증 등으로 대체 가능하다.

22

보험료

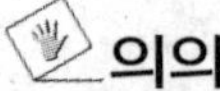 **의의**

보험료는 회사가 불시에 발생할지도 모르는 손실에 대비하여 보험에 가입하는 경우에 지급하는 비용을 말한다. 보험료 중 만기에 지급 받을 수 있는 저축성 보험은 여기에서 말하는 보험료가 아니므로 손익장의 판매비와 관리비에 경비로서 기장하여야 할 보험료는 만기 환급금이 없는 소멸성 보험료만 기록하여야 한다. 만약 소멸 될 보험료와 만기에 환급 될 금액이 함께 지급되는 경우에는 환급될 금액과 소멸될 보험료를 구분하여 자산과 비용으로 각각 처리하여야 한다. 단, 만기에 환급될 금액이란 회사가 환급받는 부분을 말하며 종업원이 수익자로된 재해보험의 경우에는 만기환급금이 있더라도 전액 보험료로 처리한다. 단체정기재해보험 외의 보험료 지급은 회사의 손비로 인정되나 그 금액은 세무상으로는 종업원의 급여로 처리된다.

업무 · 적요

지급시마다 기록한다.

건물, 재고자산, 기계장치, 차량운반구 등의 화재보험료, 손해보험료, 해상보험료, 기타의 각종 화재보험료 및 손해보험료, 종업원을 수익자 및 피보험자로 하는 연간 70만원이내의 단체정기재해 보험료, 자동차 보험료

- 손익계산서 〉 판매비와관리비 〉 보험료
- 제조원가 명세서 〉 제조경비 〉 보험료

회계처리요령

■ 만기에 환급금이 없는 보험료의 처리

사무실 건물 보험료

회사는 7월 1일에 사무실 건물에 대한 1년간 보험료 1,000,000원 납부하다.

| (차변) 보험료(판관비) | 1,000,000 | (대변) 현금 | 1,000,000 |

12월 31일 연말 결산시
결산이 되어 미경과분에 대한 보험료를 선급비용으로 대체하다.

| (차변) 선급비용 | 500,000 | (대변) 보험료(판관비) | 500,000 |

$1,000,000 \times 6/12 = 500,000$

다음해 1월 1일
선급비용으로 대체 되어 있는 보험료를 당기의 비용으로 대체하다.

| (차변) 보험료(판관비) | 500,000 | (대변) 선급비용 | 500,000 |

선급비용은 당기에 보험료로 대체 될 것이므로 누락을 방지하고 선급보험료의 항목이 많은 경우에 일일이 만기가 되어 대체하면 업무가 늘어나므로 미리 보험료로 대체하여 놓으면 간결하게 처리된다.

공장 건물 보험료

회사는 7월 1일에 공장 건물에 대한 1년간 보험료 1,000,000원 납부하다.

| (차변) 보험료(제조경비) | 1,000,000 | (대변) 현금 | 1,000,000 |

12월 31일 연말 결산시
결산이 되어 미경과분에 대한 보험료를 선급비용으로 대체하다.

| (차변) 선급비용 | 500,000 | (대변) 보험료(제조경비) | 500,000 |

다음해 1월 1일
선급비용으로 대체 되어 있는 보험료를 당기의 비용으로 대체하다.

| (차변) 보험료(제조경비) | 500,000 | (대변) 선급비용 | 500,000 |

■ 만기에 환급금이 있는 보험료의 처리

> **회계처리 사례**
>
> 회사는 장기 재해보험에 가입하고 보험료 1,000,000원을 지불하였다. 만기에 환급될 금액은 총 불입액의 80%이다(보험계약서에 의한다).
>
> | (차변) 보험료(판매비와 관리비, 제조경비) | 200,000 | (대변) 현금 | 1,000,000 |
> | 장기보험(투자자산) | 800,000 | | |

■ 단체정기재해보험료의 처리

종업원을 피보험자와 수익자로 하며 만기에 환급되는 금액이 납입보험료를 초과하지 않고 종업원의 사망, 상해, 질병을 담보로 하는 단체정기재해보험의 경우에는 회사가 아무리 많은 금액을 납입하더라도 회사의 손비로 계상된다. 단, 그 금액이 1인당 연 70만원을 초과하는 금액은 종업원의 급여로 보아 근로소득세가 과세된다. 한편 연 70만원 이내의 보험료를 지급하더라도 만기환급금이 있는 경우에는 만기환급금을 종업원이 받게되므로 만기환급금을 받는 해의 종업원의 급여로 근로소득세가 과세됨에 유의한다.

> **회계처리 사례**
>
> 회사는 단체정기 재해보험(사망, 상해, 질병 보험)에 가입하고 보험료 1,000,000원을 지불하였다.
>
> | (차변) 보험료(판매비와 관리비, 제조경비) | 700,000 | (대변) 현금 | 1,000,000 |
> | 급여 | 300,000 | | |

■ 보험차익의 회계처리

회사가 보험에 가입하고 사고로 자산이 멸실되어 보험회사로부터 지급받는 보험금이 멸실된 자산의 장부가액보다 많은 경우에는 보험차익이 발생한다. 당해 보험차익은 회사의 손익계산서 상에서 특별이익으로 계리하게 되어 과세소득이 증가하나 그 자산이 멸실된 해가 속하는 사업연도 종료일로부터 당해자산에 해당하는 자산을 2년이내에 취득할 것을 조건으로 하여 연말 결산시 세무조정을 통하여 손금에 산입할 수가 있어 보험차익에 해당하는 부분만큼은 과세소득을 줄일수가 있다. 보험차익은 특별이익에서 자세한 설명을 하기로 한다.

회계처리시 유의할 사항

산재보험료, 건강보험료, 고용보험료의 기업주 부담 분은 복리후생비로 처리하여야 하고 국민연금 부담 분은 세금과 공과 과목으로 회계처리하여야 함에 유의한다. 또한 연말 결산시에 미경과 분에 대한 보험료는 선급비용으로 대체하여야 한다. 한편 임차건물의 경우 건물주가 보험계약자 및 피보험자로 되어 있고 보험료는 임차인인 회사가 부담하는 경우의 지급보험료는 임차료로 계상하고 회사가 보험계약자로 되어 있는 경우에는 보험료로 처리한다. 공장건물이나 기계장치등 생산현장과 관련된 보험료는 제조경비 중 제조간접비로 처리하여야 한다.

세무상 유의할 사항

기간 미경과분에 대한 보험료는 당기의 손금이 아니므로 당기의 비용에서 차감하여 선급비용으로 대체함을 잊어버리지 않아야 한다. 한편 저축성 보험은 비용이 아니므로 투자자산으로 계리한다.

관련법령

- 법인세법 기본통칙 19-19⋯8(보험료의 손금산입범위)
- 법인세법기본통칙19-19⋯9(장기 손해보험계약에 관련된 보험료의 손금산입범위)
- 법인세법기본통칙 19-19⋯10(임차건물 등을 보험에 가입한 경우의 보험료 손금산입범위)
- 법인세법기본통칙 19-19⋯11(보험사고의 발생에 의한 적립보험료의 처리)

23

차량유지비

의의

회사의 업무를 위하여 운행하는 차량의 관리, 유지에 소요되는 경비를 처리하는 계정이다.

업무 · 적요

매일 기록한다.

월정액 주차비, 세차비, 유류대, 차량수리비, 검사비, 자가운전 보조금(급여로도 처리)

- 손익계산서 〉 판매비와관리비 〉 차량유지비

증빙서류

주차영수증, 세차영수증, 유류대 영수증, 자가운전 보조금은 지급결의서, 품의서, 전표 등 단일 지출이 월 50,000원을 넘어가는 경우에는 세금계산서나 카드영수증을 수령, 수령이 어려운 경우에는 지출을 50,000원 이하로 분산시킨 간이 영수증 구비 및 그 일자에 따른 지급전표

회계처리요령

월정 주차비

회사의 차량 주차를 위하여 월 100,000원의 주차비를 지급한다(부가세 별도).

(차변) 차량유지비	100,000	(대변) 현금	110,000
선급부가세	10,000		

회사의 업무를 위하여 운행을 나가서 지출한 시간 당의 주차비 및 톨게이트 사용료는 차량유지비가 아닌 여비교통비이다.

유류대

유류대 77,000원을 현금 지급하다(부가세 포함).

(차변) 차량유지비	77,000	(대변) 현금	77,000

비영업용 차량의 유지를 위한 부가가치세는 매입세액 공제가 안되므로 당기의 비용으로 처리한다.

자가운전 보조금

직원 소유의 차량을 업무에 사용하기 위하여 매월 200,000원을 지급하기로 하고 당월분 200,000원을 지급하다.

(차변) 차량유지비	200,000	(대변) 현금	200,000

회계처리시 유의할 사항

차량유지를 위하여 지출한 비용을 처리하면 되겠다. 생산직과 관련된 차량에 대한 유지비는 제조경비로 분류하여야 한다. 직원에게 지급하는 월200,000원의 차량유지비가 비과세 급여가 되기 위하여서는 직원이 차량의 소유자이어야 한다.

세무상 유의할 사항

세무상으로는 특별히 유의할 사항이 없다. 회사의 업무와 관련 없이 지출한 차량유지비는 세무상 손금에 산입되지 않는다. 차량유지비는 매월 큰 변동 없이 일정하게 발생하는 경향이 있다. 만약 특정월에 차량유지비가 과대 계상되는 경우에는 그 원인에 따른 증빙과 소명자료를 갖추어야 한다.

차량유지비 관련 부가가치세 매입세액은 비용으로 처리한다(매입세액 공제 불가).

24
판매수수료

의의

　판매수수료란 상품, 제품의 판매와 관련하여 판매를 알선, 중개한 자에게 지급하는 것이다. 판매수수료와 판매장려금의 차이는 판매장려금의 수혜자가 거래 상대방인 반면에 판매수수료의 수혜자는 제3자임에 차이가 있고 판매수수료와 지급수수료와의 차이는 지급수수료는 판매와 관련 없이 발생한 수수료란 점에서 판매수수료와 차이가 있다.

업무 · 적요

　지급시마다 기록

　판매알선 수수료, 위탁수수료, 판매중개수수료, 판매주선 수수료

- 손익계산서 〉 판매비와관리비 〉 판매수수료

증빙서류

　중개업자가 사업자이면 세금계산서, 개인이 일시적으로 소개하는 경우에는 기타소득세(5.5%) 원천징수영수증을 구비하여야 한다. 한편 개인이 중개를 업으로 하는 경우에는 사업자임에도 불구하고 사업자 등록을 하지 않은 경우가 되므로 무등록 사업자와의 거래가 되나 회사의 지출증빙을 갖추기 위하여 3.3%를 사업소득세로 원천징수하여 증빙을 갖추도록 한다. 종업원에게 지급하는 판매수수료는 급여로 보아 소득세를 원천징수한다(단, 외국에서 외국인에게 판매 수수료를 지급하는 것은 원천징수 대상이 아니다. 외국인은 국내에서의 행위로 국내에서 지급받을 경우만 원천징수 대상이 되므로 이 경우에는 원천징수하여 증빙을 갖추어야 한다).

 ## 회계처리요령

판매주선업자

판매를 주선한 주선업자에게 판매수수료 1,000,000원(부가세 별도)을 지급하다.

(차변) 판매수수료	1,000,000	(대변) 현금	1,100,000
선급부가세	100,000		

위탁판매업자

회사는 위탁판매업자인 ㈜재경으로부터 위탁품이 5,000,000원에 판매되었음을 통보받다. 위탁수수료는 판매대금액의 3%이다.

(차변) 외상매출금	5,335,000	(대변) 적송품 매출	5,000,000
판매수수료	150,000	선수부가세	500,000
선급부가세	15,000		

종업원등 에게 지급하는 판매수당

회사의 직원이 판매를 성사시켜 판매수수료 1,000,000원을 지급하다(소득세 등 10,000원 원천징수).

(차변) 급여(제 수당)	1,000,000	(대변) 현금	990,000
		예수금	10,000

대표이사의 인척이 계속적으로 판매를 성사시켜 판매수수료 1,000,000원을 지급하다(사업 소득세 등 33,000원 원천징수).

(차변) 판매수수료	1,000,000	(대변) 현금	967,000
		예수금	33,000

대표이사의 인척이 일시적으로 판매를 성사시켜 판매수수료 1,000,000원을 지급하다(기타 소득세 등 55,000원 원천징수).

(차변) 판매수수료	1,000,000	(대변) 현금	945,000
		예수금	55,000

 ## 회계처리시 유의할 사항

판매수수료 외 고문수수료나 공인회계사의 감사비용, 변호사 비용, 법무사 비용등은 별도의 지급 수수료 계정으로 처리하여야 한다. 판매수수료는 회사의 매출액과 비례하여 발생하는 경향이 크므로 회사의 경영분석시에 필요한 자료를 제공하기 위해서 지급수수료와 구분 경리하여야 할 필요가 있다. 한편 회사의 상품매입과 관련한 수수료는 해당자산의 취득원가에 산입하여야지 수수료로 경리하여서는 아니된다.

세무상 유의할 사항

직원에게 지급하는 판매수수료는 제 수당으로 하여 급여로 처리한다. 동 금액에 대하여는 원천징수하여야 한다.

기타 유의사항

판매수수료를 지급수수료와 구분 기장하고 사회통념상 적정한 판매수수료가 지급되도록 한다.

관련세법

- 법인세법 시행규칙 제10조(판매부대비용의 범위)
- 법인세법기본통칙19-19…3(판매부대비용의 범위)

═══ **25** ═══

지급수수료

 의의

지급수수료는 각종 용역의 제공에 대한 대가로서 정기적으로 지급하는 수수료와 건당 지불하는 수수료로 분리할 수 있다. 전자의 경우에는 변호사, 회계사, 세무사의 자문수수료, 기장수수료, 도메인 등록수수료 등이 있고 후자에는 감정수수료, 수표발행수수료, 송금수수료 등이 있다.

업무 · 적요

지급시에 처리한다.

송금수수료, 수표발행수수료, 신용카드 결제 수수료, 변호사 자문 수수료, 공인회계사의 감사수수료, 세무사의 기장수수료, 컨설팅 수수료, 도메인 등록 수수료

- 손익계산서 〉 판매비와관리비 〉 지급수수료

증빙서류

세금계산서, 원천징수영수증, 입금표, 은행송금증, 지로 영수증 등

회계처리요령

감사계약금			
회사는 주식회사의 외부감사에 관한 법률에 의한 외부감사대상업체로서 올해 외부감사계약을 체결하고 계약금 10,000,000원을 지불하다.			
(차변) 지급수수료	10,000,000	(대변) 현금, 예금	10,000,000

회계처리시 유의할 사항

회사의 업무와 관련된 수수료만 경리하여야 한다. 수수료 지급시에는 해당 매입세금계산서나 개인의 경우에는 소득세를 원천징수하여야 한다.

세무상 유의할 사항

50,000원 이상되는 수수료는 카드영수증, 세금계산서, 계산서 등의 적격 증빙을 징수하여 구비하여야 한다.

═══ **26** ═══

수선비

의의

수선비란 유형자산의 물리적 손상을 원상복구 시키는데 소요되는 비용으로서 판매비와 관리비에 계상한다. 자산의 내용연수를 증가시키거나 또는 그 자산의 경제적 가치를 증가시키는 자본적 지출은 수익적 지출과 다르므로 비용으로 계상할 수는 없고 자산으로 계리 하여야 한다. 실무상으로 수익적 지출인지 자본적 지출인지 구분이 애매한 경우가 많이 있는데 이런 경우에는 중요성의 관점에서 회계처리하면 무난하다고 사료된다.

업무 · 적요

발생시마다 기록한다.

사무실 벽 도장공사비, 사무실 내부수리비용, 기계장치 수리비(제조경비), 공기구 수리비, 전화기 수리비, 복사기 수리비

• 손익계산서 〉 판매비와관리비 〉 수선비

증빙서류

수선비의 경우 상대방이 사업자이면 세금계산서 수취, 개인 잡부이면 일용직 원천 징수(일당 80,000원 이상만 해당), 수선재료비에 대하여는 세금계산서, 간이영수증, 지급결의서, 출금전표, 대체전표, 잡급대장

회계처리요령

페인트 공사비용

유형자산의 원상복구를 위하여 지출한 비용은 모두 수선비로 처리한다. 회사 건물 외장벽을 도장처리하고 관련된 비용 1,000,000원(부가세 별도)을 지출하다.

| (차변) 수선비 | 1,000,000 | (대변) 현금 | 1,100,000 |
| 선급부가세 | 100,000 | | |

기계가 고장이나 외부에서 수리하고 비용 500,000원을 청구받았다(부가세 별도).

(차변) 수선비	500,000	(대변) 미지급금	550,000
선급부가세	50,000		

✋ 회계처리시 유의할 사항

수선비의 지출이 유형자산의 원상복구에 해당하는 수익적 지출인지 자산의 내용연수를 증가시키거나 자산의 경제적 가치를 증가시키는 자본적 지출인지의 구분이 필요하다. 금액이 3,000,000원 이하의 소액이면 보수적인 관점에서 전액 당기의 수선비로 처리한다. 그러나 손실이 많은 회사는 자본적 지출인 경우에는 자산으로 계상한다. 현장에서 발생한 수선비는 제조경비에 집계하여야 한다. 수선비의 회계처리는 세법을 준용하여야 할 필요가 있다.

✋ 세무상 유의할 사항

세무상으로는 일정한 금액 이하인 경우에는 자본적 지출이냐 수익적 지출이냐를 따지지 않고 전액 손금처리를 인정하고 있다. 또는 금형 등의 경우에는 금액 한도없이 당기의 손금으로 인정한다.

(1) 자본적 지출로 처리하여야 하는 경우

법인세법 시행령 제31조에서는 "자본적지출"이라 함은 법인이 소유하는 감가상각자산의 내용연수를 연장시키거나 당해 자산의 가치를 현실적으로 증가시키기 위하여 지출한 수선비를 말하며, 다음 각호의 1에 해당하는 것에 대한 지출을 포함하는 것으로 한다.

① 본래의 용도를 변경하기 위한 개조
② 엘리베이터 또는 냉난방장치의 설치
③ 빌딩 등에 있어서 피난시설 등의 설치
④ 재해 등으로 인하여 멸실 또는 훼손되어 본래의 용도에 이용할 가치가 없는 건축물 기계 설비 등의 복구
⑤ 기타 개량 확장 증설 등 제1호 내지 제4호와 유사한 성질의 것

(2) 자본적 지출 중 당해년도의 수선비로 계상할 수 있는 경우

한편 지출의 성격상 자본적 지출이 분명함에도 불구하고 다음에 해당하는 지출을 법인이 당해년도의 수선비로 처리한 경우에는 세법에서도 손금으로 인정하고 있다.

① 개별자산별로 수선비로 지출한 금액이 300만원 미만인 경우
② 개별자산별로 수선비로 지출한 금액이 직전사업연도종료일 현재 대차대조표상의 자산가액(취득가액에서 감가상각누계액상당액을 차감한 금액을 말한다)의 100분의 5에 미달하는 경우
③ 3년 미만의 기간마다 주기적인 수선을 위하여 지출하는 경우

(3) 100만원 이하인 취득원가를 당해년도의 비용으로 계리할 수 있는 자산

한편 법인이 그 고유업무의 성질상 대량으로 보유하는 자산이거나 그 사업의 개시 또는 확장을 위하여 취득한 자산이 아닌 경우에는 그 취득원가가 거래단위별로 100만원 이하인 경우에 법인이 손금으로 경리한 경우에는 세법에서도 손금으로 인정하고 있다.

(4) 취득원가 전액을 당해년도의 비용으로 계리할 수 있는 자산

다음 각호의 자산에 대하여는 이를 그 사업에 사용한 날이 속하는 사업연도의 손금으로 계상한 것에 한하여 금액에 상관없이 전액 손금으로 인정하는 것이다.

① 어업에 사용되는 어구(어선용구를 포함한다)
② 영화필름, 공구(금형을 포함한다), 가구, 전기기구, 가스기기, 가정용 기구 비품, 시계, 시험기기, 측정기기 및 간판
③ 대여사업용 비디오테이프 및 음악용 콤팩트디스크로서 개별자산의 취득가액이 30만원 미만인 것

관련법령

- 기업회계기준 45조
- 소득세법 기본통칙 33-18, 33-19
- 법인세법 시행령 31조
- 법인세법 기본통칙 2-10-1-16

27

외주비

 의의

외주비란 회사의 업무를 외부에 위탁하는 것으로서 경리, 제조, 디자인 등 위탁할 수 있는 업무에는 제한이 없다. 회사측에서는 고객의 주문에 능동적으로 대처하면서 회사의 인건비 및 투자비용과 고정비를 절감시킬 수가 있는 이점이 있고 외주업체 측에서는 투자의 집중화를 이루어 효율적인 수입을 확보할 수 있다는 측면에서 많이 사용되고 있다. 단점으로는 회사의 기밀과 거래처가 노출될 우려가 있고 장기적인 관점에서는 회사자체의 연구·개발이 소홀해 질 우려가 있다.

업무 · 적요

발주시에 기록한다.

외주가공비, 외주용역비

- 손익계산서 〉 판매비와관리비 〉 외주비
- 제조원가 명세서 〉 제조경비 〉 외주비

증빙서류

거래상대방이 사업자인 경우에는 세금계산서, 프리랜서인 경우에는 사업소득세 원천징수 영수증(지급액의 3.3%원천징수), 잡급일 경우에는 소득세 원천징수영수증

회계처리요령

외주업체에게 의뢰하는 경우

회사는 고객과 계약한 디자인 업무를 외주업체에게 의뢰하고 그 금액은 5,000,000원(부가세 별도) 으로 계약하다. 외주업체가 업무를 완성하여 회사에 입고시키고 대금 청구를 받다.

| (차변) 외주비 | 5,000,000 | (대변) 미지급금 | 5,500,000 |
| 선급부가세 | 500,000 | | |

사업자가 아닌 프리렌서에게 의뢰하는 경우

위의 계약을 사업자가 아닌 개인에게 의뢰하는 경우도 있다. 이런 경우에는 그 개인이 프리렌서를 전문적으로 한다면 지급금액의 3%(주민세 10%별도)를 사업소득세로 원천징수하고 지급하여야 한다.

| (차변) 외주비 | 5,000,000 | (대변) 미지급금 | 4,835,000 |
| | | 예수금 | 165,000 |

회계처리시 유의할 사항

외부의 프리렌서에게 지급하는 경우에는 원천징수 영수증을 구비하여야 경비인정이 되므로 유의한다.

세무상 유의할 사항

한편 프리렌서와의 계약시에는 반드시 사업소득에 대한 세금을 원천징수 할 것을 미리 통지하여야 한다. 만약 프리렌서가 세금을 원천징수하는 것에 대하여 부담을 느낀다면 계약을 일용직으로 바꾸어 일당을 지급하도록 처리한다. 프리렌서의 입장에서는 전체금액에 대하여 3.3.%를 원천징수 당하는 것보다 하루 일당에서 80,000원을 공제한 금액에서 원천징수 당하는 것이 세부담이 훨씬 적어진다. 예를 들어 10일간 1,000,000원에 계약을 하였다면 사업소득세는 주민세 합하여 33,000원이 되지만 하루 일당 100,000원에 10일간 계약이 되었다면 하루 일당에 대한 근로소득세 810원 10일간 총 8,100원이 세부담이 된다. 기간이 장기일수록 세금차이는 늘어날 것이다. 사업소득은 종합소득세 신고의무가 있지만 일용직 근로소득은 원천징수로 과세가 종결되는 편리한 점도 있다.

$(100{,}000 - 80{,}000) \times 9\% \times (1-0.55) \times 10일 = 8{,}100$

(소득세 8,100원, 주민세 810원)

▣ 일용직 소득세 원천징수

일당－80,000＝과세표준

과세표준×9%＝산출세액

산출세액－근로소득세액공제(산출세액의 55%)＝소득세 원천징수액

원천징수액×10%＝주민세

28

수도광열비

 **의의**

수도 광열비란 실내의 조명과 냉·난방비 그리고 수도료, 전기료 등을 통틀어 처리하는 계정이다.

업무·적요

청구시마다 기록한다.

가스료, 전기료, 난방용 유류대, 냉·난방과 관련된 전기료, 상·하수도료

- 손익계산서 〉 판매비와관리비 〉 수도광열비
- 제조원가명세서 〉 제조경비 〉 수도광열비

증빙서류

전기료 고지서, 수도료 고지서, 가스매입 영수증, 세금계산서, 지급결의서, 품의서, 지출전표

회계처리요령

전기요금

20X3년 5월 20일 4월분 전기요금 110,000(부가세 10,000원 포함)원의 청구서가 통지되었다. 납부기한은 익월 10일까지이다.

20X3년 5월 20일 청구시

| (차변) 수도광열비 | 100,000 | (대변) 미지급금 | 110,000 |
| 선급부가세 | 10,000 | | |

20X3년 6월 10일 납부시

| (차변) 미지급금 | 110,000 | (대변) 현금 | 110,000 |

지급일이 월을 넘기는 경우에는 월차 결산을 위하여 미지급금으로 계리하거나 지급일에 바로 출금처리한다. 금액이 중요하다면 미지급금으로 처리하여야 한다.

도시가스 사용료

 20X3년 5월 10일 도시가스료 100,000(부가세 10,000원 별도)원의 청구서가 통지되었다. 납부기한은 이달 20일까지이다.

20X3년 5월 10일 청구시

〈비망기록〉

20X3년 5월 20일 납부시

| (차변) 수도광열비 | 100,000 | (대변) 현금 | 110,000 |
| 선급부가세 | 10,000 | | |

회계처리시 유의할 사항

 수도광열비는 통신비와 마찬가지로 연중 고르게 발생하므로 회계처리에는 어려움이 없다. 월 냉·난방비가 급격히 변동하는 경우에는 그 사유를 알아보고 관련증빙을 잘 갖추도록 한다. 여름과 겨울에 지출금액이 증가하는 특색이 있다. 공장에서 발생하는 전력비, 냉·난방비, 가스료는 제조 경비로 처리한다.

세무상 유의할 사항

 청구서를 잘 살펴보고 부가가치세가 별도로 청구된 경우에는 선급부가세 계정에 계리하여 부가세 세액공제를 받을 수 있도록 한다. 개인사업자의 경우에는 공급업자에게 사업자등록증 사본을 보내어 부가세 매입세액공제를 받을 수 있는 조치를 취하여야 한다. 수도광열비는 다른 계정에 비하여 관련증빙이 객관적이고 잘 구비되므로 어려움이 없다.

=== **29** ===

수출제비용

 **의의**

수출계약완료시점부터 물품 선적완료 시점까지 드는 비용을 처리하는 계정으로서 상품, 제품 등의 수출과 관련된 매출원가 외의 제반 비용을 처리하는 계정이다.

업무 · 적요

발생시 기록한다.

통관료, 검사비, 선적비, 하역비, 수출운임, 해상 보험료, 수출주선수수료, 수출부대비용, 수출대행료

- 손익계산서 〉 판매비와관리비 〉 수출비용

증빙서류

보험료 영수증, 검사비 세금계산서, 운임 영수증, 수수료 지급 영수증, 지급결의서, 출금전표, 대체전표

회계처리요령

해상운송 운임			
수출을 위한 해상 운임 및 보험료 300,000원을 지불하다.			
(차변) 수출 제비용(보험료)	300,000	(대변) 현금	300,000

🖐 회계처리시 유의할 사항

　수출품 선적완료시까지 발생한 제반 비용을 처리한다. 수출제비용은 판매비와 관리비이지 제조원가가 아니므로 제조원가로 처리하여서는 아니된다. 수출이 많지 않은 기업은 별도로 수출제비용 계정을 설정하지 않고 각각의 비용에 해당하는 계정에 포함하여 처리한다. 반면에 수출이 많은 기업은 수출제비용 계정을 별도로 처리하여 수출과 관련된 비용을 일괄 처리한다.

🖐 세무상 유의할 사항

　수출과 관련된 지출 증빙을 잘 갖추어 놓도록 한다.

═══ **30** ═══
운반비

 의의

운반비란 회사의 상품, 제품을 판매하기 위하여 고객이 요구하는 장소까지 운반에 소요되는 비용으로 한다.

업무 · 적요

지출시마다 기록한다.

발송운임, 퀵 서비스 비용, 용달운임, 선박운임, 항공운임, 상차비, 하차비, 택배비용, 상차료, 하차료

- 손익계산서 〉 판매비와관리비 〉 운반비

증빙서류

영수증, 세금계산서, 은행송금 영수증, 거래건당 부가세 포함하여 10만원 미만인 경우에는 간이 영수증 수령도 가능

회계처리요령

운반비를 회사가 부담하는 경우

회사의 상품을 거래처에 운반하기 위하여 용달차를 사용하다. 운임은 100,000원이다(부가세 별도).

(차변) 운반비	100,000	(대변) 현금	110,000
선급부가세	10,000		

운반비를 매입처가 부담하기로 하였으나 회사가 대납한 경우

회사의 상품을 거래처에 운반하기 위하여 용달차를 사용하다. 매출액은 1,000,000원이고 운임은 10만원이다(부가세 별도).

(차변) 단기대여금	110,000	(대변) 현금	110,000

회계처리시 유의할 사항

상품, 제품을 취득하기 위하여 소요되는 운반비는 당해 자산의 취득원가에 산입하여야 한다. 한편 판매되는 제품은 자사의 차량을 사용하여 운반되기도 하고 타사의 차량을 사용하여 운반되는 두 가지 경우가 있을 수 있는데 자사의 차량을 사용하기 위하여 발생하는 차량 기사의 급여, 차량의 감가상각비, 유류대, 운행료 등은 해당 계정과목으로 처리하고 타사의 운송수단을 사용하면서 지출하는 비용은 운반비로 처리한다.

세무상 유의할 사항

운반비에 대하여 세무상 특별한 규정은 없으나 관련 증빙을 잘 구비하여야 증빙불비 가산세(2%)를 부담하지 않을 것이고, 매출액과 비례관계에 있어야 할 것이다.

= 31 =
견본비

의의

자사의 상품이나 제품을 판매하기 전 그 상품의 디자인이나 용도 등을 실제 확인할 수 있도록 구매자에게 보내는 샘플비용을 말한다.

업무 · 적요

발생시에 기록한다.

견본품 샘플 제조비용, 탁송비용, 통관시의 관세 등

- 손익계산서 〉 판매비와관리비 〉 견본비

증빙서류

견본품 구매 계약서, 견본품 매입세금계산서, 지급 영수증, 탁송비 영수증

회계처리요령

회사는 미국에 소재하고 있는 고객에게 자사의 신발제품을 판매하기 위하여 샘플을 먼저 보내기로 하다.

견본품을 자산처리 하는 경우

샘플 제작시

샘플 100개 제작비용 5,000,000만원 지불하다.

(차변) 견본품	5,000,000	(대변) 현금	5,500,000
선급부가세	500,000		

샘플 발송시

샘플 중 50개를 견본으로 보내다. 통관비용 100,000원 지불하다.

(차변) 견본비	2,600,000	(대변) 견본품	2,500,000
		현금	100,000

견본품을 비용처리 하는 경우

샘플 제작시

샘플 100개 제작비용 5,000,000만원 지불하다.

| (차변) 견본비 | 5,000,000 | (대변) 현금 | 5,500,000 |
| 선급부가세 | 500,000 | | |

샘플 발송시

샘플 중 50개를 견본으로 보내다. 통관비용 100,000원 지불하다.

| (차변) 견본비 | 100,000 | (대변) 현금 | 100,000 |

기말재고 파악시

금액이 소액일 때에는 생략

| (차변) 견본품 | 2,500,000 | (대변) 견본비 | 2,500,000 |

※ 견본품이 회사의 업무 중 자주 발생하고 그 관리가 중요하다고 판단되는 경우에는 자산으로 기록 한 이후 비용으로 처리하는 것이 좋다. 그러나 회사의 매출이 견본품에 의하여 발생하는 것이 드물고 일과성이고 소액일경우에는 바로 비용으로 정리한다.

회계처리시 유의할 사항

자사의 제품을 불특정 다수인에게 배포하는 경우에 견본비인가 광고선전비인가의 판단은 배포된 그 제품자체의 판매촉진을 위해서라면 견본비로, 다른 상품의 매출신장을 위하거나 회사의 이미지 제고를 위함이라면 광고선전비로 처리한다.

세무상 유의할 사항

비매품 표시 된 견본품을 특정 거래처에만 제공하거나 사회통념상 인정할 만한 수량을 초과하여 제공하는 것은 접대비로 보게 되므로 배부에 유의하여야 한다. 또한 견본품의 금액이 과다한 경우에는 세무조사시 매출누락으로 볼 염려가 있으므로 사회통념을 벗어나는 견본비의 발생시에는 관련 증빙 처리를 철저히 하여야 한다.

관련법령

- 부가가치세법 시행령 16조 1항
- 기본통칙 6-16-2

═══ **32** ═══

회의비

 의의

회사의 업무와 관련된 회의와 관련하여 발생하는 식대 및 차대를 처리하는 계정이다.

업무 · 적요

지출시마다 기록한다.

회의시 발생한 식대, 차대, 음료대, 간단한 주대, 회의실 임차료, 초청장 인쇄비, 회의용 소모품비

- 손익계산서 〉 판매비와관리비 〉 회의비

증빙서류

음료 구입 영수증, 회의실 대실료, 식대, 회의 소집 안내문 발송비, 소액의 주대 등 10만원 이상은 세금계산서나 카드 영수증, 은행 송금 영수증, 10만원 미만은 간이계산서 구비, 품의서, 지급결의서, 출금 전표, 대체전표

회계처리요령

회의참석 식대

회의에 참여한 임 · 직원들의 점심 식대 100,000원을 현금으로 지급하다.

(차변) 회의비	100,000	(대변) 현금	100,000

회계처리시 유의할 사항

회의가 많고 지출의 금액이 큰 회사는 별도의 회의비 계정이 필요하다.
생산현장에서 발생한 회의비는 제조경비에 집계하여야 한다.

세무상 유의할 사항

세법에서는 회의비에 대하여 별도의 규정이 없으나 회사의 모든 비용은 사
회 통념상 타당한 범위내의 지출내에 손금 용인되므로 과다한 회의비 지출은
삼가야 하고 특히 지출이 많은 달은 관련증빙을 잘 챙겨 놓아야 한다.

=== **33** ===

포장비

 의의

생산현장에서 포장이 끝난 물품을 거래처에 발송하기 위하여 별도의 포장을 하는 경우의 포장비를 말한다. 따라서 포장을 하지 아니하면 출하될 수 없는 아웃박스 등의 현장에서의 포장비는 여기에서 말하는 포장비가 아니고 별도의 제조경비를 구성하는 것이고 일반관리비 판매비에서 발생하는 포장비는 공장에서 출하되고 난 뒤 별도의 포장을 수행하는 경우에 발생한다. 운송회사에 포장까지 의뢰를 한 경우에는 별도의 포장비로 구분하지 않고 운반비나 수출 제비용으로 일괄하여 처리한다.

업무 · 적요

지급시마다 기록한다.

포장재료비, 포장을 위한 소모품 비(리본 등), 포장용 공,기구 대

- 손익계산서 〉 판매비와관리비 〉 포장비

증빙서류

포장재료비 구입 세금계산서, 카드 영수증, 지급결의서, 품의서

회계처리요령

재료를 전부 당기비용으로 처리하는 방법

회사의 당기 포장을 위한 재료구입비는 총 1,000,000원이다.

(차변) 포장비	1,000,000	(대변) 미지급금	1,100,000
선급부가세	100,000		

기말에 포장재료 200,000원 남아 있음을 확인한다.

별도의 처리 없음

<table>
<tr><td colspan="4">남은 재료를 자산으로 기록하는 방법</td></tr>
<tr><td colspan="4">회사의 당기 포장을 위한 재료구입비는 총 1,000,000원이다.</td></tr>
<tr><td>(차변) 포장비</td><td>1,000,000</td><td>(대변) 미지급금</td><td>1,100,000</td></tr>
<tr><td>선급부가세</td><td>100,000</td><td></td><td></td></tr>
<tr><td colspan="4">기말에 포장재료 200,000원 남아 있음을 확인하다.</td></tr>
<tr><td>(차변) 저장품</td><td>200,000</td><td>(대변) 포장비</td><td>200,000</td></tr>
</table>

회계처리시 유의할 사항

포장용 재료가 금액이 클 경우에는 사용하지 않은 포장용재료를 모두 당기의 비용으로 처리할 것이 아니라 저장품 내지는 소모품 등의 자산으로 기록하여야 한다. 그러나 포장용 재료의 금액이 크지 않는 경우에는 전액 당기의 비용으로 처리한다. 남은 재료는 별도의 비망기록으로 보관하였다가 차후에 사용한다.

세무상 유의할 사항

세무상 특이한 사항은 없으나 경비의 손금 용인은 통상 타당한 지출의 범위 이내이므로 포장비가 특히 많이 계상되는 경우에는 그 사유를 입증하기 위한 증빙을 잘 갖추어야 한다. 포장비가 연중 계속적으로 큰 비중을 차지하는 경우에는 제조원가에 산입하여야 한다.

34

보관료

 **의의**

　보관료란 회사의 상품, 제품, 원재료 등의 재고자산과 유형고정자산을 일시 보관하기 위하여 외부의 창고업자에게 지불하는 비용으로서 "창고료"라고도 한다. 회사자체의 창고를 사용하는 경우에는 인건비 및 감가상각비, 전력비 등으로 각각 계정처리되어 보관료가 별도로 발생하지 않을 것이다. 그러나 회사의 창고를 사용하더라도 재고자산에 대한 보관료 비용이 얼마나 드는가 라는 경영분석 목적을 위하여 보관료의 분석은 필요하다.

　외부의 창고를 임차하여 사용하는 경우에는 지급 임차료로 처리하나 지급임차료 계정의 사용보다는 상품, 제품 등의 보관을 위한 지급임차료는 가급적 보관료로 경리하는 것이 재고관리비용의 분석에 유용할 것으로 판단된다. 외부의 창고업자에게 지불하는 경우에는 보관료로 처리한다.

업무 · 적요

지출시마다 기록한다.

보관료, 창고료, 지급수수료, 지급임차료

• 손익계산서 〉 판매비와관리비 〉 보관료

증빙서류

세금계산서, 영수증, 입금표, 출금전표, 지출결의서

✋ 회계처리요령

외부창고업자에게 지불시

회사는 외부의 창고업자에게 보관하고 있는 상품의 5월분 보관료 1,000,000원을 지급하다.

| (차변) 보관료 | 1,000,000 | (대변) 현금 | 1,100,000 |
| 선급부가세 | 100,000 | | |

창고 임차시

회사는 회사의 상품을 보관하기 위하여 창고를 임차하고 월 1,000,000원을 지불하고 있다.

| (차변) 보관료(지급임차료) | 1,000,000 | (대변) 현금 | 1,100,000 |
| 선급부가세 | 100,000 | | |

결산시

회사는 7월 1일 1년치 창고 임차료 10,000,000원을 미리 지급하였다.

7월 1일

| (차변) 보관료(지급임차료) | 10,000,000 | (대변) 현금 | 11,000,000 |
| 선급부가세 | 1,000,000 | | |

12월 31일

| (차변) 선급비용 | 5,000,000 | (대변) 보관료(지급임차료) | 5,000,000 |

✋ 회계처리시 유의할 사항

제조, 생산을 위하여 발생한 보관료는 원재료의 매입부대비용으로 매입원가에 부가하거나 제조경비에 산입함에 유의하고 생산 완료된 제품, 상품을 판매하거나 유통업에 있어서 매입한 상품 등의 판매를 위하여 보관에 소요된 비용은 보관료로 처리한다. 회사자체의 창고를 사용하여 별도의 보관료를 지불하지 않더라도 스톡의 관리비용이 월간, 연간 얼마나 지출되는 지를 판단하기 위한 자료를 구비하여야 한다. 회사자체의 창고를 사용하더라도 보관과 관련된 비용의 계정항목은 창고건물 감가상각비, 전력비, 수도광열비, 건물 보험료, 상품보험료, 창고 인건비 등에 산재하여 있으므로 이를 취합하여 실제 보관료가 얼마 드는가를 파악하는 것이 필요하다.

　지급임차료의 경우에는 연말결산시 미지급비용이나 선급비용 등의 기간 미경과 분에 대한 정리절차가 필요하다(금액이 소액일 경우에는 무시하더라도 상관없다).

세무상 유의할 사항

　외부임차료 및 보관료 지급시 관련 세금계산서 및 증빙을 구비한다.

== **35** ==

잡비

 **의의**

판매비와 관리비 항목 중 발생빈도가 빈번하지 않고 금액이 소액인 잡다한 과목을 일괄처리하는 계정이다. 중요하지 않고 소액인 금액의 분류를 세세히 하기에는 계정과목이 복잡해지는 것을 막기 위하여 잡비로 일괄처리 한다. 한편 영업외비용 항목 중 발생빈도가 빈번하지 않는 소액의 다양한 지출을 일괄처리하는 계정은 잡손실이다.

잡비와 잡손실의 구분은 당해 지출의 업무와 관련성이 있는가에 따라 판단한다.

업무 · 적요

발생시에 기록한다.

소액의 손해배상금, 사무실 집기, 비품 파손비용, TV 시청료

• 손익계산서 〉 판매비와관리비 〉 잡비

증빙서류

간이 영수증, 전표, 지급결의서

회계처리요령

<table>
<tr><td colspan="2">회계처리 사례</td></tr>
<tr><td colspan="2">영업사원이 실수로 파손한 고객의 진열장을 수리하여주다. 수리비는 30,000원이었다(간이 영수증 첨부).</td></tr>
<tr><td>(차변) 잡비   30,000</td><td>(대변) 현금   30,000</td></tr>
</table>

 ## 회계처리시 유의할 사항

　잡비계정은 금액의 특성상 큰 금액이 나타날 수가 없으나 여러가지가 한 꺼번에 처리되므로 예외로 큰 금액이 표기될 수도 있다. 그러나 잡비계정이 상대적으로 다른 계정과목보다 큰 금액으로 표기된다면 별도의 계정으로 표기하여야 한다.

제4절 영업외수익

1. 이자수익
2. 배당금수익
3. 수입임대료
4. 단기매매증권평가이익
5. 유가증권처분이익
6. 외환차익
7. 외화환산이익
8. 지분법평가이익
9. 투자자산처분이익
10. 유형자산처분이익
11. 사채상환이익
12. 법인세환급액
13. 전기오류수정이익
14. 잡이익

1
이자수익

의의

　이자수익 계정은 회사 자금을 일시 운용 또는 장기 운용 목적으로 은행에 예치하거나 타인에게 대여하고 받는 이자를 처리하는 계정이다.

업무 · 적요

　수령시 기록한다.

　예금이자, 대여금 이자, 장기대여금 이자, 정기적금 이자, 정기예금 이자, 대표이사 가지급금 이자, 국·공채 이자수익

- 손익계산서 〉 영업외수익 〉 이자수익

증빙서류

　은행 이자 계산서, 회사의 미수수익 계산근거, 대체전표

회계처리요령

현금으로 이자 수령시

　㈜재경에서는 20X3년 1월 1일에 정기예금 10,000,000원을 갑 은행에 연리 10%로 예치하다.

　20X3년 12월 31일 이자로 현금 850,000원을 수령하다.

틀린 회계처리

(차변) 현금	850,000	(대변) 이자수익	850,000

올바른 회계처리

(차변) 현금	850,000	(대변) 이자수익	1,000,000
선급법인세	150,000		

이자소득 10,000,000×10%=1,000,000
법인세(소득세) 1,000,000×15%=150,000
※ 원천징수되는 법인세를 누락시키지 않도록 하고 기말결산시에 기납부세액으로 공제받아야 한다.

연말결산시 미 경과 이자수익 인식

㈜재경에서는 20X3년 7월 1일에 정기예금 10,000,000원을 갑 은행에 연리 10%로 예치하다.

20X3년 12월 31일 결산일이 되다.

(차변) 미수수익	500,000	(대변) 이자수익	500,000

$10,000,000 \times 10\% \times 6/12 = 500,000$

실제 지급받은 이자수익이 아니므로 원천징수금액이 없다.

실제수령시

20X4년 6월 30일 현금 수령하다(원천징수세액 150,000).

(차변) 현금, 예금	850,000	(대변) 미수수익	500,000
선급법인세	150,000	이자수익	500,000

회계처리시 유의할 사항

기중에 회사에 현금으로 입금되는 이자는 수입이자로 처리하고 기말에 기간 경과분에 대한 이자 역시 수입이자로 계상하여야 한다. 이자수익은 발생주의에 의하여 계산한다. 발생주의로 인한 회계처리는 결산시에 한번 발생하게 된다. 그러나 중요성의 관점에서 발생주의에 의한 이자수입의 금액이 그다지 중요하지 않은 경우에는 계상할 실익이 없다. 특히 외감법대상이 아닌 소규모기업의 경우에는 굳이 미수수익을 계상할 실익이 없다. 이자를 현금으로 수입하는 시기에 은행에서 원천징수한 법인세는 반드시 선급법인세로 계리하도록 한다.

세무상 유의할 사항

기업회계기준에서는 비록 발생주의에 의하여 미수수익을 계산하도록 하고 있으나 세법에서는 수익으로 보지 않는다. 왜냐하면 기업회계기준에 의하여 기간 경과분에 따른 이자수익을 발생주의에 의하여 계산하여 법인세를 과세하면 은행에서 만기에 이자를 지급할 때 기 과세된 이자수익을 일일이 가려내어 원천징수를 하기가 쉽지않은 일이기 때문이다. 따라서 미수이자수익은 드물게도 기업회계기준이 계상하는 수익을 법인세법 등에서 익금불산입하는 경우가 되겠다.

되겠다.

　기간 경과분 이자수익은 세법상 소득이 아니므로 손익계산서에는 이자수익으로 계리하였다 하더라도 소득금액 계산시에는 익금불산입 된다(기간 경과분 이자비용은 세법상 손금산입 인정).

　은행에서는 이자를 지급 할 때에 법인세 원천징수를 하고 있으므로 기말 결산 후 법인세납부시에는 기 납부한 선급법인세를 차감하여 납부하도록 한다.

관련법령

- 법인세법시행령 제70조(이자소득 등의 귀속사업연도)
- 소득세법시행령 제45조(이자소득의 수입시기)

2

배당금수익

✋ 의의

배당금 수익은 회사의 여유자금을 타 회사의 자본에 출자하는 경우 피 투자회사의 이익잉여금의 배분으로 인하여 발생하는 수익을 말한다. 상법에서는 이익잉여금 외의 배당은 엄격히 제한하고 있으므로 일반적으로 말하는 배당은 반드시 피 투자회사의 이익잉여금을 재원으로 하여야 한다.

✋ 업무 · 적요

배당금 수령시 기록한다.
수입배당금, 주식배당금

• 손익계산서 〉 영업외수익 〉 배당금수익

✋ 증빙서류

배당금 지급회사의 배당금 산정내역서, 입금전표

✋ 회계처리요령

회계처리 사례

배당결의일(주총결의일)

피 투자회사로부터 주당 1,000원의 배당결의 하였음을 통보받다(5,000주 보유).

(차변) 미수수익	5,000,000	(대변) 배당금 수익	5,000,000

배당금 수령일

다음해 5월 4일 배당금을 수령하다(원천징수 세액 750,000).

(차변) 현금, 예금	4,250,000	(대변) 미수수익	5,000,000
선급법인세	750,000		

회계처리시 유의할 사항

실제 배당은 이사회의 결의를 거쳐 정기 주주 총회에서 승인을 득한 후 지급하는 절차를 밟게 된다. 따라서 배당이 확정되는 시기는 주주총회의 결의일이 되는 것이다.

실무적으로 피투자회사가 배당을 결의하였는지 일일이 알아보는 것은 힘들므로 현금배당을 받는 일자에 처리하는 것이 편리하다. 주식배당은 배당금 수익이 아니므로 주식수가 증가하였다는 비망기록만 한다.

세무상 유의할 사항

주식으로 받은 배당은 기업회계기준상으로는 당기의 수익은 아니나 세법상으로는 수익이므로 익금산입되어 과세소득이 증가함에 유의한다. 법인세법에 의하여 배당처분(인정배당)된 항목의 배당소득의 귀속시기는 당해년도이고 잉여금처분에 의한 배당금의 귀속시기는 잉여금 처분일이 속하는 연도로서 각각 귀속시기가 다름에 유의하여야겠다.

관련법령

- 소득세법시행령 제46조(배당소득의 수입시기)

3
수입임대료

 **의의**

임대수익이 주업무가 아닌 법인이나 개인사업자라 하더라도 부동산 및 동산을 대가를 받고 임대하는 경우가 있다. 이 경우에는 임대료 수익으로 하여 영업외수익으로 처리한다. 임대업이 주업이라면 임대료 수익이 매출액으로 계상되어야 한다.

업무 · 적요

매월 처리한다.

건물임대료, 토지임대료, 기계장치 임대료, 차량 임대료

• 손익계산서 〉 영업외수익 〉 임대료

증빙서류

임대계약서, 입금전표, 대체전표, 은행통장 사본

회계처리요령

임대료 수입			
매월 받는 경우			
회사는 임차인으로부터 당월 임대료 1,000,000원을 현금으로 지급받다.			
(차변) 현금	1,100,000	(대변) 수입임대료	1,000,000
		선수부가세	100,000

선수입 임대료

1년치를 선불로 받는 경우

　회사는 7월 1일 임차인으로부터 1년치 임대료 12,000,000원을 현금으로 지급받다(부가세 별도).

(차변) 현금	13,200,000	(대변) 수입임대료	12,000,000
		선수부가세	1,200,000

　선수부가세는 편의상 1년치를 받은 것으로 하였으나 부가세법상 용역의 공급시기는 용역이 제공되는 시점이므로 부가세는 분기별로 징구하여 납부하여도 무방 함.

　12월 31일 결산일이 되어 임대수입에 대한 미경과분을 인식하다.

(차변) 수입임대료	6,000,000	(대변) 선수임대료	6,000,000

회계처리시 유의할 사항

　임대료를 실제 현금으로 받지 못하였다 하더라도 그 지급일이 속하는 사업연도의 수입으로 계상하여야 한다.

세무상 유의할 사항

(1) 간주익금

　개인임대사업자는 주택을 제외한 임대보증금에 대하여는 은행이자만큼의 소득이 있다고 보아 부가가치세 및 소득세를 납부하도록 되어 있으므로 유의하여야 한다. 법인사업자는 임대업을 하는 법인만 간주익금을 계산하도록 함.

(2) 간주익금 계산 방식(연말결산시 소득금액에 산입된다)

(보증금적수 – 건설비 적수) × 3.6% × 1/365 – 임대보증금 금융수입(이자, 배당)

---

(3) 간주임대료 부가세 과세표준 계산방식

　간주익금 대상이 아닌 개인, 법인 사업자라도 임대보증금에 대하여 부가세는 납부하여야 한다.

(보증금적수) × 3.6% × 1/365

　회사가 사용 할 목적으로 취득한 부동산의 일부를 임대하여 임대료 수익이 발생하는 경우에도 기중에는 현금수입에 따라 회계처리 하다가 기말에는 발생주의에 의하여 기간경과분을 인식하여 미수수익으로 계상하여야 한다. 임대료수익은 이자수익과 달리 원천징수문제가 발생하지 않기 때문에 기간경과분에 의하여 미수수익을 계상하더라도 법인세법 등에서도 그대로 수익으로 인정이 되고 별다른 세무조정이 없음이 기간 경과분에 대한 이자수익을 익금 불산입하는 것과의 차이점이라 하겠다.

관련법령

- 소득세법시행령 제47조(부동산 임대소득의 수입시기)
- 소득세법 시행규칙 제23조
- 법인세법 시행규칙 제6조
- 소득세법 시행령 제53조 제3항(산식)
- 법인세법시행령 제71조(임대료 등 기타 손익의 귀속사업연도)

4
단기매매증권평가이익

 **의의**

회사의 단기자금 운용을 목적으로 주식이나 채권등에 투자하였을 경우 결산일 현재의 주식이나 채권의 시가가 취득원가를 초과하는 경우 그 차액을 단기매매증권 평가이익이라 한다.

실현 되지 않은 평가 이익을 당기손익에 반영한다는데에 특색이 있다.

업무 · 적요

기말 결산시 처리한다.

주식, 국채, 공채 평가이익

• 손익계산서 〉 영업외수익 〉 단기매매증권평가이익

증빙서류

평가이익 계산 내역서, 대체전표, 평가시점의 종가명세서

회계처리요령

회계처리 사례

회사가 단기자금운용목적으로 보유중인 삼성전자의 주가가 결산일 현재 주당 300,000원이다. 회사는 총 100주를 주당 200,000원에 취득한 적이 있다.

취득시

(차변) 단기매매증권	20,000,000	(대변) 현금, 예금	20,000,000

기말 평가시

(차변) 유가증권	10,000,000	(대변) 단기매매증권평가이익	10,000,000

평가이익만큼 유가증권의 가액을 증가시켜주는 회계처리를 함으로서 유가증권의 가액이 시가와 같이 조정되었다.

회계처리시 유의할 사항

기말에는 보유중인 유가증권이 단기자금운용목적인지 장기투자목적인지 구별하여 단기자금운용목적에 의하여 보유하고 있는 유가증권의 평가이익은 당기의 영업외 수익으로 처리하여야 한다. 기업회계기준을 준수하여야 할 상장기업이나 코스닥 등록기업 또는 예정기업, 외부감사대상기업 등 외의 외부의 이해관계자가 별로 없고 세법만 중시하면 되는 중소기업은 굳이 평가이익을 계상할 필요가 없다. 그러나 당기순익은 있어야 하고 세금은 적게 내야 하는 기업인 경우에는 유가증권 평가이익을 계상하는 실익이 있다.

세무상 유의할 사항

세법은 원가주의를 고수하여 증권투자회사 외에는 유가증권의 평가손익을 일체 인정하지 않고 있으므로 회사가 당기순이익에 반영한 유가증권 평가이익은 익금으로 인정되지 않는다. 한편 회사의 자본금의 2배를 초과하는 차입금으로 유가증권을 취득하면 자본금의 2배를 초과하는 차입금에 해당하는 만큼에 대한 지급이자가 세무상 손금으로 인정되지 않음에 유의한다.

따라서 유가증권 취득일 현재 자본금의 2배가 넘는 차입금을 보유하고 있는 회사가 유가증권을 취득하는 경우에는 그 취득금액에 해당하는 차입금에 대한 지급이자가 세무상 손금부인 됨을 고려하면서 자금운용수익을 검토하여야 하는 것이다.

관련법령

- 기업회계 기준서 제8호(유가증권)
- 기업회계기준 제56조(유가증권의 평가)
- 법인세법시행령 제75조(유가증권 등의 평가)

5
유가증권처분이익

 의의

　기업이 단기자금운용목적으로 보유하고 있는 유가증권을 처분 시에 발생하는 처분이익을 처리하는 계정이다.

업무 · 적요

유가증권 처분시에 처리한다.

주식, 국 · 공채 처분이익

- 손익계산서 〉 영업외수익 〉 유가증권처분이익

증빙서류

차액계산내역서

회계처리요령

취득 · 보유 · 처분

　20X3년 10월 1일 회사는 삼성전자 주식 100주를 주당 200,000원에 취득하였다.
　20X3년 12월 31일 현재 종가는 300,000원이다.
　20X4년 3월 2일 회사는 위 주식을 주당 400,000원에 처분하였다. 처분비용 200,000원 발생(증권거래세, 증권회사 수수료 등)

20X3년 10월 1일 취득시

(차변) 유가증권	20,000,000	(대변) 현금, 예금	20,000,000

20X3년 12월 31일 평가시

(차변) 유가증권	10,000,000	(대변) 유가증권 평가이익	10,000,000

20X4년 3월 2일 처분시

(차변) 현금, 예금	39,800,000	(대변) 유가증권	30,000,000
		유가증권 처분이익	9,800,000

✋ 회계처리시 유의할 사항

유가증권 처분시에는 처분된 유가증권이 유가증권계정에 계리되어 있던 유가증권인지 투자유가증권인지 파악한 연 후에 처리하도록 한다. 반드시 장부가액과 처분 가액을 비교하여 처분손익을 결정하여야 한다. 처분 시에 발생한 각 종 경비 등은 처분손실로 처리하던지 처분이익과 상계한다.

✋ 세무상 유의할 사항

세법에서는 유가증권을 발행한 회사가 상법상 완전히 청산이 종료되기 전까지는 시가에 의한 평가손익을 인정하지 않는다. 세법은 처분손익만 인정하기 때문에 처분하기 전에 발생한 평가손익은 세법상 전액 부인된다. 따라서 회사가 처분한 유가증권이 전기에 유가증권 평가이익이 계상되었던 유가증권인지 알아보아야 한다. 장부가액이 취득원가가 아닌 평가액으로 조정되어 있다면 세무상 반드시 익금불산입 또는 손금 불산입이 되어 있을 것이므로 이를 처분하는 해의 세무조정시에 반영하여야 하는 것이다. 위의 회계처리 사례처럼 회사가 결산시 유가증권 평가이익을 10,000,000원 계산하였다 하더라도 세무상으로는 인정되지 않는다(익금불산입). 마찬가지로 처분시에 세무상 처분이익은 처분액 39,800,000원에서 장부가액 30,000,000원을 차감한 9,800,000원이 아닌 취득원가 20,000,000원을 차감한 19,800,000원이 된다(당기손익계산서의 처분이익 9,800,000원에 전기에 평가이익 10,000,000원 익금 불산입을 당기처분시 익금산입 10,000,000원하여 세무상 처분이익 19,800,000원이 됨).

✋ 관련법령

- 기업회계기준서 제8호 "유가증권"

6

외환차익

 의의

기업이 외화거래를 하는 경우에는 반드시 환율변동에 따른 외환차손익이 발생한다.

외환차익이란 기중에 외화자산을 회수하거나 또는 외화부채를 상환하는 경우 일정한 외화금액임에도 불구하고 환율의 변동으로 인하여 회수한 외화자산의 원화 교환액이 애당초 장부상에 기재된 원화금액보다 많거나 상환하는 외화부채의 원화소요금액이 기장되어 있는 원화금액보다 적은 경우 그 차액을 말한다.

업무 · 적요

외환 거래시마다 기록한다.

외화매출채권의 회수, 외화매입채무의 지급, 외화예금의 인출

- 손익계산서 〉 영업외수익 〉 외환차익

증빙서류

외환 거래시에 은행으로부터 회수한 금액 또는 은행에 지급한 금액을 입증할 수 있는 은행계산서, 최초 거래시의 장부가액과 교환 차액의 계산내역서

회계처리요령

환율이 변동하는 경우의 외화자산의 회수

㈜재경은 2002년 8월 1일에 미국에 제품을 2,000달러어치를 송부하고 대금은 외상으로 하다. 이 날짜의 환율은 달러 당 1,200원이다.

(차변) 외화매출채권	2,400,000	(대변) 외화매출	2,400,000

> ㈜재경은 2002년 9월 1일 미국에서 매출대금 1,000달러를 송금 받다. 이 날짜의 환율은 1,300원이다.

(차변) 현금과예금	1,300,000	(대변) 외화매출채권	1,200,000
		외환차익	100,000

환율이 변동하는 경우의 외화부채의 상환

> ㈜재경은 2002년 5월 1일에 미국에서 2,000달러를 차입하다. 이 날짜의 환율은 1,200원이다.

(차변) 현금	2,400,000	(대변) 외화부채	2,400,000

> ㈜재경은 2002년 7월 1일 미국에 1,000달러를 상환하다. 이 날짜의 환율은 1,100원이다.

(차변) 외화부채	1,200,000	(대변) 현금과예금	1,100,000
		외환차익	100,000

회계처리시 유의할 사항

외환차손익은 외화자산이나 부채가 발생하는 일자가 아닌 외화자산, 부채를 정리하는 일자에 발생하게 된다. 사업연도중에 발생된 외화자산 부채는 발생일 현재 외국환거래법에 의한 기준환율 또는 재정환율에 의하여 환산한다. 이 경우 외화자산 부채의 발생일이 공휴일인 때에는 그 직전일의 환율에 의한다.

한편 사업연도 중에 보유외환을 매각하거나 외환을 매입하는 경우에는 거래은행에서 실제 적용한 환율에 의하여 기장한다.

사업 연도중에 보유외환으로 다른 외화자산을 취득하거나 기존의 외화부채를 상환하는 경우에는 보유외환의 장부상 원화금액으로 회계 처리한다. 예를 들어 1달러당 1,200원에 보유한 1달러를 가지고 1엔당 10원 하는 엔화로 100엔을 매입하는 경우 외환차익은 계상되지 않고 100엔의 장부가액은 1,200원이 유지되는 것이다(기말에 외환평가시 평가손익 또는 외화처분시 외환차손익으로 됨).

세무상 유의할 사항

세법상 법인이 상환받거나 상환하는 외화채권, 채무의 원화금액과 원화기장액과의 차익은 당해사업연도의 익금으로 처리하도록 한다. 따라서 회사가 외화채권, 채무를 소멸시키는 경우에는 애당초의 원화기장금액과 소멸시점의 원화금액과의 차이는 외환차손익으로 계리한다.

7

외화환산이익

 ## 의의

외화환산이익이란 기말에 한번 발생하는 계정으로서 회사 내에 존재하고 있는 화폐성 외화자산 또는 화폐성 외화부채의 거래시점의 환율로 계상한 원화환산 금액과 기말결산시점의 환율로 계상한 원화환산금액과의 차이이다. 결국 외화를 기말결산시점에 평가하는 평가이익이라 할 수가 있다. 결산시점의 외화평가는 기준환율 또는 재정환율에 의한다.

업무 · 적요

결산시에 한번 기록한다.

외화채권, 외화채무, 외화예금, 외화현금, 외화 보증금

단, 외환선급금이나 외화선수금은 화폐성 자산, 부채가 아니므로 환산하지 않는다.

• 손익계산서 〉 영업외수익 〉 외화환산이익

증빙서류

결산일 현재의 기준시가 확인내역, 환산 내역서, 차액계산 내역서, 대체전표

회계처리요령

외화자산

거래발생시

12월 1일 회사는 개당 10달러에 1,000개를 미국에 외상 수출하였다. 수출대금은 내년 3월 5일 받기로 하다. 수출당시 달러 대 원화환율은 1,200원이었다.

(차변) 매출채권	12,000,000	(대변) 매출	12,000,000

기말평가시

  12월 31일 결산일이 되어 외화 매출채권을 결산일의 기준환율 1달러 당 1,300원으로 평가하다.

| (차변) 매출채권 | 1,000,000 | (대변) 외화환산이익 | 1,000,000 |

  외화자산은 환율의 상승으로 인하여 환산이익이 발생한다.

외화부채

거래발생시

  12월 1일 회사는 개당 10달러에 1,000개를 미국에 외상 수입하였다. 수입대금은 내년 4월 5일 지급하기로 하다. 수입당시 달러 대 원화환율은 1,200원이었다.

| (차변) 상품 | 12,000,000 | (대변) 매입채무 | 12,000,000 |

기말평가시

  12월 31일 결산일이 되어 외화 매입채무를 결산일의 기준환율 1달러 당 1,100원으로 평가하다.

| (차변) 매입채무 | 1,000,000 | (대변) 외화환산이익 | 1,000,000 |

  외화부채는 환율의 하락으로 인하여 환산이익이 발생한다.

회계처리시 유의할 사항

  화폐성 외화자산 및 부채만 외화환산 대상임에 유의한다. 예를 들어 외화채권, 채무, 외화예금, 외환현금, 보증금은 종국에 원화로 환산되어 처리되는 화폐성 자산, 부채이므로 외화환산 대상이다. 외화선급금, 외화선수금, 외화표시 주식 등은 환산대상이 아님에 유의한다. 그 이유는 이러한 자산, 부채계정은 현금이 아닌, 용역이나 재화의 제공에 의하여 해소되는 비화폐성 계정들이기 때문이다. 환율이 상승하는 경우에는 외화자산은 환산이익이, 외화부채는 환산손실이 발생하고 환율이 하락하는 경우에는 외화자산은 손실이, 외화부채는 이익이 발생한다. 기업회계기준은 대차대조표일 현재의 적정한 환율로 환산하도록 하였으나 기준환율로 환산하는 것이 일반적이다.

  한편 외국에 지점을 설치하고 있는 내국법인이 당해 지점 등의 외화표시 재무제표를 원화로 환산하는 경우에는 다음의 설명을 따르도록 한다.

❶ 국외지점 등의 외화표시 재무제표를 본점의 재무제표와 합산하는 경우에는

다음 각호에 게기하는 방법 중 하나를 선택하여 원화로 환산하여야 한다. 이 경우 한번 선택한 방법은 그 후 사업연도에 있어서 계속 이를 적용하여야 한다.

1. 외화표시 재무제표를 다음에 게기하는 기준일(기준일이 속하는 달의 말일을 포함한다) 현재의 외국환거래법에 의한 기준환율 또는 재정환율(이하 "기준환율 또는 재정환율"이라 한다)을 적용하여 환산하는 방법

   가. 대차대조표 항목

   　　ㄱ. 화폐성 자산 부채는 당해 사업연도종료일

   　　ㄴ. 기타의 항목은 취득일 또는 발생일

   나. 손익계산서 항목

   　　ㄱ. 현금수수거래는 거래의 발생일

   　　ㄴ. "가의 ㄱ계정"과 손익계정이 대체되는 경우에는 대체거래 발생일

   　　ㄷ. "가의 ㄴ계정"과 손익계정이 대체되는 경우에는 당초 취득일 또는 발생일

2. 외화표시 재무제표 중 대차대조표 항목은 사업연도종료일 현재의 기준환율 또는 재정환율로 하고, 손익계산서 항목은 당해 사업연도의 평균기준환율 또는 재정환율에 의하여 환산하는 방법

3. 외화표시 재무제표의 모든 항목을 당해 사업연도종료일 현재의 기준환율 또는 재정환율에 의하여 환산하는 방법

❷ 제1항 제1호의 규정에 의하여 외화표시재무제표를 원화로 환산함으로써 발생하는 환산차손익은 각 사업연도의 소득금액계산상 익금 또는 손금에 산입한다.

❸ 제1항 제2호 및 제3호의 규정에 의하여 외화표시 재무제표를 원화로 환산함으로써 발생하는 환산차손익(본지점계정환산차액, 제2호의 경우 손익계산서상 순이익과 대차대조표상 순이익의 차액 등)은 각 사업연도의 소득금액계산상 이를 익금 또는 손금에 산입하지 아니한다.

❹ 제1항 제2호 및 제3호의 방법을 선택함으로써 자산의 취득일 또는 거래의 발생일의 환율에 의하여 환산한 금액과 차액이 있는 경우에도 그 차액은 세무조정으로써 이를 익금 또는 손금에 산입하지 아니한다.

❺ 제3항의 규정에 의한 환산차손익은 국외지점별로 구분하여 그 후의 사업연도에서 발생하는 국외지점별 환산차손익과 우선적으로 상계하며 잔액은 국외지점 등을 폐쇄하는 때에 익금 또는 손금에 산입하여야 한다.

❻ 제1항의 규정에 의한 각 호의 방법을 적용하지 아니하거나 선택한 방법을 임의로 변경한 경우에는 제1항 제3호의 방법에 의하여 환산한 금액을 원화 환산기준금액으로 한다. 다만, 당해 국외지점 등의 결산재무제표상의 당기 순이익이 제1항 제3호의 방법에 의하여 환산한 당기순이익보다 클 때에는 그러하지 아니한다.

❼ 제1항의 규정에 의한 환산차액은 이를 결산에 반영하여야 한다.

❽ 제1항 제2호의 규정에서 평균 기준환율 또는 재정환율이라 함은 매일의 기 준환율 또는 재정환율의 합계액을 당해연도의 일수로 나눈 금액으로 한다. 위의 규정을 적용하는 경우로서 국외지점 등의 화폐성 외화자산 부채에 대 하여는 외화환산을 하지 아니한다.

세무상 유의할 사항

화폐성 외화자산, 부채(유동화 전문회사의 통화스왑계약 포함)는 사업연도 종료일 현재의 기준환율 또는 재정환율에 의하여 평가하여야 하며, 그 평가한 원화금액과 원화기장액의 차익 또는 차손은 당해 사업연도의 익금 또는 손금 에 산입한다. 세법은 유가증권은 평가손익을 인정하지 아니하나 외화의 평가 손익은 인정함에 유의한다. 기말결산일에 적용할 환율은 기준환율 또는 재정 환율로서 사업연도 종료일 전일의 거래실적에 의하여 금융결제원이 고시한 기 준환율과 재정환율을 말한다.

외환차익은 기중에 외화를 원화로 정리하는 경우에 환율차이로 인하여 발생 하며(실현된 손익) 외화 환산이익은 기말에 평가함으로서 발생하는 환율차이 (미 실현된 손익)임을 구분하여야 한다.

관련법령

• 법인세법시행령 76조의 1항(외화자산 부채의 기장방법)

8
지분법평가이익

 의의

　지분법이란 주식투자회사가 피투자회사의 의결권에 중대한 영향을 미치는 경우에는 피투자회사가 배당금을 줄때까지 기다리지 않고 피투자회사의 손익을 직접 투자회사의 이익에 반영시키는 방법이다. 예를 들어 30%를 투자한 피투자회사의 당기순이익이 1억원이라면 투자회사의 지분법 평가이익으로 3천만원을 계상하여 당기손익에 반영하는 방법인 것이다. 지분법으로 당기의 평가손익을 반영하도록 강제하는 이유는 피투자회사의 의결권에 영향을 미치는 투자회사가 피투자회사의 배당정책을 조절하여 투자회사의 이익을 임의로 조절할 수 있음을 방지하기 위함이다. 예를 들어 당해년도에 결손인 회사가 피투자회사로 하여금 거액의 배당을 하도록 하고 난 뒤 투자회사가 배당금 수익을 계상하여 흑자로 당기의 경영성과를 왜곡할 수가 있기 때문이다.

업무 · 적요

　결산일에 한번 처리한다.
　지분법 평가이익

• 손익계산서 〉 영업외수익 〉 지분법평가이익

증빙서류

　피투자회사의 대차대조표, 손익계산서, 평가이익 계산내역서, 대체전표

회계처리요령

투자주식

　㈜재정은 ㈜놀부의 주식 30%를 10,000,000원에 취득하였다. 두 회사의 결산일은 동일하고 ㈜놀부의 당기 순익은 5,000,000원이었다.

| (차변) 투자주식 | 1,500,000 | (대변) 지분법 평가이익(영업외 수익) | 1,500,000 |

🖐 회계처리시 유의할 사항

지분법 회계처리시에는 피투자회사가 투자회사의 지분법 적용대상인가를 먼저 판단하여야 한다. 투자회사가 피투자회사에 중대한 영향력을 행사할 수 있는 경우에는 지분법을 적용하여야 한다. 중대한 영향력이란 투자회사가 피투자회사의 재무 또는 영업에 관한 의사결정에 실질적인 영향을 미칠 수 있는 능력을 말한다. 직전 사업연도 자산총액 70억원이하인 회사로서 금액이 중요하지 않은 경우에는 지분법적용대상에서 제외가능하다.

투자회사가 피투자회사에 대하여 직접적으로 다음의 1 또는 1 이상의 관계를 유지하는 경우에는 중대한 영향력이 있는 경우로 본다.

1) 피투자회사의 이사회 또는 의사결정기관에의 참여
2) 피투자회사의 이익잉여금분배나 내부유보에 관한 의사결정과정에의 참여
3) 피투자회사의 영업정책에 대한 의사결정과정에의 참여
4) 투자회사와 피투자회사간의 중요한 내부거래
5) 경영진의 인사교류
6) 필수적인 기술정보의 교환

투자회사가 직 간접적으로 피투자회사의 의결권있는 주식의 20%(특정법률에서 피투자회사의 발행주식의 소유에 대한 제한을 하고 있는 경우에는 당해 지분율을 말한다) 이상을 보유하고 있는 경우 명백한 반증이 있는 경우를 제외하고는 중대한 영향력이 있는 것으로 봄.

🖐 세무상 유의할 사항

지분법 평가손익은 세무상 인정되지 않는다. 세무상으로는 유가증권에 대한 평가손익을 인정하지 않기 때문이다. 따라서 회사가 계상한 지분법 평가이익은 세무상 익금불산입된다.

9
투자자산처분이익

 의의

투자자산의 처분가액이 장부가액보다 큰 경우 그 차액을 투자자산 처분이익
이라 한다.

업무 · 적요

처분시에 발생한다.

투자주식, 투자채권, 보증금, 장기대여금, 장기성 매출채권, 투자부동산, 보증금

- 손익계산서 〉 영업외수익 〉 투자자산처분이익

증빙서류

매매계약서, 차액계산내역서, 대체전표

회계처리요령

투자유가증권 중 지분증권인 투자주식이나 중도매각을 전제로 하는 투자채
권은 기말에 시가가 있는 경우에는 시가로 평가하여야 한다. 그러나 투자유가
증권의 평가손익을 당기에 반영시키는 경우에는 실현되지도 않은 미실현 손익
을 인식하여 당기의 손익을 왜곡할 우려가 있기 때문에 투자유가증권 평가손
익은 당기의 손익에 반영시키지 않고 자본조정에 계상하였다가 처분시에 소멸
시킨다. 따라서 투자유가증권을 기말 시가로 평가를 하던 또는 하지 않던 처
분시점에서의 처분손익은 동일한 결과를 가져오게 된다.

투자유가증권을 시가법에 의하여 평가하는 경우

　　회사가 취득하여 보유하고 있는 ㈜삼성전자의 주가가 주당 100,000원에서 150,000원으로 상승하였다. 회사는 모두 100주를 보유하고 있다. 다음 해 회사는 주당 170,000원에 매각하였다.

취득시

(차변) 투자유가증권	10,000,000	(대변) 현금	10,000,000

평가시

(차변) 투자유가증권	5,000,000	(대변) 투자유가증권 평가이익	5,000,000

　　투자유가증권 평가이익은 손익계정이 아니라 대차대조표의 자본조정항목임에 유의

(차변) 현금, 예금	17,000,000	(대변) 투자유가증권	15,000,000
투자유가증권 평가이익	5,000,000	투자유가증권처분이익	7,000,000

　　※ 결과적으로 평가하기전의 가액 10,000,000원과 처분가액 17,000,000원의 차이가 당기의 처분이익으로 결정되었다. 회사는 단지 정보이용자들에게 회사가 보유하고 있는 주식의 시가가 결산일 얼마인가를 나타내기 위하여 시가로 평가할 뿐 평가손익은 당기의 손익에는 영향을 미치지 않는 것이다.

투자유가증권을 시가법에 의하여 평가하지 않는 경우

　기업회계기준 위배

취득시

(차변) 투자유가증권	10,000,000	(대변) 현 금	10,000,000

평가시

평가없음

처분시

(차변) 현금, 예금	17,000,000	(대변) 투자유가증권	10,000,000
		투자유가증권처분이익	7,000,000

　　※ 회사가 투자유가증권을 평가하던 하지 않던 처분 시에는 처분이익이 동일함을 알 수가 있다.

<table>
<tr><td colspan="4">기타의 투자 자산을 처분하는 경우</td></tr>
<tr><td colspan="4">회사는 투자부동산을 매각하였다. 투자부동산의 장부가액은 10,000,000원이고 매각액은 12,000,000원이었다.</td></tr>
<tr><td>(차변) 현금, 예금</td><td>12,000,000</td><td>(대변) 투자부동산</td><td>10,000,000</td></tr>
<tr><td></td><td></td><td>투자부동산처분이익</td><td>2,000,000</td></tr>
</table>

회계처리시 유의할 사항

시장성 있는 투자유가증권을 시가법에 의하여 평가하지 않으면 기업회계기준 위배이고 시가법에 의하여 평가하면 세법에서는 인정하지 않는다. 외부감사대상법인이나 감사대상법인이 아닌 기업의 경우에는 굳이 투자유가증권을 시가법에 의하여 인식하지 않아도 될 것이다. 그러나 외부감사대상기업이나 향후 상장, 등록 예정인 기업은 반드시 시가법에 의하여 평가하여야 한다.

세무상 유의할 사항

세법에서는 시가에 의한 유가증권의 평가손익을 인정하지 않는다. 따라서 회사가 기업회계기준에 의하여 시가평가 하였더라도 세법에서는 투자유가증권의 증가액과 투자유가증권평가이익이 동시에 부인되는 절차를 거치게 된다. 회사가 투자유가증권을 많이 보유하고 있는 경우에는 회사의 차입금에 대한 지급이자가 손금 부인되는 경우가 있으므로 손금 부인되어 증가하는 법인세와 투자로 인한 이득을 비교하여 보아야 한다. 일반법인의 경우에 회사가 자기자본의 2배를 초과하는 차입금으로 타 법인의 주식을 취득하는 경우에는 그에 해당하는 차입금에 대한 이자는 손금으로 인정하지 않는다(지급이자편 참조).

10
유형자산처분이익

 ## 의의

토지, 건물, 비품, 기계장치, 차량 운반구 등의 유형자산을 처분하는 경우 처분가액이 장부가액보다 많은 경우 그 차액이 유형자산 처분 손익이다. 여기서 장부가액이란 유형자산의 취득가액에서 감가상각누계액을 차감한 잔액을 말한다.

업무 · 적요

처분시에 발생한다.

기계장치 처분이익, 차량 운반구 처분이익, 비품 처분이익, 건물 처분이익 등의 계정을 결산 재무제표에 표기 시 유형자산처분이익으로 일괄 표기한다.

• 손익계산서 〉 영업외수익 〉 유형자산처분이익

증빙서류

처분계산내역서, 은행입금표, 매출세금계산서, 대체전표

회계처리요령

기계장치 매각

회사는 기계장치를 교체하면서 (구)기계장치는 매각하였다.
매각금액   3,000,000
취득가액   5,000,000
감가상각누계액   3,000,000

| (차변) 현금 | 3,000,000 | (대변) 기계장치 | 5,000,000 |
| 감가상각누계액 | 3,000,000 | 기계장치처분이익 | 1,000,000 |

 회계처리시 유의할 사항

유형자산의 매각시에는 해당자산의 감가상각 누계액이 있는지를 살펴보고 장부가액과 매각금액과의 차액을 결정한다.

기중에 유형자산을 매각시에는 감가상각비를 먼저 계산하고 처분손익을 결정하여야 한다. 왜냐하면 기중에는 유형자산이 기업의 영업활동에 사용되었을 것이므로 기중의 감가상각비는 판매비와 관리비 또는 제조원가로 산입되어야 하기 때문이다. 기중에 계상되는 감가상각비의 금액이 소액일 경우에는 감가상각비를 계상하지 않아도 큰 문제가 없으나 그 금액이 큰 금액이라면 제조원가 또는 유형자산처분이익이 달라지므로 반드시 기초부터 매각일 까지의 감가상각비를 먼저 계상하고 난 뒤 유형자산 처분이익을 결정하도록 한다. 감가상각비는 월할 계산한다.

 세무상 유의할 사항

감가상각자산을 양도한 경우 당해 자산의 상각부인액은 양도일이 속하는 사업연도의 손금에 이를 산입한다. 감가상각비의 부인이란 감가상각비의 귀속시기를 달리할 뿐이지 감가상각비 자체가 부인되는 것은 아니다. 따라서 해당자산이 처분되는 시점에서는 더 이상 부인액이란 있을 수가 없게 된다. 세무상 감가상각부인액이 있다는 것은 세무상 장부가액이 회계상 장부가액보다 크다는 것이고 양도가액은 일정하므로 세무상 처분이익이 회계상 처분이익보다 적게 계상될 것이므로 부인액을 손금산입하여야 회계상 처분이익을 세무상 처분이익과 일치시킬수가 있다.

■ 세무조정 사례

	장부상	법인세법상	세무조정
양도가액(A)	3,000,000	3,000,000	
취득가액	5,000,000	5,000,000	
감가상각누계액	3,000,000	2,500,000	500,000 감가상각비 손금 부인
장부가액(B)	2,000,000	2,500,000	
처분이익(A)—(B)	1,000,000	500,000	500,000 감가상각비 손금 산입

1. 결산상 손익±세무조정=세법상손익
2. 장부상 처분이익 1,000,000원에서 세무조정으로 500,000원 손금산입해 주면 세법상 처분이익 500,000원이 계상되는 것이다.
3. 개인사업자인 경우에는 기계장치나 비품등을 처분하고 처분이익이 발생하는 경우에는 과세대상이 아님에 주의한다. 따라서 장부에 계리하게 되면 세무상 익금 불산입으로 조정해 주어야 한다.

═══ **11** ═══

사채상환이익

 의의

회사가 발행한 사채를 중도에 재매입하여 소각하거나 상환하는 경우에 사채의 장부가액(액면가액—사채할인 발행차금)과 경과분이자의 합계액보다 상환액이 적은 경우에 발생한다.

업무 · 적요

사채상환시에 한번 발생한다.

사채 상환이익

- 손익계산서 〉 영업외수익 〉 사채상환이익

증빙서류

사채상환금액에 대한 출금전표

회계처리요령

<table>
<tr><td colspan="4">회계처리 사례</td></tr>
<tr><td colspan="4">회사는 만기 2년이 남아 있는 사채 액면가액 10,000,000원을 당기에 매입하여 소각하다. 매입가액은 9,500,000원이다. 한편 사채할인 발행차금 600,000원이 남아 있고 표면 이자율은 연 10%로서 상환일 현재 6개월이 경과하였다.</td></tr>
<tr><td>(차변) 사채</td><td align="right">10,000,000</td><td>(대변) 현금</td><td align="right">9,500,000</td></tr>
<tr><td>지급이자</td><td align="right">500,000</td><td>사채할인 발행차금</td><td align="right">600,000</td></tr>
<tr><td></td><td></td><td>사채상환이익</td><td align="right">400,000</td></tr>
</table>

위와 같이 회계처리되는 이유는 사채는 상환일 현재 액면가액 10,000,000원에서 사채할인 발행차금 미상각잔액 600,000원을 차감하면 장부가액이 9,400,000원이다. 한편 상환일 현재 기간경과분 이자는 지급하여야 하므로 사채의 장부가액 9,400,000원에 경과분 지급이자 500,000원을 더하여 9,900,000원을 지급하여야 되는데 회사는 9,500,000원만 지급하고 상환하였으므로 상환이익 400,000원이 발생하는 것이다.

 회계처리시 유의할 사항

사채상환이익의 결정은 사채의 매입가액에 사채의 장부가액과 기간 경과분 이자를 차감하여 구한다. 한편 사채의 장부가액은 사채가 할인 발행되었다면 액면가액에서 사채의 할인 발행 차금을 차감한 금액이다. 실무상 사채 할인 발행차금을 구한다는 것은 쉽지가 않다. 따라서 회사가 만약에 사채를 할인발행하였다면 사채 할인발행당시의 상각율표를 구하여 보관하여 놓아야 한다. 대체로 사채발행은 은행에서 사채를 일괄 인수하거나 증권회사에서 공모대행을 하므로 은행이나 증권회사에서 미리 상각율표를 징구하여 놓도록 한다. 사채회계를 이해하기 위해서는 현재가치의 개념을 먼저 알아야 한다(대차대조표의 사채부분 참조).

세무상 유의할 사항

사채상환이익에 있어서는 세무상 그대로 용인되므로 별달리 주의할 사항이 없다.

12

법인세환급액

 **의의**

전기말에 계상하였던 미지급법인세가 실제 납부한 법인세보다 많거나 경정
등의 사유로 환급받는 경우에 사용하는 계정이다.

업무 · 적요

일년에 한번 처리한다.

법인세 환급액, 미지급액보다 과소지급액

- 손익계산서 〉 영업외수익 〉 법인세환급액

증빙서류

국세청 법인세 환급통지서, 입금전표

회계처리요령

국세청으로부터 법인세를 환급받는 경우

국세청으로부터 법인세 1,000,000원을 환급받다.

(차변) 현금과 예금	1,000,000	(대변) 법인세환급액	1,000,000

미지급법인세보다 적게 법인세를 납부하는 경우

전기말에 계상하였던 법인세 5,000,000원보다 적은 4,000,000원을 법인세로 납
부하였다.

(차변) 미지급법인세	5,000,000	(대변) 현금과 예금	4,000,000
		법인세환급액	1,000,000

 회계처리시 유의할 사항

일반 경리실무에서는 결산시 법인세 및 미지급법인세를 계상하지 않고 다음 해 3월에 법인세 납부시 법인세 비용을 계상한다. 따라서 법인세 환급이 발생할 소지가 없다. 결국 당기의 수입에 전기의 법인세를 대응하는 처리를 하게 되는데 당기의 수익에는 당기의 법인세가 대응되도록 미지급법인세를 계상하여야 한다. 당기의 법인세 비용은 이연법인세를 계상하지 않는 중소법인은 세법상 납부하여야 할 법인세를 법인세 등의 과목으로 하여 기재하고 이연법인세를 계상하여야 하는 법인은 미지급법인세에서 이연법인세를 가감한 금액을 법인세 비용으로 기재하여야 한다.

세무상 유의할 사항

법인세 환급액은 세무상 익금이 아니므로 당기의 법인세 산출시 익금불산입 처리하여 당해연도의 과세소득을 산출한다.

13
전기오류수정이익

 **의의**

　　당기의 재무제표 작성시 전기 또는 그 이전기간에 귀속되어야 할 오류가 당기에 발견되는 경우 이를 전기 오류수정손익이라고 한다. 예를 들면 전기에 발생한 매출을 당기의 매출채권으로 인식하는 경우나 전기 귀속 비용을 당기에 처리하는 경우에 발생한다. 전기오류수정은 당기의 영업외 손익으로 처리함(손익계산서에 기록)을 원칙으로 하고 중대한 오류의 경우에는 전기이월이익잉여금(이익잉여금처분계산서에 기록)에 반영하도록 하고 있다.

업무 · 적요

　　오류발견시 처리한다.

　　전기매출누락, 이자수익의 누락, 유형자산 처분이익의 누락

- 손익계산서 〉 영업외수익 〉 전기오류수정이익

증빙서류

　　오류계산내역, 대체전표

회계처리요령

회계처리 사례

　　전기에 계상하여야 할 기간경과분 이자수익 7,000,000원을 당기 수령시에 처리하다(영업외수익).

| (차변) 현금 | 15,000,000 | (대변) 이자수익 | 8,000,000 |
| | | 전기오류수정이익 | 7,000,000 |

　　전기 매출 누락 10,000,000을 당기에 발견하다(영업외수익).

| (차변) 매출채권 | 100,000,000 | (대변) 전기오류수정이익 | 100,000,000 |

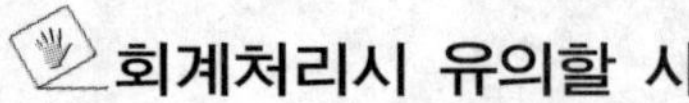 회계처리시 유의할 사항

전기오류수정사항은 원칙적으로 당기 손익계산서에 영업외손익 중 전기오류수정이익으로 보고한다. 그러나 중대한 오류의 수정은 전기이월이익잉여금에 반영하고 관련 계정잔액을 수정하도록 한다.

세무상 유의할 사항

회계처리상 전기오류수정이익을 손익계산서에 반영하건 이월이익잉여금에 반영하건 세무상으로 당기의 손익인가 여부에 의하여 익금여부를 판단한다. 매출수입금액의 누락은 세무상으로도 전기 귀속분이므로 당기의 영업외수익으로 처리한 경우에는 익금불산입하고 전기의 수입금액에 대하여는 수정신고하여야 하는 것이다. 한편 전기에 기간경과분이자를 결산 처리하지 않은 채 당기에 이자를 수령하는 경우 수령한 이자 중에는 전기귀속분과 당기귀속분이 같이 있을 것이나 세무상 이자수령 귀속시기는 이자수령일인 당기이므로 회사가 당기의 귀속분은 당기의 이자수익으로 전기 귀속분은 전기오류수정이익으로하여 당기의 영업외수익으로 처리하였다면 모두 당기의 수익에 반영되었기 때문에 세무상 아무런 조정이 없게 되는 것이다.

(1) 전기오류수정이익을 당기의 영업외 수익으로 처리한 경우

당해 전기오류수정사항은 세법상 그 귀속시기를 판단하여 처리한다.

① 기간 경과분 이자수익의 누락

회사가 전기귀속 기간 경과분 이자를 결산처리 하지 않고 당기에 전액 수령하면서 전기귀속 분은 전기오류수정이익으로 하여 당기의 손익계산서에 반영하는 경우 세법상으로 이자수익의 귀속시기는 수령시기인 당기이고 회사역시 계정과목만 달리 할 뿐 당기의 수익으로 처리하였으므로 아무런 세무조정문제가 발생하지 않는다.

② 매출액의 누락

전기에 누락된 매출을 전기오류수정이익으로 하여 당기의 영업외수익으로 계상한 경우에는 세법상 수입금액의 귀속시기가 전기이므로 익금불산입 처리하고 전기의 소득금액에 대하여서는 수정신고를 해 주어야 한다.

(2) 전기오류수정사항을 전기 이월이익잉여금에 반영한 경우

① 기간 경과분 이자수익의 누락

세법상으로는 이자수익의 귀속시기는 수령일이 속하는 당기이므로 이월
이익잉여금에서 처리한 그 금액을 익금산입하여야 한다.

② 매출액의 누락

전기누락된 매출을 당기의 전기오류수정이익으로 하여 전기이월이익잉
여금에서 처리한 경우에는 세법상으로도 당기의 귀속이 아니므로 별다른
세무조정이 없다. 단지 전기매출누락에 대한 수정신고가 필요하다.

■ 요약

오류의 사유	당기 손익계산서에 반영	이익잉여금 처분계산서에 반영
매출액의 누락	전기 귀속분이므로 당기 수입금액에서 익금불산입하고 전기분 수입금액 수정신고하여야 한다.	전기 귀속분이 당기의 수입금액에 포함되지 않았으므로 전기분 수입금액을 수정신고만 한다.
기간 경과분 이자수익의 누락	이자수익의 귀속시기는 이자수입일이 속하는 당기이고 당기의 수익에 계상하였으므로 아무런 조정이 없다.	당기의 수익을 당기 수입에 반영하지 않았으므로 익금산입한다.

═══ **14** ═══

잡이익

 의의

회사의 일상영업활동에서 발생하지도 않고 발생금액이 소액인 경우에 처리하는 계정이다.

업무 · 적요

발생시에 처리한다.

부산물, 폐품의 판매수입

- 손익계산서 〉 영업외수익 〉 잡이익

증빙서류

매출계산서, 입금전표

회계처리요령

회계처리 사례

회사는 부산물 슬러지를 100,000원에 매각하였다.

(차변) 현금	100,000	(대변) 잡이익	100,000

회계처리시 유의할 사항

금액이 큰 경우에는 잡이익으로 처리하지 말고 해당계정으로 처리하여야 한다.

세무상 유의할 사항

부산물 처리로 인한 잡이익의 금액이 크면 세무조사시 중점 조사하므로 유의하여야 한다. 회사의 정상제품을 특수관계자에게 저렴한 가격으로 판매한 것으로 의심받을 수가 있다.

제5절   영업외비용

1. 이자비용
2. 외환차손
3. 외화환산손실
4. 재고자산평가손실
5. 재고자산감모손실
6. 단기매매증권평가손실
7. 유가증권처분손실
8. 투자자산처분손실
9. 기부금
10. 법인세추납액
11. 유형자산감액손실
12. 유형자산처분손실
13. 사채상환손실
14. 전기오류수정손실
15. 잡손실

— 1 —

이자비용

의의

이자비용이란 차입금전의 사용에 대한 대가이다. 주주 출자금 사용에 대한 대가는 배당으로서 지급되는 반면 채권자들에게서의 차입금에 대한 사용대가는 이자로 지급된다.

업무 · 적요

매월 지급시 또는 결산시에 기록한다.

지급이자, 어음할인료, 사채이자, 금융리스료, 사채할인발행차금상각액, 현재가치 할인차금

• 손익계산서 〉 영업외비용 〉 이자비용

증빙서류

출금전표, 은행입금내역, 결산시에 계상하는 경우에는 미지급이자 계산내역

회계처리요령

차입금 지급이자

회사는 7월 20일 금융기관으로부터 연리 12%, 1,000,000,000원을 차입하다. 이자는 매월 말일에 지급하기로 하였다.

7월 20일 차입시

(차변) 현금	1,000,000,000	(대변) 단기차입금	1,000,000,000

7월 31일 이자지급시

(차변) 이자비용	3,616,438	(대변) 현금	3,616,438

8월 31일 이자지급시

(차변) 이자비용	10,191,780	(대변) 현금	10,191,780

사채이자

회사는 20X3년 11월 20일 사모사채 1,000,000,000원을 액면 발행 하였다. 액면 이자율은 연 12%이다. 이자지급일은 매년 7월 1일이다.

20X3년 11월 20일

(차변) 현금	1,000,000,000	(대변) 사채	1,000,000,000

20X3년 12월 31일(기간경과분에 대한 이자를 계상하다)

(차변) 이자비용	13,479,452	(대변) 미지급비용	13,479,452

$1,000,000,000 \times 12\% \times 41/365$

20X4년 1월 1일(기초 재분개를 실시하다)

(차변) 미지급비용	13,479,452	(대변) 이자비용	13,479,452

20X4년 7월 1일(이자를 현금으로 지급하다.)

(차변) 이자비용	72,986,301	(대변) 현금	72,986,301

$1,000,000,000 \times 12\% \times (41+181)/365$

받을어음 할인료(선급이자)

회사는 11월 20일 3개월 후(2월 20일) 만기인 받을어음 10,000,000원을 이자율 10%로 할인하였다.

11월 20일 이자를 선급하고 어음을 할인하다.

(차변) 현금	9,747,946	(대변) 받을어음	10,000,000
이자비용	252,054		

$10,000,000 \times 10\% \times 92일/365일 = 252,054$

12월 31일 결산일에 선급이자를 계산하다.

(차변) 선급비용	139,725	(대변) 이자비용	139,725

$252,054/92 \times 51일 = 139,725$

회계처리시 유의할 사항

결산일에는 이자비용 중 선급하는 이자는 선급분만큼의 이자는 선급비용으로 계상하여야 하고 후급하는 이자는 미지급비용으로 계리하여 기간손익계산의 적정성을 기하여야 한다. 한편 지급이자는 비록 발생주의에 의하여 결산하더라도 이자비용 전액이 세무상 손금으로 인정이 되지 않는 경우가 있음에 유의하여야 한다. 예를 들어 대표이사 가지급금이 있는 회사는 가지급금이 차입금에서 차지하는 비율만큼의 이자비용은 인정되지 않는다. 그 이유는 회사의 경영을 위하여 차입한 차입금을 회사 본래의 목적사업이 아닌 곳에 사용하였기 때문이다.

세무상 유의할 사항

세법에서는 이자수익은 발생주의에 의한 기간경과분을 익금으로 보지 않으나 이자비용은 기간 경과분에 대한 지급이자는 비록 현금으로 지급하지 아니하였더라도 이자비용으로 인정한다. 한편, 다음의 경우에는 지급이자를 손금으로 인정하지 않는다.

① 채권자 불명 지급이자

한편 회사에서 지급한 이자의 수령자가 불분명한 경우 즉 채권자가 과연 있는지 알 수 없는 경우 그 지급이자는 세무상 손금 부인된다. 그렇지 아니하면 채권자 없는 이자비용이 한도 없이 발생할 수가 있기 때문이다.

② 비실명 채권 지급이자

채권자는 분명히 있으나 이자 수령자가 불분명한 경우에도 그에 대한 지급이자는 손금 부인된다. 이자를 지급하는 기업으로 하여금 이자 수령자를 명확히 하여 금융소득 종합과세의 자료를 확보하기 위함이다.

③ 차입금 과대법인 지급이자

중소기업을 제외한 상장법인, 협회등록법인, 자기자본이 1,000억원을 초과하는 법인은 자기자본의 4배를 초과하는 차입금에 대한 지급이자는 손금으로 인정되지 않음에 유의하여야 한다. 단 지급이자가 매출액의 3%이하이거나 소득금액의 40%이하인 경우에는 손금배제하지 않는다.

④ 타법인 주식취득 자금에 대한 지급이자

일정한 자기자본을 초과한 차입금으로 주식을 취득하는 경우에도 그 주식취득자금에 대한 지급이자는 손금인정이 되지 않는다. 일반업종은 자기자본의 2배 이내의 차입금으로 타 법인 주식을 취득하는 경우에는 그 차입금에 대한 지급이자가 비용으로 손금 인정되나 자기자본의 2배를 초과하는 금액을 차입하여 그 차입금으로 타 주식을 취득하면 주식 취득한 차입금은 세법상 지급이자가 인정되지 않는다. 그러나 건설업,종합무역상사, 항공,해상운송업은 자기자본의 4배 이내의 차입금으로 주식을 취득하는 것은 지급이자가 손금으로 인정된다. 소비성 서비스업은 자기자본의 1배 이내의 차입금만 인정된다.

⑤ 업무무관 가지급관련 지급이자

　대표이사나 임원에 대한 가지급금이 있는 경우에도 그 가지급금이 차입금에서 차지하는 비율만큼에 대한 지급이자는 손금으로 인정되지 않는다. 예를 들어 당기의 총 차입금 1억원에 대한 지급이자가 10,000,000원인 경우에 가지급금이 5천만원이 있다면 비록 손익계산서에는 지급이자를 10,000,000원으로 계리 하더라도 차입금에서 가지급금이 차지하는 비율인 5,000,000원은 세법상 지급이자로 인정이 되지 않는 것이다.

　여기에서 주의하여야 할 것은 이자비용으로서 인정은 되지만 지급이자 손금불산입의 대상이 되는 이자비용은 다음표와 같이 그 범위가 약간 다름에 유의하여야 한다.

지 급 이 자	
손금불산입대상이 되는 지급이자	손금불산입 대상이 아닌 지급이자
금융어음할인료 금융리스료 사채할인발행차금상각액	상업어음 할인료 운용리스료 자산취득으로 인한 채무의 현재가치 할인차금 Banker's Usance 이자

2

외환차손

의의

  외환차손이란 기중에 외화자산을 회수하는 경우 애당초 기재된 원화금액보다 회수시점에 원화로 환산한 금액이 작은 경우에 그 차액을 말한다. 마찬가지로 외화부채를 상환하는 경우 일정한 외화금액임에도 불구하고 환율의 변동으로 인하여 애당초 기장된 원화금액보다 더 많은 원화금액이 소요되는 경우 그 차이 금액을 말한다.

업무 · 적요

  외환거래시마다 처리한다.

  외화매출채권의 회수, 외화매입채무의 지급, 외화예금의 인출

- 손익계산서 〉 영업외비용 〉 외환차손

증빙서류

  외환 거래시 은행으로부터 수취한 은행계산서, 최초 거래시의 장부가액과 교환 차액의 계산내역서, 대체전표, 입금전표, 출금전표

회계처리요령

환율이 하락하는 경우 외화자산의 회수

  ㈜재경은 2002년 8월 1일에 미국에 제품을 2,000달러어치를 송부하고 대금은 외상으로 하다. 이 날짜의 환율은 달러 당 1,200원이다.

(차변) 외화매출채권	2,400,000	(대변) 외화매출	2,400,000

  ㈜재경은 2002년 9월 1일 미국에서 매출대금 1,000달러를 송금 받다. 이 날짜의 환율은 1,100원이다.

(차변) 현금과 예금	1,100,000	(대변) 외화매출채권	1,200,000
외환차손	100,000		

환율이 상승하는 경우의 외화부채의 상환

㈜재경은 2002년 5월 1일에 미국에서 2000달러를 차입하다. 이 날짜의 환율은 1,200원이다.

(차변) 현금	2,400,000	(대변) 외화부채	2,400,000

㈜재경은 2002년 6월 1일 미국에 부채 1,000달러를 상환하다. 이 날짜의 환율은 1,300원이다.

(차변) 외화부채	1,200,000	(대변) 현금과 예금	1,300,000
외환차손	100,000		

회계처리시 유의할 사항

외환차손익은 외화자산, 부채를 청산하는 시점에서 발생한다. 한편 외화환산손익은 기말 결산일에 평가함으로서 발생함에 유의한다. 외환차손익과 외환환산손익 모두 영업외손익 항목이다. 일반적으로 외화자산, 부채를 청산하는 시점에는 환율변동으로 인한 효과와 외환 수수료 지급문제가 같이 발생한다. 환율변동으로 인한 효과는 환차손익으로 수수료는 별도로 계상하여야 한다. 외환으로 다른 외환이나 외화자산을 매입하는 경우 그 외환이나 외화자산의 취득가액은 보유외환의 장부상 원화금액이다. 즉 외화를 외화로 대체하는 경우에는 차손익이나 환산손익을 인정하지 않는다.

세무상 유의할 사항

세법상 외환차손은 법인이 상환받거나 상환하는 외화채권, 채무의 원화금액과 원화기장액과의 차손은 당해사업연도의 손금으로 처리하도록 하고 있다. 따라서 회사가 외화채권, 채무를 소멸시키는 경우에는 애당초의 원화기장금액과 소멸시점의 원화금액과의 차이는 외환차손으로 계리하도록 한다.

관련법령

- 법인세법령 76조 3항

3
외화환산손실

 의의

외화 환산손실이란 외화환산이익과 마찬가지로 기말에 한번 발생하는 계정
으로서 회사 내에 존재하고 있는 화폐성 외화자산 또는 화폐성 외화부채의 거
래시점의 환율로 계상한 원화 환산 금액과 기말결산시점의 환율로 계상한 원
화환산금액과의 차이이다.

업무 · 적요

분기, 기말결산시에 한번 발생한다.

외화채권, 외화채무, 외화예금, 외화현금, 외화 보증금

• 손익계산서 〉 영업외비용 〉 외화환산손실

증빙서류

결산일의 평가환율 비치, 환산내역서, 대체전표

회계처리요령

외화자산

거래발생시

12월 1일 회사는 개당 10달러에 1,000개를 미국에 외상 수출하였다. 수출대금
은 내년 3월 5일 받기로 하다. 수출당시 달러 대 원화환율은 1,200원이었다.

(차변) 매출채권	12,000,000	(대변) 매출	12,000,000

기말평가시

12월 31일 결산일이 되어 외화 매출채권을 결산일의 기준환율 1달러 당 1,100
원으로 평가하다.

(차변) 외화환산손실	1,000,000	(대변) 매출채권	1,000,000

외화자산은 환율의 하락으로 인하여 환산손실이 발생한다.

외화부채

거래발생시

12월 1일 회사는 개당 10달러에 1,000개를 미국에 외상 수입하였다. 수입대금은 내년 4월 5일 지급하기로 하다. 수입당시 달러 대 원화환율은 1,200원이었다.

(차변) 상품	12,000,000	(대변) 매입채무	12,000,000

기말평가시

12월 31일 결산일이 되어 외화 매입채무를 결산일의 기준환율 1달러 당 1,300원으로 평가하다.

(차변) 외화환산손실	1,000,000	(대변) 매입채무	1,000,000

외화부채는 환율의 상승으로 인하여 환산손실이 발생한다.
환율의 변동에 따른 외화자산,부채의 손익은 다음과 같다.

구　분	환율상승	환율하락
외화자산	환산이익	환산손실
외화부채	환산손실	환산이익

회계처리시 유의할 사항

외화환산이익과 마찬가지로 화폐성 외화자산 및 부채만 외화환산 대상임에 유의한다. 외화선급금, 외화선수금, 외화표시 주식 등은 환산대상이 아님에 유의한다. 기업회계기준은 대차대조표일 현재의 적절한 환율로 환산하도록 하였으나 사업연도 종료일 전일의 거래실적에 의하여 사업연도 종료일에 발표하는 기준환율로 환산하도록 한다.

세무상 유의할 사항

세법은 유가증권의 평가손익은 인정하지 아니하나 외화자산, 부채의 평가손익은 인정함에 유의한다. 기말결산일에 적용할 환율은 기준환율 또는 재정환율로서 사업연도 종료일 전일의 거래실적에 의하여 금융결제원이 고시한 기준환율과 재정환율을 말한다.

관련법령

- 법인세법 시행령 제76조
- 법인세법 기본통칙 42-76-2

4
재고자산평가손실

 의의

　재고자산 평가손실이란 진부화, 손상, 품질하락 등의 사유로 재고자산의 구매당시의 가격이 평가시점의 시가보다 떨어진 경우에 발생하는 차액을 처리하는 계정이다. 월말결산이나 분기별, 기말 결산 시 한번 평가하여 기록하는 계정이다. 기업회계기준에서는 저가법에 의한 평가를 원칙으로 하고 있고 세법에서는 저가법을 신고한 경우에는 저가에 의한 평가를 인정하고 있다. 그러나 재고자산의 평가이익은 기업회계기준이나 세법상 인정하지 않는다.

업무 · 적요

　결산시에 발생한다.
　상품, 제품, 재공품 등의 재고자산의 기말평가액과 장부가액과의 차이

- 손익계산서 〉 영업외비용 〉 재고자산평가손실

증빙서류

　재고자산 시가 평가액과 근거, 차액계산내역, 대체전표

회계처리요령

회계처리 사례

　회사의 장부상 기말재고액은 10,000,000원이고 평가일 현재 시가는 9,000,000원이다.

① 실제가액을 기말재고액으로 하여 매출원가를 계상한 경우

(차변) 재고자산평가손실	1,000,000	(대변) 매출원가	1,000,000

　위와 같이 처리되는 이유는 시가를 기말재고액으로 하여 매출원가를 계상하게 되면 평가손실이 매출원가에 산입된 결과가 되기 때문에 매출원가에 포함되어 있는 평가손실을 분리하기 위함이다(기초재고액＋당기매입액－기말재고액＝매출원가).

>   예를 들어 기초재고액은 없고 당기매입액 20,000원인 경우 기말재고를 장부가액 10,000,000원의 시가인 9,000,000원으로 보게 되면 매출원가가 11,000,000원으로 계상되기 때문에 1,000,000원의 평가손실은 매출원가에서 분리하여야 하는 것이다.
>
> ② 장부가액을 기말재고액으로 하여 매출원가를 계상한 경우

(차변) 재고자산평가손실	1,000,000	(대변) 재고자산	1,000,000

회계처리시 유의할 사항

위 사례 중 "②"의 회계처리는 손익계산서상의 기말재고액과 대차대조상의 기말재고액이 일치하지 않으나 일치하지 않는다고 하여 다른 문제는 없다. 그러나 가급적이면 가액이 일치하는 방법인 "①"의 방법을 사용하는 것을 권장한다.

기업회계기준서 제10호 에서는 "제품, 상품 및 제공품의 시가는 판매가능액에서 판매비용을 차감한 잔액 즉 순실현가치를 재고자산의 대차대조표 가액으로 하고 원재료의 시가는 현행 대체원가를 말한다"라고 규정하여 재고자산을 저가법에 의하여 평가할 것을 규정하고 있다. 그러나 이는 어디까지나 기업회계기준을 준수하여야 하는 외부감사대상법인에 한정되는 기준이고 일반 법인이 기업회계기준에 의하여 재고자산을 저가법에 의하여 재고자산 평가손실을 계상 시에는 세법의 입장에서는 인정치 않고 있음에 유의한다. 세법상 인정받기 위해서는 저가법에 의한 평가방법을 미리 신고하여야 한다. 그러나 파손, 부패 등의 사유로 인하여 정상가격으로 판매할 수 없는 재고자산은 저가법에 의한 신고를 하지 않아도 사업연도 종료일 현재 처분가능한 시가로 평가한 평가손실이 세법상으로도 인정된다. 실무에서 파손, 부패 등의 사유로 인한 평가손실을 관할 세무서에서 인정 받기 위하여서는 파손, 부패에 대한 객관적 사실을 증명할 수 있는 자료를 확보하여 놓은 상태에서 평가손실을 계상하여야 한다. 금액이 거액일 경우에는 관할 세무서의 담당과와 상의를 해 보는 것도 좋은 방법이다.

세무상 유의할 사항

세법에서는 재고자산을 저가법으로 평가하기 위해서는 신설법인의 경우에

는 법인세 과세표준 신고기한까지, 원가법으로 신고한 법인이 저가법으로 변경하고자 하는 경우에는 변경할 평가방법을 적용하고자 하는 사업연도의 종료일 이전 3월이 되는 날(12월이 결산일인 법인은 9월말)까지 재고자산등 평가방법(변경)신고서를 관할세무서장에게 제출하도록 하여, 신고한 경우에 한하여 저가법 적용을 인정하고 있다. 재고자산의 평가손실 사유가 파손, 부패의 경우에는 신고여부와 관계없이 인정이 되고 진부화 등에 의한 평가손실은 관할 세무서장에게 미리 저가법에 의해 평가할 것을 신고한 경우에 한하여 인정이 되는 것이다. 원가법을 사용하다가 저가법을 적용하기 위해서는 결산일 이전 3월이 되는 날까지 관할세무서에 변경신고서를 제출하여야 함에 유의한다. 미리 변경신고서를 제출하지 않으면 자산의 진부화로 인한 평가손실이 당해연도에는 인정이 안되는 것이다.

관련법령

- 법인세법 시행령 74조

5
재고자산감모손실

 **의의**

재고자산감모손실이란 재고자산의 평가손실액이 가격이 아닌 수량에 기인하여 발생하는 경우에 처리하는 계정이다. 즉, 기말재고액은 기말재고수량에 가격을 승하여 결정하는데 가격의 하락은 재고자산평가손실로 재고수량의 부족은 재고자산감모손실로 처리되는 것이다. 재고자산감모손실 중 회사의 통제에 의하여도 피할 수 없는 감모손실은 원가성이 있다고 보아 매출원가에 산입한다. 원가성이 없는 감모손실은 영업외비용으로 계상되게 된다.

업무 · 적요

결산시에 처리한다.

상품, 제품, 원재료, 저장품, 재공품 등의 수량, 중량의 도난, 증발, 파손, 부패로 인한 감모

• 손익계산서 〉 영업외비용 〉 재고자산감모손실

증빙서류

재고자산 실사서류, 계산내역, 대체전표

회계처리요령

재고자산감모손실을 처리하는 방법은 두 가지가 있다. 한가지 방법은 재고자산의 감모 후의 실제가액을 기말재고액으로 하여 매출원가를 계상하는 방법이다. 실제가액을 기말재고로 하면 감모손실은 모두 매출원가로 계상되므로 이 중 원가성이 없는 감모손실은 매출원가에서 재고자산 평가손실로 대체하는 방법이다(기업회계기준). 다른 한가지 방법은 재고자산의 장부가액을 기말재고액으로 하여 매출원가를 계상하는 방법이다. 장부가액을 기말재고액으로 하

여 매출원가를 계상하면 감모손실은 모두 기말재고액에 포함되어 있으므로 원
가성이 있는 감모손실은 매출원가로 대체하고 원가성이 없는 감모손실은 영업
외비용으로 대체하여야 한다.

재고자산의 실제가액을 기말재고액으로 하여 매출원가를 계상하는 방법

기업회계기준에서 요구하는 방법

회사의 기초재고액은 5,000,000원이었고 당기총매입액은 100,000,000원이었다.
기말 현재 회사의 장부상 기말재고 수량은 110개 단위당 가격은 100,000원이
다. 한편 실사에 의한 수량은 100개로 판명되었다. 기말현재 단위당 회수가능
액은 80,000원이다. 부족수량 10개 중 4개는 항상 발생하는 원가성이 있는 감
모손실이다.

기초재고자산의 매출원가 계정 대체

(차변) 매출원가	5,000,000	(대변) 기초재고	5,000,000

당기매입액의 매출원가로의 대체

(차변) 매출원가	100,000,000	(대변) 매입	100,000,000

실제 기말재고액의 매출원가에의 차감

(차변) 기말재고	8,000,000	(대변) 매출원가	8,000,000

위와 같이 계상한 결과 매출원가는 97,000,000원으로 계상되었다. 그러나 재고
자산의 실제가액으로 매출원가를 계상하면 모든 감모손실이 매출원가에 포함
되므로 이 중 원가성이 없는 감모손실 600,000원과 평가손실 2,000,000을 매출
원가에서 차감하여야 한다.

(차변) 재고자산평가손실	2,600,000	(대변) 매출원가	2,600,000

위와 같이 정리한 결과로 매출원가는 94,400,000원으로 결정되게 된다.
위 결과로 원가성 있는 감모손실 4개, 400,000원은 매출원가에 포함되게 된다.

재고자산의 장부가액을 기말재고액으로 하여 매출원가를 계상하는 방법

회사의 기초재고액은 5,000,000원이었고 당기총매입액은 100,000,000원이었다.
기말 현재 회사의 장부상 기말재고 수량은 110개 단위당 가격은 100,000원이
다. 한편 실사에 의한 수량은 100개로 판명되었다. 기말현재 단위당 회수가능액
은 80,000원이다. 부족수량 10개 중 4개는 항상 발생하는 원가성이 있는 감모손
실이다.

기초재고자산의 매출원가 계정 대체

(차변) 매출원가	5,000,000	(대변) 기초재고	5,000,000

당기매입액의 매출원가로의 대체

(차변) 매출원가	100,000,000	(대변) 매입	100,000,000

장부상 기말재고액의 매출원가에의 차감

(차변) 기말재고	11,000,000	(대변) 매출원가	11,000,000

위와 같이 계상한 결과 매출원가는 94,000,000원으로 계상되었다. 그러나 재고
자산의 장부가액으로 매출원가를 계상하면 모든 감모손실이 기말재고에 포함되
므로 이 중 원가성이 있는 감모손실 400,000원은 매출원가에 대체하고 원가성이
없는 감모손실 600,000원과 평가손실 2,000,000을 영업외비용으로 계상하여야 한
다.

(차변) 매출원가	400,000	(대변) 재고자산	400,000
(차변) 재고자산평가손실	2,600,000	(대변) 재고자산	2,600,000

위와 같이 정리한 결과로 매출원가는 94,400,000원으로 결정되게 된다.
이 방법에 의하면 손익계산서의 기말재고액은 10,600,000원으로 계상되고 대차
대조표의 재고자산가액은 8,000,000원으로 계상된다.

회계처리시 유의할 사항

회사의 통제에 의하여도 일정비율의 증발이나 파손은 피할 수가 없게 된다.
이러한 감모손실은 원가성이 있다고 보아 매출원가에 포함한다. 원가성이 없
는 재고자산감모손실은 재고자산평가손실로 일괄 계상된다. 재고자산이 시가
의 하락에 의하건 수량이나 중량부족에 의하건 모두 재고자산 평가손실로 공
시됨에 유의한다.

 세무상 유의할 사항

실제로는 없는 재고자산이 장부상에는 있거나 장부상에는 없는 재고자산이 실제로는 있는 경우가 있다. 결론부터 말하면 어느 경우이건 세무조사에서 적출되면 법인세 및 대표자의 소득세 부담문제가 발생함에 유의한다. 소위 당기순이익을 조작하기 위하여 기말재고자산을 부풀리거나 줄이는 경우가 발생한다. 매출원가는 기초재고액＋당기매입액－기말재고액으로 계상되는데 기말재고액이 많으면 당기 매출원가가 적게 계상될 것이고 따라서 매출총이익이(매출액－매출원가) 증가할 것이다. 반대로 기말재고액이 적으면 매출원가가 과대계상되어 매출총이익이 과소계상된다. 어느 경우이던 기말재고자산을 적게 또는 많게 계상하는데 장부상 재고자산을 실제보다 많게 계상하여 당기의 이익을 많이 계상하였더라도 세법상으로는 이익을 과대계상한 것으로 보지 않고 실제 재고를 장부에 계리하지 않고 처분하여 대표자가 처분대금을 인출한 것으로 보아 매출누락으로 처리하게 된다. 반대로 장부상 재고를 실제보다 적게 계상하여 매출원가를 과대계상, 당기순이익 과소계상한 경우에는 매출원가를 손금부인하여 법인세 및 대표이사 소득세 과세하게 되므로 어느 경우에도 법인세와 대표자의 소득세가 증가하는 문제가 발생함에 유의한다.

관련법령

- 법인세법 시행령 74조
- 시행규칙 38조

6

단기매매증권평가손실

 **의의**

회사의 단기자금 운용을 목적으로 주식이나 채권등에 투자하였을 경우 결산일 현재 주식이나 채권의 시가가 취득원가에 미달 하는 경우 그 차액을 단기매매증권평가손실이라 한다.

실현 되지 않은 평가 손실을 미리 계상하여 당기손익에 반영 한다는데에 특색이 있다.

업무 · 적요

기말 결산시 한번 발생한다.

단기매매증권평가손실

- 손익계산서 〉 영업외비용 〉 단기매매증권평가손실

증빙서류

평가이익 계산 내역서, 대체전표, 평가시점의 종가명세서

회계처리요령

회계처리 사례

회사가 단기자금운용목적으로 보유중인 삼성전자의 주가가 결산일 현재 주당 150,000원이다. 회사는 총 100주를 주당 20,000원에 취득한 적이 있다.

취득시

(차변) 단기매매증권	20,000,000	(대변) 현금, 예금	20,000,000

> 기말 평가시
>
> | (차변) 단기매매증권 평가손실 5,000,000 | (대변) 단기매매증권 5,000,000 |
>
> 평가손실만큼 유가증권의 가액을 감소시켜주는 회계처리를 함으로서 유가증권의 가액이 시가와 같이 15,000,000원으로 조정되었다.
> 유가증권의 가액이 시가와 같이 조정되었다.

회계처리시 유의할 사항

기업회계기준에서는 유가증권을 시가에 의하여 평가하여야 하도록 규정하고 있으나 세법에서는 피 투자회사가 해산 및 청산절차를 종료하기 전 까지는 평가손실을 인정하지 않는다(법인 46012-4148). 기말에는 보유중인 유가증권이 단기자금운용목적인지 장기투자목적인지 구별하여 단기자금운용목적에 의하여 보유하고 있는 단기매매증권의 평가손실은 당기의 영업외비용으로 처리 한다. 기업회계기준을 준수하여야 할 상장기업이나 등록기업, 예정기업, 외부감사대상기업 등 외의 외부이해관계자가 별로 없고 세법만 중시하면서 결산을 하여야 하는 중소기업은 평가손실을 계상할 필요가 없다.

세무상 유의할 사항

세법은 원가주의를 고수하여 증권투자회사 외에는 유가증권의 평가손익을 일체 인정하지 않고 있으므로 회사가 당기순이익에 반영한 유가증권 평가손실은 손금으로 인정되지 않는다. 한편 자본금의 2배를 초과하는 차입금을 보유한 회사가 유가증권을 취득하면 그 취득금액에 해당하는 차입금에 대한 지급이자가 세법상 손금 인정되지 않음에 유의하여야 한다(건설회사는 4배, 소비성 서비스업은 1배).

관련법령

- 기업회계기준서 제8호(유가증권)
- 법인세법시행령 제75조(유가증권 등의 평가)

7

유가증권처분손실

의의

기업이 단기자금운용목적으로 보유하고 있는 유가증권을 처분 시에 발생하는 처분손실을 처리하는 계정이다.

업무·적요

처분시에 발생한다.
시장성 있는 주식, 사채, 국·공채 처분손실
- 손익계산서 〉 영업외비용 〉 유가증권처분손실

증빙서류

차액계산내역서, 입금전표

회계처리요령

회계처리 사례

20X3년 10월 1일 회사는 삼성전자 주식 100주를 주당 200,000원에 취득하였다.
20X3년 12월 31일 현재 종가는 300,000원이다.
20X4년 3월 2일 회사는 위 주식을 주당 200,000원에 처분하였다. 처분비용 200,000원 발생(증권거래세, 증권회사 수수료 등)

20X3년 10월 1일 취득시

(차변) 유가증권	20,000,000	(대변) 현금, 예금	20,000,000

20X3년 12월 31일 평가시

(차변) 유가증권	10,000,000	(대변) 유가증권평가이익	10,000,000

20X4년 3월 2일 처분시

(차변) 현금, 예금	19,800,000	(대변) 유가증권	30,000,000
유가증권처분손실	10,200,000		

회계처리시 유의할 사항

유가증권을 보유하고 있는 경우에는 기말에 공정가액으로 평가손익을 반영하고 난 뒤의 장부가액과 처분가액의 차이가 유가증권 평가손익을 구성함에 유의한다. 유가증권 처분시에는 반드시 장부가액과 처분 가액을 비교하여 처분손익을 결정하여야 한다. 처분시에 발생한 각종 경비 등은 처분손실로 정리한다.

세무상 유의할 사항

세법상 유가증권은 평가손익이 인정되지 않는다. 처분하는 유가증권이 전기에 유가증권평가손익이 계상되었었던 유가증권인지 알아보아야 한다. 장부가액이 취득원가가 아닌 평가액으로 조정되어 있다면 세무상 반드시 익금불산입 또는 손금불산입이 되어 있을 것이므로 이를 당기의 세무조정시에 반영하여야 하는 것이다.

관련법령

- 법인세법 시행령 75조

8
투자자산처분손실

🖐 의의

투자자산의 처분가액이 장부가액보다 적은 경우 그 차액을 투자자산처분손실 이라 한다.

🖐 업무 · 적요

처분시 처리한다.

투자주식, 투자채권, 보증금, 장기대여금, 장기성 매출채권, 투자부동산, 보증금

• 손익계산서 〉 영업외비용 〉 투자자산처분손실

🖐 증빙서류

처분액 입금전표, 매매계약서, 차액계산내역서

🖐 회계처리요령

투자유가증권 중 지분증권인 투자주식이나 중도매각을 전제로 하는 투자채권은 기말에 시가가 있는 경우에는 시가로 평가하여야 한다. 그러나 투자유가증권의 평가손익을 당기에 반영시키는 경우에는 실현되지도 않은 미실현 손익을 인식하여 당기의 손익을 왜곡할 우려가 있기 때문에 투자유가증권 평가손익은 당기의 손익에 반영시키지 않고 자본조정에 계상하였다가 처분 시에 소멸시킨다. 따라서 투자유가증권을 기말 시가로 평가를 하던 또는 하지 않던 처분시점에서의 처분손익은 동일한 결과를 가져오게 된다.

투자유가증권을 시가법에 의하여 평가하는 경우

회사가 취득하여 보유하고 있는 ㈜삼성전자의 주가가 주당 100,000원에서 150,000원으로 상승하였다. 회사는 모두 100주를 보유하고 있다. 다음 해 회사는 주당 90,000원에 매각였다.

취득시

(차변) 투자유가증권	10,000,000	(대변) 현금	10,000,000

평가시

(차변) 투자유가증권	5,000,000	(대변) 투자유가증권평가이익	5,000,000

투자유가증권 평가손실은 손익계정이 아니라 대차대조표의 자본조정의 자본 차감항목이다.

처분시

(차변) 현금, 예금	9,000,000	(대변) 투자유가증권	15,000,000
투자유가증권평가이익	5,000,000		
투자유가증권처분손실	1,000,000		

※ 처분시에는 평가하기전의 가액 10,000,000원과 처분가액 9,000,000원의 차이가 당기의 처분손실로 결정된다. 회사는 단지 시가를 정보이용자에게 알려줄 뿐 평가손실은 대차대조표의 자본조정으로 처리하도록 함으로서 당기의 손익에 영향을 미치지 않는다.

투자유가증권을 시가법에 의하여 평가하지 않는 경우

기업회계기준 위배

취득시

투자유가증권을 시가법에 의하여 평가하지 않는 경우(기업회계기준 위배)

(차변) 투자유가증권	10,000,000	(대변) 현금	10,000,000

평가시

평가없음			

처분시

(차변) 현금, 예금	9,000,000	(대변) 투자유가증권	10,000,000
투자유가증권처분손실	1,000,000		

회사가 투자유가증권을 평가하던 하지 않던 처분 시의 처분손실은 동일하다.

기타의 투자자산을 처분하는 경우

회사는 투자부동산을 매각하였다. 투자부동산의 장부가액은 10,000,000원이고 매각액은 8,000,000원이었다.

(차변) 현금, 예금	8,000,000	(대변) 투자부동산	10,000,000
투자부동산처분손실	2,000,000		

회계처리시 유의할 사항

시장성 있는 투자유가증권을 시가법에 의하여 평가하지 않으면 기업회계기준 위배이고 시가법에 의하여 평가하면 세법에서는 인정하지 않는다. 외부감사대상법인이나 감사대상법인이 아닌 기업의 경우에는 굳이 투자유가증권을 시가법에 의하여 인식하지 않아도 될 것이다. 그러나 외부감사대상기업이나 향후 상장, 등록 예정인 기업은 반드시 시가법에 의하여 평가하여야 한다.

세무상 유의할 사항

세법에서는 시가에 의한 투자유가증권의 평가손익을 인정하지 않는다. 따라서 회사가 기업회계기준에 의하여 시가평가 하였더라도 세법에서는 투자유가증권의 증가액과 투자유가증권평가이익이 동시에 부인되는 절차를 거치게 된다. 회사가 투자유가증권을 많이 보유하고 있는 경우에는 회사의 차입금에 대한 지급이자가 손금 부인되는 경우가 있으므로 손금 부인되어 증가하는 법인세비용과 투자로 인한 수익을 비교하여 보아야 한다. 일반법인의 경우에 회사가 자기자본의 2배를 초과하는 차입금으로 타 법인의 주식을 취득하는 경우에는 그에 해당하는 차입금에 대한 이자는 손금으로 인정하지 않는다.

관련법령

- 법인세법 시행령 제75조

9

기부금

 **의의**

　기부금이란 특수관계없는 자에게 사업과 직접 관계없이 무상으로 지출하는 재산적 증여 가액을 말한다. 기부금은 회사의 업무와 직접 관련 없는 지출이나 그 지출의 성격상 회사의 업무수행을 위하여 필요하거나 공익적인 성격이 있는 지출이다.

업무 · 적요

　기부시 마다 처리한다.

　국가, 지방자치단체 기부금, 국방헌금, 이재민 구호금품, 정치자금, 문화예술진흥기금, 학교기부금, 사내근로복지기금 기부금, 사회복지법인, 종교단체 기부금, 불우이웃돕기 기부금, 협회비 등

· 손익계산서 〉 영업외비용 〉 기부금

증빙서류

　기부금 영수증, 납입영수증

회계처리요령

회계처리 사례
회사는 불우이웃돕기 성금으로 1,000,000원을 해당기관에 납부하다.

(차변) 기부금	1,000,000	(대변) 현금	1,000,000

 회계처리시 유의할 사항

현물기부금 처리시에는 예수부가세 문제를 잘 해결하여야 한다. 현물 기부금은 사업상증여이므로 기부를 하더라도 부가가치세 납부문제가 따르므로 현물을 기부할 경우에는 주의하여야 한다. 기부금 처리시에는 세법상 손금으로 인정되는가를 미리 알아야 할 필요가 있다. 다 같은 기부금이라 하더라도 세법상으로는 소득금액 한도내에서 전액 손금 인정되는 기부금이 있는가 하면 손금으로 전혀 인정되지 않는 기부금도 있다.

비용인정여부	비고	종류
소득금액의 100% 인정되는 기부금	법정기부금	국가, 지방자치단체 기부금 국방헌금, 국군장병 위문품 이재민 구호금품 정당에 기부한 정치자금
소득금액의 50% 인정되는 기부금	특례기부금	문화예술진흥기금 사립학교 시설비, 교육비, 연구비등(법인에 한하며 개인은 전액 인정) 사내근로복지기금에 지출하는 기부금
소득금액의 5% 인정되는 기부금	지정기부금	사회복지법인, 정부로부터 허가 받은 학술단체, 등록된 종교단체, 의료법인, 불우이웃돕기 기부금, 협회의 특별회비 임의로 조직된 협회의 협회비
인정되지 않는 기부금	비지정기부금	위 외의 기부금

세무상 유의할 사항

(1) 기부금의 귀속시기

세무상 기부금의 지급시기는 현금지급일이다. 따라서 어음으로 기부금을 지급하였다 하더라도 그 지급 귀속연도는 어음금 결재일이 되는 것이다. 지급어음으로 기부금을 비용으로 경리하였다면 세무상 손금 부인되었다가 결재일에 손금산입된다.

(2) 기부금의 용인한도

한편 법정기부금, 특례기부금, 지정기부금 중 다음의 한도를 초과하는 금액은 손금으로 인정되지 않는다.

구 분	한도액
법정기부금	기부금외 모든 세무조정이 완료된 금액＋모든 기부금－이월결손금
특례기부금	(법정기부금한도액－법정기부금용인액)×50%
지정기부금	(법정기부금한도액－법정기부금용인액－특례기부금용인액)×5%

위에서 말하는 이월결손금이란 각 사업연도 개시일전 5년 이내에 개시한 사업연도에서 발생한 세무상 결손금으로서 공제되지 않은 금액을 말한다.

법정기부금의 한도초과액은 이월하여 손금산입 되지 않으나 특례기부금과 지정기부금의 한도초과액은 다음 사업연도 개시일부터 3년간 이월하여 각각 한도 미달액의 범위 안에서 손금에 산입한다(기부금의 이월공제).

(3) 현물기부금

현물을 기부한 경우에는 법정기부금은 장부가액으로 한도초과액만 계산하면 되나 특례기부금과 지정기부금은 현물의 시가로 한도초과액을 계산하여야 한다. 비지정기부금 역시 시가를 손금 불산입한다.

관련법령

- 법인세법 제24조
- 법인세법 시행령 제35, 36, 37, 38조

10
법인세추납액

 **의의**

법인세 추납액은 결산시 계상하였던 법인세보다 실제 납부하여야 할 법인세
가 많을 때 발생한다.

업무 · 적요

일년에 한번 발생한다.
법인세 추납액

- 손익계산서 〉 영업외비용 〉 법인세추납액

증빙서류

고지서, 납입영수증

회계처리요령

미지급법인세보다 적게 법인세를 납부하는 경우

전기말에 계상하였던 법인세 4,000,000원보다 많은 5,000,000원을 법인세로 납
부하였다.

| (차변) 미지급법인세 | 4,000,000 | (대변) 현금과 예금 | 5,000,000 |
| 법인세추납액 | 1,000,000 | | |

 회계처리시 유의할 사항

일반 경리실무에서는 결산시 법인세 및 미지급법인세를 계상하지 않고 다음해 3월에 법인세 납부시 법인세 비용을 계상한다. 따라서 법인세 추납액이 발생할 소지가 없다. 그러나 이는 잘못된 회계처리로서 당기의 수익에는 당기의 법인세가 대응되도록 미지급법인세를 계상하여야 한다. 당기의 법인세 비용은 이연법인세를 계상하지 않는 중소법인은 세법상 납부하여야 할 법인세를 법인세 등의 과목으로 하여 기재하고 이연법인세를 계상하여야 하는 법인은 미지급법인세에서 이연법인세를 가감한 금액을 법인세 비용으로 기재하여야 한다.

세무상 유의할 사항

법인세 추납액은 세무상 손금이 아니므로 당기의 법인세 산출시 손금불산입 처리하여 당해년도의 법인세를 산출한다.

11

유형자산감액손실

의의

대차대조표에 기재하는 자산은 제56조 내지 제60조(유가증권, 채권, 재고자산, 투자주식, 투자채권), 제66조(채권, 채무의 현재가치에 의한 평가) 및 제67조(채권, 채무의 재조정)에서 정함이 있는 경우를 제외하고 유형자산의 진부화, 물리적인 손상 및 시장가치의 급격한 하락 등의 원인으로 인하여 당해 자산의 회수가능가액이 장부가액에 미달하고 그 미달액이 중요한 경우에는 이를 장부가액에서 직접 차감하여 회수가능가액으로 조정하고, 장부가액과 회수가능가액과의 차액은 동 자산에 대한 감액손실의 과목으로 하여 당기손실로 처리한다. 다만, 감액한 자산의 회수가능가액이 차기 이후에 장부가액을 초과하는 경우에는 당해 자산이 감액되지 않았을 경우의 장부가액의 감가상각후 잔액을 한도로 하여 그 초과액을 동 자산에 대한 감액손실환입의 과목으로 하여 당기이익으로 처리한다.

업무 · 적요

몇 년에 한번 발생한다.

유형자산 감액손실, 무형자산 감액손실

- 손익계산서 〉 영업외비용 〉 유형자산감액손실

증빙서류

감액계산내역, 감액 근거, 대체전표

회계처리요령

회계처리 사례

　　회사의 기계장치가 진부화로 인하여 더 이상 사용할 수가 없게 되어 회사는 신기계로 대체하고 구 기계는 폐기하기로 결정하였다. 구 기계의 취득원가는 10,000,000원 감가상각누계액은 5,000,000원이다.

| (차변) 감가상각누계액 | 5,000,000 | (대변) 기계장치 | 9,999,000 |
| 유형자산감액손실 | 4,999,000 | | |

 회계처리시 유의할 사항

　　유형자산의 회수가능가액이 장부가액에 미달하는 경우에는 유형자산 감액손실의 과목으로 하여 해당자산에서 직접차감하여야 한다 그러나 이는 기업회계기준을 준용하여 처리하는 경우에 한하고 세법에서는 원칙적으로 유형자산의 평가손을 인정하지 않기 때문에 세무조정시 손금부인된다. 단, 시설개체나 기술낙후로 인하여 생산설비의 일부를 폐기한 경우이거나 또는 천재지변이나 화재의 사유로 인하여 유형자산의 감액손실을 계상하는 것을 인정하고 있음에 유의하여야 한다. 따라서 외부감사대상 법인이 아닌 기업은 굳이 유형자산 평가손실을 계상하여 세법상 부인당할 필요가 없이 처분시점에서 처분손실로 계상하는 것이 편리하겠다. 생산설비를 폐기하는 경우에는 장부가액에서 1,000원을 공제한 금액.을, 천재지변이나 화재로 인하여 고정자산이 파손 또는 멸실 된 경우에는 장부가액과 시가와의 차액을 유형자산감액손실로 처리한다. 나머지 1,000원은 당해 유형자산을 처분하는 연도에 처분손실로 처리한다.

세무상 유의할 사항

　　세법에서는 유형자산의 평가를 인정하지 않고 있다. 따라서 회사가 유형자산 감액손실을 계상한 경우에는 세법에서는 부인하고 있음에 유의하여야겠다. 그러나 시설개체나 기술낙후로 인하여 생산설비를 폐기하는 경우에는 장부가액에서 1,000원을 공제한 금액을, 천재지변이나 화재로 인하여 고정자산이 파손 또는 멸실 된 경우에는 장부가액과 시가와의 차액을 감액손실로 계상한 경우에는 세법에서도 이를 인정하고 있다.

관련법령

- 법인세법 시행령 31조 7항

12
유형자산처분손실

 의의

유형자산처분손실이란 유형자산 처분이익과 반대로 토지, 건물, 비품, 기계
장치, 차량 운반구 등의 유형자산을 처분하는 경우 처분가액이 장부가액보다
적은 경우 그 차액을 말한다.

취득가액－감가상각누계액＝장부가액

업무 · 적요

처분시에 발생한다.

기계장치 처분손실, 차량운반구 처분손실, 비품처분손실, 건물처분손실 등의
계정을 결산 재무제표에 표기시 유형자산처분손실로 일괄 표기한다.

• 손익계산서 〉영업외비용 〉유형자산처분손실

증빙서류

매매계약서, 입금전표

회계처리요령

회계처리 사례

회사는 기계장치를 교체하면서 구 기계장치는 매각하였다.

매각금액	1,000,000
취득가액	5,000,000
감가상각누계액	3,000,000

(차변) 현금	1,000,000	(대변) 기계장치	5,000,000
감가상각누계액	3,000,000		
기계장치처분손실	1,000,000		

회계처리시 유의할 사항

유형자산의 매각시에는 해당자산의 감가상각 누계액이 있는지를 살펴보고 장부가액을 먼저 계산하여 장부가액과 매각금액과의 차액을 결정하여 처분손실로 정리한다(취득가액 – 감가상각누계액 = 장부가액).

기 중에 유형자산을 매각시에는 감가상각비를 먼저 계산하고 처분손익을 결정하여야 하는 것은 유형자산 처분이익에서 설명한 바와 같다. 기중에 처분시 감가상각비는 월할 계산한다.

세무상 유의할 사항

감가상각자산을 양도한 경우 당해 자산의 상각부인액은 양도일이 속하는 사업연도의 손금에 이를 산입한다. 감가상각비의 부인이란 감가상각비의 귀속시기를 달리할 뿐이지 감가상각비 자체가 부인되는 것은 아니다. 따라서 해당자산이 처분되는 시점에서는 더 이상 부인액이란 있을 수가 없게 된다. 세무상 감가상각부인액이 있다는 것은 세무상 장부가액이 회계상 장부가액보다 크다는 것이고 양도가액은 일정하므로 세무상 처분이익이 회계상 처분이익보다 적게 계상될 것이므로 부인액을 손금산입하여야 하여야 회계상 처분이익을 세무상 처분이익으로 일치시킬 수가 있다.

■ 세무조정 사례

	장부상	법인세법상	세무조정
양도가액(A)	1,000,000	1,000,000	
취득가액	5,000,000	5,000,000	
감가상각누계액	3,000,000	2,500,000	500,000 감가상각비 손금 부인
장부가액(B)	2,000,000	2,500,000	
처분손실(A)—(B)	1,000,000	1,500,000	500,000 감가상각비 손금 산입

한편 시설개체 또는 기술낙후로 인하여 생산설비의 일부를 폐기한 경우 당해 자산의 장부가액에서 1,000원을 공제한 금액을 폐기일이 속하는 사업연도의 손금에 산입할 수 있다.

관련법령

- 법인세법시행령 31조 7항

13
사채상환손실

 의의

회사가 발행한 사채를 중도에 재매입하여 소각하거나 상환하는 경우에 사채의 장부가액(액면가액—사채할인발행차금)과 경과분이자의 합계액보다 상환액이 많은 경우에 발생한다.

업무 · 적요

사채상환시에 발생한다.
사채상환손실
* 손익계산서 〉 영업외비용 〉 사채상환손실

증빙서류

사채상환금액에 대한 출금전표, 손실계산내역

회계처리요령

회계처리 사례

회사는 만기 2년이 남아 있는 사채 액면가액 10,000,000원을 당기에 매입하여 소각하다. 매입가액은 10,500,000원이다. 한편 사채할인발행차금 600,000원이 남아 있고 표면 이자율은 연 10%로서 상환일 현재 6개월이 경과하였다.

(차변) 사채	10,000,000	(대변) 현금	10,500,000
지급이자	500,000	사채할인발행차금	600,000
사채상환손실	600,000		

위와 같이 회계처리되는 이유는 사채는 상환일 현재 액면가액 10,000,000원에서 사채할인발행차금 미상각잔액 600,000원을 차감하면 장부가액이 9,400,000원이다. 한편 상환일 현재 기간경과분 이자는 지급하여야 하므로 사채의 장부가액 9,400,000원에 경과분 지급이자 500,000원을 더 하여 9,900,000원을 지급하여야 되는데 회사는 10,500,000원을 지급하였으므로 상환손실 600,000원이 발생하는 것이다.

 ## 회계처리시 유의할 사항

사채를 만기이전에 중도 상환하는 경우에는 해당사채와 관계되는 사채할인발행차금이나 사채할증발행차금이 있는가를 고려하여 회계처리를 하여야 함에 유의한다. 사채발행당시의 현금입금액과 사채액면가액의 차이가 사채할인발행차금다. 사채할증발행차금은 실무에서 거의 발생하지 않는다.

세무상 유의할 사항

사채상환손실에 있어서는 세무상 그대로 용인된다.

14

전기오류수정손실

 의의

당기의 재무제표 작성시 전기 또는 그 이전기간에 귀속되어야 할 비용 당기
에 발견되는 경우 이를 전기오류수정손실이라고 한다. 예를 들면 전기에 계상
하여야 할 감가상각비를 누락하여 당기에 계상하는 경우가 이에 속한다. 전기
오류수정손실은 당기의 영업외손익으로 처리함(손익계산서에 기록)을 원칙으
로 하고 중대한 오류의 경우에는 전기이월이익잉여금(이익잉여금처분계산서
에 기록)에 반영하도록 하고 있다.

업무 · 적요

전기오류 발견시 처리한다.

감가상각비 미계상, 이자비용의 누락

• 손익계산서 〉영업외비용 〉전기오류수정손실

증빙서류

오류계산내역, 대체전표

회계처리요령

회계처리 사례

전기 건물 감가상각비 계상을 누락하여 당기 결산일에 한꺼번에 처리하다.
회사는 매년 정액법으로 10,000,000원을 감가상각비로 계상한다.

영업외 손실에 반영

| (차변) 감가상각비 | 10,000,000 | (대변) 감가상각누계액 | 20,000,000 |
| 전기오류수정손실 | 10,000,000 | | |

> 전기에 계상하여야 할 기간경과분 이자비용 5,000,000원을 당기 지급시에 처리한다(영업외 손실에 반영).

(차변) 이자비용	5,000,000	(대변) 현금	10,000,000
전기오류수정손실	5,000,000		

회계처리시 유의할 사항

전기오류수정사항은 원칙적으로 당기 손익계산서에 영업외손익 중 전기오류수정손익으로 보고한다. 그러나 중대한 전기오류손실은 전기이월이익잉여금에 반영하고 관련 계정잔액을 수정하도록 하고 있다.

세무상 유의할 사항

전기오류수정손실을 영업외비용으로 하여 당기의 손익계산서에 반영하였는가 또는 이월이익잉여금 처분계산서에 반영하였느냐에 따라 세무조정이 달라진다.

(1) 전기오류수정손실을 당기의 영업외비용으로 처리한 경우

당해 전기오류수정사항은 세법상 그 귀속시기를 판단하여 처리한다.

① 감가상각비의 누락

전기감가상각비는 기업회계기준 상으로는 전기오류수정사항이나 세법상으로는 회사가 감가상각비를 계상한 연도가 귀속시기가 되는 것이다. 따라서 감각상각비는 전기오류수정손실로 계상하건 감가상각비로 계상하건 당기의 비용으로만 계상하면 세무상 하등차이가 없으므로 당기에 감가상각한 것으로 보아 한도초과액만 계산하여 시부인 한다.

② 기간 경과분 이자비용의 누락

이자비용역시 마찬가지로 세법상 실제로 지급한 날이 지급시기이고 회사가 기간경과분을 비용으로 계상한 경우에 한하여 이자비용을 손금으로 인정하여 주고 있으므로 회사가 전기의 이자비용을 빠트리고 당기에 전기오류수정손실로 하여 당기의 영업외손실로 처리하였다 하더라도 당기에 지급하였으므로 세법상 귀속시기는 당기이고 회사는 당기의 손익계산서에 비용으로 계상하였으므로 아무런 문제가 없다(법인세법시행령 70조 1항 2

호, 소득세법시행령 제45조 참조).

(2) 전기오류수정손실을 전기 이월이익잉여금에 반영한 경우

① 감가상각비의 누락

감각상각비는 전기오류수정손실로 계상하건 감가상각비로 계상하건 당기의 비용으로만 계상하면 세무상 하등차이가 없으나 회사는 당기의 비용으로 계상하지 않고 잉여금에서 처리하였으므로 당기에 손금산입하고 한도초과 시부인 계산한다.

② 전기 기간 경과분 이자비용의 누락

이자비용 역시 마찬가지로 세법상 실제로 지급한 날이 지급시기이나 회사는 당기의 손익계산서에 반영하지 않고 이익잉여금처분 계산서에서 반영하였으므로 과세소득 계산 시에는 손금산입 한다.

■ 요약

오류의 사유	당기 손익계산서에 반영	이익잉여금 처분계산서에 반영
감가상각비의 누락	세무상 당기의 손금을 당기의 비용으로 처리하였으므로 한도초과액만 계산하여 시부인한다.	당기 귀속 손금을 당기의 비용으로 처리하지 않았으므로 손금산입한 후 한도 시부인한다.
기간 경과분 이자비용의 누락	이자비용의 귀속시기는 이자지급일이 속하는 당기이고 당기의 비용에 계상하였으므로 아무런 조정이 없다.	당기의 비용을 당기의 비용으로 처리하지 않았으므로 손금산입한다.

15

잡손실

의의

회사의 일상영업활동에서 발생하지도 않고 발생한 손실이 소액인 경우에 처리하는 계정이다.

업무 · 적요

발생시에 처리한다.

사무실내의 경미한 파손, 업무 외의 소액 손해배상금

- 손익계산서 〉 영업외비용 〉 잡손실

증빙서류

영수증, 입금전표

회계처리요령

회계처리 사례

회사의 비품을 직원의 실수로 파손하다. 비품의 취득가액은 500,000원, 감가상각누계액은 400,00원, 장부가액은 100,000원이다.

(차변) 잡손실	100,000	(대변) 비품	500,000
감가상각누계액	400,000		

회계처리시 유의할 사항

금액이 큰 경우에는 잡손실로 처리하지 말고 특별손실이나 해당계정을 찾아내어 처리하여야 한다.

세무상 유의할 사항

잡손실은 계저의 성격상 금액이 클수가 없으므로 특별히 금액이 과다한 경우에는 별도로 계정을 만들어 관련증빙을 잘 갖추도록 한다.

제6절 특별손익

제6절 특별손익

1
특별손익의 이해

의의

특별손익은 일상적인 영업활동이 아닌 특별한 경우에 발생하는 손익항목으로서, 일반적으로 비경상적이고 비반복적으로 발생하는 손익항목을 말한다.

특별이익은 비경상적, 비반복적으로 발생한 영업외수익과 자산수증이익 채무면제이익 보험차익 등을 포함한다.

그리고 영업외손익이라 하더라도 비경상적이고 비반복적인 거액의 손익은 특별손익으로 분류하여야한다. 영업외손익 중에서 비상경적이고 비반복적인 거액의 손익은 주로 투자자산처분손익, 유형자산처분손익, 사채상환손익에서 발생한다.

업무 · 적요

발생시마다 기록한다.

법인세비용차감전순손익은 경상손익에 특별이익을 가산하고 특별손실을 차감하여 표시한다.

회계처리시 유의할 사항

경영권이양이 포함된 투자주식의 양도나 토지, 건물 또는 기계장치 등의 양도로 인한 거액의 처분손익만 특별손익으로 계상하고 기타 중요하지 아니한 유형자산 등의 처분손익은 영업외손익으로 계상한다.

═══ **2** ═══

재해손실

 ## 의의

재해손실이라 함은 화재나, 홍수 또는 도난으로 인하여 재고자산 및 유형자산이 멸실하여 발생한 우발적인 손실을 의미한다. 보험에 가입하지 않았다던가 보험에 가입하였더라도 보상금액이 피해자산의 장부가액에 미달하는 경우 그 금액이 재해손실 가액이 된다.

업무 · 적요

거의 발생하지 않는다.

재고자산, 기계장치, 공기구 비품, 건물 등의 재해손실

• 손익계산서 〉특별손실 〉재해손실

증빙서류

경찰관서 화재발생증명원, 소방서 화재발생사실증명서, 화재로 손실된 자산목록

회계처리요령

사고 발생시

㈜재경은 2002년 2월 2일 20,000,000원의 보험에 가입되어 있는 기계가 화재로 인하여 소실됨에 따라 보험회사에 보험금을 청구하였다. 이 기계의 취득 가액은 20,000,000원이며 감가상각누계액은 10,000,000원이다.

(차변) 기계장치 감가상각누계액	10,000,000	(대변) 기계장치	20,000,000
미결산	10,000,000		

소실된 기계장치의 장부가액은 10,000,000원이다. 이 기계장치의 장부가액은 보험금이 얼마로 확정될지 모르므로 장부가액을 일단 미결산 계정으로 처리한다.

보험금 확정시

㈜재경은 2002년 3월 2일 보험회사로부터 보험금 5,000,000원을 지급하겠다는 통보를 받다.

| (차변) 미수금 | 5,000,000 | (대변) 미결산 | 10,000,000 |
| 재해손실 | 5,000,000 | | |

보험금 수령시

㈜재경은 2002년 3월 2일 보험회사로부터 보험금 5,000,000원을 지급받다.

| (차변) 현금과 예금 | 5,000,000 | (대변) 미수금 | 5,000,000 |

회계처리시 유의할 사항

재해손실은 장부상 가액과 보험금의 차이임에 유의한다. 따라서 재해발생한 자산의 감가상각액은 취득가액과 상계처리 소멸시켜야 한다. 초기에는 같은 기계장치나 건물이라도 가속상각을 한 회사의 장부가액이 적을 것이므로 재해손실 금액도 적어진다.

세무상 유의할 사항

사업용자산의 장부가액이 자산총액 30%이상 소실된 경우에는 납부세액을 재해상실비율만큼 공제한다. 여기에서 말하는 납부세액이란 미납부 가산금을 포함한 미납세액과 재해발생일이 속하는 사업연도의 소득에 대한 법인세액을 말한다. 재해상실비율은 장부가액에 의하여 계산하되 토지를 제외한 사업용 자산가액으로 계산한다. 집단재해의 경우에는 관할 세무서장이 국세청장의 승인을 얻어 조사, 결정한 비율에 의한다.

재해상실비율 계산시 타인소유의 자산이더라도 회사에게 변상책임이 있는 경우에는 합산하여 계산한다. 미납된 법인세에 대하여 재해손실세액공제를 받고자 하는 회사는 재해손실세액공제신고서를 재해발생일로부터 1개월이내에 납세지 관할 세무서장에게 제출하여야 한다(당해연도의 법인세는 신고기한까지 제출).

관련법령

- 법인세법 제58조
- 법인세법시행령 제95조
- 법인세법 시행규칙 제49조

3
자산수증이익

의의

　자산수증이익은 회사가 타인으로부터 특정자산을 증여 받은 경우에 발생하는 이익이다. 일반적으로 결손이 누적되거나 파산상태에 있는 기업의 결손보전 등을 위하여 주주 임원 또는 제3자 등이 자신의 자산을 무상으로 회사에 기증하는 경우에 자산수증이익이 발생한다. 법인기업과 마찬가지로 개인기업에게도 자산수증이익이 발생한다.

업무 · 적요

　발생시에 처리한다.
　현금, 건물, 토지등의 수증0
· 손익계산서 〉 특별이익 〉 자산수증이익

증빙서류

　부동산등기부등본, 대체전표, 증여계약서

회계처리요령

회계처리 사례

　회사는 대주주인 갑으로부터 시가 500,000,000원의 토지를 증여 받다. 토지 등기이전에 필요한 취득세 등의 기타 경비는 30,000,000이었다.

(차변) 토지	530,000,000	(대변) 자산수증이익	500,000,000
		현금	30,000,000

회계처리시 유의할 사항

자산수증이익은 손익계산서상의 특별이익 항목임에 유의한다. 채무면제이익과 마찬가지로 자산수증이익도 손익계산서상의 특별이익이나 세무상 이월결손금을 충당하는 경우에는 익금으로 보지 않는다. 회계처리시에는 단순히 특별이익항목으로 기표하고 세무조정시에 이월결손금에 보전하는 절차를 취한다.

세무상 유의할 사항

이월 결손금은 공제기한과 관계없는 세무상 이월 결손금을 말하므로 기왕에 발생하는 자산수증이익이라면 세무상 공제기한인 5년이 넘은 이월결손금이 있는 회사에게는 세 절감 효과가 크다. 자산수증이익을 이월결손금의 보전에 사용하는 경우에는 익금불산입 됨은 전술한 바와 같으며 이월결손금에 보전한다 함은 법인세 결산 신고서의 "자본금과 적립금 조정명세서"에서 이월 결손금을 보전함을 표기하고 소득금액조정합계표에서 익금불산입으로 세무조정함을 의미한다.

관련법령

- 법인세법시행령 제11조 5항
- 소득세법시행령 제51조 3항 4항

4
채무면제이익

 의의

채무면제이익은 회사가 부담하여야 할 채무를 채권자로부터 면제 받게 되는 경우에 발생하는 이익이다. 대체로 회사의 결손이 누적되는 경우 회사의 임원이나 주주가 이에 대한 책임을 지고 회사에 대한 채권을 포기하는 경우에 발생한다. 한편 소멸시효의 완성으로 인하여 채무가 면제되는 경우도 있다. 채무면제이익도 자산수증이익과 같이 당기의 특별이익으로 계상한다.

업무·적요

발생시 처리한다.
채권자의 포기로 인한 차입금 면제, 외상매입금 면제, 가수금 면제

• 손익계산서 〉 특별이익 〉 채무면제이익

증빙서류

채무를 면제한다는 각서, 대체전표

회계처리요령

회계처리 사례

회사의 채권자 겸 대주주인 갑으로부터 차입금 100,000,000원을 면제 받다.

(차변) 차입금	100,000,000	(대변) 채무면제이익	100,000,000

회사의 매입처로부터 외상매입금 50,000,000원을 면제 받다.

(차변) 외상매입금	50,000,000	(대변) 채무면제이익	50,000,000

회사의 대표이사인 갑으로부터 가수금 100,000,000원을 면제 받다.

(차변) 가수금	100,000,000	(대변) 채무면제이익	100,000,000

 회계처리시 유의할 사항

채무면제이익은 특별이익이므로 자본잉여금으로 처리하여서는 아니된다. 이월결손금이 있는 경우에는 이월결손금을 보전하는 경우에 한하여 세법상 익금으로 보지 않으므로 채무면제이익이 있는 경우에는 회사의 이월결손금 여부를 확인하여야 한다. 채무면제이익으로 보전할 수 있는 이월 결손금은 공제시한과 관계가 없으므로 가급적 5년이 지난 이월 결손금이 발생하는 시기에 채무면제이익이 발생하도록 시기를 조정하여야 할 필요가 있다.

세무상 유의할 사항

채무면제이익은 자산수증이익과 더불어 회사의 이월 결손금에 보전하는 경우에는 익금에 산입하지 아니한다. 이월결손금에 보전하는 경우란 채무면제이익을 기업회계기준상 특별이익으로 계상한 법인이 세무조정시 자본금과 적립금 조정명세서상에 이월결손금의 보전표기를 하고 소득금액조정합계표에서 익금불산입으로 신고조정하는 것을 의미한다.이월결손금을 보전하는 경우에는 5년이 경과하여 공제되지 아니하는 이월결손금이 있는 경우에는 그 이월결손금을 먼저 보전하여야 함에 유의한다.

관련법령

- 법인세법시행령 제11조 5항
- 소득세법시행령 제51조 3항 4항

5
보험차익

 ## 의의

　보험차익이라 함은 기업이 소유하고 있는 자산에 화재나 침수등의 보험사고가 발생하여 보험회사로부터 지급받는 보험금액이 피해를 입은 자산의 장부가액을 초과하는 경우에 그 차액을 말한다.

　모든 보험차익은 특별손익 항목이다.

업무 · 적요

　발생시 처리한다.

　보험차익은 소실된 장부가액보다 회수되는 보험금이 큰 경우에 발생하고 반대의 경우에는 보험차손(재해손실)이 발생한다.

- 손익계산서 〉 특별이익 〉보험차익

증빙서류

　보험금 지급 통지서, 대체전표

회계처리요령

사고 발생시

　㈜재경은 2002년 2월 2일 20,000,000원의 보험에 가입되어 있는 기계가 화재로 인하여 소실됨에 따라 보험회사에 보험금을 청구하였다. 이 기계의 취득 가액은 20,000,000원이며 감가상각누계액은 10,000,000원이다.

| (차변) 기계장치 감가상각누계액 | 10,000,000 | (대변) 기계장치 | 20,000,000 |
| 미결산 | 10,000,000 | | |

　소실된 기계장치의 장부가액은 10,000,000원이다. 이 기계장치의 장부가액은 보험금이 얼마로 확정될지 모르므로 장부가액을 일단 미결산 계정으로 처리한다.

보험금 확정시

㈜재경은 2002년 3월 2일 보험회사로부터 보험금 20,000,000원을 지급하겠다는 통보를 받다.

(차변) 미수금	20,000,000	(대변) 미결산	10,000,000
		보험차익	10,000,000

보험금 수령시

보험차익의 경우 ㈜재경은 2002년 3월 2일 보험회사로부터 보험금 20,000,000원을 지급받다.

(차변) 현금과 예금	20,000,000	(대변) 미수금	20,000,000

일시상각 충당금의 설정

회사는 발생한 보험차익 10,000,000원에 대하여 세법상 손금을 인정받기 위하여 일시상각충당금을 설정하다.

(차변) 일시상각충당금 전입액	10,000,000	(대변) 일시상각충당금	10,000,000

자산의 구입시

회사는 화재로 소실한 동일한 종류의 자산을 20,000,000원에 구입하다.

(차변) 기계장치	20,000,000	(대변) 현금과 예금	20,000,000

감가상각의 실행

① 회사는 구입한 기계장치에 대하여 5년간 정액법으로 감가상각비를 계산하다.

(차변) 감가상각비	4,000,000	(대변) 감가상각누계액	4,000,000

② 일시상각 충당금에 해당하는 부분만큼의 감가상각비를 상계하다.

(차변) 일시상각충당금	2,000,000	(대변) 감가상각비	2,000,000

회계처리시 유의할 사항

　보험차익(손)은 특별손익계정이다. 보험관련사고는 자주발생하지 않고 그 금액이 대체로 거액이므로 특별손익으로 분류한다. 위의 사례처럼 일시상각충당금은 기업회계기준상 인정되지 않는다. 따라서 세법에서는 신고조정을 허용하고 있는데 이럴 경우에는 위의 "일시상각 충당금의 설정"과 "감가상각의 실행"중 ②항은 회계처리를 하지 않고 결산후 신고조정시에 보험차익을 손금산입한다. 한편 매년 손익계산서에 계상하는 감가상각비 4,000,000원 중 신고조정으로 손금산입한 보험차익분만큼에 해당하는 감가상각비 2,000,000원은 5년간 손금 부인한다. 즉 기계구입대금 20,000,000원 중 10,000,000원은 익금으로 보지 않았으므로 회사의 자금으로 구입한 기계값은 10,000,000원에 불과한 것으로 보아 10,000,000원에 대한 감가상각비만 인정이 되는 것이다.

세무상 유의할 사항

　보험차익은 특별손익으로서 당기의 이익에 반영되어 법인세를 부담하여야 한다. 그러나 세법에서는 일정한 기준을 충족시키는 경우에 보험차익에 대하여는 과세를 하지 않는다. 보험차익 중 재고자산을 제외한 고정자산에 관련된 보험차익은 보험금을 지급받은 날이 속하는 사업연도의 다음 사업연도개시일부터 2년 이내에 멸실된 자산과 동일한 고정자산의 취득·개량에 사용하는 경우에는 보험차익은 당기에 손금에 산입한다. 여기에서 동일한 고정자산이라 함은 건물이 소실된 경우에는 건물을, 기계가 소실된 경우에는 기계를 취득하여야 함을 의미한다. 반드시 동일한 자산의 취득·개량에 사용하여야 함에 유의한다. 손금에 산입한다 함은 회사가 결산조정한 경우에는 그대로 인정을 한다는 것을 의미하고 결산조정하지 아니하고 신고조정으로 손금산입하는 경우에도 그대로 인정하겠다는 의미이다.

관련법령

- 법인세법 제38조
- 법인세법시행령 제66조
- 법인세법 기본통칙 38-66

제3장
대차대조표

제1절 대차대조표의 이해

1. 대차대조표의 의의

대차대조표(Balance Sheet)란 일정시점의 기업의 재무상태 즉, 기업의 자산 및 부채, 자본에 관한 정보를 제공해주는 정태적 보고서이다.

정보이용자들은 대차대조표에서 기업의 자금원천과 자금운용상태를 판단할 수 있게 되며, 또한 기업의 누적적 경영성과를 판단할 수가 있게 되는 것이다.

2. 대차대조표의 구성

기업회계기준상의 대차대조표는 자산과 부채 및 자본으로 구성되어 있다. 기업이 설립목적을 수행해 나가기 위해서는 항상 자금의 소요를 필요로 하게 되는데 기업이 필요로 하는 자금의 원천은 두가지로 대별된다.

한가지는 외부차입이고, 또 한가지는 내부조달이다. 외부차입은 부채로, 내부조달은 자본이라는 과목으로 대차대조표상의 대변에 나타내게 된다.

조달된 자금은 재고자산의 제조, 취득 및 유형고정자산의 취득, 투자자산에의 투자 등에 소요된다. 결국 대차대조표상의 각 계정은 기업이 자금을 어디에서 조달하고 이를 어떻게 사용하였는가를 일정시점에서 정보이용자에게 나타내기 위한 명칭이라 할 것이다. 그러면 대차대조표의 구성을 간단히 살펴보자.

대차대조표	
자금을 어디에 사용하였는가?	자금을 어디에서 구했는가?
1. 유동자산 　1) 당좌자산 　2) 재고자산	1. 유동부채 2. 고정부채
2. 고정자산 　1) 투자자산 　2) 유형자산 　3) 무형자산	부채총계
	1. 자본금 2. 자본잉여금 3. 이익잉여금 4. 자본조정
	자본총계
자산총계	부채와 자본총계

대차대조표의 대변은 자금의 발생원천을 나타내고 차변은 자금을 사용한 용도를 나타내는 것으로 볼 수 있다. 또는 차변의 자산의 증가가 어디로부터 발생하였느냐 하는 것을 대변의 부채나 자본으로 설명하는 것이다.

차변의 자산은 언젠가는 다른 자산으로 대체되는 미소멸 원가의 집합이다. 예를 들어 재고자산은 비록 자산이지만 팔리는 순간에는 매출원가로 비용화되는 것이다. 자산이 비용으로 되는 동시에 반대 급부로 수익이 발생하고 그 수익은 다른 자산의 증가를 설명하게 되는 것이다.

A) 비용의 발생 / 자산의 감소

B) 자산의 증가 / 수익의 발생

B)의 자산의 증가가 A)의 자산의 감소보다 많은 이유는 B)의 수익의 발생이 A)의 비용의 발생보다 큰 것(당기순이익)으로 설명이된다.

만약에 재고자산 원가 100,000원어치를 120,000원에 외상판매하였다고 한다면 회사는 재고자산 100,000원이 없어지고 대신에 120,000원이라는 매출채권이 발생한다. 결국 회사의 일부 자산이 매출을 통하여 다른 자산으로 대체되는 것이다. 증가된 자산 20,000원은 당기순이익으로 설명되는 것이다. 이를 회계처리로 나타내면 다음과 같다.

회계처리 사례

(차변) 매출채권	120,000(자산증가)	(대변) 매출	120,000(수익발생)
(차변) 매출원가	100,000(비용발생)	(대변) 재고자산	100,000(자산의 감소)

위의 처리를 잘 살펴보면 차변의 자산이 20,000원이 증가하였고 그 20,000원은 수익에서 비용을 차감한 대변과목인 당기순이익 20,000원으로 설명이 됨을 알 수가 있다. 결국 자산의 증가는 부채의 차입이나 자본의 유입 또는 수익의 발생으로 설명이 되고 자산의 감소는 비용의 발생으로 설명이 되는 것이다.

대차대조표(요약계정식)

제×기 200×년 ××월 ××일   부터 현재
제×기 200×년 ××월 ××일   까지 현재

회사명   (단위: 원)

과 목	제×(당)기	제×(전)기	과 목	제×(당)기	제×(전)기
자 산			**부 채**		
I. 유 동 자 산	×××	×××	I. 유 동 부 채	×××	×××
(1) 당좌자산			II. 고 정 부 채	×××	×××
(2) 재고자산	×××	×××			
			부 채 총 계	×××	×××
II. 고 정 자 산					
(1) 투자자산			**자 본**		
(2) 유형자산			I. 자 본 금	×××	×××
(3) 무형자산			II. 자 본 잉 여 금	×××	×××
			III. 이 익 잉 여 금 (또는 결손금)	×××	×××
			IV. 자 본 조 정	×××	×××
			자 본 총 계	×××	×××
자 산 총 계	×××	×××	부채와 자본총계	×××	×××

제2절   작성기준과 작성방법

1. 대차대조표의 작성기준

대차대조표의 작성기준은 다음과 같다(기업회계기준 제11조).

구분기준

대차대조표는 자산, 부채 및 자본으로 구분하고, 자산은 유동자산 및 고정자산으로, 부채는 유동부채 및 고정부채로, 자본은 자본금·이익잉여금 및 자본조정으로 각각 구분한다.

총액기준

자산, 부채 및 자본은 총액에 의하여 구분함을 원칙으로 하고 자산의 항목과 부채 또는 자본의 항목과 상계함으로써 그 전부 또는 일부를 대차대조표에서 제외하여서는 아니된다.

1년기준

자산과 부채는 1년을 기준으로 하여 유동자산 또는 고정자산, 유동부채 또는 고정부채로 구분하는 것을 원칙으로 한다.

항목배열

대차대조표에 기재하는 자산과 부채의 항목배열은 유동성 배열법에 의함을 원칙으로 한다.

거래구분

자본거래에서 발생한 자본잉여금과 손익거래에서 발생한 이익잉여금은 혼돈하여 표시하여서는 아니된다.

✋ 계정표시 계상금지

가지급금 또는 가수금 등의 미결산항목은 그 내용을 나타내는 적절한 과목으로 표시하고, 대조계정 등의 비망계정은 대차대조표의 자산 또는 부채항목으로 표시하여서는 아니된다.

2. 대차대조표의 작성방법

✋ 자산계정의 작성방법

자산항목(또는 자산계정이라 함)의 기록방법은 거래가 발생하면 우선 거래를 식별해 자산의 증가인 경우는 차변(왼쪽)에 기록하며, 자산의 감소는 대변(오른쪽)에 기록한다. 그 결과로 대차대조표상의 금액은 각 계정의 잔액만을 표시하게 된다.

대차대조표		자 산	
자 산	부 채	증 가	감 소
	자 본		

✋ 부채계정의 작성방법

부채항목(또는 부채계정이라 함)의 기록방법은 외상매입금이나 장·단기 차입금 등의 부채가 증가인 경우 대변(오른쪽)에 기록하며, 부채가 감소인 경우는 차변(왼쪽)에 기록한다.

대차대조표		부 채	
자 산	부 채	감 소	증 가
	자 본		

✋ 자본계정의 작성방법

자본항목(또는 자본계정이라 함)의 기록방법은 유상증자나 자본잉여금 발생 등 자본의 증가인 경우 대변(오른쪽)에 기록하며, 자본의 감소는 차변(왼쪽)에 기록한다.

대차대조표

자 산	부 채
	자 본

자 본

감 소	증 가

제3-1장
자　　산

제1절   유동자산

제1-1절 당좌자산

1. 현금 및 현금등가물
2. 단기금융상품
3. 단기매매증권, 매도가증증권, 만기보유증권
4. 매출채권
5. 대손충당금
6. 단기대여금
7. 가지급금 인정이자 및 지급이자 손금불산입
8. 미수금
9. 미수수익
10. 선급금
11. 선급비용
12. 부가세대급금
13. 선급법인세

1

현금 및 현금등가물

의의

　현금에는 자기앞 수표, 타인발행의 당좌수표, 송금환, 우편환증서, 지급기일이 도래한 사채이자표, 주식배당권, 보통예금, 당좌예금을 포함한다.

　현금 등가물이란 현금으로 전환하는데 큰 거래비용이 들지 않고 이자율 변동에 따른 가치변동의 위험이 중요하지 않은 유가증권 및 단기금융상품으로서 취득시점(결산이 아닌 취득시점기준임을 유의하여야 한다)을 기준으로 상환일이 3개월 이내에 도래하는 것을 말한다.

　수익증권은 신탁재산에 대한 수익권을 균등하게 분할하여 표창하고 있는 유가증권을 말하나 초단기운용목적이고 거래비용이 크지 않으며 가치변동위험이 중요하지 않은 경우에는 현금 및 현금 등가물로 분류한다.

　수입인지나 우표는 소모품이므로 현금에 포함하지 아니한다.

업무 · 적요

　당좌수표, 자기앞수표, 송금환, 보통예금, 당좌예금

　• 대차대조표 〉 자산 〉 유동자산 〉 당좌자산 〉 현금 및 현금등가물

증빙서류

　입금전표, 출금전표, 대체전표, 세금계산서, 계산서

회계처리요령

　현금에 관한 수지는 현금계정에서 처리한다. 현금의 증가는 차변에, 현금의 감소는 대변에 기록한다. 현금출납장의 잔액과 현금의 시재액이 일치하지 않는 경우에는 그 원인이 밝혀질 때까지 현금과부족이라는 임시계정을 사용하여 기말 결산시에 원인에 따른 회계처리를 해주어야 한다. 원인이 밝혀지지 않으면 현금의 감소는 잡손실로 증가는 잡이익으로 처리한다. 그러므로 기말 대차

대조표에는 현금과부족이라는 계정은 나타나지 않는다.

한편 기업체의 영업부서 등 타부서가 소액의 현금을 지출하는 경우에는 일일이 결재를 받기가 불편하므로 일정액을 먼저 지불하고, 지출내역에 대하여는 나중에 보고 받는 전도금제를 사용한다. 즉 먼저 현금을 지출하고 나중에 사용내역을 보고받아 비용으로 대체처리하는 것이다.

이런 경우에는 정액자금 전도제와 부정액자금 전도제의 두 가지 회계처리방법이 있다.

예시를 들어 설명해보겠다.

전도금

정액자금 전도제란 항상 일정금액이 유지되도록 비용을 보고받는 대로 보충해주는 방법이다.

예를 들면 전도금을 100,000원 먼저 지급하고 사용부서에서 사용한 다음 사용명세를 보고하면 그 사용액만큼 전도금을 지불하는 것이다. 전도금 지출 후 교통비 60,000원, 공과금 20,000원을 보고받은 경우의 회계처리는 다음과 같다.

보충을 80,000원 하여 준다.

전도금지불시

(차변) 전도금	100,000	(대변) 현금	100,000

보고시

(차변) 교통비	60,000	(대변) 전도금	80,000
공과금	20,000		

보충시

(차변) 전도금	80,000	(대변) 현금	80,000

예 에서 보듯이 전도금계정은 항상 100,000원을 유지하고 있게 된다.

전도금계정 등의 복식계정을 직접 기장하는 경우에는 위의 회계처리가 일견 타당하나 대체로 소규모의 기업에서는 경리실무자가 회사에서 필요한 현금장과 매입, 매출원장, 재고장만 기재를 한다.

현금출납장

일자(20×2년)	적요	입금	출금	잔액
전월이월				1,000,000
1/5	전도금(영업)		100,000	900,000
1/7	교통비 식대		50,000 30,000	 820,000
1/8	외상매출금수금(갑)	200,000		1,020,000
1/10	교통비 식대		80,000 40,000	 900,000

위와 같이 기장을 하면 해당부서는 보충시에 항상 100,000원을 보유하고 있어야 하는 것이다. 한편, 부정액자금전도제는 전도금계정 금액이 항상 일정한 금액을 유지하지 않고 수시로 변동된다.

앞의 예에서는 전도금 보충시 100,000원이 유지가 되도록 전도금을 보충하였지만 부정액 자금전도제하에서는 보충시 90,000원 등 사용통보금액과 일치하지 않게 보충하는 방법이다. 그러므로 부정액자금전도제에서는 전도금계정 잔액이 일정치가 않게 된다.

정액자금전도제하에서는 보충시에 관련부서의 잔액은 항상 일정한 금액을 유지하게 되므로 내부통제시 유용하다. 소규모의 기업에서는 정액자금전도제를 사용하면 관리가 용이하다는 장점이 있다.

회계처리시 유의할 사항

결산시에는 현금과부족, 가지급금, 전도금의 미결산 계정은 그 내역을 밝혀 적절한 과목으로 정리를 하여 미결산 계정이 나타나지 않도록 하여야 한다. 그리고 일정금액 이상의 도난 분실된 현금은 그에 대한 증빙을 갖추어 놓아야 세무상 손비로 인정받을 수 있음에 유의한다.

2

단기금융상품

의의

단기금융상품은 금융기관이 취급하는 정형화된 상품으로서 정기예금, 정기적금을 포함하여 금전신탁, 양도성예금증서, 신종기업어음, 사용이 제한되어 있는 만기가 1년 이내의 예금을 포함한다.

업무 · 적요

기업어음, 표지어음, 정기예금, 정기적금

• 대차대조표 〉 자산 〉 유동자산 〉 당좌자산 〉 단기금융상품

증빙서류

증권실물, 대체전표, 지출결의서

회계처리요령

단기금융상품의 회계처리에 있어 유의할 것은 단기 금융상품인지 유가증권인지의 구분을 예금의 성격에 따라 적절히 할 수 있어야 한다는 것이다. 계정분류만 된다면 회계처리에는 큰 문제가 없을 것으로 보인다.

기업어음매입

20X2년 10월 5일 CD 1매를 100,000원에 매입하다.

(차변) 단기금융상품	100,000	(대변) 현금	100,000

 단기금융상품의 종류와 성격

(1) 단기금융상품으로 분류되는 예금

① 기업어음 : 기업어음이란 한 회사가 금융기관을 통하여 다른 회사의 어음을 매입하는 형태로 자금을 대여해주는 것을 말한다.

② 표지어음 : 표지어음이란 기업어음과 마찬가지로 어음매입의 형태로 다른 회사에 자금을 대여해주는 것을 말한다. 기업어음과 다른 것은 표지어음의 지급인은 표지어음을 발행한 금융기관이라는 점이다.

③ CMA(cash management account) : CMA는 금융기관이 자금을 수탁받아 그 자금을 주로 어음이나 국·공채 등에 운용하여 그 수익을 이자의 형태로 고객에게 지급하는 예금이다. 수익증권과 다른 것은 유가증권의 형태로 유통성을 가지지 못한다는 것이다.

④ MMF(money market fund) : MMF역시 CMA와 마찬가지로 투자자의 자금을 수탁받아 자금을 운용하여 그 수익을 지급하는 상품이다. 어음할인이나 공·사채 투자보다는 주로 CD나 CP 등 수익률이 높은 단기상품에 투자한다.

⑤ CD(certificate of deposit) : CD는 유동성이 없는 예금통장에 양도를 가능하게 하여 유동성을 부여한 예금통장을 말한다. 만기는 주로 6개월 이내의 단기간이며 무기명식으로 발행된다.

(2) 단기금융상품으로 분류될 수 없는 예금

① 뮤추얼 펀드 : 뮤추얼 펀드는 주주의 형식으로 별도의 운용회사를 통하여 투자를 하는 간접투자의 방식이다. 주주이기 때문에 원금의 손실에 대해서 누가 책임져 주지 않는다. 물론 이자도 발생하지 않는다. 1년 만기의 비환금성을 갖고 있고 상장될 경우에는 주식매각이 가능하므로 유가증권으로 분류하여야 한다.

② 자사주 펀드 : 자사주 펀드란 기업이 자기주식취득의 제한이 있는 경우에 투자신탁회사에 자금을 예치하여 자사주에 대한 투자를 위임하는 형태의 투자이다. 자사주펀드의 투자목적은 수익률의 달성 외에도 주가관리 및 적대적 합병에 대한 방어전략으로도 쓰인다. 유가증권으로 분류된다.

③ 수익증권 : 수익증권은 무액면 유가증권으로 원본 및 이익의 분배에 관하여 균등하게 약정되어 있는 형태로 뮤추얼 펀드와 마찬가지로 일정한 수익을

투자신탁회사가 보장해주지 않는 상품이다. 수익증권이 단기자금운용목적
이라면 유가증권으로 이외의 경우에는 투자유가증권으로 분류한다. 단, 큰
거래비용이 없고 가치변동위험이 중요하지 않으며 초 단기수익증권이면
현금 및 현금등가물로 처리한다.

따라서 수익증권에 관하여는 세가지로 계정분류가 가능하다. 유가증권으로
분류된 수익증권의 평가손익은 당기손익으로 처리하고 투자유가증권으로
분류된 수익증권의 평가손익은 자본조정으로 처리한다. 수익증권에 대한
분배금은 장부가격을 초과하는 금액은 당기수익으로 처리하고 장부가격은
원본의 반환으로 처리한다.

결산처리시 유의할 사항

결산시에는 단기금융상품의 수입이자에 대한 기간계산을 하여 당기손익에
반영시키는 것이 주의할 점이다. 기업회계상 수입이자는 발생주의에 의하기
때문에 비록 기말에 이자수입이 없더라도 수입이자를 인식하여야 한다. 단, 금
액이 소액이고 중요하지 않을 경우에는 생략하여도 무방하다.

만기가 1년 이내인 정기예금에 대하여는 미수이자의 계산에는 큰 어려움이
없을 것이나 정기적금의 경우에는 이자를 만기에 일시지급 받기 때문에 이자
계산에 어려움이 있을 것으로 사료된다. 그러나 정기적금의 미수이자 계산방
식을 메뉴얼 시켜놓으면 별 어려움이 없을 것으로 생각된다(이자 계산방식은
[8. 미수수익편] 참조바람).

세무상 유의할 사항

기업회계상 이자수익은 발생주의에 의해 기간구분을 하지만 세법에서는 현
금주의를 취하기 때문에 세무조정시에는 위의 이자수익은 익금불산입된다는
것을 알아두어야겠다(즉, 기업이 당기이익에 계산하더라도 세법상으로는 이익
으로 보지 않으므로 세무조정시 이익에서 차감한다).

참고로 세법상 이자소득의 손익귀속시기는 만기일, 해약일 또는 원본가산일
이다.

3

유가증권(단기매매증권, 매도가증증권, 만기보유증권)

 **의의**

유가증권은 재산권을 나타내는 증권을 말하며 이에는 지분증권(주식)과 채무증권(사채)의 두 가지로 대별된다. 소위 일반기업에서 발생하는 유가증권은 대부분 채무증권으로서 국,공채가 대부분이 될 것이다. 한편 회사가 업무상, 또는 투자목적으로 상장주식이나 비상장 주식을 보유하는 경우도 있다.

유가증권의 분류

유가증권은 단기매매증권과 매도가능증권 그리고 만기보유증권으로 분류한다.

(1) 단기매매증권(유동자산)

구 기업회계기준에서 말하는 유가증권을 말하며 주로 단기간 내의 매매차익을 목적으로 취득한 유가증권으로서 매도,매수가 빈번하게 이루어지는 것을 말한다. 이에는 국, 공채, 지방채 등의 채권과 주식이 있다. 시장성이 있어야 하며 유동자산으로 분류된다.

(2) 만기보유증권

만기보유증권은 만기가 확정된 채권으로서 상환금액이 확정된 채권을 회사가 만기까지 보유할 의도와 능력을 가진 경우에는 만기보유증권으로 분류한다. 결산일 전 3년 이내에 만기보유증권을 처분하거나 만기보유증권을 매도가능증권으로 변경한 사실이 있다면, 보유 중이거나 신규 취득한 모든 채무증권은 만기보유증권으로 분류할 수 없다. 투자자산으로 분류한다. 결산일로부터 1년 내 만기가 도래하는 경우에는 유동자산으로 재 분류한다.

(3) 매도가능증권(투자자산)

매도가능증권은 단기매매증권과 만기보유증권에 속하지 않는 유가증권을 말한다. 시장성이 없는 비상장주식이나 채권은 단기매매예정이라도 매도가능증권으로 분류하여야 한다. 결산일로부터 1년 내 처분 예정이거나 만기가 도래하는 경우에는 유동자산으로 재 분류한다.

단기매매증권과 매도가증증권에는 지분증권(주식)과 채무증권(채권)이 있을 수가 있으나 만기보유증권에는 채권만이 있다.

유가증권의 취득과 평가

(1) 취득원가

유가증권을 취득하는 경우에는 취득원가에 취득부대비용을 합한 금액이 취득원가가 된다.

(2) 평가

유동자산으로 분류되는 단기매매증권과 투자자산으로 분류되는 매도가능증권은 대차대조표일 현재의 종가를 공정가액으로 하여 평가한다. 공정가액이 없는 경우에는 취득원가로 평가한다. 단기매매증권에서 발생하는 평가손익은 당기의 손익으로 처리하고 매도가능증권에서 발생하는 평가손익은 자본조정항목으로 처리한다. 감액손실이 발생하는 경우에는 무조건 당기손실에 반영하고 이후 금액이 회복된 경우에는 감액손실을 한도로 하여 당기 이익에 반영한다.

만기보유증권은 상각 후 취득원가로 평가한다. 상각 후 취득원가로 평가한다 함은 액면가와 취득원가의 차액을 유효이자율법에 의하여 이자수익 또는 이자비용을 취득원가에 가감하는 것을 말한다(자세한 내용은 고정부채 중 일반사채 참조).

재분류

단기매매증권은 다른 유가증권과목으로 분류하지 못하며 다른 유가증권을 단기매매증권으로 분류하지도 못한다. 단, 단기매매증권이 시장성을 상실하면 매도가능증권으로 분류 가능하다.

만기보유증권과 매도가능증권을 상호 분류변경가능하다. 그러나 변경시에는 공정가액으로 평가를 먼저 하여야 한다.

주식 취득 · 평가시

취득시

　20X2년 10월 1일 ㈜재정은 A사 주식 100주를 주당 1000원에 취득하다. 경영자의 투자의도는 단기자금 운용목적이다. 이 경우의 회계처리는 다음과 같다.

(차변) 단기매매증권	100,000	(대변) 현금	100,000

기말 평가시

　기말 A사의 주가는 주당 1200원이다.

(차변) 단기매매증권	20,000	(대변) 단기매매증권평가이익 (영업외손익)	20,000

업무 · 적요

유가증권 취득시, 기말평가시 처리한다.

주식, 사채, 국채, 공채, 수익증권

- 대차대조표 〉 자산 〉 유동자산 〉 당좌자산 〉 단기매매증권
- 대차대조표 〉 자산 〉 투자자산 〉 매도가능증권, 만기보유증권

증빙서류

유가증권 실물, 대체전표, 지출결의서

회계처리요령

(1)유가증권 취득시

유가증권 취득시

　20X2년 3월 5일 ㈜재정은 A사주식 100주를 1,000원에 구입하다.
　수수료 1,000원이 사용되었다.

(차변) 단기매매증권	101,000	(대변) 현금	101,000

유가증권을 취득하게 되는 경우는 유상취득과 무상취득이 있다.

유상취득의 경우에는 취득원가 이외에 매입부대비용도 취득원가에 포함시켜야 한다.

한편 무상증자와 주식배당으로 인하여 무상으로 주식을 취득하게 되는 경우에는 주식수의 증가로만 보기 때문에 비망기록만 할 뿐 별도의 회계처리가 필요없다. 이 경우에는 주식수는 증가하고 단가는 하락하게 된다.

(2) 중도 매각시

① 지분증권의 매각

유가증권을 중도에 매각시에는 유가증권처분 손익을 산출하기 위하여 취득원가의 결정이 문제가 된다. 기업회계기준에 의하면 유가증권의 취득원가 결정시에는 총평균법 또는 이동평균법을 사용하도록 하고 있다. 사례를 들어 설명해 본다.

취득일자	취득수량	처분수량	단가	취득가액
20×2년 1월 1일	10주		10,000	100,000
20×2년 5월 4일	20주		11,500	230,000
20×2년 6월 2일		10주	15,000	
20×2년 10월 1일	10주		15,000	150,000
20×2년 12월 31일	1주당 시가 15,000원		취득가액합계	480,000

위의 예에서 이동평균법과 총평균법에 의한 처분손익과 평가이익을 구하여 보면 다음과 같다.

중도 매각시

매각유가증권의 취득원가 결정

이동평균법 : 330,000/30×10주＝110,000(매각시에 결정됨)

(차변)현금	150,000	(대변) 유가증권	110,000
		유가증권처분이익	40,000

총평균법 : 480,000/40×10주＝120,000(기말결산시에 결정됨)

(차변)현금	150,000	(대변) 유가증권	120,000
		유가증권처분이익	30,000

기말보유유가증권의 취득원가 결정

이동평균법 : 480,000 − 110,000 ＝ 370,000
총평균법 : 480,000 − 120,000 ＝ 360,000

기말보유유가증권의 공정가액 결정

이동평균법 : 15,000원×30주＝450,000원
총평균법 : 15,000원×30주＝450,000원

이동평균법과 총평균법의 손익비교

	처분손익	평가손익	이익합계
이동평균법	150,000 − 110,000 = 40,000	450,000 − 370,000 = 80,000	120,000
총평균법	150,000 − 120,000 = 30,000	450,000 − 360,000 = 90,000	120,000

※ 위의 예에서 보듯이 취득원가의 배분방법에 따라서 처분손익과 평가손익이 달라지는 것을 알 수가 있다. 그러나 평가이익과 처분이익의 합계는 이동평균법이던 총평균법이던 120,000원으로 같다는 것을 알 수가 있다.
한편 위의 사례에서 매각시 수수료가 2,000원이 사용되었다면 처분가액은 150,000원이 아닌 148,000원이 되었을 것이고 그에 따른 처분손익도 각각 2,000원씩 감소하였을 것이다.

② 채무증권의 매각

채무증권, 즉 채권에 대하여는 세금문제를 고려하여 회계처리를 하여야 한다. 2001년 7월 1일부터 발생하는 채권의 기간 경과분 이자소득은 보유기간 이자에 대한 원천징수의무제도가 폐지되고 발행회사가 만기이자 지급시 이자소득 전액에 대하여 원천징수 하게 되는데, 문제는 앞서의 채권보유자에 대한 이자소득에 대한 세금은 최종의 소지자가 이자소득 전액에 대하여 원천징수 당함에도 불구하고 원천징수된 세금 전액을 선급법인세로 공제를 받지 못하는데 있다. 이러한 경우에 채권의 최종 소지자는 공제 받지 못하는 원천징수세액에 대하여는 미지급법인세로 하여 당기의 사채처분이익에서 차감하여야 한다.

즉, 사채보유기간에 대한 원천징수 납부제도는 폐지되었으나 사채구입자는 앞서의 사채보유자에게서 보유기간만큼의 이자소득에 해당하는 세금은 차감하고 구입하여야 나중에 본인이 부담하는 사채의 이자소득전액에 대한 세금을 충당할 수가 있게 된다. 한편 사채의 중도매매자는 본인의 보유기간분에 대하여는 법인세 납부시 원천징수세액공제를 받게된다. 예를 들어 설명한다.

회사채

사채의 발행가액은 100,000원이고 발행일자는 1월 1일이고 만기일자는 12월 31일이다.

- 상환기간 1년
- 이자율 12%(12,000원)
- 원천징수세율 15%

갑은 사채를 1월 1일에 구입하고 7월 1일에 (을)에게 105,100원에 매각하였다.
을은 만기에 이자와 원금합계 112,000원을 상환 받았다.
이런 경우의 회계처리는 다음과 같다.

1월 1일 갑의 회계처리

| (차변) 사채 | 100,000 | (대변) 현금 | 100,000 |

7월 1일 사채 처분시

| (차변) 미수이자 | 6,000 | (대변) 수입이자 | 6,000 |

$$100,000 \times 12\% \times 6/12 = 6,000$$

| (차변) 현금 | 105,100 | (대변) 사채 | 100,000 |
| 선급법인세 | 900 | 미수이자 | 6,000 |

$$6,000 \times 15\% = 900$$
$$6,000 - 900 = 5,100$$

갑은 비록 세금을 납부하지는 않았으나 본인의 보유 기간분의 이자소득에 대한 세금에 대하여는 선급법인세로 법인세 납부시 세액공제를 받게 된다(의제 원천징수 세액공제).

한편 (을)의 회계처리는 다음과 같다.

7월 1일 회계처리

| (차변) 사채 | 105,100 | (대변) 현금 | 105,100 |

12월 사채 만기시

(차변) 미수이자	6,000	(대변) 수입이자	6,000
(차변) 현금	110,200*	(대변) 사채	105,100
선급법인세	900	미수이자	6,000

* $112,000 - 1,800 = 110,200$

을은 만기한도금 112,000원에서 세금 1,800원을 공제한 110,200원을 수렴한다. 갑의 보유기간분에 대한 세금 900원도 을이 납부하였으나 기납부세액으로 공제 받는 분은 본인의 보유기간분인 900원임에 유의한다. 왜냐하면 갑의 보유기간분에 대한 원천징수세액은 을이 채권구입시 원천징수한 것으로 보기 때문이다.

채권의 구입자는 채권을 구입하는 시기에 판매자의 이자소득세금에 대하여는 원천징수분만큼의 가액을 차감하여 구입하여야 본인이 부담하는 이자소득 전액에 대한 세금의 벌충을 할 수가 있게 됨에 유의한다.

 결산처리시 유의할 사항

유가증권은 결산기에는 취득원가로 존재하는 것이 아니고 시가에 의한 화폐가치가 재부여된다.

즉, 기말에는 평가를 하여야 하는데 평가를 하기위해서는 단가를 결정하여야 하다.

기업회계기준에 의한 유가증권의 평가방법은 종목별로 평균법을 적용하여 취득원가를 산정하고 기말의 공정가액으로 평가하여 평가금액을 대차대조표의 가액으로 한다는 것이다.

유가증권을 종목별 이동평균법, 총평균법을 사용하여 취득원가를 결정한다는 것은 동일한 유가증권을 각기 다른 금액으로 여러 번 구입하는 경우에 결산일 이전에 매각하는 유가증권의 취득원가와 기말에 보유하고 있는 유가증권의 취득원가를 결정하기 위함이다.

법인이 기 중에 취득한 모든 유가증권 중 매각한 유가증권의 취득원가와 결산시까지 보유중인 유가증권의 취득원가를 결정하기 위해서는 총 취득원가를 배분해주는 절차가 필요하며, 이 때 배분금액을 결정하는 방법이 총평균법이나 이동평균법이 되는 것이다. 그래야만 매각한 유가증권은 처분손익이 결정되고 보유중인 유가증권은 평가손익이 결정되는 것이다. 회사가 취득한 유가증권이 몇장 되지 않는다면 평균법을 적용할 실익이 없을 것이다. 그러나 회사가 기중에 동일한 종류의 유가증권을 취득가액을 각각 달리하여 매입하였다면 매각한 유가증권과 보유하고 있는 유가증권의 취득가액을 확인하기가 어렵기 때문에 평균법을 사용하는 것이다.

그리고 취득원가와 평가금액과의 차이는 유가증권평가손익으로 하여 당기의 손익에 영업외비용으로 반영하도록 하고있다.

기업회계기준 제56조 1항에서 말하는 공정가액이라 함은 시가는 시장에서 결정되는 가액을 의미하므로 대표적인 공정가액이 될 것이나 시가가 없는 경우에는 식별력과 거래의사가 있는 매수자와 매도자간에 공정한 거래에 의하여 교환 또는 결재될 수 있는 가액이라고 정의하고 있다. 그러므로 시가가 없는 경우에 공정가액을 구하기 위해서는 유사시장가격법, 현금흐름할인 모형, 옵션가격결정모형 등 일반적으로 인정된 추정방법을 사용하여야 할 것이다. 주식의 경우에는 유가증권의 정의상 공정가액이 없을 수가 없겠으나 채권의 경우에는 현금흐름의 현재가치를 구해야 하는 번거러움이 있겠다. 개인적인 견해로는 단

기보유목적의 채권인 경우에는 취득원가에다 경과 이자분을 더하여 평가금액
을 결정하여도 이자율의 변동이 크지 않는 한 평가에는 큰 무리가 없겠다.

세무상 유의할 사항

세법상 유가증권 처분손익은 인정되나 평가손익은 인정되지 않음에 유의한
다. 따라서 세법상으로는 유가증권 평가손익이 있을 수 없으므로 기업회계기
준에 의한 평가손익은 세법상 전부 부인된다. 왜냐하면 유가증권의 평가에 있
어 세법은 원가주의를 채택하고 있기 때문이다.

기업회계상 무상증자나 주식배당은 배당수익으로 인식하지 않으나 세법상
으로는 익금산입하게 되는 경우가 있으므로 별도의 세무조정이 필요하게 된
다. 기업회계기준상으로는 수익이 아니나 세법상으로 익금산입되는 경우를 요
약하면 다음과 같다.

구분	기업회계기준	법인세법
자본잉여금의 자본전입으로 인한 무상증자	수익으로 인식하지 않음	수익으로 보지 않음
이익잉여금중 법정적립금의 자본전입으로 인한 무상증자	상동	수익으로 본다
주식배당	상동	수익으로 본다

주식배당을 하는 회사는 세법에 의하여 배당소득세를 원천징수 하여야 한
다. 실무적으로는 발행회사가 먼저 대납을 하고 주권교부시에 징수한다. 주주
가 법인인 경우에는 원천징수가 필요 없으며 배당소득 지급조서만 작성하여
관할 세무서에 제출한다.

한편 법인이 자기자본의 2배(건설업은 4배, 소비성서비스업은 1배)를 초과하
는 차입금으로 다른 법인의 주식을 취득하고 있는 경우에는 그에 상당하는 차
입금에 대한 지급이자는 손금불산입 됨에 유의한다.

관련법령

- 기업회계기준 제56조(유가증권의 평가), 기업회계 기준서 제8호(유가증권)
- 법인세법 73조(원천징수)
- 법인세법시행령 제113조(의제원천징수세액공제액 등)
- 조세특례제한법 135조

4

매출채권

의의

『매출채권은 일반적인 상거래에서 발생한 외상매출금과 받을어음으로 한다』
고 기업회계기준의 제13조 4항은 규정하고 있다. 그러므로 일반적인 상거래가
아닌 거래에서 발생한 수취채권과는 구분되어 기록되어야 하는 것이다. 여기
서 일반적인 상거래는 기업회계기준 제9조의 용어의 정의에 나타나고 있다.

> 일반적 상거래라 함은 당해 회사의 사업목적을 위한 경상적 영업활동에서 발생하는 거래를
> 말한다(기업회계기준 제9조의 3).

예를 들어 제조업자가 제품을 외상 판매하고 수취채권이 발생하였다면 매출
채권의 계정을 사용할 수 있을 것이나 사업용 부동산을 매각하고 수취채권이
발생하였다면 이는 매출채권이 아닌 미수금 계정을 사용하여야 한다는 것이
다. 왜냐하면 제조업자가 부동산을 매매한다는 것은 그 기업의 경상적인 영업
활동이 아닌 탓이다. 한편 수취채권의 형태가 어음상에 채권액으로 나타나는
경우에는 외상매출금과 구분하여 받을어음으로 구분 경리하여야 한다. 그러나
결산 공고시에는 매출채권이라는 단일 계정을 사용함에 유의하여야 겠다. 한
편 기업의 경상적인 영업활동이 아닌 거래에서 발생하는 수취채권은 매출채권
과 구분하여 미수금, 대여금 등의 계정을 사용한다.

업무 · 적요

제품외상매출금, 상품외상매출금, 받을어음

• 대차대조표 〉 자산 〉 유동자산 〉 당좌자산 〉 매출채권

증빙서류

매출세금계산서, 거래명세표, 입고증, 대체전표

회계처리요령

매출채권의 회계처리에는 매출채권의 발생과 회수 및 양도로 구분된다.

외상매출금

㈜갑은 20X2년 2월 1일 상품 100,000을 ㈜을에게 외상으로 판매하다.

| (차변) 외상매출금 | 110,000 | (대변) 매출 | 100,000 |
| | | 예수부가세 | 10,000 |

받을어음

20X2년 3월 1일 외상대금 중 55,000을 어음으로 회수하다.

| (차변) 받을어음 | 55,000 | (대변) 외상매출금 | 55,000 |

단기차입금

20X2년 4월 1일에 외상매출금 55,000을 은행에 양도하다.

외상매출금의 양도(factoring)에는 상환청구 가능양도와 상환청구 불능양도 두 가지가 있다. 상환청구가능 양도란 매출채권 양수인이 매출채권의 부실책임을 양도인에게 물을 수 있는 것을 의미하며 상환청구불능양도는 양수인이 매출채권에 대한 제반 책임을 양도인에게 묻지 않는 것을 말한다. 위의 경우에 상환청구 가능양도라면 매출채권에 대한 모든 권리와 의무가 양수인에게 이전된 것이 아니므로 다음과 같이 차입금거래로 회계처리하여야 한다.

(차변) 현금	50,000	(대변) 단기차입금	55,000
팩토링 미수금	4,000		
지급이자	1,000		

한편 우리나라에는 거의 없지만 상환청구불능양도라면 외상매출금의 양도시점에 매출채권의 권리와 의무가 실질적으로 이전된 것으로 보아 다음과 같이 회계처리가 가능하다.

(차변) 현금	50,000	(대변) 외상매출금	55,000
팩토링미수금	4,000		
매출채권처분손실	1,000		

어음할인

20X2년 5월 1일 앞에서 받은 어음 50,000을 거래은행에서 할인하다.

| (차변) 현금 | 49,000 | (대변) 받을어음 | 50,000 |
| 지급이자 | 1,000 | | |

또한 기말재무제표 공시에는 받을어음을 할인하여 우발채무가 존재하고 있음을 주석으로 공시하여야 한다.

5

대손충당금

 **의의**

　회사가 가지는 채권의 형태 중에는 향후 회수가 불가능한 불량채권도 포함되어 있을 수가 있을 것이다. 이러한 불량채권은 회수가 불가능하다고 확정될 시점까지 처리를 미룬다면 기말 대차대조표에 기록되는 채권은 실제 회수가능한 채권액보다는 과대표시 될 것이다. 따라서 기업회계기준 제57조에서는 채권의 평가부분에서 대손충당금에 관련하여 다음과 같은 규정을 두어 장래의 대손가능한 금액을 추산하여 당기비용으로 인식함과 동시에 채권의 평가(차감)계정으로 하여 채권의 순실현가치를 나타내도록 하고 있다.

▶ 채권의 평가

① 회수가 불가능한 채권은 합리적이고 객관적인 기준에 따라 산출한 대손추산액을 대손충당금으로 설정한다.

② 제 1항의 대손추산액에서 대손충당금 잔액을 차감한 금액을 대손상각비로 계상한다. 이 경우 일반적 상거래에서 발생한 매출채권에 대한 대손상각비는 판매비와 관리비로 처리하고 기타 채권에 대한 대손상각비는 영업외비용으로 처리한다.

③ 회수가 불가능한 채권은 대손충당금과 상계하고 대손충당금이 부족한 경우에는 그 부족액을 대손상각비로 처리한다

(기업회계기준 제57조).

　대손충당금설정대상 채권에는 기업이 갖고 있는 모든 금전채권을 망라한다. 그러므로 기업의 일상적인 영업활동으로 인해 발생하는 매출채권과 대여금, 미수금, 미수수익, 장기대여금 등 모든 금전채권에 대하여 대손충당금을 설정할 수 있다. 단 매출채권에 대한 대손상각비는 판매비와 일반관리비로 처리하고 기타의 대손상각비는 영업외비용으로 처리하여야 한다.

✋ 업무 · 적요

　외상매출금, 미수금, 선급금, 대여금(법인만 해당)

- 대차대조표 〉자산 〉유동자산 〉당좌자산 〉대손충당금

✋ 증빙서류

　대손계산내역서, 대체전표

✋ 회계처리요령

　대손충당금의 회계처리는 기말결산시에 한다. 대손처리방법은 대손이 실제 발생하였을 때 매출채권에서 직접 차감하는 방법(직접차감법)과 회수불능채권을 합리적으로 추산하여 미리 계상하는 방법(충당금설정법)의 두가지가 있다. 직접차감법은 현행기업회계기준상 인정되지 않고 충당금설정법만이 허용된다. 이하 충당금설정법에 대하여 설명해보겠다.

　충당금설정법에는 대차대조표 접근방법과 손익계산서 접근방법의 두 가지가 있다.

(1) 대차대조표 접근법

　실무에서 일반적으로 사용하는 방법으로서 기말 매출채권 잔액에 대손율을 곱하여 산출한 금액을 기말의 대손충당금으로 설정한다. 기말매출채권의 잔액에 단일률을 적용하는 방법과 매출채권을 기간경과별로 그룹화하여 각각의 그룹별로 다른 대손율을 적용하는 두 가지 방법이 있다. 전자를 기말잔액법, 후자를 연령분석법이라 한다. 연령분석법이 보다 구체적인 적용방법이 될 것이나 시간과 경비가 많이 든다는 단점이 있다 하겠다.

　어떤 방법을 적용하던지 기말의 대손충당금 추산액이 장부상의 대손충당금 잔액을 초과하면 추가로 설정하여야 하고 부족하면 부족분은 대손충당금을 환입하여야 한다. 요약한다면 연령분석법 또는 기말잔액법으로 기말의 대손추산액을 계산하여 이를 장부상의 대손충당금 잔액과 비교하여 추가로 대손설정 여부를 결정하는 것이 대손충당금의 회계처리이다. 기말에 대손추산하여 설정하는 단계와 기중에 실제 대손이 발생한 경우 및 대손처리한 매출채권이 뜻하지 않게 회수된 경우를 사례를 들어 설명한다.

기말에 대손충당금을 설정시

20X1년 12월 31일 대손충당금 잔액 200,000원, 20X2년 12월 31일 대차대조표상 매출채권 잔액 10,000,000원, 대손율 3%의 경우를 가정, 기말의 대손추산액 10,000,000원×3%=300,000

현재의 대손충당금은 200,000원만 설정되어 있으므로 추가로 100,000원을 더 설정하여야 한다.

| (차변) 대손상각비 | 100,000 | (대변) 대손충당금 | 100,000 |

한편 회사의 대손율이 매출채권잔액의 1%라면 기말의 대손충당금은 10,000,000×1%=100,000원. 즉, 100,000원이 기말의 대손충당금으로 확정된다. 이런 경우에는 기말장부상의 대손충당금이 100,000원 초과하므로 초과분은 환입처리하여 기말계상액에다 일치시켜야 한다.

| (차변) 대손충당금 | 100,000 | (대변) 대손충당금 환입 | 100,000 |

※ 대손환입은 영업외수익으로 처리한다.

다음 해에 대손이 확정된 경우

한편 기중에 대손이 실제로 확정되었을 경우에는 매출채권을 대손충당금과 먼저 상계시키고 대손충당금 잔액이 모자라면 대손상각비로 처리한다. 예를 들어 기중에 대손충당금 잔액이 100,000원이 있는 경우 실제 매출채권의 대손이 150,000원 발생하였다면 다음과 같이 회계처리하여야 한다.

그러므로 대손상각비는 기중에도 발생할 수 있고 기말에도 발생할 수가 있는 것이다.

| (차변) 대손충당금 | 100,000 | (대변) 매출채권 | 150,000 |
| 대손상각비 | 50,000 | | |

대손처리한 매출채권이 회수되는 경우

그런데 위에서 대손처리한 매출채권이 당해년도나 다음해에 의외로 회수되는 경우가 있다. 대손처리한 매출채권이 당해년도에 회수되건 다음년도에 회수되건 다음과 같이 회계처리한다. 대손처리한 매출채권이 40,000원 회수되다.

| (차변) 현금 | 40,000 | (대변) 대손충당금 | 40,000 |

위의 회계처리는 다음의 회계처리를 요약한 것으로 볼 수 있다.

| (차변) 외상매출금 | 40,000 | (대변) 대손충당금 | 40,000 |
| (차변) 현금 | 40,000 | (대변) 외상매출금 | 40,000 |

(2) 손익계산서 접근법

실무에서는 쓰이지 않는 손익계산서 접근법은 매출채권잔액이 아닌 기 중의 모든 외상매출액에다 대손율을 승하여 대손추산액을 결정하는 방법이다. 이 방법이 주장되는 이유는 당기의 비용(대손상각비)은 당기의 수익(매출액)에 대응되어야 한다는 수익·비용 대응의 원칙에 충실하자는 것이다.

한편 손익계산서 접근법을 따르면 수익·비용의 대응은 잘 된다는 장점이 있으나 기말 매출채권의 순실현가치를 나타내지 못한다는 단점이 있다. 그 이유는 매출채권의 장부가액을 기말 외상매출잔액에다 대손충당금을 차감하여 매출채권의 순실현가치로 평가하여야 함에도 불구하고 손익계산서 접근법은 대손충당금을 당기의 외상매출 총금액을 기준으로 하여 대손충당금을 설정하기 때문이다. 대손충당금의 회계처리절차에 있어 기말 대손추산액을 결정하는 기준이 매출채권이 아닌 매출액이라는 것 외에는 다른 것은 대차대조표 접근법과 같다.

결산처리시 유의할 사항

결산시에는 기업회계기준과 법인세법의 차이를 숙지하여 결산조정에 대비해야겠다.

세무상 유의할 사항

기업회계기준은 대손설정이 객관적이고 합리적인 기준에 따라 설정되기만 하면 다른 규제가 없으나 법인세법은 조세수입확보를 위하여 대손설정을 무제한 용인하지 않고 있다.

법인세법에서는 대손충당금 설정대상채권의 1%와 채권잔액에 대손실적률을 곱한 금액 중 큰 금액을 한도로 하여 손금에 산입할 수 있도록 하였다. 기업에서도 세무조정의 번거로움 때문에 결산시 대손충당금을 매출채권의 1%로 설정하는 경우가 있으나 이는 정보이용자에게 올바른 정보의 제공이라는 기업회계의 목적과는 일치하지 않으므로 세무조정과는 별도로 적절한 대손충당금이 설정되도록 하여야겠다.

법인세법 시행령 제62조에서는 대손금의 범위에는 소멸시효가 완성되거나 부도발생일로부터 6월 이상 경과한 수표 또는 어음상의 채권 및 외상매출금중소기업의 외상매출금으로서 부도발생일 이전의 것에 한한다.) 등을 규정하고 있다. 한편 대손금의 손익귀속은 소멸시효가 완성된 채권은 당해 기간만 손금 산입이 가능하므로 당해 사유가 발생한 기간에 대손처리하지 않으면 이후에 수정신고 하여야 하는 것이다.

대손금을 대손처리 한다는 의미는 소멸시효가 확정되어 회수 불가능해진 매 출채권을 대손충당금과 상계처리한다는 뜻이다. 그리고 부도 발생일로부터 6 월 이상 경과한 수표 또는 어음상의 채권 및 외상매출금은 부도 발생일로부터 6월이상 경과한 날로부터 소멸시효가 완성되는 날까지 손금산입이 가능하다. 손금산입의 의미 역시 회수불가능이 확정된 매출채권을 대손충당금과 상계처 리한다는 뜻이다. 반면 부도어음의 부가가치세법상의 대손세액공제시기는 부 도일로부터 6월이 되는 날이 속하는 과세기간의 확정신고 기한임에 유의하여 야겠다. 이 때 대손세액공제시기를 놓치면 2년 내에 경정청구하여야 하는 번 거로움이 있다. 예를 들어본다.

회계처리 사례

㈜재정은 상품을 100,000원을 받고 외상으로 팔다(부가세 별도).

| (차변) 외상매출금 | 110,000 | (대변) 매출 | 100,000 |
| | | 부가세예수금 | 10,000 |

위 매출채권 중 어음 55,000원을 받다.

| (차변) 받을어음 | 55,000 | (대변) 외상매출금 | 55,000 |

위에서 받은어음이 부도처리 되었다는 통보를 받다. 6개월이 경과하다. 부도어음 계정 생략함.

| (차변) 대손충당금 | 55,000 | (대변) 받을어음 | 55,000 |

한편 회사의 세무정책상 당기순이익을 많이 내야 한다면 매출채권의 대손처리 시기를 소멸시효이내까지 연장하여 처리하여야 할 것이다. 이때는 단순히 부가 세 예수금만 받을어음에서 차감하여야 한다.

| (차변) 부가세예수금 | 5,000 | (대변) 받을어음 | 5,000 |

* 부가세예수금은 대손세액공제 대상임.

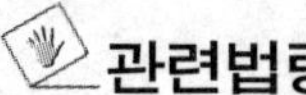 **관련법령**

- 기업회계기준 57조
- 기업회계기준 67조
- 법인세법 34조
- 법인세법시행령 62조
- 법인세법시행령 61조

6

단기대여금

의의

단기대여금이란 자금의 대여를 하고 그 회수기간이 결산일로부터 1년 내인 대여금을 의미한다. 여기에서 1년 내라 함은 결산일로부터 1년 내를 의미하므로 비록 장기대여금이라 하더라도 그 회수기간이 1년 내에 도래하게 되면 단기대여금으로 계정재분류를 해 주어야 한다.

기업회계기준에 의한 단기대여금의 정의는 다음과 같다.

---

3. 단기대여금 : 회수기한이 1년 내에 도래하는 금액으로 한다(기업회계기준 제13조 [당좌자산]).

업무 · 적요

주주 단기대여금, 임원 단기대여금, 종업원 단기대여금, 관계회사 대여금

• 대차대조표 〉자산 〉유동자산 〉당좌자산 〉단기대여금

증빙서류

계약서, 대체전표

회계처리요령

기업회계상 단기대여금의 회계처리에는 별 문제가 없다 하겠다.

단기대여금이 발생하는 원인으로는 가지급금의 지급, 회수기간이 1년 내인 장기대여금의 계정대체 또는 매출채권이나 미수금의 소비대차계약으로의 전환으로 인해 발생하는 경우 등이 있겠다.

이하 예를 들어보겠다.

대여금

㈜재정은 갑에게 현금 100,000원 대여하다.

| (차변) 단기대여금 | 100,000 | (대변) 현금 | 100,000 |

상환일이 결산일로부터 1년 이내인 장기대여금 100,000원을 단기대여금으로 계정재분류하다.

| (차변) 단기대여금 | 100,000 | (대변) 장기대여금 | 100,000 |

㈜갑에 대한 매출채권 100,000원을 금전소비대차계약으로 전환하다.

| (차변) 단기대여금 | 100,000 | (대변) 매출채권 | 100,000 |

※ 소비대차라 함은 차용소비한 후 동종의 물건으로 반환함을 의미한다.
   즉, 빌려 쓴 물건 그 자체를 반환하는 것이 아니라 동종으로 반환해도 무방하다.

결산처리시 유의할 사항

대체로 기업에서 사용하는 단기대여금은 임직원들에 대한 대여금을 처리하는 계정으로 쓰이는 경우가 많다. 물론 거래관계를 위하여 거래처에게도 대여금을 지원한다든지 하는 경우도 있게 되겠지만 대체로 임직원들에 대한 대여금이나 주주에 대한 대여금으로 쓰이는 경우가 실무에서는 더 많을 것이다. 일반 대여금과 구분하여 주주, 임원, 종업원 단기대여금 또는 관계회사 대여금으로 구분하기도 한다. 어쨌든 대여금 부분에서는 기업회계상으로는 별 문제가 없다.

세무상 유의할 사항

세법상으로는 업무무관가지급금으로 인한 지급이자의 손금불산입과 부당행위 계산의 부인에 따른 인정이자의 문제가 발생하므로 회계담당자는 각별히 신경을 써야할 부분이다.

업무무관가지급금이란 기업의 특수 관계자에게 업무와 관련없이 지급한 가지급금을 말하며, 동 액이 법인의 총차입금에서 차지하는 비율에 대한 지급이자는 손금으로 인정치 않는 것이 업무무관 가지급금에 대한 지급이자의 손금불산입이다. 또한 세법상 특수관계자인 출자자 등에게 무상 또는 낮은 이자율로 금전을 대여한 경우에는 적정한 이자율(법인차입금의 최고이자율)로 계산한 금액과 실제 수입이자와의 차액을 익금으로 보아 과세하는 것이 인정이자의 과세이다. 그러므로 법인이 법인의 특수관계자에게 업무와 관련없이 일정한 금액을 대여하였다면 법인에 대하여는 지급이자의 손금불산입과 인정이자의 익금산입이라는 불이익이 생기며 또한 가지급금에 대하여는 대손충당금도 계상할 수 없는 불이익이 있게 된다. 그리고 회사로부터 저리로 자금을 사용하는 특수관계자에게는 이자 차액에 해당하는 만큼을 소득으로 보아 종합소득세가 추징된다.

그러므로 기업의 단기대여금이 많다면 이에 대한 회계처리는 기업회계기준뿐만 아니라 세법도 숙지하여야한다.

관련법령

- 법인세법 제28조
- 법인세법시행령 제53조③
- 법인세법시행령 제89조③
- 법인세법기본통칙 43①②

■ 가지급금 인정이자 및 지급이자 손금불산입

의의

회사가 금융업을 영위하지 않는 이상에는 단기대여금이나 장기대여금은 회사의 본래의 영업활동이 아닐 것이다. 따라서 세법에서는 금융업이 아닌 회사가 장,단기 대여금(가지급금)이 있는 경우에는 일정한 제한을 가하고 있는바 이른 바 인정이자의 익금산입과 지급이자의 손금불산입이다.

인정이자의 익금산입

인정이자의 익금산입이란 회사가 특수관계자(대체로 대표이사)에게 무상이나 세법에서 정하는 이자율(9%)이하로 자금을 대여하여 준 경우 세법에서 정하는 이자소득만큼 법인의 이자소득으로 보아 과세하겠다는 취지이다. 예를 들면 회사가 대표이사에게 1억원을 무상으로 대여하였다면 실제 회사가 이자수입이 없음에도 불구하고 1억원의 9%인 900만원의 이자수익이 있는 것으로 보고 과세한다는 것이다. 더욱이 이 인정이자는 대표이사의 급여로 보아 대표이사에게는 소득세를 과세한다. 만약에 회사가 5%의 이자를 받기로 약정하고 대표이사에게 자금을 대여하였다면 세법상으로는 4%를 더 익금산입하게 되는 것이다. 만약에 은행에서 이자를 9%준다면 회사가 대표이사에게 대여하지 않고 은행에 예금을 하였더라면 9%의 이자수익이 있었지 않았겠느냐는 논리로 인정이자의 익금산입이 있다.

한편 세무조정시 인정이자를 익금산입하면 대표이사 상여로 처분되어 대표이사는 소득세를 또 물게 되므로 세무조정을 하지 않고 손익계산서에 이자수익으로 미리 계상하여 결산을 하게 되면 세무조정을 할 필요가 없으므로 대표이사에게 소득처분되는 일은 없게 되는 것이다. 회계담당자는 대표이사와 자금대여 약정서를 미리 만들어 구비하여야 한다(법인이 법인, 개인사업자에게 사업자금으로 상환기간과 당좌대월이자율 이상으로 빌려 준 경우에는 가지급 인정이자 계산대상이 아니다).

인정이자 처리 유의할 사항

한편 회계담당자가 대표이사에게 소득세를 물지 않게 할 요량으로 손익계산서에 미리 이자수익을 계산하게 되는 데 연평균가지급금에 일률적으로 당좌대월이자율 9%를 계산하여 이자수익으로 계상하나 이는 정확한 조정이 아니다.

만약 차입금 중에서 9%보다 높은 차입이자율이 있는 경우에는 그 높은 이자율을 적용하여 이자수익으로 계상하여야 세무상 정확한 처리가 되는 것이다.

만약 가지급적수가 1,000,000,000원이고, 연리 20%인 차입금 적수가 600,000,000원, 연리 15%인 차입금 적수가 800,000,000원이며 당좌대월이자율이 9%인 경우 가지급금 인정이자는 얼마인가?

현재 대부분의 담당자들은 일률적으로 다음과 같이 계산하고 있다.

가지급금적수 × 1/365 × 9% = 인정이자(영업외수익)

1,000,000,000 × 1/365 × 9% = 246,575원(영업외 수익, 또는 인정이자 익금산입)

그러나 위와 같이 결산조정하거나 세무조정하면 틀린다. 정확하게 하는 이자수익은 높은 이자율이 있는 차입금 적수가 가지급금 적수를 상계할 때까지

순차적으로 적용하여야 하는 것이다. 먼저600,000,000×1/365×20% =328,767

다음에 남은 가지급적수가 400,000,000이므로

400,000,000 × 1/365 × 15% =164,386

합계328,767 + 164,386 = 493,150 원이 영업외수익(이자수익)으로 잡혀야 하는 것이다.

만약 남은 4억원의 차입금 이자율이 8%이면 당좌대월이자율 9%가 그보다 높으므로 9%를 적용한다.

지급이자 손금 불산입

한편 장,단기대여금(가지급금)이 있으면 반드시 손익계산서에 지급이자가 있는 것을 보고 지급이자 손금불산입을 수행하여야 한다. 산식은 간단하다.

지급이자 × 가지급적수/차입금 적수

지급이자 손금 불산입은 이자율과는 관계없이 손익계산서에 지급이자로 잡혀 있는 금액 중 가지급에 해당하는분 만큼을 비용으로 인정하지 않겠다는 취지이다. 지급이자 손금 불산입은 가지급금에 대한 이자수령여부에 불문하고 손금불산입하여야 함에 유의한다. 총 차입금 적수가 16억원이고 가지급적수가 10억원이며 지급이자가 10,000,000원이었다면

10,000,000원 × 10억/16억 = 6,250,000원(지급이자 손금불산입, 기타사외유출)

지급이자 손금불산입은 인정이자 익금산입과 달리 결산조정이 되지 않고 반드시 세무조정하여 주어야 한다.

지급이자를 손금불산입하는 취지는 회사가 빌린 차입금에 대하여는 이자비용으로 경비처리하고 이 차입금으로는 회사수익창출에 사용하지 않고 회사의 본연업무와 다른 곳에 사용하는 것을 제재한다는 취지에 있다.

대표이사 가지급금이 있는 회사는 인정이자만큼의 과세소득이 늘어나고 지급이자 손금불산입만큼 과세소득이 늘어나는 이중의 제재가 따르고 인정이자를 손익계산서에 미리 반영하지 않으면 대표이사에게 상여처분되는 삼중의 제재가 있음에 유의한다.

한편 인정이자계산시 다음과 같은 회계처리를 하게 되는데

회계처리 사례

(차변) 미수이자	×××	(대변) 이자수익	×××

이렇게 처리한 미수이자가 다음해 한번은 수금되어야지 수금이 되지 않으면 대여금 전액이 상여처분될 가능성이 있으므로 주의하여야 한다.

7

미수금

 의의

기업회계기준에 의한 미수금의 정의는 다음과 같다.

---

6. 미수금
일반적 상거래 이외에서 발생한 미수채권으로 한다(기업회계기준 제13조 [당좌자산의 과목]).

미수금이란 매출채권과 마찬가지로 기업이 가지고 있는 금전채권이다. 그런데 굳이 미수금으로 구별한 이유는 무엇인가? 그것은 매출채권은 그 기업의 본래의 목적인 경상적인 영업활동에서 발생한 채권이고 미수금은 본래의 영업활동이 아닌 비경상적인 거래에서 발생한 채권으로 구분하여 보고하여야만 정보이용자의 의사결정에 보다 더 유익한 정보가 되기 때문이다.

업무 · 적요

기계장치매각대금 미수금, 건물매각대금 미수금, 토지매각대금 미수금

• 대차대조표 〉 자산 〉 유동자산 〉 당좌자산 〉 미수금

증빙서류

계약서, 세금계산서, 대체전표

회계처리요령

미수금은 재고자산이외의 기업의 자산을 매각하고 그 대금을 수령하지 못하였을 경우에 사용되는 계정이다. 미수금의 회계처리에는 기업회계기준상으로는 별 문제가 없다 하겠다. 법인세법상으로는 미수금의 상환불능 위험이 있는 경우에는 대손충당금을 설정할 수 있는 채권의 범위에 속한다는 것을 알아야 하겠다. 한편 미수금과 미수수익의 구분에 혼돈이 있을 수 있겠다.

미수금과 미수수익의 차이는 청구권리의 확정시점의 차이에 의해서 구분된다. 미수금은 대금을 청구할 권리는 이미 확정되었으나 외상거래처럼 대금지불을 유예해 준 상태이며 미수수익은 아직 대금을 청구할 권리가 확정되지 않은 상태에서 기업회계기준에서 규정하는 발생주의에 의한 결산을 위하여 임의로 기간구분을 한 것이라 볼 수 있다. 또한 미수수익은 시간의 경과에 따라 발생하지만 미수금은 시간의 경과와 구분없이 자산의 처분시점에서 발생한다. 예를 들어 설명해본다.

회계처리 사례

20X2년 7월 1일 연 12%, 1년 만기 정기예금에 1,000,000원 예금하다.

(차변) 정기예금	1,000,000	(대변) 현금	1,000,000

20X2년 12월 31일 결산기가 도래하여 이자수익을 인식하다.

(차변) 미수수익	60,000	(대변) 이자수익	60,000

$1,000,000 \times 12\% \times 6/12 = 60,000$

20X3년 6월 30일 이자를 수령하다.

(차변) 현금	120,000	(대변) 미수수익	60,000
		이자수익	60,000

위의 예에서 보듯이 미수수익이라는 계정은 단지 발생주의에 의한 회계처리를 위하여 수익의 기간배분을 나타나는 계정에 불과하다. 회사는 은행과의 약정에 의하여 이자를 1년 만기에 받기로 하였으므로 20X2년 12월 31일에는 이자수령에 대한 권리는 확정되지는 못하였다. 그러나 회사는 은행과의 약정에 의하여 이자수익의 금액을 합리적으로 추정할 수 있으므로 미수수익으로 계상하여야 한다.

한편 거래은행이 20X3년 6월 30일 이자를 지급하지 않았다면 이 때에는 미수수익이 아닌 미수금이 되는 것이다. 왜냐하면 이 때에는 회사는 은행에 대하여 확정적인 채권을 갖게 되기 때문이다.

이를 회계처리하면 다음과 같다.

회계처리 사례

(차변) 미수금	120,000	(대변) 미수수익	60,000
		이자수익	60,000

═══ **8** ═══

미수수익

 **의의**

미수수익이란 미수금에서 설명하였듯이 시간의 경과에 따라 수익이 발생하고 또한 수익의 발생기간이 결산일에 걸쳐있는 경우에 기업회계기준에 따른 발생주의 회계처리를 위하여 필요한 계정이다. 예컨데 수익이 시간의 경과에 따라 발생 한다해도 결산일에 걸쳐있지 않는다면 미수수익이라는 계정은 사용할 필요가 없게 된다. 결국 미수수익의 계상요건은 수익이 시간의 경과에 따라 발생하고 그 금액을 합리적으로 추정할 수 있어야 한다는 것이다.

---

7. 미수수익 : 당기에 속하는 수익 중 미수액으로 한다(기업회계기준 제13조 [당좌자산]).

업무 · 적요

대여금이자 미수수익, 예금이자 미수수익

• 대차대조표 〉자산 〉유동자산 〉당좌자산 〉미수수익

증빙서류

미수수익 계산근거내역서, 대체전표

회계처리요령

미수수익의 회계처리에 있어서 가장 큰 문제는 미수수익의 계산이다.

이자수입기간이 특정기간이라면 일수 또는 월수로 단순평균하여 계산하는 데에는 문제가 없을 것이나 정기적금처럼 이자가 체증하여 증가하는 경우에는 일정한 공식을 이용하여 계산해 내어야 한다. 예를 들어 설명하여 본다.

예금 이자수익

　20X2년 7월 1일에 ㈜재정은 A은행에 연리 12%로 매년 이자를 지급받기로 하고 1,000,000원짜리 정기예금에 가입하다. 결산시 회계처리는 다음과 같다.

| (차변) 미수수익 | 60,000 | (대변) 이자수익 | 60,000 |

$$1,000,000 \times 0.12 \times 6/12 = 60,000$$

　20X3년 6월 30일 1년치 이자를 지급받다.

| (차변) 현　금 | 120,000 | (대변) 미수수익 | 60,000 |
| | | 이자수익 | 60,000 |

　위의 사례와 같은 경우는 단순계산이기 때문에 미수수익의 계산이 간단하다. 그러나 다음의 경우에는 계산이 조금 복잡하다.

적금 이자수익

　20X2년 7월 1일에 ㈜재정은 A은행에 월 1,000,000원씩 5년간 불입하고 만기에 70,000,000원을 받기로 한다. 이런 경우에는 정기예금과 달리 원금이 점증적으로 증가하고 이자는 5년 후에 이자를 지급받기로 하였기 때문에 이자의 계산이 좀 복잡해진다. 이런 경우에는 다음의 공식을 사용하면 간단하게 계산된다.

(만기환급액 − 총불입액) × 불입횟수(불입횟수 + 1)/총불입횟수(총불입횟수 + 1)

　20X2년 12월 31일이 결산일이라고 가정하여 앞의 사례를 위의 공식에다 대입해 보면 다음과 같이 계산된다.

$$(70,000,000 - 60,000,000) \times 6(6 + 1)/60(60 + 1) = 114,754원$$

회계처리는 다음과 같다.

| (차변) 미수수익 | 114,754 | (대변) 이자수익 | 114,754 |

　다음해에도 위와 같이 계산하여 기초의 금액을 차감하면 당해년도의 미수수익이 계산된다.

　20X3년 12월 31일 결산일에 미수수익을 계산하다. 적금은 18개월 불입

$$(70,000,000 - 60,000,000) \times 18(19)/60(61) = 934,426원$$

회계처리는 다음과 같다.

| (차변) 미수수익 | 819,672 | (대변) 이자수익 | 819,672 |

　934,426 − 114,754 = 819,672

　20X3년 기말의 대차대조표에는 당좌자산에 미수수익 934,426원이 보고되고 이자수익은 20X2년과 20X3년에 각각 114,754원과 819,672원으로 인식되어 합계 934,426원이 보고되는 것이다.

 결산처리시 유의할 사항

결산에는 미수수익이나 미지급이자의 계상을 누락하는 경우가 많다.

그러나 기업회계기준은 발생주의에 의한 회계처리를 요구하고 있기 때문에 미수수익이나 미지급이자의 계산을 누락하여서는 아니된다.

세무상 유의할 사항

세법에서는 이자수익에 대하여서는 현금주의를 취하고 있음을 알아야겠다. 즉 세법에서는 이자수익의 귀속시기가 실제이자지급일, 원본전입일, 해약일, 연장하는 경우에는 연장일 등을 규정하고 있다. 그러므로 미수수익으로 계상된 이자수익은 세법상으로는 이자수익으로 보지 않는다.

> 결산을 확정함에 있어서 임대료의 수입시기는 결산을 확정함에 있어서 이미 경과한 기간에 대응하는 임대료 상당액과 이에 대응하는 비용을 당해 사업년도의 수익과 손비로 계상한 경우에는 이를 각각 그 계상한 사업년도의 익금과 손금으로 한다.

관련법령

- 소득세법 제16조
- 소득세법시행령 제45조

9

선급금

의의

　기업회계기준의 정의에 의하면 선급금은 기업의 정상적인 영업활동을 위하여 상품이나 원재료 등을 매입하기 위하여 선급한 금액이라는 것을 알 수가 있다. 그러므로 기업의 본래의 목적이 아닌 기타의 자산을 구입하기 위하여 대금을 선급한 경우에는 선급금이 아닌 건설중인자산 계정을 사용하여야 한다. 한편 선급금을 규정하기 위해서는 기업의 본래 목적이 무엇인가를 먼저 알아야겠다. 선급금계정이 매입하고자 하는 물품의 성격 이전에 그 물품이 기업의 본래의 목적활동에 일치하느냐의 여부에 따라 선급금계정이 결정되어질 것이기 때문이다.

---

8. 선급금
상품, 원재료 등의 매입을 위하여 선급한 금액으로 한다(기업회계기준 제13조 [당좌자산]).

업무·적요

　상품, 원재료구매 선급금

- 대차대조표 〉자산 〉유동자산 〉당좌자산 〉선급금

증빙서류

　계약서, 입금표, 대체전표, 지출결의서

회계처리요령

구매대금 선지급시

20X4년 5월 1일 회사는 원재료 매입을 위하여 거래처에 1,000,000원을 선지급하다.

(차변) 선급금	1,000,000	(대변) 현금, 예금	1,000,000

20X4년 6월 1일 선지급한 원재료 2,000,000원이 회사의 창고로 입고 되었다는 통보를 받다.

(차변) 매입	2,000,000	(대변) 선급금	1,000,000
선급부가세	200,000	외상매입금	1,200,000

선급금의 회계처리에는 별다른 문제가 없겠다. 그러므로 선급금의 발생시에는 차변에 기입하고 소멸 시에는 대변에 기입하면 되겠다. 한편 선급비용과 선급금의 차이를 살펴본다면 선급비용은 일정한 금액을 지불하고 그에 대한 용역을 일정기간 제공받기로 한 경우 그 용역을 제공받고 있는 기간 중에 결산기가 도래하였다면 기업으로서는 계속적인 용역을 청구할 권리가 남아있으므로 그 용역제공에 대한 청구권을 나타내기 위한 계정이라 하겠다. 그러나 선급금은 용역의 제공이 시간의 경과와 상관없이 단지 상품이나 원재료의 구매를 위하여 선급한 금액이므로 선급비용과는 그 성질을 달리 한다 하겠다. 그리고 선급비용은 바로 판매비와 관리비 등으로 비용화되는 반면에 선급금은 재고자산화 되어 종국에는 매출원가를 구성하게 된다는 차이점이 있다.

결산처리시 유의할 사항

기업의 영업활동 즉 원재료의 구매나 상품의 매입을 위하여 선지급하는 금액을 처리한다. 결산일까지 선급금계정이 남아 있다면 구매 완료 되었는지 검토하여 완료되었다면 외상매입금과 상계한다.

10
선급비용

 의의

기업회계기준에 의한 선급비용의 정의는 다음과 같다.

9. 선급비용
선급된 비용 중 1년 내에 비용으로 되는 것으로 한다(기업회계기준 제13조 [당좌자산].

선급비용은 앞에서 설명하였듯이 일정한 용역을 일정기간 제공받기로 하고 그에 대한 일정금액을 선급한 경우 결산일이 도래하였을 때 제공받지 못한 용역에 대한 청구권을 대차대조표에 계상하는 계정이다. 만약 결산일 이전에 용역의 제공이 완료되었다면 선급비용은 당해년도의 비용으로 계상이 되겠지만 용역제공기간이 결산일에 걸쳐있다면 결산일에는 자산으로 계상이 되었다가 다음해 실제 용역을 제공받는 기간 동안의 비용으로 계산되는 것이다. 물론 기업회계기준에서 요구하는 발생주의에 의한 비용인식을 위함이다.

한편 선급금과 선급비용의 차이에 대해서는 선급금계정에서 살펴본 바와 같고 선급비용과 이연자산과의 차이를 살펴본다면 다음과 같다.

선급비용은 용역에 대하여 기업이 당연히 누릴수 있는 효익이 시간의 경과에 따라 비례적으로 소멸되는 경우에 사용되는 계정이며 이연자산은 시간의 경과보다는 그 효익이 장래의 기간에 나타나리라고 기대되는 경우에 그 효익에 대응되는 비용을 계상하기 위하여 비용처리를 이연시켜 놓은 원가집합체이다.

업무 · 적요

미경과 보험료, 미경과 보증료

• 대차대조표 〉 자산 〉 유동자산 〉 당좌자산 〉 선급비용

증빙서류

입금표, 출금전표, 계산내역서

회계처리요령

선급비용의 회계처리는 선급금과 구별된다면 크게 문제될 것은 없겠다. 한편 선급비용의 회계처리에는 지출시 먼저 선급비용으로 계상하고 결산시 기간 경과분에 대하여 비용처리하는 방법과 비용으로 먼저 처리하고 결산시 잔존기간에 대하여 선급비용으로 처리하는 두 가지의 방법이 있다.

또, 기초시점에 재수정 분개를 하거나 하지 않는 두 가지의 방법이 있다. 선급비용의 과목이 많고 복잡할 경우에는 기초 재수정 분개를 해 놓지 않으면 실제 용역제공이 완료된 선급비용을 일일이 찾아내야 하므로 기초에 재수정 분개를 일괄적으로 하여 놓으면 간편하다는 이점이 있다. 이하 예를 들어 살펴보겠다.

보험료 결산시

20X2년 8월 1일 화재보험에 가입하고 1년치 보험료 120,000원을 납부하다.

결산일 12월 31일

20X3년 4월 1일 보험료 120,000원 납부하다.

선급비용으로 처리하고 결산시 비용으로 계상하는 방법

| 20X2년 8월 1일 | (차변) 선급비용 | 120,000 | (대변) 현금 | 120,000 |
| 20X2년 12월 31일 | (차변) 보험료 | 50,000 | (대변) 선급비용 | 50,000 |

비용으로 처리하고 결산시 선급비용으로 대체하는 방법

| 20X2년 8월 1일 | (차변) 보험료 | 120,000 | (대변) 현금 | 120,000 |
| 20X2년 12월 31일 | (차변) 선급비용 | 70,000 | (대변) 보험료 | 70,000 |

20X3년 1월 1일 반대분개	(차변) 보험료	70,000	(대변) 선급비용	70,000
20X3년 4월 1일	(차변) 보험료	120,000	(대변) 현금	120,000
20X3년 12월 31일	(차변) 선급비용	30,000	(대변) 보험료	30,000

20X3년 1월 1일 모든 선급비용에 관하여 반대분개를 미리 해 줌으로서 20X3년의 보험료는 $70,000 + 120,000 - 30,000 = 160,000$원으로 자동계산된다.

20X3년 1월 1일에 반대분개를 미리 해주는 이유는 전년도의 선급비용은 올해 내에 비용으로 처리될 것이므로 만기시점을 일일이 찾아내어 비용으로 계산하여야 하는 수고를 덜기 위함이다. 기초에 모두 반대분개를 해두고 당기의 지출은 모두 당기의 비용항목으로 처리한 다음 기말에 미경과분에 대하여만 선급비용으로 대체 분개만 하면 되는 것이다.

결산처리시 유의할 사항

선급비용은 기간구분에 의한 자산계정이다. 지출시 전액 비용으로 처리하고 결산시에 기간구분을 빠뜨린다면 기업의 손익이 왜곡될 것이다. 실무상 업무가 바쁘면 빠뜨릴 수도 있기 때문에 결산일에 수정분개보다는 대금 지급시 미리 기간구분하여 회계처리하는 것이 이중업무도 되지 않고 빠뜨릴 염려도 없으므로 편리하다 하겠다.

세무상 유의할 사항

회사가 선급비용을 결산에 반영하였다면 문제가 없으나 결산에 반영하지 않았다면 손금불산입으로 세무조정한다.

11

부가세대급금(선급부가세)

 의의

사업자가 과세사업자로부터 물건이나 용역을 구입하는 경우에는 항상 부가가치세를 부담하여야 한다(면세사업자 제외). 부담된 부가가치세는 사업자가 부가가치세 납부시 납부세액에서 공제받게 되므로 자산성이 인정되어 유동자산의 과목으로 표기한다.

업무 · 적요

부가세 대급금(선급 부가세)

• 대차대조표 〉자산 〉유동자산 〉당좌자산 〉부가세대급금

증빙서류

매입세금 계산서, 구매계약서

회계처리요령

회계처리 사례

상품 10,000,000원을 구입하다(부가세 별도). 현금 지불과 동시에 매입세금계산서를 징구하다.

(차변) 상품(매입)	10,000,000		(대변) 현금	11,000,000
부가세대급금	1,000,000			

회계처리시 유의할 사항

상품이나 용역을 제공받은 과세기간내에 매입세금 계산서를 징구하여야 한다.

 세무상 유의할 사항

소형승용차 관련 유지 매입세액 유류대, 차량취득가액, 접대비 관련 매입세액은 공제받지 못하므로 부가세 대급금으로 계상하여서는 아니되고 취득원가에 산입하거나 경비로 처리하여야 한다.

=== **12** ===

선급법인세

 ## 의의

법인세는 회사가 기말 과세소득을 다음해 3월에 확정 짓고 난 뒤에 비로소 납부세액이 계산되게 되는 바 이러한 법인세가 확정되기 전에 과세연도 중에 미리 세금을 납부하는 경우에 처리하는 계정이다. 은행으로부터 이자를 수령하는 경우에 은행으로부터 원천징수 당하는 원천 납부세액, 8월에 고지되는 중간예납법인세 등이 여기에 속한다. 선급법인세는 회사가 기말에 법인세 납부 시 기 납부세액으로서 공제 받아야 하는 세액이므로 빠트려서는 아니 된다.

업무 · 적요

- 대차대조표〉자산〉유동자산〉당좌자산〉선급법인세

증빙서류

통장사본, 원천세액계산내역, 법인세 납부 영수증

회계처리요령

회계처리 사례

은행으로부터 이자를 수령하는 즉시 또는 법인세 납부시 처리한다.

200x년 8월15일 은행으로부터 예금이자 100만원을 수령하면서 원천세액 15만원을 징구 당하고 잔액 85만원을 수령하다.

(차변) 현금	850,000	(대변) 이자수익	10,000,000
선급법인세	150,000		

200x년 8월31일 법인세500만원을 중간 예납하다.

(차변) 선급법인세	5,000,000	(대변) 현금	5,000,000

회계처리 시 유의할 사항

간혹 이자를 수령할 때 선급법인세를 빠트리고 수령한 금액 85만원만 이자수익으로 회계 처리하는 경우가 있는데 이는 법인세를 이중으로 납부하는 결과를 초래하므로 반드시원천징수금액을 확인하여 선급법인세로 계리 하도록 한다(개인사업자의 경우에는 이자수익을 계리 할 필요가 없다. 개인사업자는 이자소득을 계리 하지 않아도 완납적 원천징수로 납세의무가 종결되거나 금융소득 종합과세 대상자에 해당한다면 별도로 이자소득을 신고하여야 하기 때문이다). 원천징수세액이나 중간예납법인세를 세금과 공과로 처리하거나 법인세비용(등)계정으로 처리하면 않된다. 왜냐하면 결산 시 기 납부한 선급법인세는 차감하여 납부하여야 하는데 세금과 공과로 처리하거나 법인세비용 등으로 처리하면 세금 납부 시 빠트리기가 십상이기 때문이다. 세금과 공과로 처리하면 과세소득도 달라짐에 유의한다.

세무상 유의할 사항

법인 결산을 완료하고 세무서에 신고시 선급법인세를 빠트리지 않았나 검토하고 선급법인세가 법인세 비용 등이나 세금과 공과로 잘못 처리되지 않았는지검토한다.

제1-2절 재고자산

1

재고자산의 이해

 의의

재고자산이란 기업의 정상적인 영업활동과정에서 판매를 목적으로 보유하고 있는 자산(상품, 제품) 및 판매를 목적으로 생산과정에 있는 자산(재공품)과 판매할 자산을 생산하는데 사용되거나 소모될 자산(원재료, 저장품)이라 정의할 수 있다. 그러므로 기업의 본래의 영업목적이 아닌 자산은 판매를 목적으로 보유한다 하더라도 재고자산으로 분류될 수 없으며 영업을 위하여 보유하는 자산이라도 판매가 목적이 아닌 자산은 재고자산이 될 수 없는 것이다.

재고자산의 분류

- 상품
- 반제품
- 원재료
- 제품
- 재공품
- 저장품

회계처리요령

재고자산의 회계처리에는 어려움은 없다. 그러나 재고자산 그 자체는 기업의 당기손익에 결정적인 영향을 미치므로 회계처리에 주의를 기울여야 한다. 재고자산의 회계처리는 크게 다음과 같이 세가지로 대별된다.

> ① 구입시점
> ② 기말결산시 재고액의 평가 시점
> ③ 재고자산의 매출원가 또는 제조원가로의 대체시점

재고자산의 회계처리의 세부적 항목은 뒤에서 보기로 하고 회계담당자들은 재고자산 원가의 흐름을 숙지하여야 할 필요가 있다.

재고자산의 회계처리는 매우 중요한 비중을 차지한다. 재고자산은 일반적으로 기업에서 차지하는 비중이 매우 크고 재고자산의 평가금액에 따라 기업의 손익이 좌우되기 때문이다. 그리고 정보이용자들은 그 기업의 미래현금흐름을 측정하기 위해서 기업의 정상적인 영업활동을 수행한 실적을 별도로 요구하고 있고 기업의 정상적인 영업활동은 모두 재고자산으로부터 출발하기 때문이다.

한편 재고자산관리는 기업의 자금계획과도 관련이 있다. 재고자산의 기업회계에서의 흐름을 보면 다음과 같다.

① 기초재고자산금액의 결정(전기 결산시 금액이 확정되어 있다.)
② 당기 매입금액의 누적기록
③ 기말재고자산의 금액의 확정
④ 기초재고자산금액에 당기매입액을 더하여 기말재고자산금액을 차감한 매출원가의 결정
⑤ 매출액에서 매출원가를 차감한 매출총이익의 산정

재고자산의 회계처리에 있어 논점의 대상이 되는 것은 재고자산의 취득원가의 결정, 기말 재고자산의 평가 두 가지이다.

재고자산의 취득원가

일반적으로 모든 자산의 취득원가 결정에서 기준이 되는것은 당해 자산을 사용가능하기까지 지출된 모든 비용을 취득원가에 포함하여야 한다는 것이다. 그러므로 재고자산의 취득원가 결정시에는 재고자산을 판매 가능하기까지 소요된 모든 경비를 포함하여야 한다.

(1) 포함비용

재고자산가액에 포함되는 것은 다음의 것으로 한다.
- 물품구입비
- 운반비, 매입수수료, 관세, 보험료, 통관비, 검수비, 매입보관비
- 건설자금이자
- shipper's usance, D/A 이자

(2) 제외비용

재고자산가액에서 차감하여야 할 가액은 다음과 같다.
- 매입에누리 및 환출
- 매입할인
- 현재가치할인

위의 내용을 분설하면 다음과 같다.

2

도·소매업의 회계처리

상품 · 매입 · 매출원가

상품을 매입하여 판매하는 도매, 소매업의 결산회계처리는 다음과 같다.

상품 · 매입 · 매출원가

상품, 매입, 매출원가: 3분법.
❶ 기초상품 재고액 100,000
❷ 매입 600,000(20X5년 3월 5일)

| (차변) 매입 | 600,000 | (대변) 외상매입금 | 660,000 |
| 선급부가세 | 60,000 | | |

❸ 매입 400,000(20X5년 11월 5일)

| (차변) 매입 | 400,000 | (대변) 외상매입금 | 440,000 |
| 선급부가세 | 40,000 | | |

❹ 기말 상품재고액 150,000으로 결정
❺ 기말결산
  ① 기초상품 재고액의 매출원가 계정 대체

| (차변) 매출원가 | 100,000 | (대변) 상품 | 100,000 |

  ② 당기 매입액의 매출원가 계정 대체

| (차변) 매출원가 | 1,000,000 | (대변) 매입 | 1,000,000 |

  ③ 기말재고액의 상품계정대체(매출원가에서 차감)

| (차변) 상품 | 150,000 | (대변) 매출원가 | 150,000 |

상기와 같이 정리함으로 인하여 매출원가는 950,000원으로 계상된다.
  ④ 매출원가 손익계정 대체

| (차변) 손익 | 950,000 | (대변) 매출원가 | 950,000 |

각 계정의 처리결과는 다음과 같다.

상품			
1/1 기초	100,000	12/31 매출원가	100,000
12/31 매출원가	150,000	12/31 기밀	150,000

매입				
3/15	외상매입금	600,000	12/31 매출원가	1,000,000
11/5	외상매입금	400,000		
		1,000,000		1,000,000

매출원가				
12/31	상품	100,000	12/31 상품	150,000
12/31	매입	1,000,000	12/31 손익	950,000
		1,100,000		1,100,000

사례를 간단히 하기 위하여 당기매입을 두건으로만 처리하였으나, 실제의 매입은 적게는 수십건에서 많게는 수백건이 될 것이다.

매입은 연중내내 매입장의 차변에만 누적적으로 기록하였다가 결산시 누적 금액을 매출원가로 한꺼번에 대체하는 것이다.

상품, 매출원가

매입계정을 사용하지 않고 상품, 매출원가 두 계정만 사용한다면 회계처리는 다음과 같이 된다(2분법).

상품, 매출원가

① 기초상품 재고액 100,000
② 매입 600,000(20X5년 3월 5일)

(차변) 상품	600,000	(대변) 외상매입금	660,000
선급부가세	60,000		

③ 매입 400,000(20X5년 11월 5일)

(차변) 상품	400,000	(대변) 외상매입금	440,000
선급부가세	40,000		

④ 기말상품 재고액 150,000으로 결정
⑤ 기말결산

(차변) 매출원가	950,000	(대변) 상품	950,000
손익	950,000	매출원가	950,000

상품			
1/1 기초	100,000	12/31 매출원가	950,000
3/5 외상매입금	600,000	12/31 기말	150,000
11/5 외상매입금	400,000		
	1,100,000		1,100,000

매출원가			
12/31 상품	950,000	12/31 손익	950,000

결산처리시 유의할 사항

대차대조표 공시에는 상품이라는 단일계정만 나타나나 상품 종류별로 재고대장을 별도로 구비하여야 한다.

도·소매업의 경우에는 제조기업과 달리 재고자산 계정이 비교적 적은 편이나 제조기업의 경우에는 재고자산 계정이 많이 나타나게 된다.

3

제조업의 회계처리

 의의

　원재료를 구매하여 제품을 제조, 판매하는 제조기업의 경우에는 재고자산의 세목계정으로 원재료, 저장품, 재공품, 반제품, 제품 등의 계정이 나타나게 된다. 제조 과정의 흐름을 살펴보면 다음과 같다.

　기업은 제품을 생산, 판매하기 위하여 원자재 내지는 원재료를 일단 구매한다. 이후 구매한 원재료에 각종 가공을 하여 제품을 완성시키게 되는데, 각종 가공을 하기 위한 제반 노력에는 인건비, 전력비, 수도료, 감가상각비를 포함하게 된다. 이렇게 가공을 하여 완성한 것은 제품 계정으로 대체되고 미완성인 제품은 재공품의 과목으로 남게 되는 것이다.

　또한, 공장의 기계장치를 원활히 작동되도록 보조하는 윤활유, 소모성 공기구를 비치하여야 하는데 이는 저장품으로 처리하게 된다.

회계처리요령

원재료

① 기초 원재료 재고 100,000
② 당기 원재료 매입 누계액 1,000,000

(차변) 원재료	1,000,000	(대변) 외상매입금	1,000,000

③ 기말 원재료 재고액 150,000
④ 원재료의 제공품 계정 대체

(차변) 재공품	950,000	(대변) 원재료	950,000

원재료			
기초	100,000	재공품	950,000
외상매입	1,000,000	기말	150,000
	1,100,000		1,100,000

노무비

① 당기 제품을 완성하기 위하여 발생한 노무비는 1,000,000원이다.

(차변) 노무비	1,000,000	(대변) 현금	1,000,000

② 재공품 계정에 대체

(차변) 재공품	1,000,000	(대변) 노무비	1,000,000

직접 노무비

현금	1,000,000	재공품	1,000,000

제조 간접비

(1) 당기에 제품을 완성하기 위하여 발생한 제반 간접비용은 다음과 같다.

동력비	100,000
공장 감가상각비	50,000
수도료	30,000
기타	20,000

① 계정별 처리

(차변) 동력비	100,000	(대변) 미지급금	1500,000
감가상각비	50,000	감가상각누계액	50,000
수도광열비	30,000		
기타 간접비	20,000		

② 제조 간접비로 대체

(차변) 제조간접비	200,000	(대변) 동력비	100,000
		감가상각비	50,000
		수도광열비	30,000
		기타간접비	20,000

③ 재공품 계정에 대체

(차변) 재공품	200,000	(대변) 제조간접비	200,000

제조간접비

동력비	100,000	재공품	200,000
감가상각비	50,000		
수도광열비	30,000		
기타 간접비	20,000		
	200,000		200,000

재공품

기말 재공품 재고액은 150,000원으로 평가되다.
따라서 완성된 제품의 가액은 2,000,000원이 된다.

(차변) 제품	2,000,000	(대변) 재공품	2,000,000

재공품			
기초	0	제품	2,000,000
원재료비	950,000	기말	150,000
노무비	1,000,000		
제조간접비	200,000		
	2,150,000		2,150,000

제품

당기 완성된 제품 중 기말 재고액은 200,000원이다.
따라서 매출한 상품의 매출원가는 1,800,000원으로 된다.

(차변) 매출원가	1,800,000	(대변) 제품	1,800,000

제품			
기초	0	매출원가	1,800,000
재공품	2,000,000	기말	200,000
	2,000,000		2,000,000

위의 제조기업의 일련의 회계처리 흐름을 살펴보면 기말재고 자산을 구성하는 것은 원재료, 재공품, 제품임을 알 수가 있다.

위의 흐름은 제조기업의 가장 기본적인 회계처리로서 최소한의 처리만 열거되었으므로 다음과 같은 원가흐름을 숙지하여야 할 필요가 있다.

원재료			
기초	100,000	재공품	950,000
외상매입	1,000,000	기말	150,000
	1,100,000		1,100,000

직접 노무비			
현금	1,000,000	재공품	1,000,000

제조간접비			
동력비	100,000	재공품	200,000
감가상각비	50,000		
수도광열비	30,000		
기타 간접비	20,000		
	200,000		200,000

재공품			
기초		제품	2,000,000
원재료비	950,000	기말	150,000
노무비	1,000,000		
제조간접비	200,000		
	2,150,000		2,150,000

제품			
기초	0	매출원가	1,800,000
재공품	2,000,000	기말	200,000
	2,000,000		2,000,000

운반비, 관세 등

물품구입비 외에 물품구입시 발생한 제반 수수료, 수입시 관세, 보험료, 창고보관비 등은 재고자산을 취득하여 사용하기까지 발생하는 매입부대비용이다. 수입시의 관세는 취득원가에 포함시키고 직접 가공 후 수출시에는 수출매출원가에서 차감한다. 가공한 제품을 구입하여 수출하는 경우에도 관세환급이 발생한다. 수입금액에 가산하던지 매입가액에서 차감한다.

기업회계기준 제39조의 3항에 의하면 「상품매입에 직접 소요된 비용은 매입액에 포함한다」라고 규정하고 있으므로 매입부대비용은 재고자산의 취득원가에 포함하여야 한다. 그러나 기업실무에서는 재고자산의 판매시점까지 모든 비용을 취득원가에 포함하기보다는 회사의 창고 입고시점 이후부터 판매시까지 발생하는 비용은 판매비와 관리비 또는 제조경비로 처리하는 것이 일반적이다. 그 금액이 취득원가에 미치는 영향이 크지 않는 한 실무 관행상 용인된다 할 것이다.

매입할인 및 매입에누리와 환출

매입할인이나 매입에누리는 판매처에서 매입금액을 깎아주는 것이다. 그러나 양자의 차이점은 값을 깎아주는 이유가 다른 데 있다. 매입할인은 일정기간의 외상매입금을 조기에 지급하는 경우 이자만큼 현금할인을 해주는 것이며 매입에누리는 거래의 하자 또는 거래약정으로 인해 판매자가 일정금액을 깎아주는 것에서 차이점이 있다 할 것이다. 모두 매입액에서 차감한다.

법인세법에서도 기업회계기준을 수용하고 있으나 부가세법하에서는 처리를 약간 달리하고 있다. 부가세법에서는 매출에누리는 과표에서 직접차감하나 매출할인은 과표에서 차감하지 않으므로 기업이 매출할인을 처리하였다면 부가세 신고과표와 손익계산서상의 매출액이 일치하지 않는다. 매출할인이 있는 경우에는 세무결산서의 조정 후 수입금액 명세서에서 차액을 설명하여야 한다.

마찬가지 이유로 매입할인이 있는 경우에도 매입가액에서 차감하면 아니된다. 따라서 매입할인이 있는 경우에는 손익계산서상의 매입가액이 부가가치세 신고서 상의 매입가액과 일치하지 않게 된다.

구분	기업회계기준	법인세법	부가가치세법
매입에누리	매입액에서 차감	차감	과표에서 차감
매입할인	차감	차감	차감하지 않는다

기업회계기준에서는 매입할인 및 매입에누리와 환출 그리고 재고자산의 취득원가에 관해서 다음과 같이 규정하고 있다.

건설자금이자

이자비용을 비용으로 처리하지 않고 자산의 취득원가로 계상하는 경우 이를 건설자금이자라 한다.

　재고자산의 구입이나 취득에 장기간이(1년 이상) 소요되고 재고자산의 취득 자금에 대한 이자비용이 발생하는 경우에는 당기이자비용으로 처리하거나 재고자산의 취득원가로 처리하도록 하여야 한다. 여기에서 주의할 점은 재고자산 외의 투자자산, 유형자산, 무형자산은 매입, 제조, 건설의 장·단기를 불문하고 건설이 시작되는 시점부터 완료되는 시점까지 그에 사용된 차입금의 이자비용에 대해서는 취득원가에 산입할 수 있도록 하였으나 재고자산은 매입, 제조, 건설에 반드시 장기일 것을 요구하고 있다는 것이다. 여기에서 말하는 장기란 건설이 시작된 시점부터 완료되는 시점이 1년 이상인 기간을 의미한다고 볼 수 있다. 한편 차입금은 장·단기 구분없이 건설개시 시점부터 취득시점까지 발생된 이자비용을 취득원가에 산입한다. 즉, 취득원가에 산입하는 이자비용은 재고자산의 제조 등이 장기간이 소요되는 경우에 한하여 취득원가에 산입하는 것이나 이자비용을 발생시키는 차입금의 장·단기는 관계없는 것이다.

■ 자산의 평가기준(기업회계기준 제55조, 기업회계기준서 제7호)

　재고자산·투자자산·유형자산 및 무형자산의 제조, 매입, 또는 건설(재고자산은 당해 자산의 제조 등에 장기간이 소요되는 경우에 한한다)에 사용된 차입금에 대하여 당해 자산의 제조, 매입 또는 건설완료시까지 발생된 이자비용과 기타 유사한 금융비용은 당해 자산의 취득원가에 산입하고 그 금액과 내용을 주석으로 기재한다.

Usance이자와 D/A이자

　외국에서 물품을 수입하는 경우에는 수출업자와의 거래조건에 따라 은행에서 대금지급을 보증하는 신용장방식과 개인간의 거래인 무신용장방식이 있다. 신용장방식에는 서류인도 즉시 대금을 결재하는 at sight와 일정기간 외상기일이 있는 usance거래가 있으며 무신용장방식에는 D/A와 D/P조건이 있다. 대금을 즉시 지불하느냐 외상거래를 하느냐에 따라 구분한다면 at sight와 D/P조건은 선하증권 수령즉시 대금을 지불하는 조건이며, Uasnce와 D/A는 일정기간 외상기일을 주는 조건이다.

　신용장방식의 외상거래인 Usance에는 Banker's Usance와 Shipper's Usance로 대별할 수 있는데 Shipper's Usance는 수출상이 대금을 회수하기 위하여 어음을 할인 할 때 외상기일까지 이자(할인료)를 수출상 본인이 부담하는 조건이다. 물론 이자는 물품대금에 포함되어 있을 것이다. 결국 외상거래인 대신에 이자만큼 매입단가가 높아지게 된다. D/A(documest of acceptable)조건 역시 외상거래인만큼 매입단가가 현금거래보다 높을 것이나 매입금액 전부를 취득원가로 한다.

그러나 Banker's Usance는 수입회사의 거래은행이 수입회사 대신 수출회사의 거래은행에 수입대금을 먼저 결재하여주고 만기일에 수입회사로부터 이자와 함께 원금을 회수하는 것이다. 이 경우에는 명백한 이자비용으로서 당기의 비용으로 처리하여야 한다.

위를 간단히 요약하면 다음과 같다.

구분	신용장	무신용장	비고
즉시 결제	At sight	D/P	이자없음
외상 결제	Banker's Usance		이자는 금융비용으로 처리(지급이자)
	Shipper's Usance	D/A	이자는 취득원가로 처리

4

재고자산의 평가

✍ 재고자산평가의 중요성

　　매입가액의 결정과 아울러 중요한 것은 기말재고자산의 평가문제이다. 기말재고자산을 어떻게 평가하느냐에 따라 회사의 순이익도 달라지게 되므로 회계담당자는 회사의 실정에 맞는 재고자산 평가방법을 선택하여 계속적으로 적용하여야 한다.

> 　재고자산의 금액은 수량×단가로 결정된다. 그러므로 재고자산의 평가는 수량과 단가의 결정문제로 분류할 수 있다

✍ 재고자산의 수량결정방법

　　재고자산의 수량결정방법에는 실지재고조사법과 계속기록법의 두 가지가 있다.

(1) 실지재고조사법

　　실지재고조사법은 정해진 일자에 재고실사를 실시하여 실사수량을 기말재고수량으로 하는것이다. 그래서 매출수량은 다음과 같이 결정된다.

> 기초재고수량＋당기매입수량－기말재고수량＝당기 판매수량

　　위의 식에 의하면 기 중에 도난되거나 파손되어 폐기처리한 재고는 구분되어 그 원인이 밝혀지지 않은 채 모두 당기판매수량으로 계산된다. 따라서 체계적인 재고관리가 어렵게 된다. 실지재고 조사법의 결점이라 할 수 있다.

(2) 계속기록법

　　계속기록법은 실지재고조사는 하지 않고 장부상의 기말재고수량을 기말재고수량으로 하는 것이다. 재고실사를 하지 않으므로 기말재고수량이 맞는지는 확인할 길이 없다.

(3) 실무에서 사용하는 방법

계속기록법이건 실지재고조사법이건 간에 회사의 실정에 맞는 재고관리가 중요하다. 가장 이상적인 재고관리는 계속기록법과 병행한 실사재고법이다. 정기적으로 재고실사를 실시하여 장부와 대조하여 틀린 원인을 밝혀내고 그에 대한 관리시스템을 점검하여 재고관리가 정확히 되도록 한다. 한편 장부상 기록과 실사수량의 차이는 그 원인을 밝혀 원인에 따라 매출원가나 제조원가에 산입하여야 하며 원가성이 없다면 영업외비용으로 처리하여야 한다. 여기서 원가성이 있다함은 회사가 적정한 재고관리를 함에도 불구하고 피할 수 없는 재고감모를 뜻한다.

예를 들어 장부상 정확한 기말재고는 100개임에도 불구하고 실지재고는 80개 뿐 일 경우에 원인을 분석한 결과 5개는 원가성이 있고 15개는 원가성이 없다고 판명되었다면 기말재고는 95개로 보아 원가성이 있는 5개는 매출수량으로 본다는 것이다. 한편 15개는 기말재고에 포함된 것으로 보고 매출원가를 계상한 후 영업외비용의 재고자산 감모손실로 15개를 기말재고에서 차감하게 되는 것이다. 결국 기말 대차대조표에 나타내는 기말재고는 80개가 된다.

예를 들어보면 다음과 같다.

사례

기초재고수량 100개, 당기매입수량 300개, 장부상 기말재고수량 100개, 실지 재고수량 80개(감모 20개 중 5개는 원가성이 있는 것으로 판명됨)

☞**매출수량의 결정**

기초재고수량 100개 + 당기매입수량 300개 – 기말실사수량 80개 – 감모수량 15개 = 305개

위에서 재고감모손실을 무시하고 기말재고를 100개로 본다면 300개가 매출된 것으로 나타난다. 그리고 기말재고수량을 80개로 본다면 320개가 매출된 것으로 나타나 원가성이 없는 재고감모손실도 매출원가에 산입되어 버리는 결과가 나타나는 것이다.

따라서 실제재고량 80개와 원가성 없는 감모수량 15개를 차감하여 매출수 량을 계산하여야 원가성 있는 감모량은 매출수량으로 계산된다.

☞**재고자산 감모손실(영업외비용)은 15개임**

총매출가능 수량이 기초재고 100개와 당기구입 300개로 모두 400개이며 이 중 실제 매출된 수량은 300개이나 5개는 300개를 팔기 위하여 부득이 발생한 감모손으로 보아 매출로 보는 것이다. 이는 매출금액이 증가한다는 것이 아니고 매출원가가 증가한다는 의미이다.

결국 300개 판매에 대하여 305개의 매출원가로 계산하겠다는 것이다.

한편 15개는 재고자산 감모손실로 보아 영업외비용으로 계상하여 기말재고는 80개로 확정되는 것이다.

판매가능 수량	구　　분	내　　역
기초수량　100개	판매수량　305개	매출원가를 구성
당기매입　300개	감모손실　15개	영업외비용을 구성
	기말재고　80개	기말재고액을 구성
합계　400개	합계　400개	

재고자산의 단가 결정방법

(1) 재고자산의 원가흐름에 관한 가정

재고자산의 가액은 수량에다 단가를 곱하여 결정된다고 앞에서 서술한 바 있다.

재고자산의 단가는 어떻게 결정할 것인가? 연중 내내 단가가 변동된다면 기말재고자산의 단가는 어떤 단가를 적용하여 재고금액을 확정할 것인가가 문제가 된다. 물론 재고자산의 수량이 얼마되지 않는다면 문제가 될 것이 없겠으나 재고수량이 수 천개 내지 수 만개가 되고 매입단가가 각각 다르다면 기말재고에 남아있는 재고자산의 단가를 일일이 파악하기는 불가능 할 것이다. 그래서 상품의 실제 물량흐름과 상관없이 일정한 가정을 통하여 기말재고자산의 단가를 산정하는데 이를 원가흐름에 관한 가정이라고 한다. 원가흐름에 관한 기업회계기준을 살펴보면 다음과 같다.

■ 재고자산의 평가(기업회계기준서 제10호)

재고자산은 제조원가 또는 매입가액에 부대비용을 가산하고 이에 개별법, 선입선출법, 후입선출법, 이동평균법, 총평균법, 또는 매출가격환원법을 적용하여 산정한 취득원가를 대차대조표가액으로 한다. 다만, 매출가격환원법은 당해 회사의 업종이나 재고자산의 특성에 비추어 다른 방법을 적용하는 것보다 합리적이라고 인정되는 경우에 한하여 적용할 수 있다.

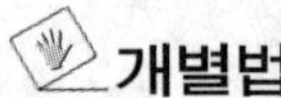 개별법

개별법은 원가흐름의 가정없이 실제로 남아있는 재고자산의 단가를 개별적으로 확인할수 있을 때 사용할수 있는 방법이다. 원가흐름의 가정이란 재고자산의 취득원가를 일일이 확인할 수 없거나 확인이 어려운 경우에 재고자산의 기말재고액을 쉽게 파악하기 위하여 만든 가정이므로 재고자산의 단가와 수량을 일일이 파악가능한 경우에는 원가흐름의 가정을 도입할 필요가 없다.

다음의 예에서 개별법에 의하면,

9월 5일 매출 400개의 원가는 기초재고분이냐,

1월 5일 매입분이냐,

4월 4일 매입분이냐에 따라 즉, 매출 400개의 구성이 어떻게 되느냐에 따라 결정되게 된다. 하나의 예제를 들어 개별법, 선입선출법과 후입선출법 및 이동평균법, 총평균법을 설명하면 다음과 같다.

㈜재정의 1년간 재고자산의 수불이 다음과 같다고 가정하자.
그리고 ㈜재정은 올해의 총 매출액이 600,000원이다.

일자	매입수량(개)	매출수량(개)	단위원가(원)	총원가(원)
기초재고	100		1,000	100,000
1/5 매입	200		1,150	230,000
4/4 매입	300		1,200	360,000
9/5 매출		400		
11/5 매입	100		1,400	140,000
합계	700	400		830,000
12/31 기말재고	300			

개별법은 원가흐름의 가정이 아닌 실질흐름이므로 9월 5일 매출분은 매출일 이전에 입고된 재고가 출고될 것이다.

9월 5일 매출 400개가 기초재고 100개와

4월 4일 매입분 300개로 구성되어 있다면 매출원가는 $100,000 + 360,000 = 460,000$원이 된다.

기말재고는 1월 5일자 매입분 200개와 11월 5일자 매입분 100개로 구성되고 재고자산의 금액은 $230,000 + 140,000 = 370,000$이 된다.

매출액이 600,000원이므로 매출 총이익은 $600,000 - 460,000 = 140,000$원이 된다.

가장 정확한 방법이다. 그러나 재고자산의 종류가 많고 단가가 다양할 경우에는 개별법을 적용할 수가 없다.

선입선출법

대부분의 기업이 채택하고 있는 방법이다.

선입선출법이란 재고자산이 먼저 입고된 순서대로 먼저 출고된다고 가정하는 방법이다. 선입선출법의 가정에 의하면 먼저 입고된 재고자산은 먼저 출고되므로 기말재고자산은 항상 가장 최근에 입고된 상품으로 구성된다.

위의 사례를 본다면 기말재고액을 얼마로 결정하여야 할 것인가?

기업실무에서는 매출시 일일이 매출원가를 산정하지 않고 기말결산시에 기말재고금액을 먼저 산출한뒤 산식(기초재고금액＋당기매입액－기말재고금액＝매출원가)에 의해서 매출원가를 결정 하게된다.

따라서 기말재고액을 먼저 결정해야만 9월 5일 매출 400개에 대한 매출원가를 결정지을 수가 있고 그에 따라 매출총손익을 산출해 낼 수가 있는 것이다.

그런데 기말재고는 300개로 동일함에도 불구하고 기말재고금액은 기업이 채택하는 원가흐름의 가정, 즉 재고자산 평가방법에 따라 그 금액이 달라진다. 지금 앞의 사례에서는 기말재고가 300개가 남아있고 재고단위원가는 상승 중에 있다.

기말재고금액이 크다면 당연히 매출원가가 낮아져 매출총이익은 크게 계상될 것이며 기말재고금액이 작아지면 매출원가가 높아져 매출총이익은 줄어들게 된다. 만약 기업이 선입선출법을 채택하고 있다면 기말재고 300개는 선입선출법의 가정에 따라 4월 4일 매입수량 200개와 11월 5일 매입분 100개로 구성된다. 그러므로 기말재고액은 다음과 같이 결정된다.

4월 4일 매입분 : $200 \times 1,200 = 240,000$

- 11월 5일 매입분 : $100 \times 1400 = 140,000$　　　합계 380,000원

기말재고액이 결정되었다면 그 다음에는 매출원가를 산정할 수가 있게 된다. 따라서 9월 5일 매출분 400개의 매출원가는 $830,000 - 380,000 = 450,000$원으로 결정된다.

다음 단계로 매출총이익을 산출해보자.

1년간 총매출액이 600,000원이므로 매출총이익은 $600,000 - 450,000 = 150,000$원이 될 것이다.

후입선출법

후입선출법의 가정은 재고물량의 흐름이 뒤에 입고된 매입분이 먼저 매출된다고 가정하는 것이다. 그러므로 기말재고액은 항상 기초재고를 포함하게된다. 후입선출법의 가정에 의하여 앞의 예제에서 기말재고액을 결정하여 보자. 후입선출법에 의하면 당기의 총판매가능수량 700개 중 400개는 출고되고, 남아있는 300개는 기초재고 100개와 1월 5일 매입분 200개로 구성되어 있다고 가정하게된다. 그러므로 기말재고액은 다음과 같이 계산된다.

- 1월1일 기초재고 : $100 \times 1,000 = 100,000$원
- 1월5일 매입분 : $200 \times 1,150 = 230,000$ 합계 : 330,000원

매출원가는 $830,000 - 330,000 = 500,000$이 되고 매출총이익은 $600,000 - 500,000 = 100,000$원이 된다.

여기에서 고려하여야 할 것은 회사의 재고자산원가흐름의 가정에 따라 매출총이익이 다르게 계산된다는 것이다. 회사의 당기순이익이 재고자산의 평가방법에 따라 달리 계산된다는 것을 알 수가 있다. 선입선출법과 후입선출법을 도표로 예시하면 다음과 같다.

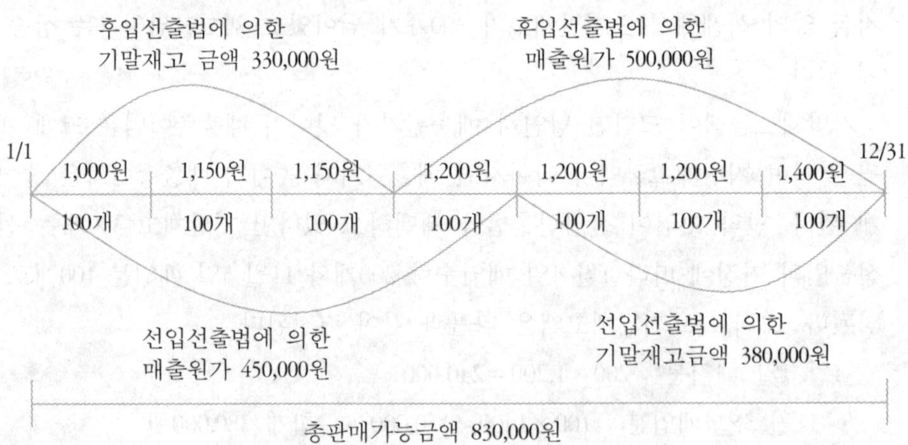

결국 기말재고액의 결정은 당기 총판매가능액(총매입액)을 매출원가와 기말재고액으로 배분하는 과정으로 귀결된다. 상기 예에서 당기 총판매가능액은 총 830,000원이고 총판매가능수량은 700개이며 이중 400개는 출고되었으나 그에 대한 매출원가는 원가흐름의 가정에 따라 기말재고수량 300개에 대한 기말재고금액이 먼저 결정되고, 그에 따라 400개에 대한 매출원가와 매출총이익이

자동으로 계산된다. 상기 예에서는 재고자산의 단위원가가 상승하는 경우에는 선입선출법에 의한 재고자산평가방법이 기말재고금액을 크게 계상하여 매출원가를 작게 만들므로 당기순이익을 더 높게 계상하는 것을 알 수가 있다.

이동평균법

한편 선입선출법이나 후입선출법이 기말에 한꺼번에 재고자산의 단위원가를 산출하는 반면에 이동평균법은 재고자산을 취득시마다 평균단가를 산출하여 그 평균단가에 의하여 산출한 금액을 기말재고액으로 하는 방법이다. 상기 예에 의한 기말재고액을 구하여 보자.

일자	매입		판매		재고금액		
	수량	단가	수량	단가	수량	평균단가	금액
기초재고	100	1,000			100	1,000	100,000
1/5 매입	200	1,150			300	1,100	330,000
4/4 매입	300	1,200			600	1,150	690,000
9/5 매출			400	1,150	200	1,150	230,000
11/5 매입	100	1,400			300	1,233	370,000
합계	700		400				
12/31 기말재고					300	1,233	370,000

1월 5일 재고금액 : $100 \times 1,000 + 200 \times 1,150 = 330,000$
평균단가 : $330,000/300 = 1,100$

이동평균법하에서는 기말재고금액이 370,000원으로 결정되고 산식에 의하여 매출원가는 460,000원이 되며 매출총익은 140,000원이 된다.

총평균법

총평균법은 총판매가능가액에 총판매가능수량을 나누어 단위원가를 산출한 다음 기말재고수량에 이를 곱하여 기말재고금액을 산출해내는 방법이다.

위의 예에서 기말재고금액을 구하여 보자.

연간 총판매가능금액 830,000, 연간 총 판매가능수량 700개이므로 개당 단위원가는 1,185.71원이 된다. 그러므로 기말재고금액은 $300 \times 1,185.71 = 355,715$원으로 계상된다. 따라서 산식에 의하여 매출원가는 474,285원이 되며 매출총이익은 125,715원이 된다.

이동평균법에 의하면 매출원가를 매출시점에 즉시 산정가능하나 총평균법에 의하면 기말 결산시점에서야 매출원가를 산정할 수가 있다. 이상에서 개별법, 선입선출법, 후입선출법, 이동평균법, 총평균법 등의 재고자산 평가방법을 알아보았다. 상기 평가방법 외에 기업회계기준에서는 매출가격환원법을 한정적으로 인정하고 있다. 이하에서는 매출가격환원법을 알아보자.

매출가격환원법

매출가격환원법이란 백화점, 도·소매상 등 단가가 소액인 재고자산이 물량흐름은 매우 빈번하게 발생하는 경우에 기말재고금액을 효율적으로 계산해 내기 위하여 고안된 방법이다. 이 방법을 사용하려면 다음과 같은 여건이 마련되어야 한다.

- 매가로 계산된 기말재고금액을 알 수 있어야 한다.
- 구입금액과 매출가격과는 어느정도의 선형관계가 유지되어야 한다.

한편 매출가격환원법의 적용단계는 다음과 같다.

① 매가로 된 기말재고금액을 구한다.
② 원가율을 산정한다.
③ 기말재고액을 구한다.
④ 매출원가를 산정한다.
⑤ 매출총이익을 산정한다.

앞에서도 설명하였듯이 매출원가 및 매출총이익은 기말재고금액만 결정되면 자동으로 계산된다. 그러므로 매출가격환원법을 사용하는 기업은 당기매입액만 계속기록한 후 결산시 기말재고액만 결정하면 다른 것은 자동으로 계산할 수 있다는 편리함을 누릴 수가 있다.

예를 들어 설명하여보자.

사례

(주)재정 백화점의 기말회계 자료는 다음과 같다.

	원　　　가	매　　　가
기초재고액	100,000	130,000
당기매입액	1,100,000	1,500,000
합계	1,200,000	1,800,000
매출액		1,500,000
당기인상액		100,000
기말재고액		400,000

위의 자료에 의하면 기말재고액은 최초의 판매가능가액 1,800,000원에서 당기인상액 100,000원을 가산하고 실제 매출액 1500,000원을 차감한 400,000원이 된다.

다음에 원가율을 구하여 보자.

원가율은 총 판매가능원가가 총 판매가능시가액에서 차지하는 비율이다.

그러므로 원가율은 1,200,000/1,900,000＝63%가 된다(1,800,000＋100,000＝1,900,000원). 따라서 기말재고액은 400,000×63%＝252,000원이 계산된다. 이제는 당기총판매가능원가를 기말재고액과 매출원가로 배분하여보자. 기말재고액이 252,000원으로 결정되었으므로 매출원가는 1,200,000－252,000＝948,000원이 된다. 역시 매출총이익은 1,500,000－948,000＝552,000원으로 구할 수 있다.

매출가격환원법은 정확성 및 검증가능성이 떨어지기 때문에 기업회계기준에서는 한정적으로 사용할수 있도록 하고 있다. 백화점이나 편의점을 제외하고 거

재고자산 평가방법의 비교

평가방법	기말재고금액	매출원가	판매가능가액	매출총이익
개별법	370,000	460,000	830,000	140,000
선입선출법	380,000	450,000	830,000	150,000
후입선출법	330,000	500,000	830,000	100,000
이동평균법	370,000	460,000	830,000	140,000
총평균법	355,715	474,285	830,000	125,715

재고자산의 평가

여기까지 기말재고의 원가결정방법을 살펴보았다. 그러나 기업회계기준에서는 위에서 결정된 취득원가에 의한 기말재고액이 순실현가능가액(추정판매가액－추정판매비용)보다 낮을 경우에는 평가손실을 계상하도록 하고 평가손실분은 취득원가에서 차감시키도록 하고 있다. 즉 재고자산의 평가에는 저가법

을 선택하고 있다. 그러므로 취득원가에 의한 기말재고가액을 산정한 뒤에는 또 다시 재고자산의 순실현가능가액을 평가하여 순실현가능가액이 취득원가보다 하락한 경우에는 재고자산 평가손실을 계상하여 그 금액만큼 재고자산가액을 감액시켜야 한다. 물론 당기 순이익도 재고자산평가손실만큼 감액될 것이다. 관련된 기업회계기준을 살펴보자.

▶ 재고자산의 평가

① 재고자산은 제조원가 또는 매입가액에 부대비용을 가산하고 이에 개별법, 선입선출법, 후입선출법, 이동평균법, 총평균법 또는 매출가격환원법을 적용하여 산정한 취득원가를 대차대조표가액으로 한다. 다만, 매출가격환원법은 당해 회사의 업종이나 재고자산의 특성에 비추어 다른 방법을 적용하는 것보다 합리적이라고 인정되는 경우에 한하여 적용할 수 있다.

② 재고자산의 순실현가능가액이 취득원가보다 하락한 경우에는 순실현가능가액을 대차대조표가액으로 한다. 다만, 재고자산에 속하는 유가증권에 대하여는 제56조의 규정을 준용한다.

③ 제2항의 순실현가능가액은 추정판매가액에서 판매시까지 정상적으로 발생하는 추정비용을 차감한 가액으로 한다.

④ 재고자산을 저가기준으로 평가하는 경우에 발생하는 평가손실은 장부가액에서 직접 차감한다.

⑤ 제1항의 규정에 의하여 후입선출법을 적용하는 경우에는 대차대조표가액과 순실현가능가액의 차이와 그 내용을 주석으로 기재한다.

(기업회계기준 제58조)

위의 기업회계기준을 살펴보면 재고자산의 평가는 저가법을 준용하도록 하고 있음을 알 수 있다.

한편 재고자산 평가손실은 재고자산금액에서 직접차감하도록 하고 있음에 유의하여야 한다.

기업회계기준 제55조의 5항에 의하면 『대차대조표에 기재하는 자산은 제56조(유가증권의 평가)내지 제60조(투자채권의 평가), 제66조(채권, 채무의 현재가치에 의한 평가) 및 제67조(채권, 채무의 재조정)에서 정함이 있는 경우를 제외하고 자산의 진부화, 물리적인 손상 및 시장가치의 급격한 하락 등의 원인으로 인하여 당해 자산의 회수가능가액이 장부가액에 미달하고 그 미달액이 중요한 경우에는 이를 장부가액에서 직접 차감하여 회수가능가액으로 조정하고, 장부가액과 회수가능가액과의 차액은 동 자산에 대한 감액손실의 과목으로 하여 당기손실로 처리한다. 다만, 감액한 자산의 회수가능가액이 차기이후에 장부가액을 초과하는 경우에는 당해 자산이 감액되지 않았을 경우의 장부가액을 한도로 하여 그 초과액을 동 자산에 대한 감액손실환입의 과목으로 하여 당기이익으로 처리한다』라고 하여 자산에 대하여 평가손실을 계상한 경우에는 감액하기전의 장부가액을 한도로 평가이익을 계상하도록(감액손실환입) 규정하고 있다.

그러나 재고자산은 평가손실을 계상한 후에 비록 그 금액이 원상회복되어도 환입처리를 할 수 없음에 유의하여야 한다. 왜냐하면 재고자산은 저가법에 의하여 평가함을 기업회계기준 제58조에서 별도로 명시하여 놓았으며 저가법은 한번 평가감된 자산에 대하여는 원상회복을 인정하지 않기 때문이다.

재고자산 감모손실과 평가손실

장부상 기말재고액과 실제 기말재고액은 일치하지가 않는데 그 이유는 수량의 차이와 평가금액과 장부가액의 차이 때문이다. 수량의 차이는 재고자산 감모손실이고 평가금액의 차이는 평가손실이나 일괄적으로 재고자산 평가손실로 계상한다. 재고자산의 평가손실이 발생하는 경우의 회계처리를 알아보자. 이해를 돕기 위하여 사례를 들어 본다.

사례

- ㈜재정의 기초재고금액 : 100,000원
- 당기매입액 : 1,000,000원
- 당기매출액 : 1,200,000원
- 장부상 기말재고액 : 200,000원(1,000개, 단가 200원)
- 실사후 기말재고액 : 160,000원(실제수량 800개이며 감모수량 200개 중 150개는 과거의 경험상 영업과 관련하여 필수적으로 파손, 분실되는 분이며 나머지 50개는 비경상적인 감모이다.)
  따라서 장부상 재고수량과 실제 재고수량과의 차이 200개(40,000원)는 원가성있는 감모손 30,000원과 원가성없는 감모손 10,000원으로 구성되어 있다.
- 실제 기말재고 800개의 순실현가능가액은 100,000원으로 평가된다.

(1법) 실제 가액을 기말재고액으로 처리하는 방법

① 기말재고의 실제가액은(순실현가능액) 100,000원이다.

② 실제가액으로 한 기말재고금액에 의하여 계산한 매출원가는 1,000,000원이다.

$$100,000 + 1,000,000 - 100,000 = 1,000,000$$

③ 원가성 없는 재고 감모손실 10,000원과 시가와 장부가액의 차이 60,000 (160,000 − 100,000)원이 매출원가로 계산되어 있으므로 70,000원은 매출원가

에서 차감하여야 한다.

> ### 회계처리 사례
>
> **① 기초재고의 매출원가로의 대체**
>
> | (차변) 매출원가 | 100,000 | (대변) 상품 | 100,000 |
>
> **② 당기매입액의 매출원가로의 대체**
>
> | (차변) 매출원가 | 1,000,000 | (대변) 매입 | 1,000,000 |
>
> **③ 기말재고액의 매출원가로부터의 차감**
>
> | (차변) 상품 | 100,000 | (대변) 매출원가 | 100,000 |
>
> **④ 원가성없는 재고 감모손실, 재고 평가손실의 매출원가로부터의 차감**
>
> | (차변) 재고자산평가손실 | 70,000 | (대변) 매출원가 | 70,000 |
>
> 위와같이 처리한 결과로 손익계산서상의 기말재고액은 100,000원. 대차대조표에서의 기말재고액도 100,000원, 매출원가 930,000원, 재고자산 평가손실 70,000원으로 정리되었다.

(2법) 장부가액을 기말재고액으로 처리하는 방법.

① 기말재고의 장부가액은 200,000원이다.

② 장부가액으로 한 기말재고금액에 의하여 계산한 매출원가는 900,000원이다.

$$100,000 + 1,000,000 - 200,000 = 900,000$$

③ 원가성 있는 감모손실 30,000원과 원가성 없는 감모손실 10,000원 그리고 평가손실 60,000원이 장부가액 200,000원에 포함되어 있으므로 기말재고 장부가액에서 차감한다.

> ### 회계처리 사례
>
> **① 기초재고의 매출원가로의 대체**
>
> | (차변) 매출원가 | 100,000 | (대변) 상품 | 100,000 |
>
> **② 당기매입액의 매출원가로의 대체**
>
> | (차변) 매출원가 | 100,000 | (대변) 상품 | 100,000 |
>
> **③ 기말재고액의 매출원가로부터의 차감**
>
> | (차변) 상품 | 200,000 | (대변) 매출원가 | 200,000 |

④ 원가성없는 재고 감모손실, 재고 평가손실, 원가성 있는 재고 감모손실의
   기말재고자산 장부가액으로부터 차감

| (차변) 매출원가 | 30,000 | (대변) 매출원가 | 100,000 |
| 재고자산평가손실 | 70,000 | | |

위와같이 처리한 결과로 손익계산상의 기말재고액은 200,000. 대차대조표에서의 기말
재고액은 100,000원, 매출원가 930,000원, 재고자산 평가손실 70,000원으로 정리된다.

실제가액을 기말재고액으로 처리하는 (1법)이 우수하고 기업회계기준에서
요구하는 방법이다.

결산처리시 유의할 사항

기업회계기준에 의한 기말 결산을 하였다면 재고자산평가이익을 계상하는
경우를 제외하고는 별 어려움이 없다 하겠다. 일반적으로 재고자산감모손실은
금액이 크지 않다면 원가성을 일일이 구분한다는 것은 어렵기 때문에 모두 매
출원가로 처리하는 것이 일반적이다. 재고자산 평가이익은 기업회계기준에서
용인하지 않기 때문에 계상하여서는 아니된다.

세무상 유의할 사항

① 내국법인은 재고자산의 평가방법을 당해 법인의 설립일 또는 수익사업개시
   일이 속하는 사업년도의 과세표준신고 기한 내에 과세관청에 신고하여야
   하며 평가방법을 변경하고자 하는 경우에는 사업년도의 종료일 이전 3월이
   되는 날 까지 관할세무서장에게 신고하여야 한다.
② 재고자산 평가방법을 신고하지 않으면 세법에서는 선입선출법에 의한 평가
   액을 기말재고액으로 한다.
③ 재고자산 평가방법을 신고한대로 평가하지 않고 임의로 변경하여 평가한
   경우에는 당초 신고한 방법과 선입선출법에 의한 평가액 중 큰 금액을 평
   가액으로 한다. 즉 매출원가를 적게 계상하여 당기의 법인세 부담을 늘리
   겠다는 의도이다. 그러나 차기에는 그 만큼 법인세 부담이 줄어든다.
④ 재고자산의 평가손실은 세법에서는 다음의 경우에 한하여 인정하고 있음에
   유의하여야 한다.
   ❶ 저가법으로 평가방법을 신고하고 결산조정에 반영한 경우에는 저가법

을 인정한다(이 경우에는 반드시 저가법으로 신고하여야만 평가손실 계상가능함에 유의한다).

❷ 파손, 부패의 사유로 인하여 평가손실을 계상하고 이를 결산에 반영한 경우에는 평가방법의 신고 유무에 불구하고 세법에서는 인정하고 있다. 그러나 파손, 부패로 인한 평가손실을 계상하는 것에 대하여는 구체적인 계산근거나 객관적인 증빙을 갖추어 놓아야 함에 주의하여야 한다. 구체적인 계산근거나 객관적인 증빙이 없이 재고자산을 감액하면 과세관청은 대표자에 대한 상여로 보아 시가에 의하여 법인에게는 법인세를 대표에게는 소득세를 부가하게 된다.

⑤ 의제매입세액이 공제되는 원재료의 기말재고에 대한 평가는 공급받은 가액에서 의제매입세액 상당액을 차감하여 평가한다.

⑥ 재고자산의 평가는 재고자산의 종목별 또는 영업장별로 평가할 수가 있다. 단 이 경우에는 영업장별 또는 종목별로 법인의 수익과 비용을 구분하여 기장하여야 하고 제조원가보고서와 손익계산서를 작성하여야 한다.

관련법령

- 기업회계기준서 제10호
- 기업회계기준 39조
- 법인세법시행령 74조
- 법인세법 시행규칙 38조

5
상품

의의

상품은 판매를 목적으로 구입한 상품과 미착상품 또는 적송품 등이 있다. 미착상품은 상품 구입후 운송중인 상품이다. 적송품은 상품판매를 위탁하였으나 수탁자가 아직 판매하지 않은 상품이다(도매업의 회계처리 참조).

업무 · 적요

상품매입은 발생시마다 기록하여야 한다.

상품(판매를 목적으로 구입한), 미착품, 적송품, 토지와 건물(부동산 매매업, 건설업의 경우)

• 대차대조표 〉 자산 〉 유동자산 〉 재고자산 〉 상품

증빙서류

매입세금계산서, 거래명세서, 인보이스

회계처리요령

상품거래에서 상품 구입시 매입계정(비용)의 차변에 기록되고, 판매시 매출계정(수익)의 대변에 기록되는데, 여기서 유의할 점은 상품이라는 자산계정이 장부상 없고, 대차대조표를 작성하는 시점인 연말(또는 월말, 분기)에 상품재고를 나타내는 자산계정을 이월상품계정으로 표시한다. 자산계정은 기말에 다음기로 이월시킬 때 기록하기 때문이다.

매입계정

차변	대변
매입액	매입에누리와 환출 매입할인
	순매입액

매출계정

차변	대변
매출에누리와 환입 매출할인	매출액
순매출액	

이월상품계정

차변	대변
기초상품재고액	매출원가
순매입액	기말상품재고액

매출원가계정

차변	대변
매출원가	손익

상품의 회계처리

상품을 현금으로 구입한 때

상품을 (주)놀부회사로부터 20,000,000원 외상으로 구입했는데, 입고시까지 든 운송료, 하역비, 보험료, 매입수수료 등 매입부대비용 500,000원은 현금지급하다. 또, 검사비, 내부운반비는 100,000원이다.

| (차변) 매입 | 20,500,000 | (대변) 현금 | 20,600,000 |
| 판매관리비 | 100,000 | | |

상품을 외상으로 판매한 때

(주)놀부회사에게 상품 100,000원을 외상으로 팔다.

| (차변) 외상매출금 | 100,000 | (대변) 매출 | 100,000 |

매출한 상품이 반품된 때

(주)놀부회사에게 외상으로 판 상품 200,000원을 반품받다.

| (차변) 매출 | 200,000 | (대변) 외상매출금 | 200,000 |

매입상품을 경비로 대체한 때

(주)흥부회사로부터 구입한 상품 300,000원을 당사의 소모품으로 사용하다.

| (차변) 소모품비 | 300,000 | (대변) 매입 | 300,000 |

재고자산 감모손실을 계상한 때

(주)재정은 기말에 재고자산 감모손실 6,000,000원 발생하다(매출원가로 계상).

12월 31일

| (차변) 매출원가 | 6,000,000 | (대변) 이월상품 | 6,000,000 |

결산기말에 재고자산을 평가한 때

　(주)재정은 선입선출법(세법상 신고방법을 신고하지 않은 경우에 적용함)으로 평가
한 기말재고액은 22,000,000원이다.

12월 31일

(차변) 이월상품	22,000,000	(대변) 매입	22,000,000

매출원가로 대체(결산시)

(차변) 매출원가	××××	(대변) 이월상품	××××

손익계정으로 대체(결산시)

(차변) 손익	××××	(대변) 매출원가	××××

6
제품

 의의

제품은 판매를 목적으로 제조한 생산품, 부산물 등을 처리하는 계정이다 (제조업의 회계처리 참조).

업무 · 적요

• 대차대조표 〉 자산 〉 유동자산 〉 재고자산 〉 제품

회계처리요령

제품판매

당기 완성된 제품 1,000,000원 중 기말재고액은 300,000원이다.
따라서 매출한 상품의 매출원가는 700,000원으로 된다.

(차변) 매출원가	700,000	(대변) 제품	700,000

제품			
기초	0	매출원가	700,000
재공품	1,000,000	기말	300,000
	1,000,000		1,000,000

부산물발생

(차변) 부산물(제품)	×××	(대변) 제조(재공품)	×××

부산물 발생시 평가방법에 따라 그 평가액을 발생된 제조원가로부터 차감하여 부산물 계정에 대체한다.

부산물판매

| (차변) 부산물매출원가 | ××× | (대변) 부산물 | ××× |
| 현금및현금등가물 | ××× | 부산물매출 | ××× |

부산물 판매시 부산물매출과 부산물매출원가를 영업손익으로 분류해 손익계산서상 매출액과 매출원가로 가산해 표시하는 경우 부산물매출과 부산물매출원가를 분리해 계상한다.

부산물 수익

| (차변) 현금및현금등가물 | ××× | (대변) 잡수익 | ××× |

부산물가액이 금액적으로 미미할 경우에 영업외수익의 잡수익으로 처리하는 것이 무난하다.

7
원재료

의의

원재료는 제품을 만들기 위하여 소요되는 원료, 재료, 매입부분품, 미착원재료 등을 처리하는 계정이다.

업무 · 적요

원재료매입대금, 미착원재료, 수출용원재료 수입시 납부한 관세, 의제매입세액 원재료 차감분 등이 있으며, 원재료 취득원가에는 매입가격, 운임, 매입수수료, 보험료, 하역비 등이 있다.

- 대차대조표 〉 자산 〉 유동자산 〉 재고자산 〉 원재료

증빙서류

거래명세서, 세금계산서, 영수증 등

회계처리요령

원재료의 취득원가는 매입가액에 부대비용(운임, 하역비, 보험료, 관세 등)을 합하여 계산한다.

원재료의 구입

원재료를 1,100,000원(부가세 포함)에 외상구입하면서 운임비로 20,000원 지급하였다.

(차변) 원재료	1,020,000	(대변) 외상매입금	1,100,000
부가세대급금	100,000	현금	20,000

원재료의 제조

원재료 중 제품생산에 사용중인 원재료의 금액은 500,000원이다.

(차변) 재공품(제조)	500,000	(대변) 원재료	500,000

제2절 고정자산

제2-1절 투자자산

1
장기금융상품

 의의

대금 회수기일이 결산일로부터 1년이상이 소요되는 예금 및 금융상품을 장기금융상품으로 분류한다.

업무 · 적요

유동자산에 속하지 아니하는 정기예금, 정기적금, 사용이 제한되어 있는 장기성 예금(퇴직보험예치금, 감채기금, 기타 사용제한예금), 기한이 1년 후에 도래하는 CD, RP, 기업어음 등.

• 대차대조표 〉 자산 〉 고정자산 〉 투자자산 〉 장기금융상품

증빙서류

실물, 매매계약서, 대체전표

회계처리요령

장기성 금융상품의 회계처리에 있어 중요한 것은 두 가지로 볼 수 있다. 하나는 계정과목의 분류이고 또 하나는 결산시 이자수익의 계산이다. 요컨데 만기가 대차대조표일로부터 1년 후에 도래하는 모든 금융상품은 장기금융상품으로 분류하면 된다. 장기금융상품 중 대출담보 등의 사유로 인해 예금인출이 제한되어 있는 경우에는 반드시 주석사항으로 기재하여야 한다. 정기예금의 경우에는 예금을 일시납입하고 기간경과분에 대한 이자를 발생주의에 의해 미수이자로 계상하는 경우에는 원금에다 이자율을 승하여 경과일수를 계상하면 간단히 계산이 되나 매월 불입하는 정기적금의 경우에는 수입이자를 계산하는 방식이 조금 어려우므로 계산방식을 메뉴얼 시켜놓을 필요가 있다. 정기적금의 이자 계산방식을 예를 들어 설명하면 다음과 같다.

정기적금

월납 1,000,000원. 80개월 불입 만기환급액 100,000,000인 정기적금.
당해년도 12개월 불입하는 경우 미수이자의 계산식은 다음과 같다.
(만기금액 − 총불입액) × [불입횟수(불입횟수 + 1)] / [총불입횟수 × (총불입횟수 + 1)]

위의 예를 계산해보면 다음과 같다.
(100,000,000 − 1,000,000 × 80) [12 × (12 + 1)] / [80 × (80 + 1)] = 481,481

| (차변) 미수수익 | 481,481 | (대변) 이자수익 | 481,481 |

위와 같은 상황에서 다음해 결산이 되다. 불입횟수는 24개월, 총 24,000,000원
불입.
(100,000,000 − 80,000,000) × [24 × 25] / [80 × 81] = 1,851,852
이자수익은 전년도에 이미 인식한 481,481원을 차감한 1,370,371원이 된다.

| (차변) 미수수익 | 1,370,371 | (대변) 이자수익 | 1,370,371 |

기말 결산서에는 당좌자산에 미수수익이 전년도 481,481원과 당기미수수익
1,370,371원을 합한 금액 1,851,852원이 계상될 것이다.

결산처리시 유의할 사항

결산시에는 장기금융상품의 기간경과분에 대한 이자수익의 계산을 누락하
는 경우가 있는데 반드시 미수수익을 인식하여 결산에 반영하지 않으면 기업
회계기준 위배임을 알아야 한다. 외부감사를 받지 않는 기업은 미수수익을 인
식하지 않더라도 상관이 없다.

기업회계상 이자수익은 발생주의에 의해 기간구분을 하지만 세법에서는 현
금주의를 취하기 때문에 세무조정시에는 위의 이자수익은 익금불산입된다는
것을 알아두어야 겠다(즉, 기업이 당기이익에 계산하더라도 세법상으로는 이
익으로 보지 않으므로 세무조정시 이익에서 차감한다. 단 원천징수되지 않는
이자소득은 기간경과분에 따라 익금산입된다).

2

투자유가증권(매도가능증권, 만기보유증권)

 **의의**

투자유가증권이라 함은 기업의 정상적인 영업활동외에 기업의 유휴자금의 장기운용이나 타기업의 경영활동에 참가하기 위하여 취득하는 주식, 채권, 출자금 등을 말한다. 한편, 유가증권 계정은 실물이 유가증권 또는 투자유가증권이 별도로 존재하는 것이 아니고 경영자의 보유의도에 의한 분류일 뿐이다. 동일한 유가증권에 대해서 단기매매증권 또는 매도가능증권, 만기보유증권으로 분류된다.

(1) 주식의 경우(매도가능증권)

① 유가증권의 취득목적이 장기보유 목적인 경우

② 시장성이 없는 경우

③ 특수관계자가 발행한 주식을 취득하는 경우

(2)채권의 경우(매도가능증권, 만기보유증권)

위에서 살펴본 바에 의하면 유가증권의 분류기준이 보유의도(장·단기), 시장성유무, 특수관계자 여부임을 알 수가 있다. 주식의 경우에는 시장성이 없거나 특수관계자의 주식이면 보유의도의 장·단기를 불문하고 투자유가증권으로 분류하여야 한다.

반면에 사채는 시장성의 유무와 특수관계자의 분류기준을 불문하고 단지 보유의도에 의해서 분류됨에 유의하여야 한다.

업무·적요

주식, 국채, 공채, 사채

• 대차대조표 〉자산 〉고정자산 〉투자자산 〉투자유가증권

증빙서류

실물, 매매계약서, 대체전표

회계처리요령

투자자산의 회계처리에는 취득원가의 결정문제와 결산시 평가문제가 있다. 취득원가의 경우에는 취득시까지 발생된 부대비용을 취득원가에 산입함은 모든 자산의 취득원가 결정시 공통된 사항이라 하겠다. 기업회계기준서 제8호 문단 54에서는 취득원가 산정시 총평균법과 이동평균법을 적용하여 산정한다고 규정하고 있다.

이들 규정의 의미는 재고자산과 마찬가지로 투자유가증권의 총취득가액을 당기 처분분의 원가와 기말재고로 남아있는 유가증권의 원가로 배분한다는 의미이다. 이렇게 배분된 기말 투자유가증권의 가액과 대차대조표일 현재의 공정가액을 비교하여 투자유가증권평가손익을 결정한다.

한편 재고자산은 재고자산평가이익을 인정치 않고 재고자산평가손실만 영업외비용으로 당기손익에 반영하도록 규정한 것(저가법)과는 달리 시장성 있는 투자유가증권은 시가법을 적용하기 때문에 평가이익도 발생한다. 그리고 1년 내로 현금화되는 재고자산과는 달리, 시장성 있는 투자유가증권의 평가손익은 1년 내로 현금화되는 것이 아니고, 또한 정상적인 영업활동에서 발생한 것도 아니므로, 당기손익에 반영치 않고 미실현손익으로 보아 자본조정항목으로 처리하였다가 처분시에 투자자산 처분손익으로 당기손익에 반영함에 유의하여야겠다.

재고자산과 투자유가증권의 평가손익의 비교

구　　　분	재고자산	투자유가증권
평가방법	저가법	시가법
평가이익	인정치 않음	인정
평가손실	인정	인정
평가손익의 처리	당기손익에 반영	자본조정에 반영

투자유가증권은 매도가능증권과 만기보유증권을 각각 구분하여 회계처리하고 대차대조표에는 투자자산으로 분류 공시한다.

3

장기대여금

 의의

장기대여금이란 일반적 상거래와 관련없는 금전채권중 상환기간이 1년 이상 인 대여금을 말한다. 장기대여금은 주주·임원, 종업원 장기대여금과 관계회 사 장기대여금을 포함한다. 한편 장기대여금과 관련하여 기업회계기준을 먼저 살펴보자.

> ▶ **투자자산**
>
> 3. 장기대여금
> 유동자산에 속하지 아니하는 장기의 대여금으로 한다(기업회계기준 제17조).

업무 · 적요

주주·임원 대여금, 종업원 대여금

• 대차대조표 〉 자산 〉 고정자산 〉 투자자산 〉 장기대여금

증빙서류

차입약정서, 대체전표

회계처리요령

장기대여금의 회계처리는 현재가치할인차금만 제외하고는 일반자산의 취득 과 소멸에 관한 회계처리와 동일하다.

기업회계기준에 의하면 명목가액과 현재가치와의 차이가 중요한 경우에는 현재가치로 평가함을 의무화 하고 있으므로(중소기업 기본법에 의한 중소기업 은 예외임) 현재가치에 대한 회계처리가 장기대여금의 계정에서 중요한 이슈 가 되었다. 한편 현재가치를 산출하기위하여 적용할 이자율은 당해 거래의 유 효이자율을 규정하고 당해 거래의 유효이자율과 동종시장이자율의 차이가 중 요하거나 유효이자율을 알 수가 없는 경우에는 동종시장이자율을 기초로 적정 하게 산정된 이자율을 적용하여야 한다. 그리고 동종시장이자율을 알 수 없는

경우에는 회사의 차입금에 대한 가중평균차입이자율을 사용하도록 하고 있다. 기업실무상 당해 거래의 유효이자율과 동종시장이자율의 구분이 애매하여 회계처리에 어려움이 있을 것으로 예상된다. 그리고 개정전의 기업회계기준에서는 현금이 직접 수수되는 금전대차거래에 대해서는 현재가치평가를 하지 않고 주석으로만 공시하도록 하였으나 최근의 급격한 경제환경 변화로 기업의 금전채권, 채무가 재조정되는 경우가 많아 금전으로 인한 채권, 채무의 실질적인 가치를 올바로 공시하기 위하여 금전대차거래에서 발생하는 장기의 채권, 채무에 대해서도 그 액면가액과 현재가치의 차이가 중요한 경우에는 현재가치평가를 의무화 하였다. 장기대여금의 회계처리를 예를 들어 살펴보면 다음과 같다.

사례

㈜재정은 20X1. 1. 1 원자재를 안정적으로 공급받을 목적으로 A사에 현금 100,000,000원을 대여하고 5년후 지급받기로 하다. 이자는 받지 않기로 하였으나 시장이자율은 10%이다.

이런 경우에 5년 후의 1억과 현재의 1억은 분명히 그 가치가 다를 것이다. 5년 후 1억의 현재가치를 계산하여 보자.

현재가치 : $100,000,000/(1+0.1)5 = 62,092,132$

현재가치할인차금 : $100,000,000 - 62,092,132 = 37,907,868$

이 금액이 정보이용자의 의사결정에 영향을 미칠 정도의 중요한 차이라면 회사는 다음과 같이 회계처리를 하여야 한다.

(차변) 장기대여금	100,000,000	(대변) 현금	100,000,000
선급금	37,907,868	현재가치할인차금	37,907,868

한편 현재가치할인차금의 상대계정과목은 차이에 대한 수혜여부에 따라 결정된다. 예를 들면 아무런 대가가 없는 성격이라면 기부금으로 회계처리하여야 하며 거래처로부터 원자재의 안정적인 공급확보를 위한 목적이라면 선급금계정으로 처리하여야 한다. 요는 장기대여를 하고 현재가치와 명목가액과의 차이가 발생하였다면 그 차이는 거래상대방에 대한 수혜가 될 것이고 그 수혜를 준 대가에 따른 회계처리를 해주어야 한다는 것이다.

원자재를 공급받는 거래처에 위와 같이 장기로 자금을 대여하고 이자를 받지 않고 만기에 원금만 일시상환 받기로 약속하였다면 상대거래처는 그 이자만큼 이익을 보게 되는 것이며 그 이익의 성격은 결국 선급금의 성격이 되는 것이다. 같은 논리로 거래회사에게 아무런 대가없이 위와 같은 수혜를 주었다면 이자차액만큼 기부금으로 보아야 할 것이다. 단, 현재가치할인차금은 정보이용자의 의사결정에 영향을 줄 정도의 중요한 차이일 경우에 한해서 계상한다. 한편 기업회계기준에서는 중요한 차이에 대해서는 별도의 규정을 두고있지 않으므로 금액의 절대적·상대적 크기나 당해 계정에서 차지하는 비율, 당해 계정과목의 성격에 따라 정보이용자의 의사결정에 영향을 미칠 정도 인지를 종합적으로 고려하여 판단하여야 한다. 이 금액이 중요하다면 대차대조표에는 다음과 같이 공시된다.

대차대조표	
1. 유동자산	
2. 고정자산	
1) 투자자산	
장기대여금	100,000,000
현재가치할인차금	(37,907,868)
	62,092,132

한편 시간이 흐름에 따라 장기대여금의 가치는 명목가액에 근접하게 된다. 왜냐하면 현재가치란 미래 일정금액에 대한 현재의 가치를 말하므로 시간이 미래로 근접할수록 미래의 명목가액과 현재가치와의 차이는 점점 소멸되어 가는 것이다. 이 차이의 소멸분은 채권에 있어서는 이자수익으로 인식하고 채무의 경우에는 이자비용으로 인식하여야 한다. 위의 사례의 경우에는 장기대여금 100,000,00원의 현재 가치가 62,092,132원이나 이 금액은 5년간에 걸쳐 100,000,000원으로 증가해나가는 것이다.

현재가치가 증가하는 것을 연도별로 보면 다음과 같다.

	장부가액	연간증가액(차이)
20X1년 1월 1일	62,092,132	
20X1년 12월 31일	$62,092,132 \times (1+0.1) = 68,301,345$	6,209,213
20X2년 12월 31일	$68,301,345 \times (1+0.1) = 75,131,480$	6,830,135
20X3년 12월 31일	$75,131,480 \times (1+0.1) = 82,644,628$	7,513,148
20X4년 12월 31일	$82,644,628 \times (1+0.1) = 90,909,090$	8,264,462
20X5년 12월 31일	$90,909,090 \times (1+0.1) = 100,000,000$	9,090,910
		37,907,868

위와 같이 장기대여금의 장부가액은 시간의 경과에 따라 점차 증가하여 만기에는 액면가액과 동일하게 되는 것이다. 한편 대차대조표의 공시방법에 있어서는 명목가액에 현재가치할인차금을 차감하는 형식으로 기재하여야 하므

로 장부가액이 증가해나가기 위하여서는 현재가치할인차금이 점차 연간차이
만큼 매년 감소해나가야 한다.

이를 회계처리하면 다음과 같다.

회계처리 사례

20X1년	(차변)	현재가치할인차금	6,209,213	(대변) 이자수익	6,209,213
20X1년	(차변)	현재가치할인차금	6,830,135	(대변) 이자수익	6,830,135
20X3년	(차변)	현재가치할인차금	7,513,148	(대변) 이자수익	7,513,148
20X4년	(차변)	현재가치할인차금	8,264,462	(대변) 이자수익	8,264,462
20X5년	(차변)	현재가치할인차금	9,090,910	(대변) 이자수익	9,090,910

현재가치할인차금은 이자수익으로 환입되게 되고 상대거래처는 이자비용으
로 상각해 나간다. 이러한 회계처리에 있어서 이자수익이 없는데도 불구하고
어떻게 이런 회계처리가 되는가 의아해 하리라 생각된다. 그러나 회사의 장기
대여금의 현재가치가 62,092,132원이고, 5년 후의 장기대여금이 100,000,000원
이 되기 위해서는 매년 장기대여금의 금액이 증가해나가야 하므로 그 증가액
만큼 이자수익으로 처리된다고 이해하면 될 것으로 사료된다.

한편 선급금 역시 위의 이자수익에 대응되는 금액을 당기의 매입원가로 대
체하여야 할 것이다.

회계처리 사례

20X1년

(차변) 매입	6,290,213	(대변) 선급금	6,209,213

결산처리시 유의할 사항

장기성 가지급금은 결산시에는 장기대여금으로 공시한다.

세무상 유의할 사항

(1) 가지급금에 대한 지급이자 손금불산입과 인정이자의 계산

기업이 자금을 장기대여하는 경우에는 여러가지 사유가 있을 것이다. 그러
나 세법상으로는 기업의 건전한 재무구조를 유도하고 조세의 부당한 감소를
방지하기 위하여 기업의 자금대여에는 일정한 제약을 가하고 있으니 지급이자

의 손금불산입과 가지급금 인정이자의 계산이 바로 그것이다. 즉 회사가 특수관계자에게 업무와 관련없이 무상, 또는 당좌대월이자율보다 저리로 자금을 대여한다면 지급이자의 손금불산입, 인정이자의 익금산입, 가지급금의 대손충당금 계상불가 등의 불이익을 당하게 된다. 지급이자의 손금불산입과 가지급금의 인정이자 익금산입은 발생원천(가지급금)은 동일하나 적용되는 경우는 두 가지가 동시에 적용될 수 있고 각각 적용될 수도 있다.

세법상의 규제	규제해당요건
지급이자의 손금불산입	① 당해법인의 특수관계자에게
	② 업무와 무관하게 자금을 대여하는 경우
인정이자의 익금산입	① 당해법인의 특수관계자에게
	② 당좌대월 이자율 또는 법인의 가장 높은 차입금의 이자율보다 저율 또는 무상으로 자금을 대여하는 경우

그러므로 당해법인이 특수관계자에게 업무와 무관하게 자금을 대여한 경우에는 법인의 총 차입금 중 가지급금에 해당하는 지급이자는 손금으로 인정치 않는다.

한편 법인의 최고차입이자율보다 낮은 이자로 자금을 대여하는 경우에는 그 차액만큼을 익금산입하게되어 법인세를 이중으로 부담하여야 한다.

예를 들어 경리담당자가 임·직원, 주주에게 업무과 관련없이 자금을 대여하였다면 이자수령여부에 불문하고 지급이자의 손금 불산입이라는 규제가 있게 되고, 더욱이 그 법인의 차입금의 최고 이자율보다 낮은 이자율로 대여하였다면 그 법인의 최고이자율과 약정이자율과의 차이에 대하여는 법인에게는 익금산입이 되어 세금을 부담하여야 하고 임·직원등에게는 배당·상여소득으로 처분되어 소득세를 부담시키게 되므로 경리담당자들이 각별히 유의하여 처리를 해야 될 것으로 사료된다. 가지급금을 회수하지 아니하면 그 금액은 상여 또는 배당으로 처분됨에 유의하여야 한다.

(2) 현재가치할인차금환입의 익금불산입

한편 장기대여금에서 발생한 현재가치 할인차금은 경과년도에 따라 이자수익으로 인식해 나가야 하는바 법인세법령 제68조 5항에서만 현재가치할인차금과 관련하여 기업회계기준을 수용한다 하였고, 위 법령 제68조 5항은 장기할부매출과 관련된 조항이므로 장기금전채권에서 발생한 현재가치할인차금의 이자수익계상은 세법상으로는 익금불산입처리된다.

> **▶ 자산의 판매손익 등의 귀속사업연도**
>
> 법인이 장기할부조건 등에 의하여 자산을 판매하거나 양도함으로써 발생한 채권에 대하여 기업회계기준이 정하는 바에 따라 현재가치로 평가하여 현재가치 할인차금을 계상한 경우 당해 현재가치할인차금상당액은 당해 채권의 회수기간동안 기업회계기준이 정하는 바에 따라 환입하였거나 환입할 금액을 각 사업연도의 익금에 산입한다(법인세법령 68조5항).

(3) 중소기업의 회계처리에 대한 특례

기업회계기준서 제14호에 의하여 중소기업(상장기업 및 금융감독위원회 등록법인을 제외한다)의 경우에는 장기연불조건의 매매거래 및 장기금전대차거래 등에서 발생하는 채권·채무는 명목가액을 대차대조표가액으로 한다라고 명시하였기 때문에 해당되는 중소기업은 현재가치할인차금을 계상할 필요가 없다. 또한 외감법 대상이 아닌 기업은 굳이 현재가치 할인차금을 계상할 필요없이 명목가액으로 계상하더라도 세무상 하자가 없다는 것을 알아두어야겠다.

═══ **4** ═══

장기성매출채권

✍ 의의

장기성매출채권은 일반적 상거래에서 발생한 매출채권 중 회수기간이 결산일로부터 1년이상인 채권을 말한다.

> ▶ **투자자산**
>
> 4. 장기성매출채권
> 유동자산에 속하지 아니하는 일반적 상거래에서 발생한 장기의 외상매출금 및 받을어음으로 한다(기업회계기준 제17조).

✍ 업무 · 적요

외상매출금, 받을어음

- 대차대조표 〉자산 〉고정자산 〉투자자산 〉장기성매출채권

✍ 증빙서류

세금계산서, 거래명세서, 대체전표

✍ 회계처리요령

장기성 매출채권의 회계처리는 단기냐 장기냐의 분류를 제외하고는 어려움이 없을 것이다. 한편 현재가치를 계산하여야 되는 경우에는 유효이자율의 적용에 어려움이 있을 것이나 기업의 여건에 맞는 적정한 이자율을 적용하면 무난할 것으로 사료된다.

결산처리시 유의할 사항

기업회계기준에 의하여 장기성 매출채권의 명목가액과 현재가액의 차이가 중요한 경우에는 현재가치할인 차금을 계상하고 그 환입을 이자수익으로 매년 인식하여야 함은 장기대여금에서 살펴본 바와 같다.

세무상 유의할 사항

한편 법인세법상으로는 장기할부매출채권에 한하여서 기업회계기준을 준용하고 있으므로 장기할부매출채권에 대하여 기업회계기준에 따라 현재가치할인차금을 계상하고 그에 따른 환입을 이자수익으로 계상하는 경우에는 별도의 세무조정이 필요가 없게 된다. 세무상 장기할부매출이란 다음의 것을 말한다.

▶ 자산의 판매손익 등의 귀속사업연도

장기할부조건이라 함은 자산의 판매 또는 양도(국외거래에 있어서는 소유권이전조건부약정에 의한 자산의 임대를 포함한다)로서 판매금액 또는 수입금액을 월부·연부 기타의 지불방법에 따라 2회 이상으로 분할하여 수입하는 것 중 당해 목적물의 인도일의 다음날부터 최종의 할부금의 지급기일까지의 기간이 1년 이상인 것을 말한다.

그러므로 세법상의 장기할부매출이란 인도일부터 1년 이상의 기간에 걸쳐 그 대금을 2회 이상에 걸쳐 부불하는 것을 의미한다(법인세법시행령 제68조의3).

한편 수익의 귀속시기에 관하여서는 기업회계기준과 법인세법이 일치하는 바 공히 인도기준을 사용한다.

그러나 회사가 인도기준을 사용하지 않는 경우에는 기업회계기준위배이므로 이 경우에는 법인세법을 우선하여 당해 법인이 회수하였거나 회수할 금액을 당해 법인의 수입으로 보아 과세표준을 결정하게 된다. 그리고 기업회계기준서 제14호에 해당되는 중소기업은 중소기업의 회계처리에 대한 특례규정 제1조에 의하여 장기할부 매출액 및 토지 또는 건물 등을 장기할부조건으로 처분하는 경우 당해 자산의 처분이익은 할부금회수기일이 도래한 날에 실현되는 것으로 한다. 즉 해당 중소기업은 인도기준이 아닌 회수기준을 사용할 수 있다. 여기서 중소기업이라 함은 중소기업기본법에 의한 중소기업을 말한다.

5

투자부동산

 **의의**

투자부동산이라 함은 기업의 정상적인 영업활동과 관련없이 임대나 투자목적으로 취득한 부동산을 말한다. 투자부동산과 관련하여 기업회계기준을 살펴보면 다음과 같다.

> ▶ **투자자산**
>
> 5. 투자부동산
> 투자의 목적 또는 비영업용으로 소유하는 토지, 건물 및 기타의 부동산으로 하고 그 내용을 주석으로 기재한다(기업회계기준 제17조).

업무 · 적요

토지, 건물, 구축물

• 대차대조표 〉 자산 〉 고정자산 〉 투자자산 〉 투자부동산

증빙서류

등기부등본, 매매계약서, 취득세납부 영수증 등

회계처리요령

기업회계기준에 의한 투자부동산의 회계처리는 일반자산취득, 보유시의 회계처리와 크게 다를 바가 없다. 취득시부터 본래의 목적에 사용가능하기까지 투입된 모든 비용이 취득원가를 구성한다. 그러나 취득한 투자부동산이 사용가능한 상태가 된 이후에 회사의 사정이나 기타의 사유로 인해 사용하지 못하여 발생하는 비용은 취득원가에 산입하여서는 아니된다.

> ### 회계처리 사례
>
> 회사는 투자목적으로 건물을 100,000,000원에 매입하였다.
> 건물 취득과 관련하여 법무비용 1,000,000원, 취득세 및 등록세 등 제반 공과
> 금 5,000,000원, 채권 할인비용, 1,000,000원 소요되었다.
>
> | (차변) 건물 | 107,000,000 | (대변) 현금, 예금 | 107,000,000 |
> |---|---|---|---|

 결산처리시 유의할 사항

투자부동산에 있어 문제는 회계처리보다는 비 업무용부동산에 대한 규제와
업무무관자산으로 인한 세법상의 문제라 할 수가 있다. 세법은 법인의 업무와
관련없는 자산의 보유로 인하여 발생하는 각종 경비 및 조세공과는 손금으로
인정치 않고 더욱이 업무무관자산의 취득가액, 장부가액, 기준시가 중 큰금액
이 총 차입금에서 차지하는 비율만큼의 지급이자는 손금불산입한다.

관련법령

- 법인세법 제27조(업무와 관련없는 비용의 손금불산입)
- 법인세법 제28조(지급이자의 손금불산입)
- 법인세법시행령 제49조(업무와 관련이 없는 자산의 범위)

6
보증금

 의의

기업회계기준에 의한 보증금에 포함되는 각 과목은 다음과 같다.

> ▶ 투자자산
>
> 6. 보증금
> 전세권, 전신전화가입권, 임차보증금 및 영업보증금 등으로 한다(기업회계기준 제17조).

업무 · 적요

전세보증금, 영업보증금, 임차보증금

• 대차대조표 〉 자산 〉 고정자산 〉 투자자산 〉 보증금

증빙서류

계약서

회계처리요령

보증금에 대한 회계처리는 별다른 사항이 없고 단지 대차대조표에 공시할 때에는 보증금항목으로 일괄 묶어서 공시하면 되겠다.

> ### 회계처리 사례
>
> 회사 영업소 설립을 위하여 임차보증금 50,000,000원 지불하다.
>
> | (차변) 임차보증금 | 50,000,000 | (대변) 현금, 예금 | 50,000,000 |
> |---|---|---|---|

결산처리시 유의할 사항

별달리 주의 할 사항은 없다. 그러나 법인이 가지급금등 업무와 관련없는 자금의 대부나 특수관계자간의 거래를 별도의 회계처리를 못하여 보증금과목에서 처리하는 경우가 가끔씩 발생한다. 이는 거래의 실질을 반영하는 회계처리가 아니므로 기업실무자는 정확한 처리가 되도록 노력하여야 한다.

7
이연법인세

 **의의**

　이연법인세는 1998년 4월 1일 이후 최초로 개시하는 회계연도부터 적용하게 되었다. 이연법인세제를 도입하게된 이유는 다음과 같다.

　종전에는 기업회계상의 세전순이익에 법인세법 등에 의한 법인세를 차감하여 당기순이익을 계산하였는 바 기업회계상의 세전 순이익과 법인세법 등에 의하여 계산된 법인세는 수익과 비용의 대응관계가 성립되지 못하였다. 그 이유는 기업회계기준에 의한 세전순이익에서 법인세법 등에 의한 과세소득에 의한 법인세를 차감하여 당기순이익을 계산하면 기업회계기준에 의한 세전이익에 법인세가 기간대응을 이루지 못하였기 때문이다.

　먼저 기업회계기준에 의한 이연법인세의 정의를 살펴보면 다음과 같다.

이연법인세의 이해

　이연법인세의 개념을 이해하기 위하여서는 몇가지 알아야 될 용어가 있다. 비슷한 용어로 인해 이연법인세를 살펴보는 경우에 많은 혼란을 일으켜 이해하기가 어려운 경우가 많았다. 특히 기업실무적인 입장에서보다는 회계이론을 중심으로 한 저서가 많아 기업실무자 입장에서는 이해하기가 난해한 경우가 많아 가급적 실무적인 몇가지 용어를 보고 이연법인세를 알아보자. 이연법인세를 이해하기 위해서는 먼저 세무조정계산서의 유보 및 상여, 배당, 사외유출 등에 대한 개념이 정립되어야 한다.

(1) 법인세등

　이연법인세가 도입되기전 손익계산서의 세전이익에서 차감하였던 법인세를 말한다. 법인세등은 법인세법에 의하여 산출된 법인세(법인세 부담액 또는 미지급법인세)와 부가세액을 총칭하는 용어이다. 이연법인세가 도입된 회계연도부터는 법인세등이라는 용어를 쓰지 않고 법인세 비용이라는 용어를 사용한다(중소기업제외).

(2) 미지급법인세

여기에서 말하는 미지급법인세란 법인세법등의 법령에 의하여 계상된 법인세와 법인세에 부가되는 세액(주민세, 농어촌 특별세)을 말한다. 즉 법인세 부담액을 의미한다. 미지급법인세에서 이연법인세 차대를 가감하면 법인세 비용이 계산된다.

(3) 법인세비용

법인세법등의 법령에 의하여 계상된 법인세 부담액(미지급 법인세)에서 일시적 차이에 의한 법인세(이연법인세)를 가감하여 산출된 금액을 말한다. 즉 법인세 부담액－이연법인세 차＋이연법인세 대＝법인세 비용으로 계상된다. 법인세 비용은 반드시 이공식에 의하여 계산됨에 유의한다. 손익계산서의 세전이익에서 차감될 법인세비용이다.

(4) 과세소득

법인세법에 의하여 산출된 법인세 부담액의 산출의 근거가 되는 각 사업년도의 소득을 말한다.

(5) 세무조정

기업회계와 세무회계는 여러가지 사유로 인하여 과세이익에 차이를 보이고 있다. 법인세법에 의한 법인세(미지급 법인세 또는 과세부담액)는 기업회계기준을 준수하여 계상된 당기순이익에서 세무회계상 과세소득산정기준에 의하여 여러가지 조정을 거친 후에 산출되는 바 이런 조정을 세무조정이라 한다. 세무조정을 하는 이유는 기업회계기준과 법인세법상의 손익인식기준 등이 일치하지 않기 때문에 법인세(법인세 부담액)를 산출하기위해서는 기업회계기준에 의한 당기순이익을 법인세법에 의한 과세소득으로 조정해야 하기 때문이다.

(6) 일시적 차이

세무조정중에서는 그 조정이 차기이후년도에 반전되는 조정이 있는 바 이를 일시적 차이라 한다. 소득처분이 유보로 처분되는 경우이다. 일시적 차이에 의한 법인세의 조정분이 이연법인세로 계상된다. 차기이후년도의 법인세 부담액을 감소 시키는 일시적 차이의 효과(당기에 법인세부담액을 증가시킨다)는 자산성을 인정하여 이연법인세 차의 계정으로 자산에 계상하고 반대로 차기이후년도의 법인세 부담액을 증가시키는 일시적 차이의 효과(당기에는 법인세 부담액을 줄여준다)는 부채로 보아 이연법인세 대의 과목으로 하여 부채에 계상한다.

(7) 이연법인세차

비록 법인세는 당기에 부담하나 차기이후에 반드시 법인세를 줄여주는 세무조정에 의하여 계산된다. 세무조정상 유보의 경우에 발생한다. 법인세 부담액 중 유보분과 이월결손금의 법인세효과 및 이월세액공제로 구성된다.

(8) 이연법인세대

당기에 부담해야 할 법인세가 세무조정으로 인하여 차기이후로 유보된 세무조정에 의하여 발생한다. 마이너스 유보의 경우이다.

(9) 영구적 차이

세무조정 중 당기의 조정으로 완료되고 차기이후에 반전되지 않는 조정을 말한다. 소득처분이 유보외의 처분으로 되는 경우이다. 세법에서 조세정책 및 경제정책적 측면과 조세회피방지 등을 고려하여 특정회계사건에 대한 수익 또는 비용에 대한 시각을 달리함에 따라 발생하는 차이로서, 이러한 영구적차이는 일시적 차이와는 달리 발생은 하지만 소멸되지 않기 때문에 법인세 기간배분시 별도로 고려하지 않는다. 이 경우에는 당기에 조정되는 법인세를 납부하고 종결되는 바 이는 법인세 비용에 계상된다.

사례를 통한 간단한 이해

이연법인세의 요점은 세법 등에서 요구하는 법인세를 전액 납부는 하되 납부금액 전액을 법인세비용으로 보지 않고 납부한 세액 중 차기이후년도에 돌려 받을 것은 자산으로 계상하고 당기에는 비록 납부를 하지 않으나 차기이후년도에 납부해야 할 것은 부채로 보아 미리 비용으로 계상하겠다는 것이다. 이해하기 쉽게 가장 기본적인 예를 들어보자.

회계처리 사례

세법에 의하여 계상된 법인세 부담액이 100,000이고 그 중 일시적 차이에 의한 법인세 증가분이 50,000원이라고 가정한다. 일시적 차이이므로 차기이후년도에는 법인세 부담액을 감소시킨다. 이경우의 회계처리는 다음과 같다.

(차변) 법인세비용	50,000	(대변) 미지급법인세	100,000
이연법인세차	50,000		

(미지급 법인세) – (이연법인세차) + (이연법인세대) = (법인세비용)

위의 경우에는 법인세법등의 법령에 의하여 산출된 법인세 부담액을 납부는 하나 차기이후년도에 법인세 부담액을 감소시키는 일시적 차이에 대해서는 당기의 법인세 비용으로 인식하지 않고 자산으로 계상하였다.

한편 세법에 의하여 계상된 법인세 부담액이 100,000원이고 그 중 일시적 차이에 의한 법인세 감소분이 50,000원이 있었다고 가정하자.

일시적 차이이므로 차기이후년도에 법인세 부담액을 증가시킬 것이다. 이 경우의 회계처리는 다음과 같다.

(차변) 법인세비용	150,000	(대변) 미지급법인세	100,000
		이연법인세대	50,000

미지급 법인세 – 이연법인세 차 + 이연법인세 대 = 법인세 비용

위의 경우에는 비록 법인세부담액이 100,000원이나 차기이후년도에 법인세 부담액을 증가시키는 일시적 차이에 대해서는 당기의 법인세 비용으로 미리 인식하고 부채로 계상하였다.

위에서 살펴본 것처럼 이연법인세란 기업회계이익에 계상된 법인세(영구적 차이 포함)와 법인세법등의 법령에 의한 법인세부담액과의 차이를 조정하기 위한 계정이다. 종전에는 기업회계상의 세전이익에서 법인세법에 의한 법인세등(법인세 부담액)을 차감하여 당기순이익을 계산하였다.

그러나 법인세비용이 기업의 세전이익에 대응되는 비용이라는 관점에서 본다면 기업회계기준에 의해 산출된 회계이익과 법인세법 등에 의한 법인세(법인세 부담액)는 수익과 비용의 대응이 이루어 질 수가 없었다. 따라서 1996년 개정기업회계기준에서 이연법인세제를 도입하고 1998년 4월 1일 최초로 개시하는 사업년도부터는 이연법인세를 계상하도록 하여 세전이익과 법인세비용 간의 대응관계가 이루어지도록 하였다.

기업회계기준에 의해 산출된 이익에 대응되는 법인세를 비용으로 보아 손익계산서에 법인세비용으로 공시하도록 하고 법인세법에 의한 법인세부담액과의 차이는 차기이후년도에 반전되는 차이분(일시적 차이)에 한하여 이연법인

세 등으로 하여 대차대조표의 자산과 부채로 공시하도록 하였다. 따라서 차기이후년도에 반전되지 않는 조정은 당기의 법인세 비용으로 계상되게 된다.

　이연법인세차란 일종의 선급비용의 성격이며 이연법인세대는 미지급비용의 성격으로 이해하면 되겠다. 왜냐하면 이연법인세차는 법인세를 납부하였으나 납부한 전액이 비용으로 계상되지 않고 일부는 차기이후년도에 법인세부담을 감소시키기 때문이고 이연법인세 대는 법인세 납부금액이상으로 법인세 비용으로 계상하기 때문에 차기이후년도에 납부하여야 하기 때문이다.

제2-2절 유형자산

1. 유형자산의 이해
2. 토지
3. 건물
4. 구축물
5. 기계장치
6. 차량운반구
7. 건설중인 자산

1
유형자산의 이해

✍ 의의

유형자산은 정상적인 영업활동에 사용할 목적으로 보유하는 자산으로서 여러 회계기간동안에 걸쳐 미래에 경제적 효익을 제공하는 실물자산이다. 그러므로 유형자산은 물리적 실체를 가지고 있어야 하고 물리적 실체를 가지고 있더라도 기업의 정상적인 영업활동에 사용하기 위한 것이어야 한다. 기업의 정상적인 영업활동에 사용되지 아니하는 유형자산은 유형자산으로 분류할 수 없고 투자 및 재고 자산으로 분류하여야 한다.

✍ 유형자산의 분류

기업회계기준에 의한 유형자산의 과목은 다음과 같다.

유형자산	내　　용
토지	대지, 임야, 전답, 잡종지 등으로 한다.
건물	건물과 냉난방, 조명, 통풍 및 기타의 건물부속설비로 한다.
구축물	선거, 교량, 안벽, 부교, 궤도, 저수지, 갱도, 굴뚝, 정원설비 및 기타의 토목설비 또는 공작물등으로 한다.
기계장치	기계장치, 운송설비(콘베어, 호이스트, 기중기 등)와 기타의 부속설비로 한다.
선박	선박과 기타의 수상운반구 등으로 한다.
차량운반구	철도차량, 자동차 및 기타의 육상운반구 등으로 한다.
건설중인 자산	유형자산의 건설을 위한 재료비, 노무비 및 경비로 하되, 건설을 위하여 지출한 도급금액 또는 취득한 기계등을 포함한다.
기타의 유형자산	제1호 내지 제7호에 속하지 아니하는 유형자산으로 한다.

✍️ 취득원가의 결정

유형자산의 회계처리에 있어 중요한 것은 취득원가의 결정과 감가상각이다.

자산의 취득원가의 결정에 있어서 일반적인 것은 그 자산을 본래의 사용목적에 사용하기까지 지출된 모든 비용을 그 자산의 취득원가에 포함한다는 것은 앞에서 설명한 바와 같다. 유형자산의 취득원가와 관련된 기업회계기준을 살펴보자.

▶ **자산의 평가기준**

① 대차대조표에 기재하는 자산의 가액은 당해 자산의 취득원가를 기초로 하여 계상함을 원칙으로 한다.

② 교환, 현물출자, 증여, 기타 무상으로 취득한 자산의 가액은 공정가액을 취득원가로 한다. 다만, 토지·건물을 제외한 동종의 유형자산간의 교환시 취득가액은 양도한 자산의 장부가액으로 할 수 있다.

③ 유형자산 등의 취득과 관련하여 국·공채등을 불가피하게 매입하는 경우 매입가액과 제66조를 적용하여 평가한 가액의 차액을 당해 유형자산 등의 취득원가에 산입한다.

(기업회계기준 제55조)

위에서 보다시피 유형자산의 취득에는 구입과 자가건설, 교환, 증여에 의한 무상취득 등이 있는 바 취득원가의 결정에 따라 감가상각비가 산출되고 따라서 각 회계연도의 당기순이익이 달라지므로 취득원가를 정확히 결정해야 되는 문제가 있다.

유형자산의 취득원가 결정문제에는 다음과 같은 유형으로 살펴볼 수가 있다.

- 구입에 의한 취득
- 유형자산 취득에 수반된 국·공채매입의 경우
- 현물출자에 의한 취득
- 교환의 경우
- 무상취득의 경우
- 저가구입 고가구입
- 자본적 지출과 수익적 지출
- 건설자금이자

이하에서 유형별로 살펴보자.

 구입에 의한 취득

일반적으로 구입의 경우에는 구입자산을 본래의 목적에 사용하기까지 지출한 모든 비용을 자산의 취득원가에 포함한다. 그리고 동일한 지출이더라도 취득 후에 발생하는 지출은 기간비용으로 계상한다(자본적 지출은 취득원가에 산입한다). 예를 들어 같은 세금이라도 취득세와 등록세는 취득을 위하여 발생하는 세금이기 때문에 취득원가를 구성하지만 재산세는 재산을 보유함에 따른 유지비용이므로 기간비용으로 계산하는 것이다.

(1) 토지의 취득원가

토지의 취득원가는 구입가격에 취득부대비용으로 구성된다. 특이한 경우에 건물이 포함된 토지를 같이 매입하는 경우가 있는데 이 경우에는 취득목적에 따라 토지의 취득가액이 달라진다. 예를 들어 애초의 취득목적이 토지사용을 위해 건물이 딸린 토지를 구입하였다면 취득원가는 전액 토지로 구성될 것이고 건물을 같이 사용하기 위함이었다면 건물에도 안분계산하여야 할 것이다. 그리고 도로가 없는 토지를 매입하여 도로를 개설하는 경우 당해 도로의 관리책임이 정부에 있느냐 또는 회사에 있느냐에 따라 토지의 취득원가가 달라지는 바, 당해 도로의 관리책임이 정부에 있다면 회사의 입장에서는 그 도로를 추가적 지출없이 계속 사용가능하다는 입장에서 당해 도로의 건설원가를 토지의 원가에 산입한다. 그러나 관리책임이 회사에게 있다면 도로의 수명이 있는 바, 이 경우에는 적당한 내용연수 동안 상각해야 하는 문제가 발생하기 때문에 별도의 구축물계정으로 처리하여야 한다. 이하에서 예를 들어 살펴본다.

토지 취득원가

㈜재정은 신사옥을 짓기 위하여 건물이 있는 토지를 취득하고 다음과 같은 지출을 하였다. 토지의 취득원가는 얼마인가?

건물	30,000
토지	100,000
건물철거비	10,000
취득세, 등록세	2,000
잔존물 처분가액	3,000
토지조경비	4,000
정부관리하의 도로포장에 투입된 지출	3,000
국·공채 매입	50,000(현재가치는 40,000)

> ※ 건물은 토지를 취득하기 위하여 부수적으로 취득한 것이므로 건물의 취득가액은 토지의 원가에 산입하여야 한다.
>
> ※ 건물철거비 역시 토지를 본래의 용도에 사용하기 위하여 지출된 비용이고 취득세, 등록세는 부대비용이다.
>
> 한편 잔존물 처분가액은 건물철거비에서 차감한다. 토지 조경비는 일반적으로 그 수명이 영구하다고 보아 토지의 취득원가에 산입한다. 정부 관리하의 도로는 기업입장에서는 영구히 사용가능하다고 보아 토지의 취득원가에 산입한다.
>
> 한편 유형자산을 취득하기 위하여 국·공채 등을 불가피하게 매입하게 되는 경우가 있는데 실제 시가보다 비싸게 매입한 경우에는 그 차액을 유형자산의 취득원가에 산입하여야 한다.
>
> 위의 경우처럼 토지를 취득하면서 국·공채를 50,000원 구입하였다고 하자. 지방채의 시가는 40,000원이다. 이경우의 토지의 취득원가를 계산하면 다음과 같다.
>
> $30,000+100,000+10,000+2,000-3,000+4,000+3,000+(50,000-40,000)=156,000$
>
> 상기의 예를 일괄하여 회계처리를 하면 다음과 같다.
>
> | (차변) 토지 | 156,000 | (대변) 현금 | 196,000 |
> |---|---|---|---|
> | 투자유가증권 | 40,000 | | |
>
> 국·공채를 시가보다 10,000원 더 지불한 것은 유형자산을 취득하기 위하여 불가피한 지출로 보아 유형자산의 취득원가에 산입하는 것이다.

(2) 교환, 현물출자, 증여에 의한 취득

기업회계기준에서는 교환, 현물출자, 증여, 기타 무상으로 취득한 자산의 가액은 공정가액을 취득원가로 한다고 하였다. 기업회계기준 제9조 4항에서는 공정가액이라 함은 합리적인 판단력과 거래의사가 있는 독립된 당사자간에 거래될 수 있는 교환가격이라고 정의하고 있다.

❶ 교환

기업회계기준에서는 유형자산을 교환하는 경우의 취득가액을 다음과 같이 하도록 규정하고 있다.

> ▶ 자산의 평가기준
>
> 교환, 현물출자, 증여, 기타 무상으로 취득한 자산의 가액은 공정가액을 취득원가로 한다. 다만, 토지·건물을 제외한 동종의 유형자산간의 교환시 취득가액은 양도한 자산의 장부가액으로 할 수 있다(기업회계기준 제55조).

❷ 이종자산간의 교환

기업회계기준에서 말하는 공정가액이란 취득한 자산의 공정가액을 의미하는지 양도한 자산의 공정가액을 말하는지 혼돈될 수도 있겠으나 취득한 자산이던 양도한 자산이던 어느 한쪽의 공정가액이 있는 경우에는 그 공정가액을 의미한다고 보면 되겠다. 어느 한 쪽의 공정가액만 아는 경우에 정상인간의 교환이라면 공정가액이 없는 자산과의 교환은 공정가액만 없을 뿐이지 당해 자산이 제공하는 효익이 공정가액 만큼이라고 판단이 되어야 교환이 성립될 것이다. 만약 교환하는 두 자산의 공정가액을 다 알 수가 있고 그 가액이 다른 경우에는 특수관계자가 아니라면 당연히 차액만큼에 대하여서는 정산이 틀림 없이 이루어지기 때문에 장부가액은 당연히 취득한 자산의 공정가액으로 기재 될 것이다.

교환하는 두 자산의 공정가액을 알 수 있는 경우

㈜재정은 보유하고 있는 공정가액 일억원의 토지를 공정가액 오천만원의 토지와 교환하다.

(차변) 신 토지	50,000,000	(대변) 구 토지	100,000,000
현금(미수금)	50,000,000		

한편 법인이 보유하고 있는 공정가액 일억원의 토지를 일억오천만원의 토지와 교환한다면 다음과 같은 회계처리가 이루어질 것이다.

(차변) 신 토지	150,000,000	(대변) 구 토지	100,000,000
		현금(미지급금)	50,000,000

교환하는 자산의 공정가액이 어느 한쪽만 명확한 경우

㈜재정은 보유하고 있는 공정가액 일억원의 토지를 다른 토지와 교환하다. 다른 토지의 공정가액은 알 수 없다.

(차변) 신 토지	100,000,000	(대변) 구 토지	100,000,000

만약 신 토지의 공정가액이 명확하지 않고 구 토지의 공정가액이 일억원이라면 위의 경우와 달리 신 토지의 취득가액은 100,000,000원으로 기재된다. 이 경우에는 신 토지의 가액이 공정가액은 없으나 정상적인 거래라면 일억원의 가치를 지닌 자산을 제공하고는 일억원에 해당하는 자산을 구입하는 것이 당연하기 때문이다. 따라서 오천만원 또는 일억오천만원의 토지를 단지 공정가액이 없다고 하여 일억원으로 장부에 기재하는 것이 아님을 알아야겠다.

❸ 동종자산간의 교환

한편 교환에는 동종자산과의 교환과 이종자산과의 교환이 있는 바 기업회계 기준에서는 토지, 건물을 세외한 동종사산간의 교환시 취득가액은 양도한 사

산의 장부가액으로 할 수 있다고 하였다. 이는 자산의 처분에 따른 처분손익
을 인식하지 않아도 된다는 예외사항을 말하는 것으로서 동종자산간의 교환은
당해 자산의 수익창출활동이 종료되지 않았다는 관점에서 보아 교환으로 인한
손익을 인식하지 않을 수도 있다는 것이다. 단, 이는 회사의 선택 사항임에 주
의하여야 한다. 그러므로 모든 자산의 교환거래는 처분손익을 인식하는 것이
원칙이며 예외적으로 토지, 건물을 제외한 동종자산간의 교환거래는 취득가액
을 양도한 자산의 장부가액으로 할 수가 있는 것이다(처분손익을 인식하지 않
아도 된다는 말임). 사례를 들어보겠다.

회계처리 사례

㈜재정은 취득가액 1,000,000원, 감가상각누계액 500,000원의 구 기계를 시가
600,000원의 동종기계와 교환하다.

처분손익을 인식하지 않는 경우

(차변) 신 기계	500,000	(대변) 구 기계	1,000,000
구 기계감가상각 누계액	500,000		

처분손익을 인식하는 경우

(차변) 신 기계	600,000	(대변) 구 기계	1,000,000
구 기계 감가상각 누계액	500,000	구 기계 처분이익	100,000

❹ 현물출자

현물출자의 경우에는 취득한 자산의 공정가치와 출자자에게 교부한 주식의
공정가액 중 명확한 것을 자산의 취득원가로 한다. 이 경우에도 교환에서와
마찬가지로 취득한 자산의 공정가치와 교부한 주식의 공정가액 중 어느 하나
만 있는 경우에는 그 금액을 기준으로 회계처리가 이루어질 것이다. 달리 말
하면 정상적인 거래에서는 취득한 자산의 공정가치만큼 주식의 교부가 이루어
질 것이기 때문에 어느 한 쪽의 명확한 공정가액을 장부가액으로 한다는 것은
그만큼 객관적인 회계처리가 될 것이기 때문이다.

❺ 증여 또는 무상으로 취득한 자산

증여, 무상으로 취득한 자산의 가액은 공정가액을 취득원가로 한다.

회계처리 사례

회사는 대주주 甲으로부터 공정가액 1억원 건물을 증여받다.

| (차변) 건물 | 100,000,000 | (대변) 자산수증이익(특별이익) | 100,000,000 |

자산수증이익을 세무상 이월결손금을 보전하는 경우에는 익금불산입으로 처리된다.

---

(3) 고가매입과 저가매입

취득한 자산의 장부가액은 취득원가를 기초로 하나 부당하게 고가로 매입한 자산의 가액은 공정가액을 기초로 계상하여야 한다. 부당하게 고가로 매입한 경우에 대하여 기업회계기준에서는 별도의 규정이 없으나 세법에 의하면 시가보다 30%를 더한 금액을 초과하여 매입한 경우에는 이를 취득원가로 보지않고 부당행위부인 대상이 되거나 기부금으로 보아 시부인하게 된다.

▶기부금의 범위

법 제24조 제1항의 규정에 의한 기부금은 제36조의 규정에 의한 지정기부금과 다음 각 호의 1에 해당하는 것으로 한다.
  1. 특수관계자 외의 자에게 당해 법인의 사업과 직접 관계없이 무상으로 지출하는 재산적 증여의 가액
  2. 법인이 제87조의 규정에 의한 특수관계자 외의 자에게 정당한 사유없이 자산을 정상가액보다 높은 가액으로 매입함으로서 그 차액 중 실질적으로 증여한 것으로 인정되는 금액.
이 경우 정상가액은 시가에 시가의 100분의 30을 가산하거나 100분의 30을 차감한 범위 안의 가액으로 한다.   (법인세법 시행령 제35조)

한편 시가보다 저가로 매입한 경우에는 역사적 원가주의에 의하여 지급금액을 취득원가로 한다. 한편 유가증권의 경우에는 저가매입의 경우에도 세법에 의하여 익금 산입의 조정을 받는 경우가 있는바 그 내용은 다음과 같다.

▶익금의 범위

② 다음 각호의 금액은 이를 익금으로 본다.
  1. 제52조 제1항의 규정에 의한 특수관계자인 개인으로부터 유가증권을 동조 제2항의 규정에 의한 시가에 미달하는 가액으로 매입하는 경우 시가와 당해 매입가액의 차액에 상당하는 금액   (법인세법 제15조)

---

(4) 자본적 지출과 수익적 지출

자본적 지출이냐 수익적 지출이냐에 관하여 기업회계기준뿐만 아니라 해당

법인세법에 대한 지식도 중요하다. 왜냐하면 기업의 회계담당자들은 해당 지출의 성격이 세법에 의하여 용인을 받느냐에 따라 추가적인 세금의 크기가 얼마나 달라질 것인가, 그리고 달라진다면 그 이유는 무엇인가 정도는 알아야 하기 때문이다.고정자산을 취득한 후 그 고정자산을 계속 사용·유지하기 위해서는 수선비, 증설, 개량비등의 추가적인 지출이 소요되는 바 이러한 추가적 지출을 당기의 비용으로 종결 시킬 것인가 아니면 일반고정자산과 마찬가지로 차기이후년도까지 비용을 배분할 것인가의 문제가 자본적 지출과 수익적 지출의 문제이다. 기업회계기준 제45조에서는 자본적 지출과 수익적 지출의 구분을 다음과 같이 하고 있다.

지출내용	지출목적
자본적지출	고정자산의 내용연수를 증가시키는 경우 고정자산의 가치를 실질적으로 증가시키는 경우
수익적지출	고정자산의 원상을 회복시키는 경우 고정자산의 능률을 유지시키는 경우

기업회계기준은 위와 같이 구분하였으나 중요성 기준에 따라 금액이 일정액 이하인 경우에는 구분 없이 당기의 비용으로 처리하여도 무방하다. 기업회계기준은 단순히 위와 같이 구분하였지만 법인세법에서는 보다 구분기준을 세분화 시켜 놓았다. 따라서 실무담당자는 법인세법에 따른 회계처리를 하면 원만한 회계처리가 되리라 본다. 한편 법인세법에서 규정한 제반 수익적 지출과 자본적 지출을 살펴보면 다음과 같다.

> **▶ 즉시상각의 의제**
>
> ① 법인이 감가상각자산을 취득하기 위하여 지출한 금액과 감가상각자산에 대한 자본적 지출에 해당하는 금액을 손금으로 계상한 경우에는 이를 감가상각한 것으로 보아 상각범위액을 계산한다.
>
> ② 제1항에서 "자본적지출"이라 함은 법인이 소유하는 감가상각자산의 내용연수를 연장시키거나 당해 자산의 가치를 현실적으로 증가시키기 위하여 지출한 수선비를 말하며, 다음 각 호의 1에 해당하는 것에 대한 지출을 포함하는 것으로 한다.
>
> 1. 본래의 용도를 변경하기 위한 개조
> 2. 엘리베이터 또는 냉난방장치의 설치
> 3. 빌딩 등에 있어서 피난시설 등의 설치
> 4. 재해 등으로 인하여 멸실 또는 훼손되어 본래의 용도에 이용할 가치가 없는 건축물·기계·설비 등의 복구
> 5. 기타 개량·확장·증설 등 제1호 내지 제4호와 유사한 성질의 것
>
> (법인세법 영 제31조)

한편 위의 예시, 즉 자본적 지출임에도 불구하고 유형자산의 취득원가를 구성하지 않고 회사가 당기에 비용으로 계상할 수 있는 경우는 다음과 같다.

▶ 즉시상각의 의제

③ 법인이 각 사업연도에 지출한 수선비가 다음 각 호의 1에 해당하는 경우로서 그 수선비를 당해 사업연도의 손금으로 계상한 경우에는 제2항의 규정에 불구하고 이를 자본적 지출에 포함되지 아니하는 것으로 한다.
  1. 개별자산별로 수선비로 지출한 금액이 300만원 미만인 경우
  2. 개별자산별로 수선비로 지출한 금액이 직전사업연도종료일 현재 대차대조표상의 자산가액(취득가액에서 감가상각누계액상당액을 차감한 금액을 말한다)의 100분의 5에 미달하는 경우
  3. 3년 미만의 기간마다 주기적인 수선을 위하여 지출하는 경우

(법인세법 영 제31조)

위에서 예시한 경우는 취득이후에 추가적으로 지출한 비용의 구분에 관한 것이었다. 그러나 취득시에도 금액이 일정금액이하의 소액인 경우에는 자산의 취득원가를 구성하지 않고 지출시 바로 비용으로 계상할 수 있는 바 그런 경우는 다음과 같다.

▶ 즉시상각의 의제

④ 다음 각 호의 것을 제외하고 그 취득가액이 거래단위별로 100만원 이하인 감가상각자산에 대하여는 이를 그 사업에 사용한 날이 속하는 사업연도의 손금으로 계상한 것에 한하여 이를 손금에 산입한다. 즉 아래의 두 가지를 제외하고는 취득가액이 100만원이하인 금액에 대하여는 당기에 즉시 비용화가 가능하다.
  1. 그 고유업무의 성질상 대량으로 보유하는 자산
  2. 그 사업의 개시 또는 확장을 위하여 취득한 자산
⑤ 제4항에서 "거래단위"라 함은 이를 취득한 법인이 그 취득한 자산을 독립적으로 사업에 직접 사용할 수 있는 것을 말한다.

(법인세법 영 제31조)

한편 위의 경우는 취득가액이 100만원 이하의 소액인 경우이나 아무런 금액적 제약없이 취득가액을 전액 당기비용으로 계상할 수 있는 경우도 있는 바 그 예시는 다음과 같다.

▶ 즉시상각의 의제

⑥ 제4항의 규정에 불구하고 다음 각 호의 자산에 대하여는 이를 그 사업에 사용한 날이 속하는 사업연도의 손금으로 계상한 것에 한하여 이를 손금에 산입한다.
  1. 어업에 사용되는 어구(어선용구를 포함한다)
  2. 영화필름, 공구(금형을 포함한다), 가구, 전기기구, 가스기기, 가정용 기구·비품, 시계, 시험기기, 측정기기 및 간판

(법인세법 영 제31조)

위의 예시에서 보듯이 수익적 지출과 자본적 지출의 구분 뿐만 아니라 자본적 지출이라도 수익적 지출로 회계처리 할 수 있는 경우를 실무자들은 알아둘 필요가 있으며 취득원가자체도 당해년도 비용, 즉 수익적지출로 처리할 수 있는 경우가 있다는 것을 알아야겠다. 단 결산에 반영하였을 경우에만 당해년도의 손금으로 인정받을 수 있음에 유의하여야겠다.

법인세법 시행규칙에서도 자본적지출과 수익적지출에 대하여 보다 더 명확한 예시를 규정하고 있다.

▶ 자본적지출과 수익적지출의 예시

① 수익적지출과 자본적지출의 구분이 분명하지 아니한 경우에는 다음 각호의 예에 의하여 이를 구분한다.

  1. 다음에 게기하는 것에 대한 지출은 수익적지출로 한다.

    ㈎ 건물 또는 벽의 도장

    ㈏ 파손된 유리나 기와의 대체

    ㈐ 기계의 소모된 부속품의 대체와 벨트의 대체

    ㈑ 자동차의 타이어튜브의 대체

    ㈒ 재해를 입은 자산에 대한 외장의 복구·도장, 유리의 삽입

    ㈓ 기타 조업가능한 상태의 유지 등 전 각호와 유사한 성질의 것

  2. 다음에 게기하는 것에 대한 지출은 자본적지출로 한다.

    ㈎ 본래의 용도를 변경하기 위한 개조

    ㈏ 엘리베이터 또는 냉·난방장치의 설치

    ㈐ 빌딩 등에 있어서 피난시설 등의 설치

    ㈑ 재해 등으로 인하여 건물·기계·설비 등이 멸실 또는 훼손되어 당해 자산의 본래의 용도에 이용가치가 없는 것의 복구

    ㈒ 기타 개량·확장·증설 등 전 각호와 유사한 성질의 것

(법인세법시행규칙 제33조)

---

(5) 건설자금이자

유형자산의 취득원가결정의 일반적 원칙은 당해 자산을 목적활동에 사용가능하기까지 지출된 모든 비용을 포함한다는 것이다(물론 사용 가능한 이후로 회사의 사정으로 인하여 사용 못하여 발생하는 비용은 포함하여서는 아니된다).

일반적으로 유형자산의 건설이나 취득에는 장기간이 소요되고 차입금으로 유형자산을 건설, 취득하는 경우에는 이자비용이 발생하는 바 이 이자비용을 유형자산의 취득원가에 산입하고자 하는 것이 건설자금이자이다.

금융비용은 기간 비용으로 처리함이 원칙이다. 그러나 건설자금이자를 회사가 취득원가에 산입하는것은 선택적으로 적용 가능하다.

> ▶ **자산의 평가기준**
>
> 재고자산·투자자산·유형자산 및 무형자산의 제조, 매입 또는 건설(재고자산은 당해 자산의 제조 등에 장기간이 소요되는 경우에 한한다)에 사용된 차입금에 대하여 당해 자산의 제조, 매입 또는 건설완료시까지 발생된 이자비용과 기타 유사한 금융비용은 당해 자산의 취득원가에 산입하고 그 금액과 내용을 주석으로 기재한다.
>
> (기업회계기준서 제7호)

유형고정자산과 투자자산, 무형자산의 건설자금이자는 아무런 제약이 없이 계상이 가능하나 재고자산은 취득에 장기간이 소요되는 경우에 한한다는 것에 유의한다.

위의 기업회계기준을 해설하면 건설자금이자의 문제는 다음과 같은 항목의 결정문제라 할 수가 있다.

- 자본화대상금융비용의 산정
- 자본화대상자산의 범위
- 자본화대상기간

이하에서 항목별로 고찰해보기로 한다.

(6) 자본화대상금융비용의 산정

자본화 할 수 있는 금융비용은 다음과 같다.

❶ 자본화대상금융비용의 종류

- 차입금 및 사채에 대한 이자비용
- 사채할인발행차금 및 현재가치할인차금의 상각액
- 금융리스이자비용
- 외화환산손익 및 외환차손익
- 당기발생한 상각전의 환율조정차(대)
- 사채발행비상각액
- 차입금으로 회계처리되는 경우 어음할인료

❷ 자본화 금융비용의 산정

자본화시키기 위한 금융비용은 크게 세 가지로 나누어 고려해 볼 수 있다.

- 해당자산을 제조, 매입, 건설하기 위하여 특정차입금을 차입하였을 경우 : 특정차입금의 이자비용에서 해당차입금을 금융기관에 예치함으로서 발생하는 수입이자를 차감한 금액이 자본화 대상이 된다.
- 해당자산을 제조, 매입, 건설하기 위하여 특정차입금을 차입하지 않고 회사의 내부자금

을 사용한 경우 : 이 경우의 자본화대상 금융비용은 해당자산을 제조, 매입, 건설하지 않았더라면 회피할 수 있었을 금융비용이 자본화대상이 된다. 단 자본화대상 금융비용은 타인자본금융비용한도내에서만 가능하다.

- 해당자산을 제조, 매입, 건설하기 위하여 특정차입금과 일반차입금을 같이 사용하는 경우 : 이 경우에는 먼저 특정차입금의 이자비용을 먼저 자본화 하고 일반차입금의 회피 가능한 이자비용을 가산하여야 한다.

한편 금융비용에는 자기자본에 대한 금융비용과 타인자본에 대한 금융비용이 있는 바 자본화 대상금융비용은 타인자본 즉 차입금에 대한 이자비용에만 국한된다는 것을 알아야겠다. 그러므로 해당자산을 제작, 매입, 건설에 사용되는 자금이 차입금과 자기자본으로 구성되는 경우의 자본화 대상금융비용은 차입금에 대한 지급이자부분만 계상되는 것이다.

■ 자본화대상자산의 종류

기업회계기준에 의한 이자비용의 자본화대상 자산은 다음과 같다.
- 유형자산
- 투자자산
- 무형자산
- 제조, 매입, 건설에 장기간이 소요되는 재고자산

이자비용이 자본화되기 위해서는 해당자산이 반드시 의도된 목적활동에 사용하기이전에 발생하는 이자비용이어야 한다. 따라서 이미 사용가능 하거나 사용중인 자산에서 발생하는 이자비용은 자본화시켜서는 아니되며 당기의 비용으로 처리하여야 한다.

■ 자본화대상기간

자본화개시시점 : 자본화 대상자산에 대한 지출이 있었고 금융비용이 발생하였으며 자본화 대상자산을 의도된 용도로 사용하거나 판매하기위한 제작(제조)·매입·건설활동이 진행중일 경우에 금융비용자본화는 개시된다.

① 자본화 종료시점

- 자본화대상자산의 제작(제조), 매입, 건설이 완료되어 당해자산을 의도된 용도로 사용하거나 판매가 가능한 시점까지 금융비용을 자본화하며, 특히 자본화대상자산을 매입시 잔금청산일, 소유권이전등기일이 더 빠른 경우에

는 그 날까지 자본화한다.

- 자본화대상자산이 부분적으로 완성된 경우에는 사용가능여부에 따른다. 부분적으로 사용가능한 경우에는 부분별로, 사용이 불가능 한 경우에는 전체 완성시까지 자본화한다.
- 자가건설에 제공할 토지와 분양공사 용지의 경우는 취득이 완료된 시점이후에도 당해자산이 제공되는 자본화대상 유형자산 또는 재고자산의 자본화종료시점까지 자본화하되 토지의 취득시점이후에 자본화할 금융비용은 관련 자본화대상자산의 취득원가로 처리한다. 따라서 토지(용지)의 취득이전에 발생한 자본화할 금융비용은 토지(용지)의 취득원가에, 취득후에 발생한 자본화할 금융비용은 토지(용지)가 제공된 건물 등(미완성주택)의 취득원가로 계상한다.

2
토지

 의의

회사가 취득한 토지를 처리하는 계정이다. 부동산 매매업인 경우에는 토지가 유형자산을 구성하지 않고 재고자산을 구성하게 된다. 업무용토지이건 비업무용 토지이건 구분하지 않고 일괄적으로 토지계정에서 처리한다. 그러나 투자를 목적으로 취득한 토지는 투자자산의 투자부동산을 분류하여야 한다.

업무 · 적요

건물부속토지, 나대지, 주차장 부지, 운동장 부지

• 대차대조표 〉 자산 〉 고정자산 〉 유형자산 〉 토지

증빙서류

계약서, 송금증명서

회계처리요령

토지취득

회사는 주차장 부지로 사용하기 위하여 토지를 100,000,000원에 구입하였다. 취득세, 등록세, 등기비용 등이 10,000,000원이 소요되었다. 한편 토지위에는 구건물이 있는 바 건물의 취득가액은 10,000,000원이었다. 회사는 건물을 헐고 신사옥을 지을 예정이다.

| (차변) 토지 | 120,000,000 | (대변) 현금, 예금 | 121,000,000 |
| 선급부가세 | 1,000,000 | | |

회계처리시 유의할 사항

토지는 감가상각을 하지 않는다.

건물을 신축하기 위하여 구건물이 있는 토지를 취득하여 구건물을 사용하지 않고 철거하는 경우에는 구건물의 취득가액을 토지원가에 산입하여야 한다. 토지를 무상으로 증여받는 경우에는 공정한 시가를 벗어나지 않는 범위내의 금액을 장부가액으로 하여야 한다.

세무상 유의할 사항

법인의 업무와 관련없는 부동산을 매입하여 비업무용부동산으로 판정되는 경우에는 비업무용 부동산에 해당하는 금액이 차입금에서 차지하는 비율만큼 지급이자가 손금으로 인정되지 아니하고 관련 부동산의 유지비용 역시 비용으로 인정되지 아니하므로 부동산 취득시에는 비업무용 부동산인지의 여부를 판단하여야 한다.

창업기업이 2년이내에 취득하는 사업용 재산에 대하여는 취득세와 등록세를 면제받는다.

관련법령

- 법인세법 27조, 28조
- 법인세법시행령 49조
- 조세특례제한법 119조, 120조

3
건물

의의

회사가 업무용에 공하기 위하여 취득한 건물을 처리하는 계정이다.

업무 · 적요

사무실, 공장, 점포, 영업소, 지사건물

- 대차대조표 〉 자산 〉 고정자산 〉 유형자산 〉 건물

증빙서류

매입계약서, 매입세금계산서, 송금명세서, 건물등기부등본

회계처리요령

토지와 마찬가지로 건물을 취득하기까지 발생한 비용을 건물계정에서 처리한다.

회계처리 사례

회사는 사옥을 매입하였다. 취득가액 500,000,000(부가세 별도)
기타비용 10,000,000

취득시

(차변) 건물	510,000,000	(대변) 현금, 예금	560,000,000
선급부가세	50,000,000		

보유시

회사는 건물을 50년간 정액법을 감가상각하기로 하였다. 기말결산이 된다.

(차변) 감가상각비	10,200,000	(대변) 건물감가상각누계액	10,200,000

매각시

10년간 사용하고 감가상각 누계액 102,000,000원이 된 상태에서 건물을 매각
하다. 매각가액은 4억원이다.

(차변) 현금	440,000,000	(대변) 건물	510,000,000
감가상각누계액	102,000,000	선수부가세	40,000,000
유형자산처분손실	8,000,000		

회계처리시 유의할 사항

사업자가 아닌 개인으로부터 건물을 매입하는 경우에는 부가가치세 부담이
없다. 따라서 계약서와 송금명세서만으로 증빙이 구비된다. 임차한 건물에 회
사의 비용으로 내부시설물을 설치하는 경우에는 임차시설물의 과목으로 하여
임차기간동안 상각하도록 한다.

세무상 유의할 사항

건물의 감가상각방법은 정액법만 허용되므로 정액법으로 감가상각을 하도
록 한다.

토지와 마찬가지로 창업기업에게는 취득세 및 등록세 등의 면제혜택이 있
다. 단, 업종제한은 있으므로 유흥업이나 도·소매업 등은 제외된다.

관련법령

- 법인세법 27, 28조
- 법인세법 시행령 49조
- 조세특례제한법 119조, 120조, 6조 3항

4

구축물

 의의

구축물이란 건물외의 구조물을 취득시 처리하는 계정이다.

업무 · 적요

가스관, 교량, 갱도, 굴뚝, 진입도로, 제방, 터널, 전주

- 대차대조표 〉 자산 〉 고정자산 〉 유형자산 〉 구축물

증빙서류

매입세금계산서, 계약서, 대체전표, 입금표

회계처리요령

회계처리 사례

공장 굴뚝을 설치하였다.
설치비용은 10,000,000원이었다.

| (차변) 구축물 | 10,000,000 | (대변) 미지급금 | 11,000,000 |
| 선급부가세 | 10,000,000 | | |

회계처리시 유의할 사항

구축물과 건물의 구분을 하여야 한다. 건물은 건물 본래의 용도에 의하여 공하기 위한 구조물이고 구축물은 건물의 용도 외에 공하기 위한 구조물이다. 건물에 부착된 구조물의 경우에는 건물로 건물에 부착되어 있지 않은 구조물을 구축물로 처리한다.

세무상 유의할 사항

구축물의 감가상각은 세법상 정액법과 정율법 모두 인정하고 있다.

5
기계장치

의의

회사의 영업 및 제조에 사용하기 위하여 취득한 설비를 처리하는 계정이다.

업무 · 적요

공작기계, 호이스트, 전동기, 분쇄기
- 대차대조표 〉 자산 〉 고정자산 〉 유형자산 〉 기계장치

증빙서류

매입세금계산서, 계약서, 대체전표, 송금표

회계처리요령

회계처리 사례

기계를 100,000,000원에 구입하다(부가세별도).
한편 시운전비 및 운송비 10,000,000원이 소요된다.

| (차변) 기계장치 | 110,000,000 | (대변) 미지급금 | 120,000,000 |
| 선급부가세 | 10,000,000 | | |

회계처리시 유의할 사항

기계를 구입하여 가동하기까지 소요된 모든 비용 예를들어 시운전비, 관세, 설치비, 하역비, 보험료 등은 기계장치의 취득원가에 산입하도록 한다.

🖐 세무상 유의할 사항

기계장치의 감가상각에 대하여는 정액법, 정율법 모두 허용되므로 회사의
실정에 맞는 감가상각방법을 선택하여 사용하도록 한다.

🖐 관련법령

- 법인세법 23조
- 법인세법시행령 26조

6

차량운반구

의의

육상운반을 위하여 취득한 모든 운반구들을 처리하는 과목이다.

업무 · 적요

승용차, 트럭, 철도차량, 승합차

• 대차대조표 〉 자산 〉 고정자산 〉 유형자산 〉 차량운반구

증빙서류

계약서, 매입세금계산서

회계처리요령

회계처리 사례

회사는 회사의 업무에 공하기 위하여 승용차를 10,000,000에 구입하였다(부가세 별도).

(차변) 차량운반구	11,000,000	(대변) 미지급금	11,000,000

회계처리시 유의할 사항

비영업용 소형승용차의 부가가치세는 매입세액공제가 되지 않으므로 차량의 취득원가에 산입한다(단, 택시회사나 렌터카 회사처럼 영업에 공하기 위하여 취득하는 소형승용차에 대하여는 매입세액 공제 됨).

세무상 유의할 사항

개인사업자는 유형자산의 처분손익에 대하여는 소득세법상 과세소득으로 열거되어 있지 않으므로 과세소득에 영향을 미치지 아니한다.

7

건설중인 자산

 ## 의의

고정자산설, 취득하기 위하여 지출하는 비용이 장기적으로 발생하여 고정자산의 취득시까지 발생하는 지출을 처리하기 위한 계정이다.

업무 · 적요

계약금, 중도금, 자재비, 노무비, 경비

• 대차대조표 〉 자산 〉 고정자산 〉 유형자산 〉 건설중인 자산

증빙서류

계약서, 매입세금계산서, 대체전표

회계처리요령

회계처리 사례

1월 1일 선박 건조 대금을 10,000,000원을 용역비로 지급하다. 총 계약액은 100,000,000원이고, 취득시까지는 6개월이 걸릴 것이라고 판단된다.

| (차변) 건설중인 자산 | 10,000,000 | (대변) 현금, 예금 | 55,000,000 |
| 선급부가세 | 1,000,000 | | |

4월 1일 용역비 50,000,000원을 지불하다.

| (차변) 건설중인 자산 | 50,000,000 | (대변) 현금, 예금 | 55,000,000 |
| 선급부가세 | 5,000,000 | | |

6월 30일 선박건조가 완료되어 용역비 40,000,000원을 지불하고 선박을 인수하다.

(차변) 건설중인 자산	40,000,000	(대변) 현금, 예금	44,000,000
선급부가세	4,000,000		
(차변) 선박	100,000,000	(대변) 건설중인 자산	100,000,000

회계처리시 유의할 사항

회사의 경비지출이 불분명한 경우 건설중인 자산으로 묻어 두었다가 곤란함을 겪는 경우가 있으므로 건설중인 자산에 계상하는 지출은 그 성격이 명확하여야 한다. 건설중인 자산을 선급금으로 처리하는 경우도 있다. 대체로 단기에 취극이 이루어지는 경우에는 선급금으로 취득에 장기가 소요되는 경우에는 건설중인 자산으로 처리한다.

제2-3절 무형자산

1. 무형자산의 이해
2. 영업권
3. 산업재산권
4. 광업권
5. 어업권
6. 차지권
7. 개발비
8. 기타의 무형자산

1

무형자산의 이해

 의의

　무형자산이란 물리적 실체가 없으면서 장기에 걸쳐 기업에 효익을 제공하는 자산이라 정의할 수 있다. 기업회계 기준서 3호에 의한 무형자산의 과목은 다음과 같으므로 실무적으로는 이에 해당하는가의 여부에 따라 계정분류만 제대로 하면 되겠다.

> **▶ 무형자산**
>
> 무형자산의 과목은 다음과 같다.
> 산업재산권, 라이선스와 프랜차이즈, 저작권, 개발비, 임차권리금, 광업권, 어업권, 컴퓨터소프트웨어, 창업비, 개발비와 같은 사업개시 비용은 당기의 비용으로 인식한다.
>
> （기업회계 기준서 3호）

업무 · 적요

　영입권, 산업재산권, 광업권, 어업권, 개발비

증빙서류

　세금계산서, 출금전표, 영수증, 계약서

회계처리요령

　무형자산의 회계처리는 취득시의 회계처리와 결산시의 상각으로 나누어 생각해 볼 수 있다. 취득시의 회계처리는 별 문제가 없겠으나 결산시의 상각처리에 있어서는 기업회계기준은 20년 이내의 범위에서 정액법 또는 생산량 비례법으로 생각할 것을 규정하고 있다. 그러나 세법에서는 무형자산의 상각내용연수가 차이가 나므로 세법에서 규정한 연수보다 빨리 생각하는 경우에는 상각한도를 초과하므로 손금부인되는 경우가 발생하는 것은 유형자산과 동일하다.

(1) 취득원가의 결정

일반적으로 자산이라 함은 과거의 거래나 사건의 결과로부터 기업이 통제하거나 획득한 미래의 경제적 효익을 말한다. 따라서 유형, 무형여부를 불문하고 기업이 가지는 미래의 경제적 효익이 자산성을 결정하는 요소라 하겠다. 한편 유형고정자산은 그 물리적 실체가 있음으로 해서 장래의 효익에 대하여 비교적 객관적인 입증이 가능하다 하겠으나 무형자산은 물리적 실체가 존재하지 않으므로 미래의 경제적 효익의 입증에 있어서 그 자산성을 인정할 것인가에는 약간의 어려움이 있다 하겠다. 특히 외부에서 구입한 영업권이나 특허권 등은 자산으로 인정할 수 있는 상당한 요건을 갖추고 있다고 볼 수 있으나 내부에서 자가창설한 영업권에 있어서는 자산성을 인정받기에 어려움이 있다. 기업회계기준에서는 무형자산의 취득원가를 다음과 같이 결정하도록 하고 있다.

▶ 무형자산의 평가

① 무형자산의 취득원가는 당해 자산의 제작원가 또는 매입가액에 취득부대비용을 가산한 가액으로 한다.
② 무형자산은 정액법 또는 생산량비례법 중 합리적인 방법에 의하여 당해 자산의 사용가능한 시점부터 합리적인 기간동안 상각한다. 다만, 독점적·배타적인 권리를 부여하고 있는 관계법령이나 계약에 의하여 정해진 경우를 제외하고 상각기간은 20년을 초과하지 못한다.

(기업회계기준서 제3호)

무형자산의 취득원가는 유형자산의 취득원가의 결정과 마찬가지로 제작원가 또는 매입가액에 부대비용을 가산한 가액으로 한다. 그러나 무형자산은 반드시 미래의 경제적 효익이 있다고 판단되어야만 자산으로 기재하고 그렇지 못하다면 당기의 비용으로 계상하여야 함에 주의하여야 한다.

(2) 회계처리

무형자산의 회계처리는 계정분류와 상각문제로 분류된다. 계정분류는 기업회계기준에 따라 처리하면 될 것이나 상각은 기업회계기준에서 인정하는 내용연수(20년이내)와 세법에서 인정하는 내용연수가 다르기 때문에 회계처리시 법인세법과 다른 내용연수를 적용한다면 세무조정을 하여야 하므로 기업의 이익정책과 세무정책을 고려하여 회계처리를 하여야 하는 문제가 발생한다.

이하에서 과목별로 기업회계기준과 법인세법의 규정을 비교하여 검토해 본다.

2
영업권

 **영업권의 범위**

영업권은 합병, 영업의 양수 및 전세권 등을 유상으로 취득한 경우에 한하여 계상할 수 있다. 자가창설한 영업권은 비록 장래에 기업에 효익을 제공한다고 하여도 현행 기업회계기준에서는 인정하지 않고 있다. 자가창설 영업권을 임의로 인정하게 된다면 객관적인 평가기준의 결여로 인하여 과대평가시에는 이에 대한 논란이 예상되기 때문이다.

영업권의 상각

기업회계기준은 무형자산의 상각을 자산에서 직접 차감하도록 하고 있다.

> ▶ **무형자산 표시**
> 무형자산은 그 상각액을 당해 자산에서 직접 차감한 잔액으로 기재한다.
>
> (기업회계기준 제21조)

그러므로 유형자산과는 달리 무형자산은 상각시 충당금을 설정하지 않고 해당자산에서 직접 차감하여야 한다.

회계처리 사례

㈜재정은 100,000원에 계상된 영업권을 5년간 상각 한다. 결산일이 되다.

(차변) 영업권상각(판매비와관리비) 20,000	(대변) 영업권 20,000

기업회계기준과 법인세법에 의한 영업권의 상각에는 내용연수에 차이가 있다. 차이를 살펴보면 다음과 같다.

구분	감가상각방법	내용연수	비고
기업회계기준	정액법, 생산량비례법	20년이내	20년 이내 법인이 임의로 선택
법인세법등	정액법(광업권은 정액법 또는 생산량 비례법)	5년	5년이상 법인세법 시행규칙 별표3

위의 표에서 보듯이 기업회계기준과 법인세법 등이 다르므로 영업권을 5년 이내로 상각하는 경우에는 법인세법 등에 의하여 상각액이 부인당한다. 법인세법에서 규정한 5년이라는 내용연수는 상각범위액을 결정하기 위한 것이므로 법인이 한도액 이상으로 상각하는 경우에는 한도초과액은 부인되어 차기이후년도에 시인부족액이 발생하는 경우에 손금산입되며 법인이 상각을 하지 않거나 세법상보다 적게 상각하는 경우에는 법인세법상으로는 문제가 발생하지 않고 단지 내용연수가 연장만 되는 효과가 생긴다(상각을 하지 않으면 회계상으로는 기업회계기준 위배이다).

예를 들어 설명한다

법인세법등에 의한 내용연수보다 빨리 상각하는 경우

㈜재정은 영업권 900,000원을 3년간 상각하다.

(차변) 영업권상각	300,000	(대변) 영업권		300,000

	1년	2년	3년	4년	5년
기업회계기준	300,000	300,000	300,000		
법인세법등에 의한 상각한도	180,000	180,000	180,000	180,000	180,000
한도초과액	120,000	120,000	120,000	(180,000)	(180,000)

위의 사례처럼 법인세법 등에 의하면 영업권은 반드시 5년 이상 상각을 규정하고 있으므로 회사가 세법 등에 의한 내용연수보다 빨리 상각하면 위와 같이 1, 2, 3년에는 각각 120,000씩 합계 360,000원의 손금이 부인당하였다가 4, 5년 차에 각 각 180,00원씩 360,000원이 손금산입되는 세무조정 문제가 발생한다. 위의 경우에는 기업회계기준상의 당기순이익은 상각비용 300,000원을 공제한 금액이 계상될 것이나 법인세는 상각비용 180,000원을 공제한 소득금액으로 계상된다.

사례

㈜재정은 영업권 900,000을 6년간 상각하다.

	1년	2년	3년	4년	5년	6년
기업회계기준	150,000	150,000	150,000	150,000	150,000	150,000
법인세법등에 의한 상각한도	180,000	180,000	180,000	180,000	180,000	0
한도초과액	(30,000)	(30,000)	(30,000)	(30,000)	(30,000)	150,000

위의 사례에서는 법인세법에 의한 한도를 초과하지 않았으므로 세무조정문제가 발생하지 않는다. 따라서 기업회계기준에 의한 무형자산의 상각이 법인세법 등에 의한 상각보다 내용연수를 길게 하는 경우에는 세무상 조정이 발생하지 않는다.

사례

㈜재정은 영업권을 6년간 상각하기로 하였으나 2년차에는 사정에 의하여 상각하지 않았다.

	1년	2년	3년	4년	5년	6년	7년
기업회계기준	150,000	0	150,000	150,000	150,000	150,000	150,000
법인세법등에 의한 상각한도	180,000	180,000	180,000	180,000	180,000	0	0
한도초과액	(30,000)	(180,000)	(30,000)	(30,000)	(30,000)	150,000	150,000

위의 사례에서는 2년차에 회사가 영업권을 상각하지 않고 7년차에 상각하였다. 그러나 법인세법상으로는 영업권의 상각은 임의상각이므로 회사가 영업권을 상각하지 않고 차기이후년도에 상각해도 법인세법상의 상각한도만 초과하지 않는 한은 용인되고 있다. 그러나 회계상으로는 기업회계기준 위배이다.

위의 무형자산 역시 기업회계기준에 의한 상각연수는 20년이내이다.

결산처리시 유의할 사항

무형자산은 최소 법인세법상 규정된 내용연수이상은 상각하여야만 세법에 의한 세무조정문제가 발생하지 않을 것이다. 그러나 기업의 결산에 의한 당기순이익은 세법과는 별개의 문제이므로 법인의 실무담당자는 기업의 이익정책 및 세무정책을 동시에 고려하여 결산을 하여야 할것이다.

기업회계기준상으로 법인세법과 다른 내용연수를 적용하여 결산을 하였다면 단지 세무조정의 문제가 발생하는 번거로움이 있다는 것이지 세법에 따라 회계처리를 해야 된다는 의미가 아님에 주의하여야겠다.

외부감사 대상이 아닌 기업은 세법에 따른 회계처리를 해도 무방하다.

= 3 =
산업재산권

 **의의**

　산업재산권은 법률에 의하여 일정기간 독립적 배타적으로 이용할 수 있는 권리로서 특허권, 실용신안권, 의장권 및 상표권 등을 처리하는 계정이다.

산업재산권의 종류

(1) 특허권

　특수한 발명이나 사실에 대하여 특허법상 그 발명인 및 소유자에게 일정기간 동안 그 발명품의 제조 및 판매에 관하여 부여하는 특권이다.

(2) 실용신안권

　물품에 관하여 형상·구조 또는 그 결합에 있어서 실용성 있는 신규의 공업적 고안을 한 경우 실용신안법에 의하여 등록함으로써 발생하는 권리이다.

(3) 의장권

　물품의 모양·색채 또는 이들의 결합으로써 마감을 일으켜 상품의 판매를 촉진시킬 수 있는 전용권을 말하는 것으로 신규 의장의 공업적 고안을 한 경우 의장법에 의하여 등로감으로써 발생한다.

(4) 상표권

　동종의 타인 상품과 구별하기 위하여 특정상품에 문자·도형·기호·색채 등에 대하여 표창하는 상표의 전용권을 말하며, 상표법에 의하여 등록함으로써 발생하는 권리이다.

산업재산권의 내용연수

　세법에 의한 내용연수는 다음과 같다.

[산업재산권의 내용연수]

무형고정자산	내용연수
영업권, 의장권, 실용신안권, 상표권	5년
특허권, 어업권등	10년

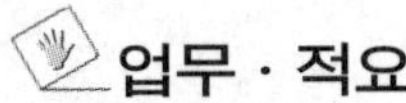 업무 · 적요

- 대차대조표 〉 자산 〉 고정자산 〉 무형자산 〉 산업재산권

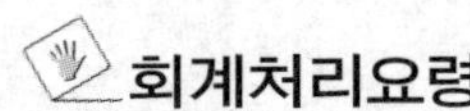 회계처리요령

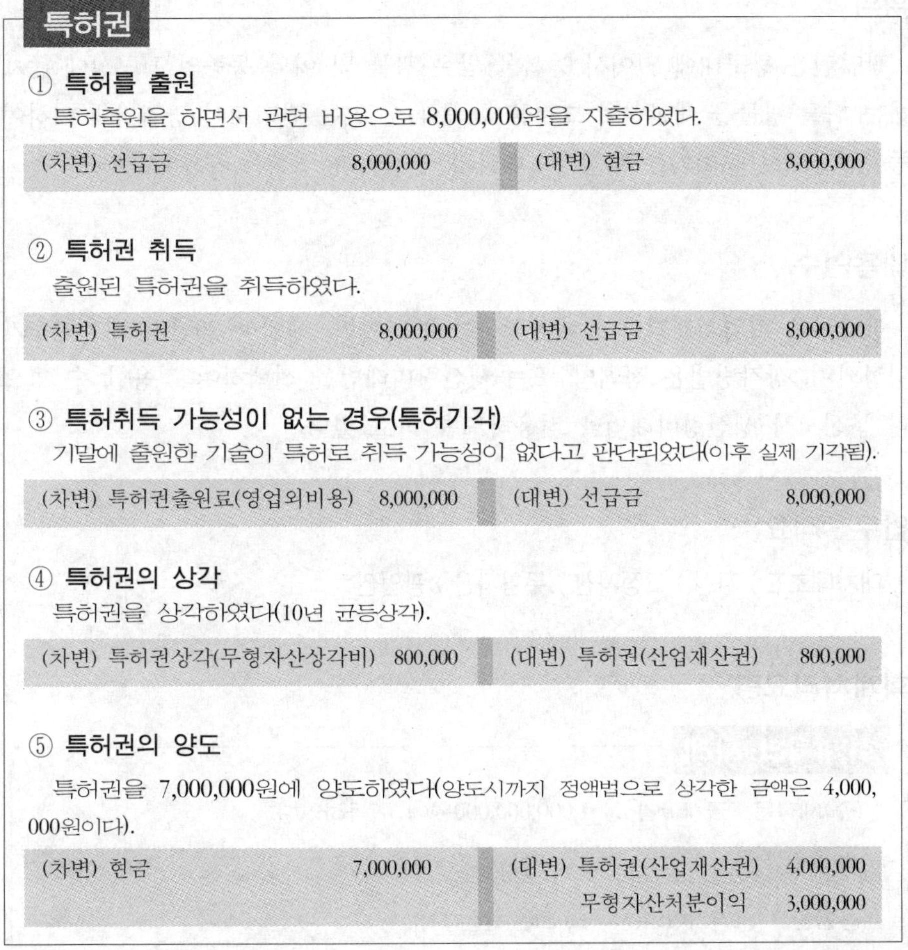

특허권

① 특허를 출원

특허출원을 하면서 관련 비용으로 8,000,000원을 지출하였다.

| (차변) 선급금 | 8,000,000 | (대변) 현금 | 8,000,000 |

② 특허권 취득

출원된 특허권을 취득하였다.

| (차변) 특허권 | 8,000,000 | (대변) 선급금 | 8,000,000 |

③ 특허취득 가능성이 없는 경우(특허기각)

기말에 출원한 기술이 특허로 취득 가능성이 없다고 판단되었다(이후 실제 기각됨).

| (차변) 특허권출원료(영업외비용) | 8,000,000 | (대변) 선급금 | 8,000,000 |

④ 특허권의 상각

특허권을 상각하였다(10년 균등상각).

| (차변) 특허권상각(무형자산상각비) | 800,000 | (대변) 특허권(산업재산권) | 800,000 |

⑤ 특허권의 양도

특허권을 7,000,000원에 양도하였다(양도시까지 정액법으로 상각한 금액은 4,000,000원이다).

| (차변) 현금 | 7,000,000 | (대변) 특허권(산업재산권) | 4,000,000 |
| | | 무형자산처분이익 | 3,000,000 |

결산처리시 유의할 사항

결산시 산업재산권은 법정내용연수에 따라 상각하여야 하며, 일반적으로 정액법을 사용하나 생산량비례법을 사용하여 상각할 수 있다.

그리고 기업회계기준에 의하여 무형자산명세서를 필수적 부속명세서로 작성한다.

═══ **4** ═══
광업권

 의의

광업권은 광구내에 있어서 등록을 받은 광물 및 이와 동종의 광구상에 존재하는 다른 광물을 채굴하여 그것을 취득할 수 있는 권리로서 광업권에 의하여 등록함으로서 부여되는 독점적·배타적 권리이다.

내용연수

광업권은 기업회계기준상 내용연수는 20년이며, 세법상 20년의 내용연수가 인정되며, 상각방법은 정액법 또는 생산량비례법을 선택하여 적용할 수 있으나 무신고시 생산량비례법을 적용하도록 하고 있다.

업무 · 적요

• 대차대조표 〉 자산 〉 고정자산 〉 무형자산 〉 광업권

회계처리요령

회계처리 사례

(주)재정은 "금채굴권"을 1,000,000,000원에 취득하였다.

(차변) 광업권	1,000,000,000	(대변) 현금	1,000,000,000

광업권을 상각하였다(정액법, 20년 균등상각).

(차변) 무형자산상각비	50,000,000	(대변) 광업권	50,000,000

(참고) 생산량비례법에 의한 상각방법＝당해연도의 채굴량／총채굴예정량

결산처리시 유의할 사항

광업권을 원시취득하는 경우에는 취득에 따른 일체의 소요비용을 타인으로부터 승계취득의 경우는 그 매입에 소요된 금액을 취득원가로 한다. 그리고 기업회계기준상 무형자산명세서를 필수적 부속명세서로 작성한다.

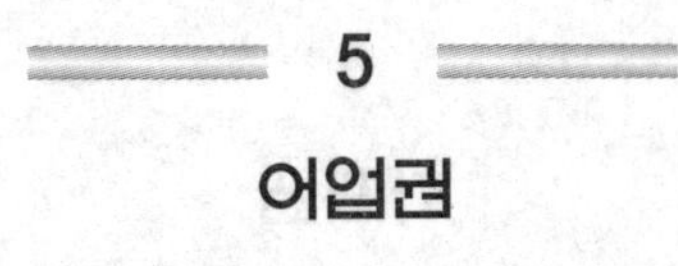

5
어업권

의의

어업권은 수산업법에 의하여 등록된 일정한 수면에서 어업을 경영할 권리를 말하며, 특정어장을 대상으로 독점적·배타적으로 어업을 할 수 있는 권리이다.

내용연수

세법에는 어업권을 10년간 상각하도록 하고 있다.

업무·적요

• 대차대조표 > 자산 > 고정자산 > 무형자산 > 어업권

회계처리요령

어업권

신규로 연안어업을 허가·신청하면서 수수료 및 제비용으로 60,000원이 지출되었다.

(차변) 선급금	60,000	(대변) 현금	60,000

어업권을 취득하고 어업권원부에 등록하는데 60,000원을 지출하였다.

(차변) 어업권	120,000	(대변) 선급금	60,000
		현금	60,000

결산처리시 유의할 사항

어업권을 원시취득하는 경우에는 취득에 따른 일체의 소요비용을 타인으로부터 승계취득의 경우는 그 매입에 직접적으로 소요된 금액을 취득원가로 한다.

어업권의 상각에 있어 상각 도중에 어업권이 설정된 어장을 사용하지 않을 때에 미상각액 전부를 일시에 상각해야한다.

그리고 기업회계기준상 무형자산명세를 필수적 부속명세서로 작성한다.

6

차지권

 의의

차지권은 토지의 임대차계약에 의해 설정된 권리로서 임차료 또는 지대를 지급하고 타인이 소유하는 토지를 사용 수익할 수 있는 권리를 처리하는 계정이다.

차지권의 종류

차지권은 임차권과 지상권, 지역권을 유상으로 취득한 경우에 무형자산으로 처리한다.

업무 · 적요

- 대차대조표 〉 자산 〉 고정자산 〉 무형자산 〉 차지권

회계처리요령

회계처리 사례

토지를 임차하고 200,000,000원을 지급하였다(100,000,000원은 만기에 회수되며, 100,000,000원은 일종의 권리금이다).

(차변) 임차보증금(투자자산)	100,000,000	(대변) 현금	200,000,000
차지권	100,000,000		

결산처리시 유의할 사항

차지권은 내용연수표상 상각기간이 지정되어 있지 않다. 그리고 기업회계기준상 차지권은 무형자산이나 만기에 일부만 회수되므로 대개 권리금같이 소요된 경우 영업권으로 계상하기도 한다.

7
개발비

의의

신제품, 신기술 등의 개발과 관련하여 발생한 비용(소프트웨어 개발과 관련된 비용을 포함한다)으로서 개별적으로 식별가능하고 미래의 경제적 효익을 확실하게 기대할 수 있는 것으로 한다.

기업회계기준에서는 연구비는 미래 효익의 불확실성으로 인하여 전액 당기비용으로 계상하도록 하였으며 개발비만 요건 충족시 무형자산으로 계상하도록 하였다. 실무에서는 비용 지출시 어떤 지출을 연구비로 하여 당기의 비용으로 계상하고 어떤 지출을 개발비로 하여 자산성을 인정할 것인가 하는 지출의 분류가 가장 큰 문제라 하겠다. 특히 벤처기업의 경우에는 거액의 연구개발비 지출이 있는 바 당기손익을 결정짓는 가장 큰 문제가 연구개발비의 회계처리가 되리라 예상된다.

업무 · 적요

개발관련 인건비, 감가상각비, 재료비, 외주비

• 대차대조표 〉 자산 〉 고정자산 〉 무형자산 〉 개발비

증빙서류

개발관련 인건비 원천징수 영수증, 은행송금 명세서, 매입세금계산서, 외주비관련 사업소득, 기타소득 원천징수 영수증

회계처리요령

연구개발비에 있어 비용으로 처리할 것인가 아니면 무형자산으로 처리할 것인가의 문제는 당해 지출비용이 장래에 있어 기업의 수익활동에 구체적으로 공헌을 하느냐 여부에 달려 있다 하겠다.

연구개발활동과 관련된 비용을 분류하면 연구비와 개발비로 분류가 되고 개발비는 경상개발비와 개발비로 분류된다. 연구비와 경상개발비는 당기의 판매비와 관리비로 처리하고 개발비는 이연자산으로 처리한다.

기업회계기준에서는 20년 이내 정액법 내지 생산량비례법으로 상각하도록 규정하고 있다. 상각 시에는 직접 해당자산에서 차감하도록 한다.

회계처리 사례

㈜재정은 1,000,000원으로 계상된 개발비를 5년간 상각하기로하다.

(차변) 개발비상각	200,000	(대변) 개발비	200,000

개발비의 회계처리는 일견 간단히 보이나 문제는 무엇이 당기비용인 연구비, 경상개발비이고 자산인 개발비인지 분류가 가장 큰 문제라 하겠다. 요는 연구개발활동과 관련된 지출 중 다음의 개발비의 요건을 충족시키는 경우를 제외하고는 전부 당기의 비용으로 처리한다.

- 당해 기업이 개발된 제품을 판매할려는 목적이 있어야 하고
- 기술적으로 생산이 가능하고
- 개발된 제품의 시장이 존재하며
- 개발할려고 하는 제품과 관련된 비용이 개별적으로 식별·측정이 가능하여야 하고
- 판매를 실현하기까지 자금이 충분히 확보되어 있어야 한다.

실무에서는 당연히 제품을 판매하기 위하여 개발활동을 할 것이기 때문에 위의 요건을 대부분 충족하리라 판단된다. 그러므로 개발비로 계상하기 위하여 실무에서 주의하여야 할 것은 개발하려고 하는 제품에 대하여 먼저 정확히 정의를 하여 놓고 여기에 관련된 지출을 식별이 가능하도록 별도로 계상하기만 하면 된다. 예를 들어 제3차원 바코드 프로그램에 대한 연구개발활동을 시작하였다면 제3차원 바코드 개발에 관한 지출은 별도로 제3차원 바코드 개발비란 과목에 집합하여 처리하여야 자산성이 인정된다는 것이다. 따라서 회사의 범용적인 연구개발비에 관한 지출은 당기의 비용으로 처리하여야 한다.

✋ 회계처리시 유의할 사항

자산성이 인정되지 않는 연구비나 경상개발비를 자산으로 계리하지 않도록 한다. 기업회계 기준은 세법과 반대로 자산처리요건을 엄격히 함에 유의한다.

✋ 세무상 유의할 사항

세법에서는 개발비의 내용연수를 신고하지 않은 경우에는 5년간 균등액을 상각하도록 하고 있으므로 5년 이내에 상각하기 위해서는 내용연수를 신고하여야 한다. 한편 회사가 개발비로 계상하지 않고 전액 당기비용으로 처리하는 경우에는 세법에서도 그대로 인정한다.

한편 연구개발비에 관한 기업회계기준등에 관한 해석 44-20의 전문은 다음과 같다.

신규벤처기업이나 연구개발비 지출이 많은 기업은 해석을 잘 이용하기 바란다(2001. 12. 7자로 기업회계기준서 제3호 "무형 자산"으로 대체되었으므로 참고용으로만 보아야 할 것이다).

▶ 연구개발에 관한 회계처리

1. 목적 : 이 해석은 기업회계기준 제20조 제7호와 제43조에 규정된 개발비, 연구비 및 경상개발비의 회계처리와 주석공시에 필요한 세부사항을 정함을 목적으로 함.
2. 용어정의 : 이 해석에서 사용하는 용어의 정의는 다음과 같음.
가. "연구"라 함은 새로운 과학적, 기술적 지식이나 이해를 얻기 위한 독창적이고 계획적인 조사활동을 말함.
나. "개발"이라 함은 새로운 또는 현저히 개량된 재료, 장치, 제품, 공정, 시스템, 용역(이하 "신제품 등"이라 한다)을 생산하기 위하여 연구결과나 기타 지식을 계획적으로 적용하는 활동으로서 상업적인 생산을 시작하기 이전의 활동을 말함.
　(2-1) 연구활동의 일반적인 예는 다음과 같음.
　　1) 새로운 지식을 얻고자 하는 활동
　　2) 연구결과 또는 기타 지식의 응용가능성을 탐구하는 활동
　　3) 제품 등의 대체안을 탐구하는 활동
　　4) 신제품 등으로 선택 가능한 안들을 형성, 설계, 평가 및 선정하는 활동
　(2-2) 개발활동의 일반적인 예는 다음과 같음.
　　1) 생산 또는 사용 전의 원형과 모형을 설계, 제작 및 시험하는 활동
　　2) 새로운 기술과 관련된 공구, 지그, 금형, 주형 등을 설계하는 활동
　　3) 상업적 생산목적이 아닌 소규모의 시험공장을 설계, 건설 및 가동하는 활동
　　4) 신제품 등으로 최종선정된 안을 설계, 제작 및 시험하는 활동
　　5) 업무자동화 등 생산성 향상을 위한 응용소프트웨어의 개발활동
　(2-3) 연구활동 및 개발활동에 속하지 않는 예는 다음과 같음.
　　1) 상업적 생산의 초기단계에서의 시험생산 및 기술적 보완
　　2) 일상적 제품검사를 포함한 상업생산중의 품질관리
　　3) 상업생산중의 고장에 대한 수리

　　　4) 기존제품의 품질개선을 위한 일상적 노력
　　　5) 계속적 영업활동의 일환으로 특정요구사항이나 고객의 요구에 따라 기존생산
　　　　능력을 유연성있게 변경하는 것
　　　6) 기존제품에 대한 계절적 또는 정기적 설계변경
　　　7) 공구, 지그, 주형, 금형에 대한 일상적 설계
　　　8) 특정연구개발활동에만 사용되는 설비나 장치 이외의 설비나 장치의 제작, 재
　　　　배치, 시동과 관련된 설계 등의 활동
3. 연구개발활동관련비용의 범위
　　연구개발활동관련비용의 범위에는 연구개발활동으로 인해 직접 발생한 비용과 합리
적 방법에 의해 배부 가능한 비용 등이 포함됨.
　　(3-1) 연구개발활동 관련비용에는 다음과 같은 비용들이 포함됨.
　　　1) 연구개발활동에 직접 종사한 인원에 대한 급여, 상여금, 퇴직급여충당금전입
　　　　액 등의 인건비
　　　2) 연구개발활동에 사용된 재료비, 용역비 등
　　　3) 연구발활동에 사용된 유형자산에 대한 감가상각비와 무형자산에 대한 상각비
　　　4) 연구개발활동과 관련하여 발생한 비용으로서 합리적 기준에 의하여 배부된 간
　　　　접비
4. 연구활동관련비용의 회계처리
　　연구활동관련비용은 발생한 기간에 연구비의 과목으로 하여 판매비와 관리비로 처리함.
　　(4-1) 연구활동과 관련하여 발생한 비용은 미래의 경제적 효익이 불확실하므로 자
　　　　산으로 인식할 수 없고 발생한 기간의 비용으로 처리함.
5. 개발활동관련비용의 회계처리
　가. 개발비와 경상개발비의 구분 : 개발활동 관련비용 중 다음의 요건을 모두 충족할 경
　　　우에는 개발비의 과목으로 하여 무형자산으로 처리하고, 이외의 경우에는 경상개발
　　　비의 과목으로 하여 제조원가 또는 판매비와 관리비로 처리함.
　　　(1) 제품 등이 명확히 정의되고 개발과 관련된 비용을 개별적으로 식별하여 측정할 수
　　　　있는 경우
　　　(2) 제품 등을 생산하는 것이 기술적으로 실현 가능하다는 사실을 입증할 수 있는 경
　　　　우
　　　(3) 당해 기업이 제품 등을 생산하여 판매 또는 사용하려는 의도가 있는 경우
　　　(4) 제품 등에 대한 시장이 존재하거나, 제품 등이 내부사용목적이라면 당해 기업에
　　　　유용하다는 사실을 입증할 수 있는 경우
　　　(5) 개발과제를 완료하고 제품 등을 판매 또는 사용하는 데 필요한 기술적, 금전적
　　　　자원을 충분히 확보할 수 있다는 사실을 입증할 수 있는 경우
　　　(5-1) 업무지원용소프트웨어의 자체개발에 소요된 비용이 자산인식요건을 충족할
　　　　경우에는 개발비로 처리하고, 상용소프트웨어를 구입하여 사용하는 경우에는 동
　　　　구입비용은 기타의 무형자산으로 계상함.
　　　(5-2) 기업회계기준 제55조 제4항에 의한 자본화금융비용이 개발활동과 관련하여
　　　　발생한 경우에는 개발비의 취득원가에 포함함.
　나. 개발비의 상각
　　　개발비는 정액법 또는 생산량비례법 중 합리적인 방법에 의하여 관련제품 등의 판매
　　　또는 사용이 가능한 시점부터 20년 이내의 합리적인 기간 동안 상각함. 개발비상각
　　　액이 제조와 관련있는 경우에는 관련제품의 제조원가로, 이외의 경우에는 판매비와
　　　관리비로 처리함.
　　　(5-3) 상각기간은 다음의 요소들을 종합적으로 고려하여 결정함.
　　　　1) 제품수명주기
　　　　2) 기술적인 진부화 또는 대체품의 출현가능성
　　　　3) 제품 등이 속한 산업의 안정성
　　　　4) 제품 등에 대한 시장수요의 변화가능성
　　　　5) 경쟁자, 또는 잠재적 경쟁자의 예상되는 행동

다. 개발비의 감액
　(1) 개발비의 회수 가능 가액이 장부가액에 미달하고 그 미달액이 중요한 경우에는 이를 장부가액에서 직접 차감하여 회수 가능 가액으로 조정하고, 장부가액과 회수 가능 가액의 차액은 개발비감액손실의 과목으로 하여 당기손실로 처리함.
　(2) 자산으로 인식될 수 있는 요건을 충족하지 못하는 경우에는 개발비잔액을 개발비감액손실로 하여 당기손실로 처리함.
　(3) 감액된 개발비는 추후에 회복할 수 없음.
　(5-4) 개발비의 회수 가능 가액은 개발관련제품 등의 판매나 사용으로부터 유입될 것으로 예상되는 금액에서 개발에 소요되는 추가비용, 관련제조비용, 그 제품을 판매하는 데 직접 발생하는 판매비와 관리비를 차감한 가액으로 함.

6. 주석사항
다음 사항은 재무제표의 주석으로 기재함.
가. 당해연도에 발생한 연구비와 경상개발비
나. 개발비의 상각방법, 상각기간
다. 개발비의 변동내용
　(1) 기초금액
　(2) 당기중 증가된 금액
　(3) 당기중 상각한 금액
　(4) 당기에 인식한 감액손실
　(5) 기말금액((1)+(2)-(3)-(4))

(기업회계기준 등에 관한 해석 44-20)

8

기타의 무형자산

 의의

기타의 무형자산은 앞에 설명한 무형자산에 속하지 않는 무형자산으로서 독점적 배타적으로 이용할 수 있는 권리이다.

기타 무형자산의 종류

기타의 무형자산으로서 상용S/W구입비, 유료도로관리권, 수리권, 지하철시설이용권, 전기가스공급시설이용권, 수도시설이용권, 열공급시설이용권, 전신전화전용시설이용권, 전용측선이용권, 하수종말처리장시설관리권, 수도시설관리권, 프랜차이즈사용권, 댐사용권 등이 있다.

업무 · 적요

기타의 무형자산 미상각 잔액은 다음과 같이 표시한다.

- 대차대조표 〉 자산 〉 고정자산 〉 무형자산 〉 기타의 무형자산

기타의 무형자산 상각액은 다음과 같이 표시한다.

- 손익계산서 〉 영업외비용 〉 무형자산상각비

회계처리요령

회계처리 사례

상용S/W를 구입하면서 50,000,000원이 지출되었다.

(차변) 기타의 무형자산	50,000,000	(대변) 현금	50,000,000

기말에 상용S/W에 대하여 상각하였다(5년 균등상각).

(차변) 무형자산상각비	10,000,000	(대변) 기타의 무형자산	10,000,000

결산처리시 유의할 사항

기타의 무형자산의 상각은 법인세법의 상각연수에 따라 할 수 있다.

댐사용권의 상각연수는 50년이다.

제3-2장
부　채

제1절 유동부채

― 1 ―

유동부채의 이해

 **의의**

기업회계기준에 의한 유동부채와 고정부채의 구분은 상환기일이 대차대조표일로부터 1년을 경과하는 가의 여부에 따라 판단한다. 유동부채란 대차대조표일로부터 1년 이내에 상환될 것으로 기대되는 채무이다. 그러므로 기업의 부채 중 상환기일이 대차대조표일로부터 1년 이내의 부채는 모두 유동부채로 대분류된다.

유동부채의 종류

기업회계기준에 의한 유동부채의 과목은 다음과 같다.

과　　목	내　　용
매입채무	일반적 상거래에서 발생한 외상매입금과 지급어음으로 한다.
단기차입금	금융기관으로부터의 당좌차월액과 1년 내에 상환될 차입금으로 한다.
미지급금	일반적 상거래 이외에서 발생한 채무(미지급비용을 제외한다)로 한다.
선수금	수주공사, 수주품 및 기타 일반적 상거래에서 발생한 선수액으로 한다.
예수금	일반적 상거래 이외에서 발생한 일시적 제예수액으로 한다.
미지급비용	발생된 비용으로서 지급되지 아니한 것으로 한다.
미지급법인세	법인세등의 미지급액으로 한다.
미지급배당금	이익잉여금처분계산서상의 현금배당액 등으로 한다.
유동성장기부채	고정부채 중 1년 내에 상환될 것으로 한다.
선수수익	받은 수익 중 차기이후에 속하는 금액으로 한다.
단기부채성 충당금	1년 내에 사용되는 충당금으로서 그 사용목적을 표시하는 과목으로 한다.
기타의 유동부채	제1호 내지 제11호에 속하지 아니하는 유동부채로 한다.

<h1 style="text-align:center">2
매입채무</h1>

 의의

외상매입금과 지급어음을 기업회계기준에서는 매입채무로 공시한다고 규정하고 있다(외상매출금과 받을어음은 매출채권으로 공시하는 것을 상기해보자).

한편 상품 등을 외상으로 매입한 경우에는 외상매입금계정을 사용하고 외상매입대금을 어음으로 지급하는 경우에는 지급어음계정을 사용하나, 지급어음은 그 대금을 지급하기까지에는 상품대금을 미지급한 것이 거래의 실질이고 외상매입금을 단순히 일정기일에 지급하겠다는 약속을 증서에 표창한 것에 불과하므로 외상매입금과 지급어음을 같이 매입채무로 하여 공시하도록 하였다. 그러나 이는 어디까지나 재무제표를 공시하는 경우의 문제이고 실무상으로는 외상매입금과 지급어음의 계정을 별도로 관리하는 것은 당연하다 하겠다.

매입채무의 종류

외상매입금, 지급어음

업무 · 적요

• 대차대조표 〉 부채 〉 유동부채 〉 매입채무

증빙서류

매입세금계산서, 검수보고서, 간이계산서, 거래명세서, 대체전표

회계처리요령

(1) 외상매입금

상품 등을 외상으로 매입한 경우는 외상매입금계정의 대변에 기입하고 상환시에는 차변에 기입한다.

외상매입금

㈜재정은 상품 500,000을 A사로부터 외상으로 구입하다.

| (차변) 매입(상품) | 500,000 | (대변) 외상매입금 | 500,000 |

㈜재정은 외상대금 200,000을 현금으로 지급하다.

| (차변) 외상매입금 | 200,000 | (대변) 현금 | 200,000 |

㈜재정은 외상대금 200,000을 어음으로 지급하다.

| (차변) 외상매입금 | 200,000 | (대변) 현금 | 200,000 |

위와 같이 회계처리하는 경우에 재무제표에는 지급어음 200,000과 외상매입금 100,000원 합계 300,000원이 매입채무로 공시된다. 실제 외상대금 중 현금으로 상환한 금액은 200,000원에 불과하고 나머지 300,000원은 단순매입채무 100,000원과 어음매입채무 200,000원으로 구성되어 있다.

(2) 외상수입

한편 외국에서 물품을 외상으로 수입하는 경우에 수입조건에 따라 외상매입금으로 볼 것인가 차입금으로 볼 것인가 하는 문제와 외상매입에 따른 이자를 취득원가로 볼 것인가 이자비용으로 볼 것인가 하는 문제가 있다. 외상매입금으로 보게 되면 거기에서 발생하는 이자는 취득원가를 구성하게 되고 차입금으로 보게 되면 발생되는 이자는 이자비용으로 계상하게 된다. 수입조건에 따라 계정분류를 요약하면 다음과 같다.

수입조건	계정과목	이자비용의 회계처리	법인세법
Banker's Usance	차입금	금융비용	인정
Shipper's Usance	외상매입금	취득원가	인정
D/A	외상매입금	취득원가	인정

따라서 shipper's Usance나 D/A조건의 외상매입인 경우에는 발생되는 이자비용을 전액 취득원가에 포함하여 처리하여야 한다. 여기에서 주의하여야 할 것은 Banker's Usance Bill인 경우에는 차입금으로 계상하는 반면 Shipper's Usance인 경우에는 외상매입금으로 처리하여야 한다는 것이다.

예를 들어보겠다

외상수입(Banker's Usance)

㈜재정은 "Banker's Usance"조건으로 상품을 외상으로 수입하다. 수입금액은 1,000,000원이다.

(차변) 매입	1,000,000	(대변) 차입금	1,000,000

만기에 차입금을 이자 30,000원과 함께 상환하다.

(차변) 차입금	1,000,000	(대변) 현금	1,030,000
이자비용	30,000		

이와 같은 조건의 경우에는 거래은행이 수입대금을 먼저 결재하여주고 만기에 이자와 함께 상환하므로 차입금으로 처리하고 발생하는 이자는 금융비용으로 처리한다.

외상수입(Shipper's Usance)

㈜재정은 Shipper's Usance조건으로 상품을 외상으로 수입하다.
수입금액은 1,000,000원이다.

(차변) 매입	1,000,000	(대변) 외상매입금	1,000,000

수출상의 환어음 할인료(이자비용) 30,000원을 송금하다.

(차변) 매입	30,000	(대변) 현금	30,000

만기에 1,000,000원을 지급하다.

(차변) 외상매입금	1,000,000	(대변) 현금	1,000,000

이와 같은 조건의 경우에는 매입대금에 이자비용이 포함되어있다. 현행 기업회계기준 등에 관한 해석에 의하여 이자비용은 매입부대비용으로 보아 취득원가에 포함한다. 그러므로 이자 30,000원은 취득원가로 계상하여야 한다.

외상수입(D/A조건)

㈜재정은 D/A 조건으로 상품을 외상으료 수입하다.
수입금액은 1,030,000원이다.

(차변) 매입	1,030,000	(대변) 외상매입금	1,030,000

만기에 1,030,000원을 지급하다.

(차변) 외상매입금	1,030,000	(대변) 현금	1,030,000

이 경우는 두 번째 사례와 같이 공급자 여신이므로 만기시까지의 결재대금에는 공급가액에 만기까지의 이자가 포함되어 있다.

🖐 수입대금결재방식

외국에서 수입하는 경우에 각각의 대금지급조건에 따라 간단히 설명하면 다음과 같다.

수입은 외상으로 수입하는 경우와 현금으로 수입하는 경우를 구분할 수가 있는데 외상으로 수입하는 경우에는 은행에서 신용장을 개설하는 경우와 신용장을 개설하지 않고 개인의 신용으로 외상 수입하는 경우가 있다. 그리고 신용장을 개설하는 경우에도 외상기일동안의 이자를 누가 부담하느냐에 따라 banker's usance와 shipper's usance 가 있다. 수출상은 상품을 선적하고 관련서류를 은행에 제시하여 대금을 회수하는데(nego) 대금을 즉시 회수하려면 외상기일까지는 할인료를 부담하여야 할 것이다.

이 할인료를 누가 부담하느냐에 따라 banker's usance와 shipper's usance로 구분되는데 전자의 경우에는 수입자가 할인료를 부담하면 수출상은 선적완료 즉시 외상대금 전액을 회수하고 후자의 경우에는 수출상이 할인료를 부담하게 되므로 수출상은 대금전액에서 할인료를 차감한 잔액만을 회수하게 된다. 후자의 경우에는 결국 할인료만큼 매입 단가가 높아지게 될 것이다. 간단히 도표로 표시하면 다음과 같다.

수입거래의 결제방식에 의한 분류

구분	외상거래		현금거래
은행신용장	Usance	Banker's	at/sight
		Shipper's	
은행신용장 무	D/a		D/p

🖐 지급어음의 회계처리

회계상 지급어음계정은 일반적인 상거래에서 발생한 어음상의 채무를 말한다. 그러므로 일반적 상거래이외에서 발생한 어음의 지급은 어음지급여부를 불문하고 미지급금 또는 차입금으로 기재하여야 함에 주의하여야 한다. 그러나 계정분류는 이렇게 하더라도 발행한 어음은 모두 지급어음대장에서 용도별로 별도로 관리하여야 함은 당연할 것이다.

제조업체가 기계장치를 구입하고 어음을 지급하는 경우에는 어음을 지급하였건 외상으로 매입하였건 미지급금 계정으로 처리한다.

그리고 자가어음을 발행하여 금융기관에서 할인 받는 경우나 자가어음을 담보로 금융기관에서 차입하는 경우에는 차입금으로 처리하여야 한다. 요는 어음을 담보로 제공하고 자금을 차입하였건 자가어음을 할인하였건 차입거래로 보아 회계처리를 한다. 자가어음을 금융기관에 할인하는 경우를 융통어음 또는 금융어음이라 한다.

외상매입금을 어음으로 결제하는 경우

㈜재정은 외상매입금 500,000원을 어음으로 지급하다.

(차변) 외상매입금	500,000	(대변) 지급어음	500,000

이 경우에는 앞에서 살펴본 대로 단순히 외상거래의 계정대체에 불과하고 기말에 공시할 때에는 아무 차이가 없게 된다.

자가어음을 거래은행에서 할인하여 자금을 융통하는 경우

㈜재정은 자가어음을 거래은행에서 할인받았다. 이자비용은 10,000원이다.

(차변) 현금	490,000	(대변) 차입금	500,000
이자비용	10,000		

이 경우에는 비록 어음을 지급하였더라도 차입금으로 계상한다.

거래은행에서 어음교부없이 자금을 차입하는 경우

㈜재정은 거래은행에서 현금 500,000원을 차입하다. 이자 10,000원은 선급이다.

(차변) 현금	490,000	(대변) 차입금	500,000
이자비용	10,000		

이 경우에도 "자가어음을 거래은행에서 할인하여 자금을 융통하는 경우"와 비교하여 회계처리에는 변함이 없다는 것에 주의하자.

어음으로 유형자산을 구입하는 경우

㈜재정은 기계장치를 구입하고 어음 500,000원을 발행하다.

(차변) 기계장치	500,000	(대변) 미지급금	500,000

어음지급 여부를 불문하고 미지급금으로 처리한다(이 경우에는 장기성 미지급금이라면 현재가치할인차금 계상 여부를 판단해야됨).

어음교부없이 유형자산을 구입하는 경우

㈜재정은 기계장치를 외상으로 구입하다.

(차변) 기계장치	500,000	(대변) 미지급금	500,000

이 경우 역시 어음교부의 여부와 상관없이 "어음으로 유형자산을 구입하는 경우"와 회계처리는 동일하다(장기성 미지급금이라면 현재가치할인차금 계상 여부를 판단해야됨).

기타 어음을 담보로 제공하거나 견질로 제공한 경우에는 별도의 회계처리를 요하지 않고 주석사항의 우발채무로 기재하면 되겠다.

결산처리시 유의할 사항

결산시에는 매입채무에 기재되는 과목의 분류가 중요하다. 일반적 상거래 이외에서 발생한 외상거래를 매입채무에 기재하지 않도록 유의한다. 만약 일반적 상거래 이외의 외상거래를 매입채무로 기재하면 매출원가가 상승하여 당기순이익의 왜곡을 가져온다.

매입할인, 매입에누리 및 환출은 당기의 매입액에서 차감한다.

한편 매입채무의 면제를 받는 경우에는 당기의 특별이익으로 계상하도록 한다. 기업회계상 당기의 특별이익으로 계상된 채무면제이익은 세무조정시 이월결손금을 충당하는 경우에 한하여 익금불산입으로 처리된다.

따라서 채무면제이익이 있는 경우에는 세무상 이월결손금의 여부를 판단하여 세무조정을 하여야겠다. 여기서 이월결손금은 세법상 각 사업연도의 소득금액에서 공제할 수 있는 결손금이 아닌 즉 결손금 발생연도부터 5년이 경과한 결손금을 충당하는 경우가 되겠다.

세무상 유의할 사항

매입할인은 매입에서 차감하되 부가가치세는 매입할인이 있기 전과 동일하다. 그러나 매입 에누리 및 환출은 적자의 세금계산서를 받아야 한다.

3
단기차입금

 ## 의의

　단기차입금은 당좌차월과 대차대조표일로부터 1년 내에 상환될 차입금을 말한다.

　당좌차월이란 금융기관과의 약정에 의하여 당좌예금을 일정한 금액이내까지는 마이너스 잔고를 유지할수 있는 경우 마이너스 금액을 말한다. 단기차입금이 차입시 일정금액으로 부채로 기입되는 반면 당좌차월은 일정금액내에서 수시로 차입과 상환이 되는데 특징이 있다 하겠다. 따라서 당좌차월은 결산일까지 금액이 확정되지 않는다.

　기업 실무상으로는 당좌차월이라는 별도의 계정을 사용하지 않고 당좌예금 계정에서 마이너스 잔고를 기록하였다가 기말 결산시에 마이너스잔고가 그대로 유지되는 경우에 당좌차월계정에 대체한다. 그러나 당좌차월계정은 기업의 현금흐름에 대한 이미지가 좋지 않고 또한 거래은행의 요구로 인해 결산일에는 정리하는 것이 일반적이다. 또한 현금예금 계정에서는 거액의 금액이 공시되고 당좌차월이 같이 공시된다면 회계감사시 뿐만 아니라 누가 보더라도 거액의 현금·예금을 순수한 현금·예금으로 인정치 않을 것이다. 왜냐하면 현금이 넉넉한 기업이 굳이 당좌차월을 사용하고 있다는 것은 현금·예금의 순수성에 대하여 의심을 받을 수가 있기 때문이다.

업무 · 적요

　은행단기차입금, 주주·임원·종업원 단기차입금

· 대차대조표 〉 부채 〉 유동부채 〉 단기차입금

증빙서류

　차입계약서, 이율표, 대체전표

회계처리요령

사례를 들어 설명해보기로 한다.

당좌차월

(주)재정의 당좌예금 잔액은 1,000,000원이나 은행과의 당좌차월 약정이 1,000,000원이 있으므로 당좌수표 1,500,000원을 발행하여 거래처에 지급한다.

| (차변) 외상매입금(미지급금) | 1,500,000 | (대변) 당좌예금 | 1,500,000 |

이렇게 당좌예금계정의 대변에 기입함으로서 당좌예금 잔고는 -500,000을 기록하게 된다. 결산일까지 위 당좌차월을 정리하지 않은 경우의 회계처리는 다음과 같다.

| (차변) 당좌예금 | 500,000 | (대변) 당좌차월 | 500,000 |

단기차입금

(주)재정은 20X3년 5월 1일 갑은행으로부터 1,000,000원을 차입하고 6개월 이내에 상환하기로 하다.

| (차변) 현금 | 1,000,000 | (대변) 단기차입금 | 1,000,000 |

위 차입금을 기한내에 상환하다.

| (차변) 단기차입금 | 1,000,000 | (대변) 현금 | 1,000,000 |

결산처리시 유의할 사항

기업회계기준에 따라 회계처리하면 별 유의사항은 없다. 그러나 앞에서도 지적하였다시피 가급적 기말에는 회사의 이미지를 고려하여 당좌차월계정은 정리하는 것이 좋겠다.

손금불산입

법인세법상으로는 지급이자 손금불산입의 규정에 따라 차입금에 대한 이자가 비용으로 인정받지 못하는 경우가 있다.

그러므로 실무담당자는 법인세법에 의한 지급이자의 손금불산입 규정은 필히 숙지하여어아겠다. 이하에서는 최소한 회계담당자가 알아야 할 지급이자 손금불산입 규정을 알아보자.

법인세법의 손금불산입 규정(제28조 지급이자)에 의하여 다음 각 호의 차입금의 이자는 내국법인의 각 사업연도의 소득금액계산에 있어서 이를 손금에 산입하지 아니한다(지급이자의 손금불산입의 적용순서임).

- 채권자가 불분명한 사채의 이자
- 비실명채권, 증권의 이자
- 기준초과 차입금을 보유하고 있는 법인의 이자
- 건설자금이자
- 타 법인주식, 임야 등에 대한 지급이자(조세특례제한법에 규정)
- 업무무관 자산과 업무무관 가지급금이자

위에서 채권자가 불분명한 사채의 이자는 가공채무를 계상하여 소득금액을 감소시키는 행위를 방지하기 위함이고 비실명채권, 증권의 이자는 그 이자를 지급 받은 자의 확인을 강제시켜 금융소득종합과세의 토대를 확충하기 위한 방안으로서 도입하였다. 기준초과 차입금이자 손금불산입은 대기업들의 차입 경영을 억제하고 재무구조를 개선하도록 강제하기 위함이다. 건설자금이자는 당연히 당해 자산의 취득원가를 구성하므로 이자를 손금으로 인정치 않는 것이다. 기업 실무상 채권자가 불분명한 사채나 비실명채권, 증권은 발생하는 경우가 드물지만 타법인 주식 및 업무무관자산과 가지급금 관련 지급이자는 손금 부인되는 경우가 빈번히 발생하므로 기업실무자는 이에 대하여는 주의하여야 한다. 이하에서는 기준초과 차입금지급이자의 손금불산입, 타법인 주식에 관한 지급이자의 손금 불산입과 업무무관 자산 및 가지급금에 관한 지급이자의 손금 불산입에 대하여 알아본다.

기준초과차입금 지급이자의 손금불산입

상장법인 또는 독점규제 및 공정거래에 관한 법률에 의한 대규모기업집단에 속하는 내국법인과 협회등록법인(중소기업 제외)으로서 대통령령이 정하는 자기자본의 5배(20×5년부터는 4배, 여신전문 금융업은 15배)를 초과하는 차입금을 보유하고 있는 법인에 대하여는 각 사업연도에 지급한 차입금의 이자 중 다음 산식에 의하여 계산한 금액은 각 사업년도의 소득금액 계산상 이를 손금에 산입하지 아니한다.

$$\text{지급이자} \times \frac{\text{총차입금의 적수} - \text{자기자본의 5배(여신전문금융업은 15배)의 적수}}{\text{총 차입금의 적수}}$$

 타법인주식에 관한 지급이자의 손금불산입

차입금 과다보유법인이 다른 법인의 주식이나 임야, 농경지, 목장용 부동산 등을 보유하는 경우에 각 사업년도에 지급한 차입금의 이자 중 다음 산식에 의하여 계산한 금액은 각 사업년도의 소득금액계산상 이를 손금에 산입하지 아니한다.

$$\text{지급이자} \times \frac{\min[\text{타법인 주식등의 적수, 총차입금의 적수} - (\text{기말자기자본} \times 2)]^*}{\text{총차입금의 적수}}$$

* 소비성 서비스업은 1배, 건설업, 해상, 항공운송업은 4배, 여신전문 금융회사는 15배)

위 산식의 의미는 법인의 부채비율이 200%를 초과하는 경우 즉 자기자본의 2배를 초과하는 차입금이 있는 경우 그 초과차입금으로 타법인 주식에 투자하는 경우에는 그 투자액에 관련된 지급이자는 손금으로 인정치 않겠다는 것이다.

업무무관 자산 및 가지급금에 관한 지급이자의 손금불산입

실무상 가장 관련이 있는 부분으로 실무자가 반드시 알아야 할 부분이다.
업무무관자산과 당해법인의 업무와 관련이 없이 특수관계자에게 자금을 대여한 경우에는 다음 산식에 의하여 지급이자를 손금불산입한다.

$$\text{지급이자} \times \frac{[\text{업무무관자산가액적수} + \text{가지급금의 적수}]}{\text{총 차입금의 적수}}$$

이 경우 동일인에 대한 가지급금 등과 가수금이 함께 있는 경우에는 이를 상계한 금액으로 하며, 자산은 취득가액으로 한다. 기중에 양도하였으면 양도가액으로 계산한다. 위 산식의 의미는 차입금으로 사업외의 용도에 사용하는 경우에는 그에 해당하는 차입금에 대한 지급이자는 손금으로 인정치 않겠다는 의미이다.

한편 지급이자 손금 불산입은 적용순서에 따라 부인된 이자는 순서대로 차감하면서 계산하여야 함에 주의한다. 예를 들어 선순위의 부인된 이자는 이자비용에서 차감하고 부인된 이자에 해당하는 차입금의 적수는 총차입금의 적수에서 순차적으로 차감하는 식으로 계산한다.

<h1 style="text-align:center">4
미지급금</h1>

 의의

　미지급금이란 기업의 일상적인 상거래이외에서 확정된 채무로서 지급하여야 할 시점에 지급하지 않은 채무를 말한다. 미지급금은 상거래인가의 여부에 따라 외상매입금과 구분되고 확정된 채무인가의 여부에 따라 미지급비용과 구분되는 것이다.

업무·적요

　기계장치구입대, 비품구입대, 토지·건물 구입대금 중 미지급한 금액

- 대차대조표 〉 부채 〉 유동부채 〉 미지급금

증빙서류

　구입계약서, 대체전표

회계처리요령

　미지급금과 외상매입금은 확연히 구분이 되나 미지급비용과의 구분은 실무상 구분이 애매하여 대충 처리하는 경우가 있다. 미지급금과 미지급비용과의 구분은 결산일 현재 지급의무가 확정된 채무인가의 여부에 달려있다.

　미지급비용은 지급의무는 아직 도래하지 않았으나 시간의 경과에 따라 발생하는 채무를 결산일에 발생주의에 의해 기간경과분을 당기의 채무로 계상하는 것이 미지급금과 구분되는 가장 큰 차이이다. 그리고 미지급금은 기중에도 계속 기장이 필요하지만 미지급비용은 결산일에 기간귀속을 위하여 단 한번 기장을 한다는데 차이가 있다.

　예를 들어 대부분의 회사에서는 급여를 익월에 지급하는데 결산일 현재 지급하지 않은 급여가 미지급금인가 미지급비용인가를 판단해보자. 급여는 일반

적으로 익월의 일정한 날짜에 지급하기로 계약을 하는데 기말에 비록 급여라는 비용이 발생하였으나 지급의무는 익월에 결정되어 있으므로 미지급비용으로 정리 되는 것이다. 그러나 급여를 제 날짜에 지급하지 못하였다면 그 일자 이후로 미지급의 성격이 되는 것이다.

사례

㈜재정은 기계장치 1,000,000원 어치를 외상으로 구입하다.

(차변) 기계장치	1,000,000	(대변) 미지급금	1,000,000

사례

㈜재정은 20X2년 7월 1일에 다음 해 6월 30일에 임차료를 연간 1,000,000원 지급하기로 하고 임차계약을 체결하다. 20X2년 12월 31일 현재 결산일이 되다.

(차변) 지급임차료	500,000	(대변) 미지급비용	500,000

$1,000,000 \times 6/12 = 500,000$

지급일이 도래하지 않았으나 발생주의에 의하여 기간비용을 계산한다.
20X1년 6월 30일 지급기일이 도래하였으나 자금관계로 지급하지 못하다.

(차변) 미지급비용	500,000	(대변) 미지급금	1,000,000
지급임차료	500,000		

지급일에 채무가 확정되었으나 지급하지 못하였으므로 미지급금으로 계상한다.

5
선수금

의의

　기업회계기준에는 선수금은 일반적 상거래에서 발생한 선수액이고 예수금은 일반적 상거래 이외에서 발생한 일시적 제 예수액이라고 규정하고 있다. 그러므로 일반적 상거래와의 관련성이 과목을 결정짓는 요소라 할 수가 있다. 그러나 실무에서는 일반적 상거래와의 관련성에 따라 선수금과 예수금을 구분하기에는 힘들다 하겠다. 왜냐하면 예수금도 일반적 상거래에서 발생하는 경우가 많기 때문이다.

　그러므로 실무상 구분은 당해 선수액이 차후에 매출로 대체되어가느냐에 따라 판단하면 되겠다. 차후에 매출로 대체될 것이면 그 성격은 선수금이고 그렇지 않다면 예수금으로 분류하면 되겠다.

　한편 선수수익은 기간경과분에 따라 인식하여야 할 수익을 기간 구분에 따라 분류한 것이므로 선수금과 구분된다 하겠다.

업무 · 적요

　매출선수금

- 대차대조표 〉부채 〉유동부채 〉선수금

증빙서류

　대체전표, 구매계약서

 회계처리요령

선수금의 경우

㈜재정은 상품판매대금 중 500,000원을 선수금조로 수령하였다.

(차변) 현금	500,000	(대변) 선수금	500,000

물품을 1,000,000원어치를 판매하고 잔금 500,000원을 수령하다.

(차변) 현금	500,000	(대변) 매출	1,000,000
선수금	500,000		

선수수익의 경우

㈜재정은 20X4년 7월 1일 자사 건물을 임대하고 1년치 임대료 1,000,000원을 수령하다.

(차변) 현금	1,000,000	(대변) 선수수익	1,000,000

20X4년 12월 31일 결산일이 되다.

(차변) 선수수익	500,000	(대변) 임대수익(영업외수익)	500,000

$$1,000,000 \times 6/12 = 500,000$$

결산처리시 유의할 사항

결산시에는 선수금과 예수금의 구분 그리고 선수수익과의 적절한 구분이 필요하다. 선수금과 예수금의 구분은 차후에 대체되어야 할 계정에 따라 판단하면 될 사항이고 선수수익과의 구분은 당해 선수액의 기간경과와의 관련성에 따라 판단하면 되겠다. 위의 사례처럼 선수금은 매출로 대체되고 선수수익은 영업외수익으로 대체되어 나간다.

6
예수금

 **의의**

　기업회계기준에서 예수금이란 일반적 상거래 이외에서 발생한 일시적 제예수액으로 한다고 규정되어있다. 그러나 선수금 편에서 지적하였다시피 일반적 상거래와의 관련성에 따라 예수금으로 분류하기에는 문제가 있다 하겠다.

　왜냐하면 일반적 상거래에서도 예수금은 발생하기 때문이다. 그러므로 선수금과 예수금의 분류시 차후에 매출로 대체되는 선수액이냐에 따라 구분을 짓는 것이 보다 쉬운 방법이라 하겠다.

업무 · 적요

　부가가치세, 근로소득세, 사업소득세, 건강보험료, 국민연금, 고용보험료 예수금

　• 대차대조표 〉부채 〉유동부채 〉예수금

증빙서류

　세금계산서, 원천징수 영수증

회계처리요령

　실무상 기록되는 예수금은 직원들의 급여에 대한 소득세 원천징수, 국민연금 예수금분과 고용보험예수금분 그리고 부가가치세 매출세액이다.

(1) 근로소득 원천징수 예수금

　기업이 종업원들에게 급여를 지급하는 경우에는 근로소득 간이세액표에 따라 계산한 일정액의 근로소득세를 원천징수 하여야 하는 의무가 있는 바 이를 근로소득 원천징수라 한다. 법인은 원천징수한 세액을 익월 10일까지 관할 세무서에 납부하여야 한다(단 금융업과 보험업을 제외한 상시고용인원이 10인

이하인 법인으로서 원천징수 관할 세무서장으로부터 매 반기별로 납부할 수 있도록 승인을 얻은 경우에는 매 반기의 마지막 달의 다음달 10일까지 납부가 능하다).

사례를 살펴보자.

사례

㈜재정은 7월분 급여 20,000,000원을 지급하면서 근로소득 세액 조견표에 의하여 1,000,000을 원천징수하다.

(차변) 급여	20,000,000	(대변) 현금	19,000,000
		제예수금	1,000,000

위의 회계처리는 다음의 회계처리를 한꺼번에 정리한 것과 같다.
회사는 급여를 20,000,000원 지급하다.

(차변) 급여	20,000,000	(대변) 현금	20,000,000

종업원들에게 소득세액 1,000,000원을 징수하다.

(차변) 현금	1,000,000	(대변) 제 예수금	1,000,000

㈜재정은 익월 10일 위의 원천징수금액을 관할 세무서에 납부하다.

(차변) 제 예수금	1,000,000	(대변) 현금	1,000,000

---

(2) 부가가치세 예수금

사업자가 재화 또는 용역을 공급하는 경우에는 공급받는자로부터 부가가치세를 징수하여 매 분기별로 관할 세무서에 납부하여야 한다. 이때 거래 징수한 부가가치세를 처리하기 위하여 부가가치세예수금 계정을 사용한다. 한편 사업자는 재화 또는 용역의 공급을 받으면서 부가가치세를 공급업자에게 납부하여야 하는 바 이 경우에는 부가가치세대급금 계정을 사용한다. 왜냐하면 부가가치세는 최종소비자가 전액을 부담하여야 함에 불구하고 일단 사업자가 납부하였으므로 대급금 계정을 사용하는 것이다. 따라서 사업자는 부가세예수금과 부가세대급금 계정을 같이 사용하다가 부가세 납부일에 예수금과 대급금의 차이에 따라 세금을 추가로 납부하던가 환급을 받게된다.

사례

㈜재정은 상품 10,000,000원을 A사로부터 외상으로 구입(부가세 별도)하다.

| (차변) 매입 | 10,000,000 | (대변) 외상매입금 | 11,000,000 |
| 부가세대급금 | 1,000,000 | | |

㈜재정은 위 상품을 12,000,000원에 외상으로 판매하다(부가세 별도).

| (차변) 매출채권 | 13,200,000 | (대변) 매출 | 12,000,000 |
| | | 부가세예수금 | 1,200,000 |

분기 익월 25일이 되어 부가세 예수금과 대급금의 차이 200,000원을 납부하다.

| (차변) 부가세예수금 | 1,200,000 | (대변) 부가세대급금 | 1,000,000 |
| | | 현금 | 200,000 |

결산처리시 유의할 사항

결산시보다는 기중에 회계처리시 부가세대급금은 매입과 분리 기장하여야 하고 부가세예수금은 매출과 분리 기장하여야 함에 주의한다.

7

미지급비용

 **의의**

미지급비용이란 지급기일은 도래하지 않았으나 기간경과에 따라 발생한 비용을 발생주의에 의하여 계상하는 비용이다. 기업회계기준에서는 미지급비용을 「발생된 비용으로서 지급되지 아니한 것으로 한다」라고 미지급비용을 규정하고 있다.

여기에서 발생된 비용이란 지급기일이 도래되지는 않았으나 당기에 인식하여야 할 비용을 의미한다. 한편 지급기일이 도래했음에도 불구하고 지급하지 않은 비용은 미지급비용이 아닌 미지급금으로 처리하여야 함은 앞에서 설명한 바와 같다.

업무 · 적요

지급이자 경과분, 급여 경과분, 보험료기간 경과분

• 대차대조표 〉 부채 〉 유동부채 〉 미지급비용

증빙서류

미지급비용 계산내역, 계약서

회계처리요령

특히 실무에서 사채를 포함한 차입금의 기간경과분 지급이자를 바쁘다 보면 빠뜨리는 경우가 많은데 결산시에는 항상 이를 고려하여 미지급비용을 계상하여야 한다. 일반적으로 차입금의 이자는 월별 또는 분기별로 선급내지는 후불하는 조건으로 지급한다. 선급일 경우에는 차기이후년도에 속하는 이자를 일할계산하여 선급비용으로 계상하고 그 금액만큼 당기의 이자비용에서 차감하여야 하고 후불일 경우에는 당해년도에 귀속되는 이자를 일할계산하여 당기의 이자비용에 가산하고 동시에 미지급비용으로 유동부채에 계상하여야 한다.

회계처리 사례

㈜재정은 20X4년 1월 15일 연리 12% 매월 15일 후불 이자지급조건으로 1,000,000원을 차입하다. 매달 15일 이자를 납부하고 12월 31일 결산일이 되다.

(차변) 이자비용	5,260	(대변) 미지급비용	5,260

$$1,000,000 \times 12\% \times 16/365 = 5,260$$

■ 선급비용 경우와의 비교

㈜재정은 연리 12% 매월 15일 선급 이자지급조건으로 1,000,000원을 차입하다. 결산일이 되다. 선급일 경우에는 다음과 같이 세가지의 회계처리가 가능하다.

방법 1

20X4년 12월 15일 이자 선급 지급시(전액을 이자비용으로 계상하다)

(차변) 이자비용	10,192	(대변) 현금	10,192

20X4년 12월 31일 결산일이 되다.

(차변) 선급비용	5,260	(대변) 이자비용	5,260

$$1,000,000 \times 12\% \times 16/365 = 5,260$$

위의 회계처리는 12월 15일 31일간의 이자지급시 먼저 이자비용으로 계산하고 결산일에 선급분을 구분하였다.

방법 2

12월 15일 이자 지급시 전액을 선급비용으로 계상하다.

(차변) 선급비용	10,192	(대변) 현금	10,192

결산일이 되다.

(차변) 이자비용	4,932	(대변) 선급비용	4,932

위의 경우에는 12월 15일 지급분을 먼저 선급비용으로 계산하고 결산일에 이자비용을 구분하였다.

방법 3

12월 15일 이자지급시 미리 선급분과 당기분을 구분하여 계상하다.

(차변) 이자비용	4,932	(대변) 현금	10,192
선급비용	5,260		

위의 경우에는 12월 15일 현금지급시 미리 기간구분을 하여 계산하였다. 단, 이자비용이 결산일에 걸쳐 있는 경우에만 계산함에 주의한다. 기중에는 전액이 이자비용이므로 구분할 필요가 없음은 당연하다 하겠다.

[방법1]과 [방법2]는 결과는 동일하나 [방법1]은 선급비용으로 계상하여야 할 과목이 많을 경우에는 건건이 구별하여야 할 실무상의 번거러움이 있기 때문에 [방법3]을 사용하면 결산시 일일이 구분하여야 할 필요가 없다. 그리고 선급비용의 계정을 기초에 대체분개를 하여 계속 같은 방식으로 기장을 하여 나가면 기말에는 간단히 선급비용과 이자비용으로 구분되어 나간다.

사례를 들어 보자

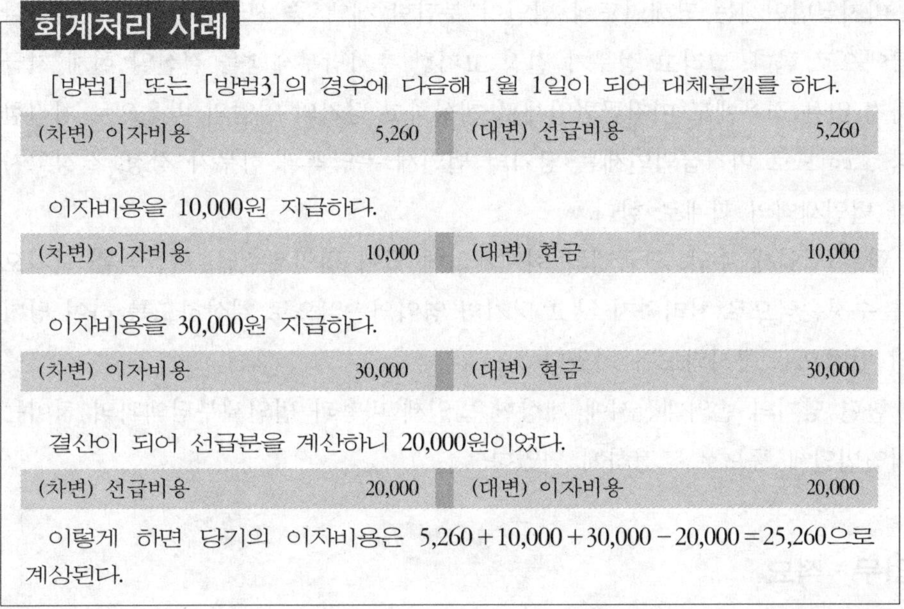

회계처리 사례

[방법1] 또는 [방법3]의 경우에 다음해 1월 1일이 되어 대체분개를 하다.

| (차변) 이자비용 | 5,260 | (대변) 선급비용 | 5,260 |

이자비용을 10,000원 지급하다.

| (차변) 이자비용 | 10,000 | (대변) 현금 | 10,000 |

이자비용을 30,000원 지급하다.

| (차변) 이자비용 | 30,000 | (대변) 현금 | 30,000 |

결산이 되어 선급분을 계산하니 20,000원이었다.

| (차변) 선급비용 | 20,000 | (대변) 이자비용 | 20,000 |

이렇게 하면 당기의 이자비용은 $5,260 + 10,000 + 30,000 - 20,000 = 25,260$으로 계상된다.

한편 [방법2]의 경우에는 기중에는 계속 선급비용으로 계상하여 기간경과마다 이자비용으로 대체해야 하는 번거로움이 매우 큰 방법이므로 사용하기가 힘들다.

8

미지급법인세

 **의의**

　미지급법인세는 당해년도에 법인이 부담할 세액 중 선급법인세액을 차감한 금액으로 한다. 그리고 정부가 결정 고지한 추가납부세액을 결산일 현재 지급하지 않은 경우에도 미지급법인세로 계상하고 당기의 영업외 비용으로 처리한다. 그러므로 미지급법인세는 당기의 법인세 부담액과 정부가 경정, 결정고지한 법인세액의 합계로 한다.

　한편 법인세 추납, 환급액의 회계처리에 있어 법인세추납, 환급액을 전기오류 수정손익으로 처리하지 않고 당기의 영업외손익으로 계상하도록 하여 당기의 업적으로 공시되도록 하였다.

　한편 당기의 손익계산서에 계상할 법인세 비용과 법인세부담액과의 차이는 이연법인세 등으로 조정하게 되었다.

업무 · 적요

　법인세, 소득세, 주민세, 미지급액
- 대차대조표 〉부채 〉유동부채 〉미지급 법인세

증빙서류

　결산서

 ## 회계처리요령

회계처리 사례

20X3년 12월 31일 ㈜재정은 당기의 법인세 부담액을 10,000,000원으로 계상하다.

선급법인세 5,000,000원이 계상되어 있다. 한편 당기의 이연법인세차 500,000원이 계상되다.

(차변) 법인세비용	9,500,000	(대변) 선급법인세	5,000,000
이연법인세차	500,000	미지급법인세	5,000,000

20X4년 3월 31일 법인세 납부금액이 11,000,000원으로 확정되어 신고·납부하다.

(차변) 미지급법인세	5,000,000	(대변) 당좌예금	6,000,000
법인세추납액(영업외 비용)	1,000,000		

상기 법인세 추납액은 당해년도(20X3년)의 영업외 비용이 아닌 차기의 영업외 비용으로 계상됨에 주의한다(차이1,000,000원의 이유는 영구적 차이이다. 만약 차이의 이유가 일시적 차이라면 영업외 비용이 아닌 이연법인세차로 투자자산에 계상하여야 한다).

결산처리시 유의할 사항

법인세 신고시에 보통 법인세 계산은 결산일이 지난 다음해 3月에 한다. 이때 계상되는 법인세는 그 해의 법인세로 계산하여야지 계산한 당해연도의 법인세로 하여서는 아니된다(실무상 용인).

9
미지급배당금

 의의

미지급배당금은 기말 현재 지급되지 않은 배당금을 의미한다. 배당금은 정기주주총회의 결의 사항이므로 기말현재는 확정된 상태는 아니다. 그러나 일반적으로 이사회에서의 배당금 지급결의는 주주총회에서 그대로 승인되고 배당금의 지급시기가 결산일 이후라 하더라도 회사의 입장에서는 배당금을 지급할 의무가 기말 현재 존재하므로 비록 주주총회의 승인을 얻기 전이라도 결산에 반영하도록 하여야 한다. 만약 주총에서 배당금의 금액이 변동된다면 이익잉여금 처분계산서를 수정해주어야 한다.

업무 · 적요

배당금

- 대차대조표 〉부채 〉유동부채 〉미지급 배당금

증빙서류

이사회 회의록, 배당금 명세서

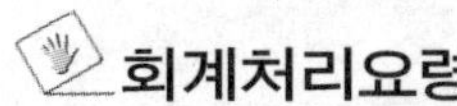 회계처리요령

회계처리 사례

㈜재정은 20X3년 12월 31일 당기의 배당을 현금배당 1,000,000원 주식배당 500,000원으로 결의하다.

(차변) 이익잉여금	1,600,000	(대변) 이익준비금	100,000
		미교부주식배당금	500,000
		미지급배당금	1,000,000

20X4년 3월 31일 정기주주총회에서 위의 안대로 확정되어 배당소득세 원천징수하다.

(차변) 미수금	247,500	(대변) 소득세예수금	247,500

20X4년 4월 10일 배당소득세 납부하다.

(차변) 소득세예수금	247,500	(대변) 현금	247,500

20X4년 4월 30일 배당금 지급 및 신주를 교부하다.

(차변) 미지급배당금	1,000,000	(대변) 현금	752,500
미교부주식배당금	500,000	자본금	500,000
		미수금	247,500

미지급배당금은 유동부채의 과목에 미교부주식배당금은 자본조정의 부가항목으로 기재됨에 주의하여야 한다.

결산처리시 유의할 사항

기업회계기준에 의하면 유의할 사항은 없다. 그리고 주식배당을 수령하는 법인에서는 기업회계기준상으로는 단가조정만 할 뿐 회계처리는 없으나 법인세법상으로는 익금산입이 되어 법인세를 부담하여야 한다. 배당소득에 대한 원천징수 의무는 개인주주에게만 해당된다(이자 지급시에는 개인, 법인 모두 원천징수하여야 한다).

10

유동성장기부채

 의의

　유동성장기부채란 장기부채중 상환기일이 대차대조표일로부터 1년 이내에 도래한 장기부채를 말한다. 그러므로 결산일 현재 상환기일이 1년 이내에 도래하는 장기부채는 유동성 장기부채로 대체하여야 한다. 특히 고정부채의 유동부채로의 대체는 기업의 비율분석시 유동성비율 및 당좌비율에 영향을 미치기 때문에 이 점을 고려하여야겠다.

업무 · 적요

　유동성부채

- 대차대조표 〉부채 〉유동부채 〉유동성 장기부채

증빙서류

　대체전표

회계처리요령

회계처리 사례

　㈜재정은 20X3년 10월 5일 은행으로부터 1,000,000원 차입하다. 단 차입금은 2년후부터 20%씩 5년간 상환하기로 하다.

　20X3년 10월 5일

(차변) 현금	1,000,000	(대변) 장기차입금	1,000,000

　20X3년 12월 31일 결산일이 되다.

회계처리 없음

20X4년 12월 31일 결산일이 되다.

| (차변) 장기부채 | 200,000 | (대변) 유동성장기부채 | 200,000 |

20X5년 10월 5일 1,000,000원의 20%를 상환하여야 하므로 유동성장기부채로 대체함.

20X5년 10월 5일 상환시

| (차변) 유동성장기부채 | 200,000 | (대변) 현금 | 200,000 |

20X5년 12월 31일 결산시

| (차변) 장기부채 | 200,000 | (대변) 유동성장기부채 | 200,000 |

결산처리시 유의할 사항

기업회계기준에 따라 회계처리하면 문제가 없겠다.

유동성 비율을 염려하여 장기성부채를 유동성부채로 대체하지 않으면 기업회계기준 위배이다.

11

선수수익

 **의의**

　선수수익이라 함은 현금을 수령하였으나 그 수익은 차기이후년도에 계상될 금액을 말한다. 미지급비용과 마찬가지로 기간귀속에 관한 계정과목이므로 결산일에 정리하여야 하는 과목이다. 미지급비용은 현금의 지출이 없으나 결산일에 당기의 귀속분을 비용으로 계상하는 과목임에 반하여 선수수익은 먼저 입금된 현금 중 차기의 귀속분은 부채로 계상하고 당기에 귀속되는 부분만 수익으로 계상하는 계정이다.

업무 · 적요

　선수임대료, 선수이자

- 대차대조표 〉 부채 〉 유동부채 〉 선수수익

증빙서류

　대체전표, 계산내역서

회계처리요령

　선수수익은 일반적으로 이자와 임대료 수입에서 발생한다.
　임대료 수입의 예를 들어보자.

임대료 수입

㈜재정은 20X3년 7월 1일 자사건물을 임대하고 1년간 임대료 1,000,000원을 현금으로 수령하다.

| (차변) 현금 | 1,000,000 | (대변) 임대료수익 | 1,000,000 |

20X3년 12월 31일 결산일이 되다.

| (차변) 임대료수익 | 500,000 | (대변) 선수수익 | 500,000 |

200X4년 1월 1일 (대체분개)

| (차변) 선수수익 | 500,000 | (대변) 임대료수익 | 500,000 |

20X4년 7월 1일 (임대료 입금)

| (차변) 현금 | 1,000,000 | (대변) 임대료수익 | 1,000,000 |

20X4년 12월 31일 (결산일)

| (차변) 임대료수익 | 500,000 | (대변) 선수수익 | 500,000 |

결산처리시 유의할 사항

한편 기간경과분에 대한 이자수익의 인식은 기업회계기준과 법인세법의 그 귀속시기를 달리하고 있음을 미수수익 편에서 지적한 바가 있다. 그러나 임대료 등에 대해서는 기업회계기준과 법인세법이 일치하므로 기업회계기준에 의하여 회계처리하면 별다른 세무조정사항은 발생치 않는다. 따라서 임대료에 대한 미수수익의 회계처리에 있어서도 기업회계기준에 의하여 계상하면 별 다른 세무조정 사항은 없다.

회계처리 사례

위의 사례에서 계약만 하고 임대료 수입이 없이 결산기를 맞이하다.

| (차변) 미수수익 | 500,000 | (대변) 임대료수익 | 500,000 |

═══ **12** ═══

부가가치세예수금

 **의의**

상품의 판매나 용역을 제공할 때에 발생하는 부가가치세를 처리하는 계정으로서, 일반적으로 부가가치세는 재화나 용역을 공급할 때 공급가액의 10% 해당액을 부가세로 거래징수하여 보관(예수)하였다가 자기 매입시에 부담한 세액을 공제한 차액을 납부한다.

업무 · 적요

- 대차대조표 〉 부채 〉 유동부채 〉 부가가치세예수금

증빙서류

거래명세서, 세금계산서, 계산서 등

회계처리요령

상품의 판매

(주)재경은 상품을 1,100,000원에 판매하였다(부가세포함).

(차변) 현금	1,100,000	(대변) 상품(매출)	1,000,000
		부가세예수금	100,000

결산기말 부가세예수금

결산기말에 부가세대급금의 잔액은 2,500,000원이고 부가세예수금의 잔액은 3,500,000원으로 상계하다.

2002. 12. 31

(차변) 부가세예수금	2,500,000	(대변) 부가세대급금	2,500,000

부가세 납부

상기 부가세를 신고 및 납부하다.

2003. 1. 25

(차변) 부가세예수금	1,000,000	(대변) 현금	1,000,000

제2절   고정부채

1

고정부채의 이해

 **의의**

고정부채란 그 상환기일이 대차대조표일로부터 1년 이후에 도래하는 차입금을 말한다.

고정부채의 종류

기업회계기준에 의한 고정부채의 과목은 다음과 같다.

종류	내용
① 사채	1년 후에 상환되는 사채의 가액으로 하되, 사채의 종류별로 구분하고 그 내용을 주석으로 기재한다.
② 장기차입금	1년 후에 상환되는 차입금으로 하며 차입처별 차입액, 차입용도, 이자율, 상환방법 등을 주석으로 기재한다.
③ 장기성매입채무	유동부채에 속하지 아니하는 일반적 상거래에서 발생한 장기의 외상매입금 및 지급어음으로 한다.
④ 장기부채성 충당금	1년 후에 사용되는 충당금으로서 그 사용목적을 표시하는 과목으로 기재한다.
⑤ 이연법인세대	일시적차이로 인하여 법인세비용이 법인세법 등의 법령에 의하여 납부하여야 할 금액을 초과하는 경우 그 초과하는 금액으로 한다.
⑥ 기타의 고정부채	제1호 내지 제5호에 속하지 아니하는 고정부채로 한다.

2
사채

✋ 의의

사채란 기업이 장기자금을 조달하기 위하여 사채원금과 일정이자율을 유가증권에 표창하여 다수로부터 자금을 차입하는 경우 그 차입금 또는 유가증권을 말하나 회계처리에 있어서의 사채는 차입금을 의미한다.

사채는 주식회사가 많은 자금을 다수인으로부터 조달하기 위하여 발행하는 채권으로서 사채의 액면가액과 발행가액의 차이는 유효이자율법 등을 적용하여 상각하도록 하고 있다. 이의 발행과 관련한 사채발행비 등은 사채발행가액에서 직접 차감한다.

✋ 사채의 발행과 종류

상법에서는 사채의 발행에 일정한 제약을 가하고 있는데 사채의 총액은 최종의 대차대조표에 의하여 회사에 현존하는 순자산액의 4배를 초과하지 못하도록 하고 있으며 각 사채의 금액은 1만원 이상으로 하여야 한다. 단, 주권상장법인 또는 협회등록법인이 발행하는 전환사채나 신주인수권부사채는 증권거래법 제191조의 5에 의하여 사채발행한도의 제한을 받지 아니한다. 그리고 사채는 주식회사 이외의 회사는 발행할 수가 없다.

사채는 발행방법에 따라 공모사채와 사모사채가 있으며 사채의 성격에 따라 일반사채, 전환사채, 신주인수권부사채로 나뉜다. 그리고 사채의 액면가액과 발행가액(현금수취액)과의 일치여부에 따라 액면발행, 할인발행, 할증발행으로 구분된다.

회계처리에서 문제가 되는 것은 사채의 액면발행, 할인, 할증발행이다.

업무 · 적요

사채발행비란 사채발행수수료와 기타 사채발행을 위하여 직접 지출한 제비용을 말한다. 이에는 사채모집을 위한 광고선전비, 금융기관과 증권회사의 취급수수료, 사채청약서, 사업설명서, 사채권 등의 인쇄비, 사채등기의 등록세, 기타 제비용을 포함한다.

• 대차대조표 〉부채 〉고정부채 〉사채

증빙서류

사채발행계약서, 은행입금통장, 대체전표, 사채발행 이사회 의사록

사채 관련용어

사채의 회계처리에 있어서는 사채는 다른 차입금과 별 다른 사항이 없다. 단 사채가 할인, 할증 발행되는 경우에 그 차액의 상각에 있어서 약간의 어려움이 있다.

사채의 회계처리에 앞서 먼저 사채회계와 관련된 용어를 알아보자.

(1) 표면이자율

사채의 권면액에 표기된 이자율로서 사채발행회사가 사채를 차입함으로서 일정기일에 지급하기로 약속된 일정액의 이자율을 말한다. 표시이자율은 사채의 만기시까지 고정된 이자율이다.

(2) 시장이자율

사채와는 상관없이 시중에서 차입금을 차입할 때 형성되는 이자율이다. 시장이자율은 매일 변한다. 즉 고정되어 있지 않다. 사채의 현재가치를 구하는데 사용하는 이자율로서 사채의 가격이 매일 변하는 것도 이 때문이다.

(3) 사채할인발행차금

회사가 자금을 차입하기 위하여 일정액의 이자를 매년 지급한다고 할 때 그 지급이자가 일반 시장이자율보다 낮다면 투자자는 그 회사에 투자하지 않으려고 할 것이다. 따라서 사채발행회사가 시장이자보다 낮은 이자액만큼 차이를

벌충해주어야 하는데 그것을 사채할인발행차금이라 하며 벌충해주는 방법은 만기에 상환하는 액면금액보다 적은 금액으로 사채를 발행하는 것이다.

투자자는 매년 투자액이 아닌 사채의 액면금액에 대한 이자를 수취하며 만기 상환시 투자자가 실제 투자한 금액보다 더 많은 액면금액을 상환받게 되는 것이다. 즉 만기에는 투자자가 투자한 원금보다 많은 금액을 지급받게 되는데 그 차이가 사채발행회사의 입장에서는 사채할인발행차금이다.

사채발행회사의 입장에서는 액면가 보다 적은 금액을 차입하고 이자는 액면가에 의하여 지급하고 만기에는 액면가에 의한 원금을 지불하여야 하는 것이다. 사채발행회사가 시장이자율보다 액면이자를 적게 지급하는 대가가 되겠다. 사채할인발행차금은 차변과목이기는 하나 자산성이 없으므로 사채의 차감항목으로 공시하도록 하고있다.

(4) 사채할증발행차금

한편 사채의 지급이자율과 시장이자율이 일치한다면 회사가 사채를 할인 발행할 이유가 없으며 이런 경우에는 당연히 사채할인발행차금의 문제가 생기지 않는다. 반대로 사채의 지급이자가 시중이자보다 크다면 회사측의 입장에서는 사채의 액면가, 달리 말하면 만기지급액보다 더 많은 금액을 받으려고 할 것이다. 이 차이가 사채할증발행차금이다. 실무적으로 사채할증발행차금의 문제는 일어나지 않으며 거의가 할인발행에 따른 회계처리 문제이다.

(5) 내부수익률

투자자가 현재 투자한 금액으로 얻는 수익률을 의미한다. 투자자가 시장에서 시장이자율로 자금을 차입하여 투자하는 경우에는 내부수익률이 시장이자율보다 높아야 할 것이다. 내부수익률은 미래현금흐름의 현가를 현재의 투자액과 일치시키는 할인률로도 설명된다. 현재의 투자금액이 내부수익률을 달성하는 경우에 미래현금흐름을 내부수익률로 할인하면 현재의 투자액이 되는 것이다.

현재가치의 이해

예를 들어 원금 10,000원을 연이자율 10%의 사채에 투자하는 경우 1년 후의 사채의 금액은 얼마인가? 당연히 11,000원이 될 것이다. 그러면 이자를 받아서 동일한 조건에 재투자하는 경우에 2년 후에는 얼마인가? 1년 후 11,000원에 이자 10%인 1,100원을 더하여 12,100원이 된다. 산식으로 계산하면 $10,000 \times (1 + 0.1)^2 = 12,100$이다.

한편 1년후의 11,000원의 현재가치는 얼마인가? 당연히 10,000원이고 산식은 $11,000/(1 + 0.1) = 10,000$원으로 계산된다. 그리고 2년 후의 12,100원을 현재가치로 계산해보면 $12,100/(1 + 0.1)^2 = 10,000$원이 된다. 즉 현재가치란 미래현금흐름의 가치를 현재시점에서 평가한 것을 말한다(현재가치를 계산하는 경우에 분모의 이자율을 할인율이라 하는데 이는 시장이자율이다. 액면발행일경우에는 사채의 이자율과 시장이자율 즉 할인율이 일치하기 때문에 액면가액과 발행가액이 일치하게 된다).

3

사채발행차금

 **의의**

앞서 설명한 사채관련용어를 참조 바란다. 사채할인발행차금은 사채의 발행 시 사채의 시장이자율이 표시이자율보다 높을 때 사채는 액면금액 이하로 발행되는데, 이 때 액면금액과 발행가액의 차이를 말한다.

■ 시장표시이자율에 따른 사채의 발행형태

할인발행	시장이자율 > 표시이자율
액면발행	시장이자율 = 표시이자율
할증발행	시장이자율 < 표시이자율

업무 · 적요

사채의 차감항목으로 표기한다.

• 대차대조표 〉 부채 〉 고정부채 〉 사채발행차금

4

일반사채

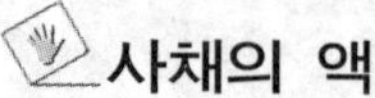 **사채의 액면발행**

㈜재정은 20X3년 1월 1일 만기 2년, 표시이자율 10%, 사채를 1,000,000원 발행하다(시장이자율10%).

사채의 현재가치를 계산하면 다음과 같다.

$100,000/(1+0.1) + 1,100,000/(1+0.1)2 = 1,000,000$

사채 투자자는 첫해에 이자 100,000원을 지급받고 다음해 만기에는 이자 100,000원과 원금 1,000,000원을 상환받게 된다. 반대로 회사측 입장에서는 첫해에 이자 100,000원을 지급하고 다음 해에는 이자 100,000원과 원금 1,000,000원을 지급한다. 이것을 미래현급 흐름이라 한다.

사채의 표시이자율과 시장이자율이 일치하므로 사채는 액면발행된다.

회계처리는 다음과 같다.

회계처리 사례

(차변) 현금	1,000,000	(대변) 사채	1,000,000

20X3년 12월 31일 이자를 지급하다.

(차변) 이자비용	100,000	(대변) 현금	100,000

20X4년 이자와 함께 원금을 상환하다.

(차변) 이자비용	100,000	(대변) 현금	100,000
(차변) 사채	1,000,000	(대변) 현금	1,000,000

사채의 할인발행

앞에서 설명했듯이 사채의 표시이자율이 시장이자율보다 적은 경우에는 사채발행회사가 투자자에게 시장이자율을 만족시켜 주어야만 투자자를 모집할 수가 있게 되는데 그 방법은 사채의 액면가 보다 작은 금액으로 사채를 발행하고 만기지급시에는 액면가로 지급하는 것이다.

🖐 사채의 할인방법

㈜재정은 20X3년 1월 1일 만기 2년, 표시이자율 8%, 사채를 1,000,000원 발행하다(시장이자율 10%).

미래현금흐름 : 첫해 이자 80,000원, 둘째해 이자 80,000원과 원금 1,000,000원 상환.

이 사채의 미래현금흐름을 시장이자율을 사용하여 사채의 현재가치를 계산하면 다음과 같다.

$$80,000/(1+0.1)+1,080,000/(1+0.1)2=965,289$$

사채의 표시이자율이 시장이자율보다 적으므로 사채는 할인발행된다. 즉 회사는 투자자의 투자수익률을 시장이자율만큼 맞추어 주기 위하여 사채를 할인발행하여야 하는 것이다. 사채발행회사는 매기 액면이자를 지불하고 만기에는 투자자가 최초로 투자한 965,289원이 아닌 1,000,000원을 지불해야 한다. 이 1,000,000원과 투자자가 투자한 금액 965,289원의 차이 34,711원을 사채할인발행차금이라 하며 이 금액은 비록 만기에 지급하는 것이지만 투자회사는 수익과 비용의 대응의 원칙에 따라 매기 분할하여 이자비용으로 인식하는 것이다.

이 인식절차를 사채할인발행차금의 상각이라 한다. 즉 만기에 상환할 액면가액과 사채발행가액과의 차이를 사채할인발행차금이라 하며 최종상환일까지의 기간에 유효이자율법을 적용하여 상각하도록 하고 동 상각액은 사채이자에 가산하도록 하고 있다(참조: 기업회계기준 65조).

🖐 사채할인발행차금 상각표

사채가 할인발행되는 경우에는 사채할인발행차금 상각표를 먼저 만들어 놓아야 회계처리가 쉬워진다. 사채할인발행차금 상각표는 다음과 같다.

[사채할인발행차금 상각표]

일자	사채의 장부가액	유효이자	표시이자	사채할인발행차금상각	미상각차금 잔액
20×3년 1월 1일	965,289				34,711
20×3년 12월 31일	981,818	96,529	80,000	16,529	18,182
20×4년 12월 31일	1,000,000	98,182	80,000	18,182	0
합 계		194,711	160,000	34,711	

사채할인발행차금 상각표를 만드는 절차는 다음과 같다.

첫째 : 시장이자율을 사용하여 사채의 미래 현금흐름의 현재가치를 구한다.

둘째 : 현가의 기초 가액에 시장이자율을 승하여 유효이자비용을 계산하고
　　　 사채액면이자액과의 차이를 사채할인발행차금상각란에 기재한다.

셋째 : 상각된 금액을 사채의 기초가액에 더한다. 이렇게 하여 사채의 기말
　　　 가액이 결정된다.

넷째 : 위의 절차를 사채의 만기일까지 계속하여 상각표에 기재한다.

상각표의 작성을 위한 간편법은 다음과 같다(수험용으로 필요).

첫째 : 사채의 미래 현금흐름의 현재가치를 구한다.

둘째 : 기초가액 × (1 + 유효이자율) − 액면이자액 = 기말의장부가액

위의 공식을 반복적으로 이용하여 만기까지의 사채장부가액을 먼저 구한다.

셋째 : 기초와 기말의 장부가액의 차이가 사채할인발행차금의 상각액이다.

넷째 : 상각액과 액면이자액과의 합계가 유효이자액이다.

이제 사채의 할인발행된 경우의 회계처리를 알아보자.

사채가 할인발행된 경우의 회계처리는 다음과 같다.

할인발행사채

20X3년 1월 1일 사채발행시

| (차변) 현금 | 965,289 | (대변) 사채 | 1,000,000 |
| 사채할인발행차금 | 34,711 | | |

만약 20X3년 1월 1일의 대차대조표를 공시한다면 다음과 같다.

대차대조표(20X3년 1월 1일 현재)		
	사채	1,000,000
	사채할인발행차금	(34,711)
	합계	965,289

20X3년 12월 31일 이자를 지급하다.

| (차변) 이자비용 | 96,529 | (대변) 현금 | 80,000 |
| | | 사채할인발행차금 | 16,529 |

　회사가 의식하는 당기의 이자비용은 지급현금 80,000원과 사채할인 발행차금 34,711원의 당기상각분 16,529원, 합계액 96,529원이다. 이 금액은 사채의 발행가액에다 시장이자율 10%를 적용한 이자비용과 동일한 금액이다.

　사채할인발행차금의 상각액은 다음의 두 가지 방법으로 계산 가능하다.

첫째는 $965,289 \times 10\% - 80,000 = 16,529$원으로 계산하거나,

둘째는 $965,289 \times (1 + 0.1) - 80,000 = 981,818$

이 금액은 사채의 기말의 장부가액이다. 이금액에서 기초의 장부가액을 차감해 보자.

$981,818 - 965,289 = 16,529$

둘째 방법은 계산기를 연속 사용하여 사채의 기말가액을 계속산출해 낼 수가 있는 장점이 있다. 회사는 사채를 할인발행함으로서 투자자에게 시장이자율 10%를 충족시켜줄 수가 있었다.

만약 20X3년 1월 1일의 대차대조표를 공시한다면 다음과 같다.

<table>
<tr><th colspan="3" align="center">대차대조표(20X3년 12월 31일 현재)</th></tr>
<tr><td></td><td>사채</td><td align="right">1,000,000</td></tr>
<tr><td></td><td>사채할인발행차금</td><td align="right">(18,182)</td></tr>
<tr><td></td><td>합계</td><td align="right">981,818</td></tr>
</table>

사채할인발행차금 34,711원중 16,529원이 대변에 기장됨과 동시에 차변에서 이자비용으로 차감되고 나머지 금액이 18,182원이다.

20X4년 이자와 함께 원금 1,000,000을 상환하다.

(차변) 이자비용	98,182	(대변) 현금	80,000
		사채할인발행차금	18,182
(차변) 사채	1,000,000	(대변) 현금	1,000,000

$981,818 \times 10\% - 80,000 = 18,182$

이렇게 함으로서 사채할인발행차금 34,711원은 첫해에 16,529원 둘째해에 18,182원씩 이자비용으로 분할 인식되었다. 이렇게 분할하여 이자비용으로 인식하는 이유는 실제 34,711원을 지급하는 해에 이자비용으로 전액 인식한다면 사채의 발행으로 인한 효익에 비하여 이자비용의 대응이 이루어지지 않으므로 사채의 효익에 대한 이자의 대응을 이루기 위함이다.

참조로 20X4년의 투자자의 수익 이자율을 계산해보자. 회사측에서는 지급이자율이 될 것이다.

$98,182/981,818 = 0.1$ 즉, 10%가 된다. 회사는 사채를 할인발행함으로서 매년 투자자에게 시장이자율만큼을 충족시켜 주고 있다.

<table>
<tr><th colspan="3" align="center">대차대조표(20X4년 12월 31일 현재)</th></tr>
<tr><td></td><td>사채</td><td align="right">1,000,000</td></tr>
<tr><td></td><td>사채할인발행차금</td><td align="right">0</td></tr>
<tr><td></td><td>합계</td><td align="right">1,000,000</td></tr>
</table>

물론 사채의 상환년도에는 위와같은 대차대조표의 공시가 없게 되겠으나 이해를 돕기 위하여 표시해보았다. 사채할인발행차금의 상각으로 사채의 장부가액이 점차 증가하여 만기에는 사채의 액면금액과 같아지게 되고 회사가 이를 상환하면 사채는 상부에서 사라지게 된다.

위의 사례에서 보듯이 사채할인 발행 차금은 사채발행회사가 시장이자율만큼 사채에 대한 이자를 지급하지 못하므로 만기에 그 차이를 일시에 지급하여 이자의 차액을 보충해주는 것이다. 위의 경우에는 34,711원이 사채의 액면금액과 사채의 현재가치와의 차이이다. 사채발행회사는 이 금액을 사채의 만기에 일시에 지급하게 되나 사채의 존속기간동안 사채의 차입으로 인한 수익이 발생한다고 보아 수익과 비용의 대응의 개념에서 사채할인발행 차금의 일부를 매기의 이자비용으로 계상하게 되는 것이다.

【사채할인발행 차금을 상각한다는 것의 의미를 순서대로 새긴다면】

첫째, 사채할인발행차금을 사채의 액면가의 차감계정으로 한다(대차대조표에 공시).

이렇게 함으로서 외부정보이용자는 만기에 상환할 사채의 액면가액과 현재의 장부가액을 동시에 알 수가 있게 된다. 순수한 현금수취액만 공시한다면 정보이용자들이 사채의 만기에 상환할 사채의 정확한 액면가액을 알 수가 없다.

| 사채액면가액 | − | 사채할인발행차금 | = | 장부가액 |

둘째, 사채할인발행차금을 대변에 기입함으로서 상각하고 그 반대되는 계정으로서 이자비용을 계산하게 된다. 따라서 회사는 매년 현금지급액 뿐만 아니라 상각비용만큼의 이자비용을 추가로 계상하게 된다.

셋째, 사채할인발행차금의 잔액이 감소함으로서 사채의 장부가액은 점차 증가해 나가다 만기에는 사채할인발행차금의 잔액은 0이 되어 장부가액과 액면가액이 일치하게 된다.

한편 사채의 현재가치 계산 공식을 이해하고 사채의 표시이자율과 시장이자율을 알고만 있다면 앞에서 본 바와 같이 매기의 사채의 장부가액의 계산은 간단히 구할 수가 있게 된다. 계산공식은 다음과 같다.

| 기초 사채의 장부가액 | × | (1+시장이자율) | − | 액면이자액 | = | 매기말 사채의 장부가액 |

연차별로 위의 계산공식을 적용하면 즉각 사채의 장부가액이 계산되며 기초와 기말의 사채의 장부가액의 차이가 사채할인발행차금의 상각분이다. 이 금액과 표시이자액을 더하면 사채의 유효이자액이 계산된다.

이자지급일 사이의 사채발행

한편 사채가 실제 사채발행일보다 늦게 매출되는 경우가 있는데 이를 이자지급일사이의 사채발행이라고 한다. 예를 들어 사채의 이자는 매년 1월 1일이나 사채의 매출일은 7월 1일인 경우인데 회사가 비록 7월 1일에 사채를 매출하였으나 다음해 1월 1일에는 사채권자에게 1년차의 이자를 지불하여야 한다.

따라서 사채발행 회사는 경과된 반년치의 이자는 사채매출일에 먼저 수령하여 보관하였다가 다음해 1월 1일에 1년치의 이자를 주더라도 사채발행 회사는 손해가 없게 된다.

이런 경우의 회계처리를 알아보자.

사채의 할인발행시 회계처리

㈜재정은 20X3년 7월 1일에 만기 2년, 표시이자율 8%, 액면가액 1,000,000원인 사채를 발행하다. 한편 이자지급일은 20X3년 1월 1일 부터이다(시장이자율 10%).

이런 경우에 사채발행의 회계처리를 요약하면 다음과 같다.

첫째 : 직전 이자지급일의 사채의 현재가치를 구한다.

둘째 : 직전이자지급일의 사채의 현재가치를 이용하여 사채발행일의 사채의 현가를 구한다. 이자 지급일 사이의 사채 발행가액의 계산방법은 다음과 같다.

직전이자지급일의 사채의 현재가치 × 유효이자율 × 경과월수 / 12 = 유효이자
사채발행가액 = 직전이자지급일의 현재가치 + 유효이자

이 금액이 사채발행시의 수취금액이 된다. 이 수취금액에는 회사가 지급하여야 할 경과분 만큼의 액면이자가 포함되어 있다.

원래 사채의 기말가액은 다음과 같이 계산됨을 상기해보자.

기초시점의 사채의 현재가치 × (1 + 유효이자율) − 액면이자액 = 기말가액

중도발행사채의 가액은 위의 산식에서 액면이자를 차감하지 않는다는데 있다(아직 이자를 지불하지 않았으므로). 즉 회사는 사채를 중도발행시에 사채의 진정한 현재가치에다 액면이자를 더하여 현금을 수취하게 된다.

회사가 지급하여야 할 액면이자를 받아 두는 이유는 사채의 지급이자는 이자지급일 현재의 사채권자에게 1년치 이자를 전액 지급하기 때문에 중도에 사채를 구입한 채권자에게는 구입일자부터 사채의 보유기간까지 지급하기 위함이다.

예를 들면, 이 사채를 구입한 투자자는 7월 1일에 구입하여 사채를 6개월 보유함에도 불구하고 기말에 이자는 80,000원을 수령하게 된다.

따라서 이런 불합리를 배제하기 위하여 사채발행회사는 중도에 사채발행시 6개월간의 이자 40,000원을 미리 받고 기말에 80,000원의 이자를 지급함으로서 결과적으로는 40,000원만 지급하게 되는 것이다.

셋째 : 기초시점에서 사채발행일 까지의 사채의 액면이자를 계산한다.

넷째 : 액면이자를 미지급이자로 계산한다.

자 이제 위의 설명대로 예제를 처리해보자.

이해를 돕기 위하여 먼저 상각표를 작성해본다.

[사채할인발행차금 상각표]

일자	사채의 장부가액	유효이자	표시이자	사채할인발행 차금상각	미상각차금잔액
20X3년 1월 1일	965,289				34,711
20X3년 12월 31일	981,818	96,529	80,000	16,529	18,182
20X4년 12월 31일	1,000,000	98,182	80,000	18,182	0
합 계		194,711	160,000	34,711	

먼저 직전이자지급일(20X3년 1월 1일)의 사채의 현재가치를 계산하면 다음과 같다.

$80,000/(1+0.1)+1,080,000/(1+0.1)2=965,289$

20X3년 7월 1일 현재 이자 지급일사이의 사채의 현재가치는 다음과 같이 계산된다.

$965,289+965,289\times0.1\times6/12=1,013,553$

그리고 액면이자를 계산해보자

$1,000,000\times0.08\times6/12=40,000$

앞의 1,013,553에는 액면이자가 포함되어 있다 하였다.

따라서 회계처리는 다음과 같이 하게 된다.

20X3년 7월 1일 사채발행시의 회계처리는 다음과 같다.

(차변) 현금	1,013,553	(대변) 사채	1,000,000
사채할인발행차금	26,447	미지급이자	40,000

위에서 사채할인 발행차금은 다음과 같이 계산된다.

기초 미상각 잔액은 34,711원이고 당기에 상각할 금액은 16,529원이었다.

그러나 사채는 중도에 발행되었으므로 당 반기까지 상각할 금액 16,529×6/12=8,264이고 미상각잔액은 34,711원에서 8,264원을 차감한 잔액인 26,447원이 되는 것이다.

8,264원은 기초의 사채의 발행가액에 포함하게 된다. 즉 기초가액 965,289에 8,264원을 더한 금액인 973,553원이 사채의 진정한 현가이고 여기에 사채발행일까지의 액면이자 40,000원을 더한 금액인 1,013,553원이 사채를 발행하면서 수취할 금액이 되는 것이다. 액면이자 40,000원의 성격에 대해서는 앞에서 설명한 대로 사채권자의 보유기간에 따른 이자를 지급하기 위하여 회사가 미리 받아놓고 뒤에 지급하는 것이다.

20X3년 12월 31일 이자지급시의 회계처리

㈜재정은 사채이자 80,000원을 지급하다.

(차변) 이자비용	48,265	(대변) 현금	80,000
미지급이자	40,000	사채할인발행차금	8,265

이렇게 처리함으로서 20X3년 12월 31일의 사채의 장부가액은 973,553+8,265 =981,818원이 되고 이 금액은 상각표상의 20X3년 12월 31일의 금액과 일치하게 되는 것이다.

이하에서는 일반사채의 회계처리와 동일하다.

사채를 할인발행하여 사채할인발행차금 상각분을 이자비용으로 회계처리한 부분에 대하여는 세무상 그대로 인정된다.

🖐 사채의 중도상환

사채를 발행한 회사는 사채를 만기 이전에 중도상환 하는 경우가 있다. 사채를 만기상환시에는 앞에서의 일반예제에 따른 회계처리를 하면 될 것이고 사채의 중도상환에 따른 회계처리를 알아보자.

회계처리 사례

㈜재정은 앞에서 발행한 사채를 20X3년 12월 31일에 상환하다.
㈜재정이 사채를 상환할 당시의 시장이자율은 12%이었다.
20X3년 12월 31일의 사채의 현재가격을 먼저 알아보자.
$1,080,000/(1+0.12)=964,286$
20X3년 12월 31일의 사채의 장부가액은 얼마인가? 상각표를 본다면 981,818원이다. 이 사채의 현재 시세는 964,286원이므로 회사는 시장에서 이 사채를 964,286원에 도로 사들이게 된다.
장부가액과 상환가액이 차이가 나므로 상환에 따른 손익이 발생하게 된다.

(차변) 사채	1,000,000	(대변) 현금	964,286
		사채할인발행차금	18,182
		사채상환이익	17,532

여기에서 주의할 점은 위의 예제의 경우에는 이자지급일과 사채의 상환일이 일치하여 계산이 쉬웠으나 이자 지급일 사이에 사채의 상환이 이루어지는 경우에는 사채상환일까지의 사채의 장부가액을 결정하여야 한다는 것이다. 그래야만 사채의 상환손익을 결정할 수 있기 때문이다.

사채의 상환일까지의 장부가액을 결정하는 방법은 이자지급일 사이의 사채발행을 참조바란다. 그리고 사채발행당시의 시장이자율보다 상환시점의 시장이자율이 더 높은 경우에는 사채상환이익이 발생한다. 사채상환손익은 영업외비용 항목으로 처리된다.

🖐 자기사채

현행기업회계기준에서는 자기사채를 인정하지 않으므로 사채발행회사가 자기사채를 사들이는 경우에는 사채의 상환으로 회계처리해야 한다. 그리고 사들인 사채를 재판매하는 경우에는 사채 발행당시의 회계처리와 동일하다. 또한 자기사채로 인한 수입이자는 인정이 안된다는 것을 알아야겠다. 자기사채와 관련하여 기업회계기준에서는 다음과 같이 규정하고 있다.

> **▶ 자기사채의 처리**
>
> ① 자기사채를 취득한 경우에는 이에 상당하는 액면가액과 사채발행차금 등을 당해 계정과목
>   에서 직접 차감하고, 그 취득경위 등은 주석으로 기재한다.
> ② 제1항을 적용함에 있어 장부가액과 취득가액의 차이는 사채상환이익 또는 사채상환손실의
>   과목으로 하여 당기손익으로 처리한다.
>
> (기업회계기준제 25조)

(1) 사채발행비

앞에서 사채의 발행과 이자지급에 따른 회계처리를 살펴보았다. 한편 사채를 발행하는 경우에는 채권인쇄비용, 사채모집공고비, 금융기관수수료, 등록세 등의 사채를 발행하기 위한 비용이 발생한다. 사채발행 비용은 사채발행가액에서 직접 차감한다. 사채의 만기액면금액과 사채의 발행가액의 차이가 사채할인 발행차금이라고 하였는 바 사채할인발행차금이 사채발행비만큼 증가하게 되었다. 따라서 실질적인 사채의 유효이자율은 사채발행당시의 시장이자율보다 증가하는 결과가 되었다. 결국 실무적으로는 실무자가 사채의 유효이자율을 보간법 등을 사용하여 계산을 하여야 하는 수고를 하게 되었다.

(2) 사채의 할증발행

사채의 할증발행이란 사채의 액멱가보다 더 많은 금액을 받고 사채를 발행하는 것을 말한다. 사채를 할인발행하는 이유가 사채의 표시이자가 시장이자보다 적어서 그 차이를 보충하기 위한 때문이듯이 할증발행은 사채의 표시이자가 시장이자보다 높아서 높은 금액만큼 더 받게 되는 것이다.

사채할증발행차금은 사채액면금액에 부가하여 표기하게 된다. 따라서 할증발행차금을 상각하면 사채의 장부가액이 점차 감소해나간다. 실무상 일어나지 않으므로 추가적인 설명은 생략한다.

5

전환사채

 의의

전환사채란 사채이기는 하되 일정 기한내에 일정한 금액으로 주식으로 전환할 수 있는 권리를 부여한 사채이다. 회사의 자금조달의 원천은 부채와 자본금으로 대별되는데 부채는 외부자본이고 자본금은 내부자본이다. 외부 자본인 부채는 주주보다 우선적으로 원금과 이자를 지급받을 수 있는 권리가 있다. 따라서 투자의 안전성에 있어서는 주주보다 채권자가 유리한 입장에 있다.

한편 투자자는 일정액의 이자를 우선적으로 지급받을 수 있는 권리를 향유하는데 비하여 회사의 경영실적에 따른 배당에는 참가하지 못한다. 따라서 막대한 이익을 창출하는 회사인 경우에는 채권자가 주주보다 낫다고 할 수가 없는 것이다. 그래서 채권자의 안정성과 주주로서의 수익성을 동시에 추구할 수 있는 상품을 만들어 투자자를 유인하게 되었으니 그것이 바로 전환사채인 것이다.

전환사채발행시 회사는 채권자에게 사채 권면액당 주식을 얼마에 인수할 수 있는 권리를 부여한다. 예를 들면 사채의 액면금액 1,000,000원당 주식 50주를 주당 20,000원에 전환할 권리를 부여하는 것이다. 채권자는 전환이 이익이 된다고 판단하는 시점에서 전환권을 행사할 것이다. 대개는 주가가 전환 가격인 20,000원 이상이고 이자를 상회하는 금액이라야 전환권을 행사하게 된다.

일반사채와 다른 점이 무엇인가? 전환권이라는 옵션이 부여되어 있다는 것이다. 따라서 전환사채의 발행가액은 다른 조건이 똑같은 일반사채보다 전환권가치만큼 높게 발행된다. 앞에서 사채를 할인발행하는 이유는 표시이자율이 시장이자율보다 낮기 때문이라고 설명하였다. 그러나 전환사채는 할인 발행되더라도 만기와 액면이자율이 같은 일반사채에 비하여 전환권가치만큼 더 높은 금액을 받고 발행된다. 이 전환권 가치는 전환사채가 전환되지 않으면 이자를 가산하여 되돌려 주어야 한다.

전환사채의 주주로서의 효력은 전환청구를 한 때에 발생한다.

그러나 이익의 배당에 대하여는 그 청구를 한 때가 속하는 경영연도 말에 전환된 것으로 한다.

 업무 · 적요

전환사채

- 대차대조표 〉 부채 〉 고정부채 〉 전환사채

증빙서류

계약서, 이사회 의사록, 대체전표, 사채할인발행차금, 상각율표

> **▶ 전환의 효력발생**
>
> ① 주식의 전환은 그 청구를 한 때에 효력이 생긴다.
> ② 주주명부의 폐쇄, 기준일의 기간 중에 전환된 주식의 주주는 그 기간중의 총회의 결의에 관하여는 의결권을 행사할 수 없다.
> ③ 제1항의 전환권을 행사한 주식의 이익이나 이자의 배당에 관하여는 그 청구를 한 때가 속하는 경영연도말에 전환된 것으로 본다. 이 경우 신주에 대한 이익이나 이자의 배당에 관하여는 정관이 정하는 바에 따라 그 청구를 한 때가 속하는 경영연도의 직전 경영연도말에 전환된 것으로 할 수 있다.
>
> （상법 제350조）

전환사채 용어해설

전환사채의 회계처리를 이해하는데 앞서 전환사채에서만 사용되는 몇 가지 용어를 먼저 이해해 보자.

(1) 전환권가치

전환권가치란 전환사채가 만기나 이자율 등의 조건이 일반사채와 같은 경우에 일반사채보다 보다 많은 금액을 받게 되는 경우 그 차이금액을 말한다. 즉 할인발행된 일반사채의 현재가치가 900,000인 경우 전환사채의 발행가액이 950,000원이라면 차액인 50,000원이 전환권가치로 계상되는것이다. 전환권 가치란 글자 그대로 전환권을 부여한 대가로 받는 금액이다.

[사채의 액면가 × 보장수익률과 표시이자율의 차이 × 현금현재가치 = 전환권가치]
상환할증금의 현재가치 = 전환권가치

(2) 보장수익률

보장수익률이란 전환사채 투자자가 만기까지 전환사채를 전환하지 않는 경

우에 일정률의 수익률을 회사가 보장해주게 되는 경우 이를 보장수익률이라 한다. 예컨데 액면이자율이 8%인 전환사채는 액면이자율이 8%인 일반사채보다 큰 금액으로 발행되어야 할 것이다. 왜냐하면 전환권이 부여되어 있기 때문이다. 따라서 8%의 액면이자율로 발행되는 전환사채의 발행가액이 10%의 액면이자율로 발행되는 일반사채의 현재가치와 동일한 금액으로 발행된다면 2%의 액면이자의 연금 현가만큼 더 비싸게 발행되는 것이다. 그러나 투자자 입장에서는 전환권가치만큼 더 많은 금액을 투자하고도 만약 사채의 만기까지 전환권을 행사하지 못한다면 결과적으로 전환권가치 2%만큼 손실을 보게된다. 따라서 회사가 이러한 손해를 염려하는 투자자에게 그 차이금액을 만기에 이자까지 합쳐서 돌려줄 것을 약속하는 바 이에 따라 보장되는 수익률이 보장수익률이다. 보장 수익률은 결과적으로 투자자가 일반사채에 투자하였을 경우에 얻을 수 있는 수익률정도로 결정될 것이다. 우리나라의 경우에는 대부분의 발행회사가 보장수익률을 보장하고 있다.

(3) 상환할증금

상환할증금이란 전환사채가 일반사채보다 금액적으로 우대받는 이유는 단지 전환권이 있다는 이유인데 사채권자가 전환권 행사기일까지 전환권을 행사하지 못하였다면 사채권자는 일반사채에 비하여 전환권가치만큼 손해를 본 결과가 될 것이다. 따라서 이 손해를 보충해주기 위하여 전환사채를 전환하지 않은 경우에는 전환권가치에다 보장수익율을 고려한 금액을 만기에 일시에 지급하는데 이 금액을 상환할증금이라 한다. 상환할증금을 계산하는 공식은 다음과 같다.

사채의 액면가 × 보장수익률과 표시이자율의 차이 × 연금미래가치 = 상환할증금
전환권 가치의 미래가치 = 상환할증금

일반사채는 만기에 액면금액을 상환하게 되는데 상환할증금이 있는 경우에는 만기액면금액에다가 상환할증금을 더하여 상환하게 된다.

전환사채의 상환할증금에 대한 회계처리

앞에서 간단히 전환사채의 회계처리시 사용되는 용어를 알아보았다. 이제 구체적인 사례를 들어 이해해보도록 한다.

상환할 할증금

㈜재정은 20X3년 초에 액면 1,000,000원, 만기 3년, 액면이자율 10%, 보장수익률 12%, 시장이자율 13%의 전환사채를 발행하였다.

만기까지 전환이 이루어지지 않은 경우를 가정하여 이에 대한 회계처리를 알아보자.

[상환할증금 계산]

먼저 상환할증금을 계산하여보자.

1,000.000×(12%−10%)×3년 연금미래가치 요소(12%, 3년)3.37440=67,488

(1,000,000+67,488)/1,000,000=106.75%

따라서 만기상환액은 액면가액의 106.75%가 된다.

[현재가치 계산]

이 전환사채의 현재가치를 계산하여보자

$$① \ 100,000/(1+0.13)+100,000/(1+0.13)2+1,100,000/(1+0.13)3+67,488/(1+0.13)3$$
$$= 975,938$$

따라서 이 전환사채의 미래현금흐름의 현재가치는 975,938원이 된다.

만약 이사채에 전환권이 부여되지 않았더라면 이 사채는 일반사채가 된다.

일반사채의 현재가치는 다음과 같다.

$$② \ 100,000/(1+0.13)+100,000/(1+0.13)2+1,100,000/(1+0.13)3 = 929,165$$

따라서 동일한 조건의 일반사채의 가액과 달리 전환사채는 상환할증금액을 시장이자율로 할인한 현재가치만큼 발행가액이 차이가 난다.

계산을 해보면 975,938−929,165=46,773원이 된다. 이 금액이 전환권 가치이다.

달리 계산을 해보면 상환할증금인 67,488원의 현재가치로 계산된다(산식① − 산식② = 전환권 가치).

$$67,488/(1+0.13)3 = 46,773$$

한편 상환할증금의 성격을 보면 상환할증금은 미래에 되돌려주어야 할 부채의 성격이다. 전환사채가 전환되는 경우에는 상환할증금을 지급해야될 의무가 없으므로 상환할증금은 우발채무의 성격이 크다 하겠으나 실제 회사가 전환사채의 전환이 이루어지지 않으리라고 보는 경우에 상환할증금을 제공할 것이고 전환의 확률이 높다면 굳이 회사나 투자자에게 상환할증금이란 요소가 필요치 않을 것이다. 상환할증금도 사채할인 발행차금과 그 성격을 동일하게 보고 이 금액에 대하여는 유효이자율법으로 상각해 나가야 된다.

위의 사례에 대한 상각표를 만들어 보자.

일자	장부가액	유효이자	액면이자	상각액
20X3년 1월 1일	975,938			
20X3년 12월 31일	1,002,809	126,871	100,000	26,871
20X4년 12월 31일	1,033,175	130,366	100,000	30,366
20X5년 12월 31일	1,067,488	134,313	100,000	34,313
합계		391,550	300,000	91,550

위 상각액 91,550원 중에는 사채할인발행차금과 만기상환할증금이 포함되어 있다. 이 금액을 분리해보자. 사채할인발행차금은 정의에 의하여 사채발행가액과 액면가액과의 차이이다. 따라서 사채할인발행차금은 1,000,000−975,938 =24,062원이 된다.

그리고 상환할증금은 91,550−24,062=67,488원이다. 따라서 매년도의 상각액은 다음과 같은 비율에 따라 분리된다.

- 사채할인발행차금 : 24,062/91,550=0.2628
- 상환할증금 : 67,488/91,550=0.7372

연도	사채할인발행차금	상환할증금	합계
20X3년 12월 31일	7,062	19,809	26,871
20X4년 12월 31일	7,981	22,385	30,366
20X5년 12월 31일	9,019	25,294	34,313
합 계	24,062	67,488	91,550

매년인식 이자비용

20X3년 1월 1일

(차변) 현금	975,938	(대변) 사채	1,000,000
사채할인발행차금	24,062		

20X3년 12월 31일

(차변) 이자비용	126,871	(대변) 현금	100,000
		사채할인발행차금	7,062
		장기미지급이자	19,809

20X4년 12월 31일

(차변) 이자비용	130,366	(대변) 현금	100,000
		사채할인발행차금	7,981
		장기미지급이자	22,385

20X5년 12월 31일

(차변) 이자비용	134,313	(대변) 현금	100,000
		사채할인발행차금	9,019
		장기미지급이자	25,294
(차변) 사채	1,000,000	(대변) 현금	1,067,488
장기미지급이자	67,488		

한편 위의 전환사채가 전환되지 않는 경우의 상환할증금을 매년 이자비용으로 인식하지 않고 사채상환시에 일시에 사채상환손실로 인식하는 방법도 있다. 이러한 방법에 의하여 회계처리를 하여보자.

일시인식 이자비용

20X3년 1월 1일

| (차변) 현금 | 975,938 | (대변) 사채 | 1,000,000 |
| 사채할인발행차금 | 24,062 | | |

20X3년 12월 31일

| (차변) 이자비용 | 107,062 | (대변) 현금 | 100,000 |
| | | 사채할인발행차금 | 7,062 |

20X4년 12월 31일

| (차변) 이자비용 | 107,981 | (대변) 현금 | 100,000 |
| | | 사채할인발행차금 | 7,981 |

20X5년 12월 31일

(차변) 이자비용	109,019	(대변) 현금	100,000
		사채할인발행차금	9,019
(차변) 사채	1,000,000	(대변) 현금	1,067,488
사채상환손실	67,488		

사채상환손실액을 매년 인식하는 첫번째 방법과 만기에 일시에 인식하는 두 가지의 방법 중 이론적으로는 첫번째 방법이 우수하다고 할 수가 있다. 단 실무상 첫번째 방법은 계산하기가 번거롭다는 단점이 있다. 현행 기업회계기준 등에 관한 해석에서는 첫번째 방법에 의하여 회계처리를 하도록 규정하고 있다.

 **전환사채중도전환시의 회계처리**

이제 전환사채를 만기까지 보유하지 않고 중도에 전환청구하는 경우의 회계처리를 하여보자.

전환사채 중도전환

㈜재정은 20X3년 초에 액면 1,000,000원, 만기 3년, 액면이자율 10%, 보장수익률 12%, 시장이자율 13%의 전환사채를 발행하였다.

단 전환조건은 전환사채 액면가액 20,000원당 주식 1주로 하는 조건이다. 전환청구기간은 사채의 만기일 1개월 전까지이다.

㈜재정은 20X4년 1월 1일 사채의 액면가액 500,000원에 대하여 전환권을 행사하였다.

한편 ㈜재정의 주당 액면가는 5,000원이다.

회계처리는 다음과 같다.

먼저 사채의 상각표를 만들어 보자

일자	장부가액	유효이자	액면이자	상각액 (1) + (2)	할인차금 (1)	할증금 (2)
20X3년1월1일	975,938					
20X3년12월31일	1,002,809	126,871	100,000	26,871	7,062	19,809
20X4년12월31일	1,033,175	130,366	100,000	30,366	7,981	22,385
20X5년12월31일	1,067,488	134,313	100,000	34,313	9,019	25,294
합계		391,550	300,000	91,550	24,062	67,488

20X3년 1월 1일

(차변) 현금	975,938	(대변) 사채	1,000,000
사채할인발행차금	24,062		

20X3년 12월 31일

(차변) 이자비용	126,871	(대변) 현금	100,000
		사채할인발행차금	7,062
		장기미지급이자	19,809

20×4년 1월 1일 (전환)

(차변) 전환사채	500,000	(대변) 자본금	125,000①
장기미지급이자	9,904②	주식발행초과금	384,904③
		사채할인발행차금	8,500④
		전환이익	3,531⑤

① 500,000원/20,000원=50주 　　　　　50주×5,000원=125,000

② 19,809×500,000/1,000,000=9,904

③ 975,938×50%=487,969 　　　　　487,969+9,904−125,000=384,904

④ 미상각사채할인발행차금: 24,062−7,062=17,000원 　　17,000/2=8,500원

⑤ 7,062×50%=3,531

회계처리 사례

㈜재정은 사채액면가액의 50%를 전환하였으므로 최초의 발행가액의 50%인 487,969원과 장기미지급이자 9,904원이 자본으로 전환되었다고 보아 자본금과 주식발행초과금이 계산되었다.

한편 전환사채전환이익은 사채할인발행차금을 상각함으로 인하여 사채의 장부가액은 증가하였음에도 불구하고 주식의 발행가액은 전환사채의 발행당시의 가액으로 하였기 때문에 장부가액과 발행가액의 차이(기상각분)가 전환사채의 전환이익으로 계상되었다.

결국 전환사채의 기 계상된 사채할인발행차금의 상각액은 전환사채가 전환되는 경우에는 전환비율만큼 전환사채의 전환이익으로 계산되고 장기미지급비용은 주식발행초과금으로 계상된다는 것에 유의하여야겠다.

한편 전환당시의 미상각잔액 18,000원 중 전환분인 500,000/1,000,000(50%)는 더 이상 사채로 남아 있지 아니하므로 일시에 소멸시킨다. 결국 총사채할인발행차금 24,062원의 50%는 12,031원이 되고 이 중에서 기상각분 3,531원은 전환사채 전환이익으로 미상각분 8,500원은 소멸되는 것으로 계상됨을 알 수 있다.

20X4년 12월 31일

(차변) 이자비용	65,183	(대변) 현금	50,000
		사채할인발행차금	3,990
		장기미지급이자	11,193

20X5년 12월 31일

(차변) 이자비용	67,156	(대변) 현금	50,000
		사채할인발행차금	4,510
		장기미지급이자	12,646
(차변) 사채	500,000	(대변) 현금	533,744
장기미지급이자	33,744		

$$67,488 \times 50\% = 33,744 \quad \text{또는} \quad 19,809 - 9,904 + 11,193 + 12,646 = 33,744$$

실무에 참조가 되리라 생각되어 기업회계기준 등에 관한 해석 전문을 실어 본다.

[전환사채의 회계처리(기업회계기준 등에 관한 해석)]

1. 목적 : 이 해석은 전환사채·신주인수권부사채의 발행자 및 소유자의 회계처리에 대한 세부사항을 정함을 목적으로 한다.
2. 발행자의 회계처리
   가. 전환사채·신주인수권부사채의 발행시에 전환권·신주인수권의 가치는 인식하지 아니하고 일반사채와 동일하게 회계처리한다.

나. 이자비용은 원금 및 이자(상환할증금 포함) 현금흐름의 현재가치와 발행가액을 일치시키는 유효이자율을 사용하여 계산함. 이 경우 상환할증금에 해당하는 이자는 장기미지급이자의 과목으로 하여 전환사채 및 신주인수권부사채에 부가하는 형식으로 계상한다.

다. 전환권행사시 주식의 발행가액은 전환사채의 장부가액(장기미지급이자와 사채발행차금을 가감한 금액을 말한다)으로 한다.

라. 신주인수권행사시 주식의 발행가액은 신주인수권행사로 인하여 납입하는 금액과 신주인수권을 행사한 부분에 해당하는 장기미지급이자를 합한 금액으로 한다.

마. 외화표시 전환사채 및 관련장기미지급이자는 전환청구기간만료시까지 비화폐성 외화부채로 봄. 다만, 전환사채의 전환이 이루어지지 않을 것이 확실한 경우에는 화폐성으로 본다.

바. 외화표시 신주인수권부사채는 화폐성 외화부채로, 장기미지급이자는 비화폐성 외화부채로 본다. 다만, 신주인수권의 행사가 이루어지지 않을 것이 확실한 경우에는 화폐성으로 본다.

(2-1) 상환할증금은 전환사채 및 신주인수권부사채의 권리자가 중도에 전환권 또는 신주인수권을 행사하지 않아 만기상환하는 경우에 사채발행회사가 채권자에게 일정수준의 수익률을 보장하기 위하여 만기에 지급하는이자비용으로 볼 수 있다. 따라서 액면이자현금흐름과 마찬가지로 유효이자율을 산정하기 위한 현금흐름에 포함시켜야 하며 향후 이자비용으로 만기까지 인식하여야 한다.

(2-2) 전환권 또는 신주인수권이 기중에 행사된 경우에는 발행자의 사채이자지급의무가 종료된 시점에 행사된 것으로 본다.

(2-3) 전환사채의 전환 및 신주인수권의 행사가 이루어지지 않을 것이 확실한 경우란 다음의 경우를 말한다.

  1) 투자자에게 부여된 풋옵션행사기간이 결산일로부터 1년 이내인 경우로서 환율 및 주가가 급격히 하락하여 풋옵션을 행사할 것이 거의 확실한 경우

  2) 만기가 결산일로부터 1년 이내인 경우로써 발행회사의 재무상태 등이 투자유가증권의 감액손실 판단기준에 해당하는 경우

3. 투자자의 회계처리

가. 전환사채 및 신주인수권부사채의 이자수익은 원금 및 이자(상환할증금 포함) 현금흐름의 현재가치와 취득가액을 일치시키는 유효이자율을 사용하여 회계처리함. 상환할증금지급조건인 경우에는 그 상환할증금에 해당하는 이자수익은 장기미수이자로 계상한다.

나. 전환권행사시 투자주식의 가액은 전환당시의 상환할증금에 해당하는 장기미수이자를 포함한 전환사채의 장부가액으로 한다. 다만, 전환된 주식이 시장성있는 주식인 경우에는 투자주식의 가액은 공정가액으로 한다.

다. 신주인수권행사시 투자주식의 가액은 다음을 합한 금액으로 한다.

  1) 신주인수권행사로 인하여 납입하는 금액

  2) 상환할증금관련 미수이자 중 신주인수권을 행사한 비율에 해당하는 금액

  3) 당초의 취득가액과 행사시 장부가액의 차액 중 신주인수권을 행사한 비율에 해당하는 금액

라. 투자자가 전환사채 및 신주인수권부사채를 유가증권으로 분류한 경우에는 유효이자율법을 적용하지 아니할 수 있다.

(3-1) 신주인수권부사채의 당초의 취득가액과 장부가액의 차액, 즉 투자유가증권평가손익과 관련한 장부가액은 신주인수권이 행사된 경우에는 사채보다는 신주인수권과 관련된 것으로 파악하여 주식의 취득가액에 포함한다.

(3-2) 전환사채 및 신주인수권부사채와 관련되어 자본조정계정에 계상된 투자유가증권평가이익·손실은 전환시점에 손익으로 인식한다.

(3-3) 유가증권인 전환사채 및 신주인수권부사채는 1년 이내에 처분될 것이므로 유효이자율법을 적용할 실익이 없다.

 전환사채의 회계처리시 세무상 유의할 사항

전환사채에 관하여 세법에서는 별도의 규정을 두고 있지 않으므로 일반사채의 회계처리시와 동일하다. 한편 외화표시 전환사채의 경우에는 비화폐성으로 보아 외화환산을 하지 않는다. 그 이유는 전환사채는 상환기일이내에 모두 전환되는 것으로 보아 비화폐성으로 보았기 때문이다. 그러나 전환사채가 만기까지 상환될 확률이 희박하다면 전환사채의 본질은 시장이자율에 따라 가치가 변하는 일반사채와 다름없는 화폐성항목으로 보아야 할 것이다.

전환사채를 전환하는 경우에 상속세 및 증여세법에 의하여 일정한 요건을 충족시키는 경우에는 증여세가 과세되는 경우가 있다. 세법에서는 전환사채 발행시와 전환시 각각 2단계로 나누어 요건에 해당되는 경우에는 증여로 의제하고 있다.

종전에는 전환사채의 취득시에 행사 가액과 취득시점의 주식의 시가를 비교하여 그 차액에 대하여 증여세를 과세하였으나 발행회사가 전환사채의 행사가액을 취득시의 주가에 근접하게 발행하면 전혀 증여세를 과세할 수 없었고 이후에 주식이 상장되거나 등록되어 주가가 큰 폭으로 상승하여 거액의 차익을 얻는 경우에도 과세할 방법이 없었다. 따라서 과세당국에서는 법을 개정하여 전환사채 발행시점에 전환사채의 시가와 전환사채의 인수가액에 대하여 차액이 있으면 일단 과세를 하고 이후에 전환시 행사가액과 주식가액이 차이가 나면 증여세를 재차 과세하도록 하였다.

6

신주인수권부사채

 **의의**

신주인수권부사채란 사채발행 후 일정기일이 경과한 후 소정의 주식을 일정한 가격으로 인수할 수 있는 권리를 부여한 사채를 말한다.

전환사채와 같은점은 주식의 가격이 유리하게 결정될 때에는 주식으로 전환하거나 주식을 매입할 수 있는 옵션이 부여된다는 점이나 전환사채와 다른 점은 전환사채는 사채의 원본이 자본으로 전환되므로 전환시 추가적으로 자금의 투자가 필요 없는데 반하여 신주인수권부사채는 사채의 원본은 만기까지 사채로 존재하고 신주를 인수하기 위해서는 추가적으로 주금납입을 하여야 한다는 것이다.

신주인수권부사채란 신주를 인수할 수 있는 권리가 부여된 사채이다. 이 권리를 별도로 떼어내어 양도가 가능하느냐의 여부에 따라 분리형과 비분리형이 있다. 우리나라 상법에서는 비분리형을 원칙으로 하고 있다.

업무 · 적요

신주인수권부사채

- 대차대조표 〉 부채 〉 고정부채 〉 신주인수권부사채

증빙서류

계약서, 이사회의사록, 전표

회계처리요령

신주인수권이 행사되는 경우에는 신주발행과 동일한 회계처리를 하면 된다. 단 유의할 점은 신주인수권이 행사되더라도 사채는 그대로 존속하므로 사채할인발행차금의 상각은 상각표대로 계속 해 나가야 된다는 것이다. 전환사채의

경우에는 전환된 비율만큼 사채할인발행차금의 상각액이 줄어들었음을 상기하여 비교해보자. 그러나 상환할증금이 있는 경우에는 전환사채와 동일하게 전환된 비율만큼은 상각할 필요가 없어지게 된다.

(1) 상환할증금이 없는 경우

㈜재정은 20X3년 1월 1일 액면가 1,000,000원, 액면이자율 10%, 시장이자율 12%, 만기 2년 사채액면가액 10,000원당 보통주 액면가액 5,000원인 신주를 8,000원에 구입할 수 있는 권리가 부여된 신주인수권부 사채를 발행하다. 채권자는 20X3년 12월 31일 사채액면의 50%에 대하여 신주인수권을 행사하였다.

먼저 신주인수권부사채의 현재가치를 구하여보자.

$$100,000/(1+0.12)+1,100,000/(1+0.12)2=966,200$$

다음에 상각표를 만들어보자.

연도	장부가액	유효이자액	액면이자액	상각액
20X3년 1월 1일	966,200			
20X3년 12월 31일	982,144	115,944	100,000	15,944
20X4년 12월 31일	1,000,000	117,856	100,000	17,856

회계처리 사례

20X3년 1월 1일 사채발행시

(차변) 현금	966,200	(대변) 신주인수권부사채	1,000,000
사채할인발행차금	33,800		

• 20X3년 12월 31일 이자지급 및 신주인수권 행사시

(차변) 이자비용	115,944	(대변) 현금	100,000
		사채할인발행차금	15,944

(차변) 현금	400,000	(대변) 자본금	250,000
		주식발행초과금	150,000

1,000,000×50%=500,000　500,000/10,000=50주
　50주×5000=250,000　　　　　　50주×3,000=150,000

20X4년 12월 31일

(차변) 이자비용	117,856	(대변) 현금	100,000
		사채할인발행차금	17,856

(차변) 신주인수권부사채	1,000,000	(대변) 현금	1,000,000

(2) 원화표시 신주인수권부사채, 상환할증금이 있는 경우

① 20X1. 1. 1 다음의 조건으로 신주인수권부사채발행

* 발행가액 : 액면 10,000백만원(액면발행)
* 표시이자율 : 연 9%
* 이자지급방법 : 매 연도말 후급
* 신주인수권의 내용
    ⇒ 행사비율 : 사채권면액의 100%
    ⇒ 행사가액 : 15,000원
    ⇒ 행사기간 : 발행일로부터 개월이 경과한 날부터 상환기일 30일 전까지
    ⇒ 증서의 분리 여부 : 비분리형
* 상환기일(만기) : 20X3. 12. 31
* 원금상환방법 : 상환기일에 일시상환. 단, 신주인수권을 행사하지 않은 부분은 원금의 113.6%를 상환한다(보장수익율 13%).

② 20X2. 12. 31 액면 6,000백만원의 신주인수권행사

회계처리 사례

단위 :백만원

20X1. 1. 1(발행시)

(차변) 현금	10,000	(대변) 신주인수권부사채	10,000

20X1. 12. 31(이자지급시)

(차변) 이자비용	1,300*	(대변) 현금	900
		장기미지급이자	400*

* 이자비용 등의 계산

① 유효이자율계산

$$10,000 = \frac{900}{(1+r)} + \frac{900}{(1+r)^2} + \frac{900}{(1+r)^3} + \frac{10,000}{(1+r)^3} + \frac{1,360}{(1+r)^3}$$ 에서 이를 만족시키는

r은 13%이며, 이자비용은 13%를 유효이자율로 하여 계산된다.

② 만기상환을 가정한 이자비용/장기미지급이자계산표 (단위: 백만원)

구분	20X1년	20X2년	20X3년
기초장부가액(A)	10,000	10,400	10,850
총이자비용(B=A×13%)	1,300	1,350	1,410
현금이자지급액(C)	900	900	900
장기미지급이자(D=A−C)	400	450	510
기말장부가액(E=A+D)	10,400	10,850	11,360

20X1. 12. 31 B/S표시

○ 신주인수권부사채	10,000백만원
○ 장기미지급이자	400백만원
계	10,400백만원

20X2. 12. 31(이자지급시)

| (차변) 이자비용 | 1,350 | (대변) 현금 | 900 |
| | | 장기미지급이자 | 450 |

20X2. 12. 31 B/S표시

○ 신주인수권부사채	10,000백만원
○ 장기미지급이자	850백만원
계	10,850백만원

20X2. 12. 31 신주인수권행사로 신주식발행시

| (차) 현금 | 6,000 | (대변) 자본금 | 2,000** |
| 장기미지급이자 | 510* | 주식발행초과분 | 4,510 |

* 장기미지급이자의 주식의 발행가액 대체

$$850 \times \frac{6,000}{10,000} = 510백만원$$

** 발행주식수 : 6,000백만원 ÷ 15,000원 = 400,000주
   자본금 : 400,000주 × @5,000 = 2,000백만원

20X2. 12. 31 신주인수권행사 후 B/S표시

| ○ 신주인수권부사채 | 10,000백만원 |
| ○ 장기미지급이자 | 340백만원 |

20X3. 12. 31(이자지급시)

| (차변) 이자비용 | 1,104 | (대변) 현금 | 900 |
| | | 장기미지급이자 | 204* |

* 신주인수권을 행사하지 아니한 부분에 대하여 보장수익율로 상환함에 따라 발생
   (4,000+340)×13%=564(A)
   현금이자비용(9%) : 360(B)
   장기미지급이자 : 204(A−B)

20X3. 12. 31 이자지급 후 상환 전 B/S표시

○ 신주인수권부사채	10,000백만원
○ 장기미지급이자	544백만원
계	10,544백만원

20X3. 12. 31(만기상환시)

| (차변) 신주인수권부사채 | 10,000 | (대변) 현금 | 10,544* |
| 장기 미지급 이자 | 544 | | |

* 현금상환액계산 : 원금상환분 6,000
   할증상환분 : 4,000×113.6%=4,544
   계 : 10,544

(3) 달러표시 신주인수권부사채

① 20X1. 1. 1 다음과 같은 조건으로 유러달러시장에서 달러표시 신주인수권
  부사채발행

- 발행가액 : 액면 $10,000,000
- 표시이자율 : 연 1.25%
- 이자지급방법 : 매 연도말에 후급
- 신주인수권의 내용
  ⇒ 행사비율 : 사채권면액의 100%
  ⇒ 행사가액 : 50,000원
  ⇒ 행사기간 : 발행일로부터 1년 6개월 이후부터 만기 1개월 전까지
  ⇒ 행사환율 : 1,000원/$
  ⇒ 증서의 분리 여부 : 분리형
- 상환기일(만기) : 20X5. 12. 31(5년)
- 원금상환방법 : 상환기일에 일시상환(신주인수권을 행사하지 않은 부분에
  대한 상환할증금은 없음)
- 발행시 환율 : 1,000원/$

② 20X2. 12. 31 액면 $6,000,000의 신주인수권행사

③ 환율

20X0. 1. 1	1,000원/$	20X2. 12. 31	950원/$
20X1. 12. 31	1,050원/$	20X5. 12. 31	960원/$

회계처리 사례

단위: 백만원

20X1. 1. 1(발행시)

(차변) 현금	10,000	(대변) 신주인수권부사채	10,000

20X1. 12. 31(이자지급시)

(차변) 이자비용	131	(대변) 현금	131*

* 표시이자(현금지급액) : $10,000,000×1.25%＝125,000
  $125,000×1,050원＝131백만원

20X1. 12. 31(외화환산시)

(차변) 외화환산손실	500*	(대변) 신주인수권부사채	500

* 신주인수권부사채액면 $10,000,000×(1,050－1,000)＝500백만원

20X1. 12. 31 B/S표시

○ 신주인수권부사채	10,500백만원

20X2. 12. 31(이자지급시)

(차변) 이자비용	119*	(대변) 현금	119

* 표시이자(현금지급액): $125,000×950원＝119백만원

20X2. 12. 31.(신주인수권행사로 신주식발행시)

(차변) 현금	5,700*	(대변) 자본금	600**
		주식발행초과분	5,100

* 행사시 납입된 원화금액 : $6,000,000×950원＝5,700백만원
** 발행주식수 : $6,000,000×1,000원÷50,000＝120,000주
 (행사금액)×(행사환율)÷(행사가격)
 자본금 : 120,000주×5,000원＝600백만원

20X2. 12. 31(외화환산시)

(차변) 신주인수권부사채	1,000*	(대변) 외화환산이익	1,000

* 신주인수권부사채액면 : $10,000,000×(1050−950)＝1,000백만원

20X2. 12. 31 B/S표시

○ 신주인수권부사채	9,500백만원

20X5. 12. 31(이자지급시)

(차) 이자비용	120*	(대) 현금	120

* 표시이자(현금지급액) : $125,000×960원＝120백만원

20X5. 12. 31 이자지급 후 상환 전 B/S표시

○ 신주인수권부사채	9,500백만원

20X5. 12. 31(만기상환시)

(차변) 신주인수권부사채	9,500	(대변) 현금	9,600
외화차손	100		

7
장기차입금

✋ 의의

장기차입금이란 상환일이 대차대조표일로부터 1년 이후에 도래될 것으로 기대되는 차입금을 말한다. 기업회계기준 제24조 2항에서는 차입처별로 차입액, 차입용도, 이자율, 상환방법 등을 주석으로 기재하도록 하고 있다. 상환기일의 구분외에는 단기차입금과 회계처리가 같으므로 단기차입금 편을 참조바란다.

✋ 업무 · 적요

은행차입금, 금융권차입금

• 대차대조표 〉 부채 〉 고정부채 〉 장기차입금

✋ 증빙서류

차입계약서, 예금통장, 대체전표

✋ 회계처리요령

장기차입금의 기말공시에 있어서 유의하여야 할 것은 장기차입금 중 상환기일이 결산일로부터 1년 이내에 도래하는 금액은 유동성장기차입금의 과목으로 하여 유동성대체를 하여야 한다는 것이다.

회계처리 사례

(주)재정은 20X4년 12월 31일 현재 장기차입금 중 상환기일이 1년 이내로 도래된 금액이 1,000,000원이 있다.

(차변) 장기차입금	1,000,000	(대변) 유동성 장기부채	1,000,000

✋ 결산처리시 유의할 사항

결산일에 유의할 사항으로는 법인세법에 의한 차입금의 지급이자에 대한 손금불산입의 규정이다. 기업회계기준은 모든 지급이자 비용을 이자비용으로 인정하나 법인세법에서는 지급이자의 손금인정에 대하여는 일정한 제약을 가하고 있음은 단기차입금편에서 설명한 바와 같다.

═══ **8** ═══

장기성매입채무

 의의

장기성매입채무란 유동부채에 속하지 아니하는 일반적 상거래에서 발생한
장기의 외상매입금 및 지급어음으로 한다고 규정하고 있다. 유동부채에 속하
는 매입채무와 동일한 회계처리를 하면 된다.

업무 · 적요

장기매입채무

- 대차대조표 〉부채 〉고정부채 〉장기성매입채무

증빙서류

구매계약서, 대체전표, 세금계산서, 검수증, 입고 확인서

회계처리요령

회계처리 사례

회사는 상품을 1,000,000,000원 어치 구매하고 대금은 5년간 분할지급하기로
하다.

(차변) 상품(매입)	1,000,000,000	(대변) 장기매입채무	1,000,000,000

회계처리시 유의할 사항

장기성매입채무의 명목가액과 현대가치가 중요한 경우에는 그 차액을 현재가치할인차금으로 계상하여 매년 지급이자로 인식하여야 한다.

예를들어 할인차금이 100,000,000원이라면 회계처리는 다음과 같다.

회계처리 사례

취득시

(차변) 상품	900,000,000	(대변) 장기성매입채무	1,000,000,000
현재가치할인차금	100,000,000		

결산시(1년치 상각액이 20,000,000원이라고 가정)

(차변) 장기성매입채무	200,000,000	(대변) 현금	200,000,000
지급이자	20,000,000	현재가치할인차금	20,000,000

9

퇴직급여충당금

의의

회사는 종업원이 퇴직하는 경우 회사의 규정에 의하여, 회사의 규정이 없는 경우에는 근로기준법에 의하여 퇴직금을 지급하여야 한다. 퇴직금은 노동의 대가이므로 회사는 종업원이 노동을 제공하는 당해년도에 당기의 비용으로 계상하고 그 반대 계정으로 충당금 계정을 사용한다. 매년 퇴직금을 당해년도에 비용으로 계상하는 경우 그 대변과목이 퇴직급여충당금이다. 기업회계기준에서는 퇴직급여충당금에 대하여 다음과 같이 규정하고 있다.

▶ **퇴직급여충당금**

① 퇴직급여충당금은 회계연도말 현재 전임직원이 일시에 퇴직할 경우 지급하여야 할 퇴직금에 상당하는 금액으로 한다.
② 회계연도말 현재 전임직원의 퇴직금소요액과 퇴직급여충당금의 설정잔액 및 기중의 퇴직금지급액과 임원퇴직금의 처리방법 등을 주석으로 기재한다.

(기업회계기준 제27조)

업무 · 적요

퇴직급여, 퇴직급여충당금

- 대차대조표 〉 부채 〉 고정부채 〉 퇴직급여충당금

증빙서류

퇴직금추계액 명세서, 대체전표

회계처리요령

회계처리 사례

　　20X3년 12월 31일 (주)재정은 당기의 전 임직원이 일시에 퇴직하는 경우 지급해야 할 퇴직금이 1억원으로 추산된다. 전기말 현재 퇴직급여충당금은 80,000,000원이다. 기중에 퇴직자는 없었다.

(차변) 퇴직급여	20,000,000	(대변) 퇴직급여충당금	20,000,000

　　회사는 전 임직원이 일시에 퇴직하는 경우 지급해야 할 퇴직금을 퇴직급여충당금으로 계상하여야 하므로 추가로 이천만원을 계상하였다.

　　20X4년 5월 5일 직원 2명이 퇴사하여 퇴직금 30,000,000원을 지급하다.

(차변) 퇴직급여충당금	30,000,000	(대변) 현금	30,000,000

　　20X4년 12월 31일 전 종업원이 일시에 퇴직할 경우 지급하여야 할 퇴직금은 1억2천만원이다.

(차변) 퇴직급여	50,000,000	(대변) 퇴직급여충당금	50,000,000

　　퇴직급여충당금 잔액이 100,000,000 − 30,000,000 =70,000,000원이므로 추가로 50,000,000원을 더 계상하였다.

　　퇴직급여는 당기의 급료와 동일한 성격이며 퇴직급여충당금은 미지급급여와 동일한 성격으로 보면 된다.

세무상 유의할 사항

　　기업회계기준에 의하여 전 종업원이 일시에 퇴직하는 경우 지급하여야 할 금액이 당기 말의 퇴직급여충당금으로 되나 법인세법에서는 전액이 아닌 퇴직금추계액의 40%까지만 설정하는 것을 인정하고 있다. 추가적으로 60%를 손금으로 인정받기 위해서는 종업원의 퇴직을 보험금지급사유로 하고 수익자를 종업원으로 하는 퇴직보험 또는 퇴직신탁에 가입하고 보험료를 납부하여야 한다.

① 퇴직급여충당금의 설정대상자는 기업의 임원과 사용인이다.

② 당해년도의 설정한도는 다음 중에서 적은 금액이다.

　　a. 1년 이상 근속한 임원, 사용인의 총급여액×1/10

　　b. 퇴직금추계액×40/100 − 퇴직급여충당금의 잔액

없이 퇴직급여충당금과 먼저상계한다.

④ 1년미만 근속자가 퇴직하는 경우의 퇴직금은 당해년도의 손비로 직접계상하거나 퇴직급여충당금과 상계할 수 있다.

예를 들어 전기에는 퇴직급여충당금잔액이 0인 신설회사가 당기의 퇴직금 추계액이 10,000,000원인 경우 기업회계기준에 의하여 전액 당기에 충당금을 설정하였다면 기업회계기준상으로는 적정하나 법인세법상으로는 4,000,000원까지만 손비로 인정되고 6,000,000원은 손금부인 당한다.

이 경우 6,000,000원을 손금으로 인정받기 위하여서는 퇴직보험에 6,000,000원을 예치하여야 한다는 것에 유의하여야겠다. 이 경우 세법에서 인정치 아니한다고 하여 4,000,000원만 당기의 퇴직급여충당으로 설정한다면 이는 기업회계기준위배이다.

따라서 세법과 상관없이 기업회계기준에 의하여 전액을 설정하고 퇴직보험에 가입하지 아니하는 경우에는 손금을 부인 당하면 되겠다. 퇴직급여충당금은 결산조정을 하여야 손금으로 인정받음에 유의한다.

관련된 법인세법을 알아보자.

▶ **퇴직급여충당금의 손금산입**

① 내국법인이 각 사업연도에 임원 또는 사용인의 퇴직급여에 충당하기 위하여 퇴직급여충당금을 손금으로 계상한 경우에는 대통령령이 정하는 바에 따라 계산한 금액의 범위 안에서 당해 사업연도의 소득금액계산에 있어서 이를 손금에 산입한다.

② 제1항의 규정에 의하여 퇴직급여충당금을 손금에 산입한 내국법인이 임원 또는 사용인에게 퇴직금을 지급하는 경우에는 당해 퇴직급여충당금에서 먼저 지급하여야 한다.

③ 제1항의 규정에 의하여 퇴직급여충당금을 손금에 산입한 내국법인이 합병 또는 분할한 경우 그 법인의 합병등기일 또는 분할 등기일 현재의 당해 퇴직급여충당금 중 합병법인, 분할신설 또는 분할합병의 상대방법인에게 인계한 금액은 그 합병법인 등이 합병등기일 또는 분할등기일에 가지고 있는 퇴직급여충당금으로 한다.

(법인세법 제33조)

▶ **퇴직급여충당금의 손금산입**

① 법 제33조 제1항에서 대통령령이 정하는 바에 따라 계산한 금액이라 함은 1년간 계속하여 근로한 임원 또는 사용인에게 당해 사업연도에 지급한 총급여액의 10분의 1에 상당하는 금액을 말한다.

② 제1항의 규정에 의하여 손금에 산입하는 퇴직급여충당금 누적액은 당해 사업연도 종료일 현재 재직하는 임원 또는 사용인의 전원이 퇴직할 경우에 퇴직급여로 지급되어야 할 금액의 추계액의 100분의 40을 한도로 한다.

(법인세법시행령 제60조)

제3-3장
자　본

제1절 자본의 이해

1. 자본의 의의

주식회사의 자금의 원천은 부채와 주주가 출자한 자금 그리고 회사가 자체적으로 벌어들인 자금으로 대별할 수가 있는 바 주주가 출자한 자금을 자본금과 자본잉여금으로 구분하고 회사가 자체적으로 벌어들인 자금의 원천을 이익잉여금으로 구분한다.

2. 자본의 구성

외부에서 차입된 금액을 제외한 순수 주주지분의 계정과목을 먼저 살펴보자 자본은 다음과 같이 구성된다.

구 성	내 용
자본금	우선주 자본금과 보통주 자본금
자본잉여금	주식발행초과금, 감자차익, 기타자본잉여금, 재평가적립금
이익잉여금	이익준비금, 기타법정적립금, 임의적립금, 이월이익잉여금
자본조정	주식할인발행차금, 배당건설이자, 자기주식, 미교부주식배당금

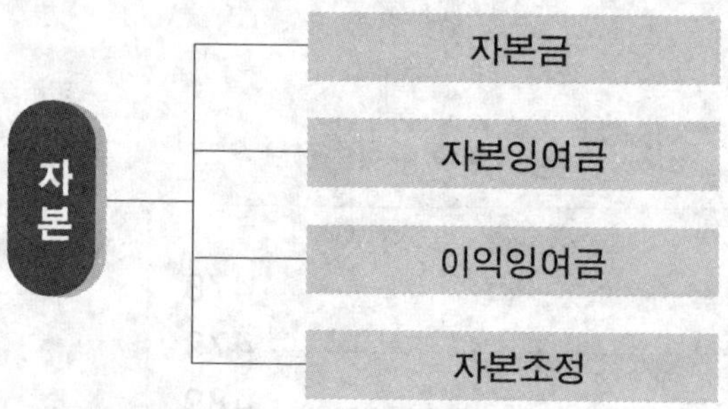

제2절 자본금

1. 자본금의 이해

자본금은 상법상의 주주출자 가액으로서 주식의 액면가액을 의미한다. 회사가 주식을 발행하는 경우에는 액면발행, 할인발행, 할증발행의 세 가지로 발행할 수가 있는데 주식의 할인발행은 원칙적으로 금지되고 액면발행과 할증발행만 허용되고 있다.

 적요

액면자본액

증빙서류

주총의사록, 주금납입증명원, 재무제표(무상증자)

2. 자본금의 종류

자본금은 주주가 기업에 투자(또는 출자)한 금액으로서 보통주자본금·우선주자본금 등으로 분류한다. 회사가 발행한 주식의 총수, 1주의 금액 및 발행한 주식의 수와 당해 회계연도 중에 증자, 감자, 주식배당 또는 기타의 사유로 자본금이 변동한 경우에는 그 내용을 주석으로 기재한다.

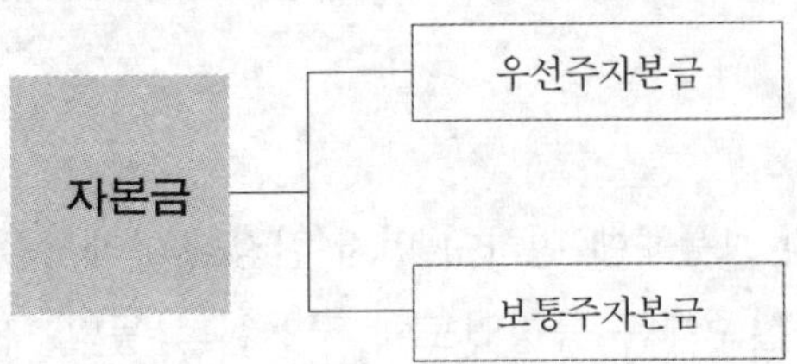

3. 보통주

보통주란 회사가 여러종류의 주식을 발행하는 경우에 상대적으로 표준이 되는 주식을 말한다. 따라서 회사가 주식을 한 종류만 발행하는 경우에는 그 주식이 보통주가 된다. 결국 보통주보다 권리우선관계가 먼저인 주식이 우선주가 되고 후순위인 주식은 후배주가 되는 셈이다.

회계처리 사례

㈜재정은 20X5년 1월 1일 액면가 5,000원인 주식 100주를 주당 8,000원에 발행하였다.

(차변) 현금	800,000	(대변) 자본금	500,000
		주식발행초과금	300,000

---

4. 우선주

우선주란 보통주에 비하여 우선적권리를 향유할 수 있는 주식으로서 이익배당우선주, 전환우선주, 상환우선주 등이 있다. 우선주에 관하여 상법 제344조에서는 다음과 같이 규정하고 있다.

▶ **수종의 주식**

① 회사는 이익이나 이자의 배당 또는 잔여재산의 분배에 관하여 내용이 다른 수종의 주식을 발행할 수 있다.
② 제1항의 경우에는 정관으로 각종 주식의 내용과 수를 정하여야 하며, 이익배당에 관하여 우선적 내용이 있는 종류의 주식에 대하여는 정관으로 최저배당률을 정하여야 한다.
③ 회사가 수종의 주식을 발행하는 때에는 정관에 다른 정함이 없는 경우에도 주식의 종류에 따라 신주의 인수, 주식의 병합, 분할, 소각 또는 회사의 합병, 분할로 인한 주식의 배정에 관하여 특수한 정함을 할 수 있다.

(상법 제344조)

---

5. 이익배당우선주

이익배당우선주란 보통주에 비하여 먼저 일정률의 배당을 받는 주식을 말한다.
한편 이익배당우선주에는 특정연도에 경영실적 등의 사유로 배당을 받지 못한 경우 차후연도에 그 부족액을 배당받을 수 있는 누적적 우선주와 그렇지 못한 비누적적 우선주가 있다.
다른 특별한 규정이 없는 한 누적적 우선주로 간주한다. 회사가 누적적 우선주에 관하여 배당을 못한 경우에는 연체배당금에 관하여 주석사항으로 기재하여야 한다. 그리고 일정률의 이익배당을 우선적으로 지급받고 보통주에 대하여 배당을 한후에 잔여이익이 있는 경우에 보통주와 같이 잔여배당에 참가할 수 있는 참가적 우선주와 그렇지 못한 비참가적 우선주가 있다. 따라서 우선주중에서 누적적, 참가적 우선주가 가장 유리한 우선주라고 할 수가 있겠다.

6. 전환우선주

전환우선주란 주주의 신청에 따라 보통주로 전환할 수 있는 권리가 부여된 주식이다. 전환우선주에 관한 상법의 규정을 보면 다음과 같다.

▶ **전환주식의 발행**

① 회사가 수종의 주식을 발행하는 경우에는 정관으로 주주는 인수한 주식을 다른 종류의 주식으로 전환을 청구할 수 있음을 정할 수 있다. 이 경우에는 전환의 조건, 전환의 청구기간과 전환으로 인하여 발행할 주식의 수와 내용을 정하여야 한다.
② 제344조 제2항의 규정에 의한 수종의 주식의 전환으로 인하여 발행 할 주식의 수는 전항의 기간 내에는 그 발행을 보류하여야 한다.

(상법 제346조)

그리고 전환으로 인하여 신주식 즉, 보통주를 발행하는 경우에는 전환전의 주식의 발행가액을 신주식의 발행가액으로 한다.

전환으로 인한 회계처리를 예를 들어 설명한다.

우선주의 장부가액이 보통주의 액면가액을 초과하는 경우

㈜재정은 액면가 10,000원인 전환우선주 10주를 12,000원에 발행하였다. ㈜재정은 이 전환우선주 10주를 액면가 5,000원인 보통주 10주로 전환하였다.

전환우선주 발행시

(차변) 현금	120,000	(대변) 우선주 자본금	100,000
		주식발행초과금	20,000

전환시

(차변) 우선주자본금	100,000	(대변) 보통주 자본금	50,000
주식발행초과금	20,000	주식발행초과금	70,000

우선주의 장부가액이 보통주의 액면가액에 미달하는 경우

㈜재정은 액면가 10,000원인 전환우선주 10주를 12,000원에 발행하였다. ㈜재정은 이 전환우선주 10주를 액면가 5,000원인 보통주 30주로 전환하였다.

전환우선주 발행시

(차변) 현금	120,000	(대변) 우선주 자본금	100,000
		주식발행초과금	20,000

전환시

(차변) 우선주자본금	100,000	(대변) 보통주 자본금	150,000
주식발행초과금	20,000		
이익잉여금	30,000		

위의 경우에는 120,000원의 우선주를 150,000원의 보통주로 전환하는 경우 차이 30,000원을 전환우선주주에 대한 배당으로 보아 이익잉여금에서 차감한다.

7. 상환우선주

상법제 345조에서는 이익배당에 관하여 우선적 내용이 있는 종류의 주식에 대하여 이익으로써 소각할 수 있다고 규정하고 상환가액, 상환기간, 상환방법과 수를 정관에 기재하도록 규정하고 있다. 즉 상환우선주란 이익으로서 소각할 수 있는 주식을 말한다. 기업회계기준 등의 해석에 따른 상환주식의 회계처리를 살펴보자.

▶ 상환주식의 상환에 따른 회계처리

1. 회계처리방법

상환주식은 이를 취득한 때에 자기주식으로 처리하고, 상환절차를 완료한 때 이익잉여금의 감소로 회계처리함.

자기주식 취득시

(차변) 자기주식	×××	(대변) 현금 및 현금등가물	×××

상환절차 완료시

(차변) 상환주식상환액	×××	(대변) 자기주식	×××
(이익잉여금으로 상환할 경우)			

2. 재무제표에 대한 주석

대차대조표의 자본금에 대한 주석과 관련하여 발행주식수는 상환한 주식수만큼 감소시켜야 하며, 자본금이 발행주식의 액면총액과 일치하지 아니하는 사유를 주석으로 공시하여야 함.

(기업회계기준 등에 관한 해석 32-77)

　　한편 상환우선주의 상환시 위의 기업회계기준 해석에 의하여 처리한다면 상환우선주 발행시에는 자본금으로 공시되고 상환우선주의 상환시에는 우선주자본금이 감소되지 않고 이익잉여금의 감소로 처리하여 우선주자본금은 감소되지 않고 단지 주식수만 감소되는 결과가 된다.

　　따라서 이러한 사유를 주석으로 공시하도록 하였다. 거래의 실질은 자본금의 상환이나 형식은 이익잉여금의 감소라는 불합리한 회계처리가 되었는데 이렇게 된 이유는 상법의 규정에 따라 처리하기 위함이다. 상법 제345조에서는 이익배당에 관하여 우선적 내용이 있는 종류의 주식에 대하여 이익으로서 소각할 수 있는 것으로서 할 수가 있다고 규정되어 있어 이익잉여금의 감소로 처리하는 것으로 풀이된다.

8. 주식발행시의 회계처리

　　주식회사의 자본금은 5,000만원 이상이어야 하고 발행하는 주식의 금액은 100원 이상으로 균일하여야 한다.

　　주식을 발행하는 경우에는 계약금 즉, 신주청약증거금을 먼저 받고 잔액이 입금된 후에 주식을 발행하게 된다. 이에 대한 회계처리를 예시하면 다음과 같다.

회계처리 사례

　㈜재정은 액면가 5,000원의 보통주 100주를 주당 10,000원에 발행하고 계약금으로 30%를 납입받다.

(차변) 현금	300,000	(대변) 신주청약증거금	300,000

　1개월 후 주식대금잔액 전액이 납입되어 주식을 발행하다.

(차변) 현금	700,000	(대변) 자본금	500,000
신주청약증거금	300,000	주식발행초과금	500,000

　　한편 주식발행초과금은 주식의 발행가액이 주식의 액면가액을 초과하는 경우 그 초과하는 금액을 말한다.

　　할증 발행시에는 주금납입전액에 대하여 주금납입증명서를 은행에서 징구받아 보관하여야 한다. 일반적으로 주식할증발행시에는 등기할 자본금에 대하여만 주금납입확인서를 발급받아 자본을 증자하고, 나머지 금액은 일반예금으로 처리하여 주식발행초과금으로 회계처리를 한다. 그러나 차후에 주식발행초과금으로 무상증자를 실시하는 경우에는 주금납입증명이 있을 수가 없게 되는 것이다. 따라서 주금납입증명서는 전액에 대하여 증명서를 받아야 한다. 단, 결산을 한해 넘기면 주주총회의 승인을 얻은 해당 대차대조표로 무상증자 실시가 가능하다.

9. 신주발행비의 회계처리

한편 주식을 발행하기 위해서는 주권인쇄비용, 주주모집 광고비, 수수료 등의 제반 경비가 발생하게 된다. 이러한 비용을 신주발행비라 하는데 신주발행비의 회계처리는 설립시의 주식발행과 증자시의 주식발행시에 따라 회계처리가 달라진다. 즉, 회사설립시에 발생하는 주식발행비는 창업비의 과목으로 하여 무형자산으로 처리하여야 하며 증자시에는 주식의 납입대금에서 차감하는 것으로 처리하여야 함에 주의하여야 한다. 창업비의 경우에는 무형자산으로 기재되어 매년 정액법에 의한 감가상각을 해주어야 하나 신주발행비는 주식의 납입대금에서 차감 처리하게 되므로 신주가 액면가로 발행되는 경우에는 주식할인발행차금으로 처리된다.

설립시의 신주발행비

㈜재정은 20X5년 7월 1일 액면가 5,000원인 보통주 1,000주를 8,000원에 발행하여 회사를 설립하다. 단 신주발행비 500,000원이 소요되다. 회사는 무형자산을 5년 내에 상각하기로 하다.

| (차변) 현금 | 7,500,000 | (대변) 자본금 | 5,000,000 |
| 창업비 | 500,000 | 주식발행초과금 | 3,000,000 |

※ 창업비는 전액 당기비용 처리된다.

증자시의 신주발행비

다른 사항은 앞의 사례와 같고 단지 (주)재경이 증자하는 경우의 회계처리를 알아보자. 이 경우에는 신주발행비를 주금납입금액에서 차감하여야 하므로 상대적으로 주식발행초과금이 적어지는 결과가 된다.

| (차변) 현금 | 7,500,000 | (대변) 자본금 | 5,000,000 |
| | | 주식발행초과금 | 2,500,000 |

10. 자기주식의 취득시 회계처리

기업은 경영권의 방어 또는 자본금의 감소 등의 이유로 자기주식을 취득하는 경우가 있다. 상법에서는 자기주식의 취득을 제한하고 있다.

▶ **자기주식의 취득**

회사는 다음의 경우외에는 자기의 계산으로 자기의 주식을 취득하지 못한다.
1. 자기의 주식을 소각하기 위한 때
2. 회사의 합병 또는 다른 회사의 영업전부의 양수로 인한 때
3. 회사의 권리를 실행함에 있어 그 목적을 달성하기 위하여 필요한 때
4. 단주의 처리를 위하여 필요한 때
5. 주주가 주식매수청구권을 행사한 때

(상법 제341조)

따라서 회사는 위의 사유이외에는 자기주식의 취득이 엄격히 제한되어 있으며 위의 사유로 인하여 자기주식을 취득하더라도 제1항의 경우에는 즉시 주식실효의 절차를 밟아야 하며 그 외는 해당기간내에 주식을 처분하여야 한다(상장법인, 협회등록법인 제외).

11. 자기주식의 소각시 회계처리

기업회계기준에 의하여 자기주식을 소각하는 경우의 회계처리시에는 주의하여야 할 점이 있다. 즉 소각되는 자기주식은 액면가액만 감자처리됨에 주의하여야 한다. 자기주식을 소각하는 경우에는 감자차익이나 감자차손이 발생하는 바 이에 대한 회계처리를 살펴보자.

감자차손이 발생하는 경우

(주)재정은 액면가 5,000원의 발행가 8,000원인 자기주식 1주를 10,000원에 취득하다.

(차변) 자기주식	10,000	(대변) 현금	10,000

위 주식을 소각하다.

(차변) 자본금	5,000	(대변) 자기주식	10,000
감자차손	5,000		

위의 사례에서 보듯이 최초의 주식발행가액은 주식소각시에는 관계가 없이 단지 주식의 액면가액만 자본금에서 감소됨을 알아야겠다.

감자차손은 뒤에서 설명하겠지만 자본조정항목임에 유의하자. 감자차익이 있는 경우에는 감자차익에서 먼저 상계하고 난 뒤의 금액이 계상된다.

한편 위의 예에서 주식을 8,000원에 산 주주가 10,000원에 이를 되팔아 주식을 소각하였다면 차액 2,000원에 대하여는 배당으로 보아 배당소득세가 과세된다.

▶ **배당금의 의제**

① 주식의 소각으로 인하여 주주가 취득하는 금전이 당해 주식을 취득하기 위하여 소요된 금
  액을 초과하는 경우에는 이익을 배당받은 것으로 본다.　　　　　　　　　　(법인세법 제16조)

감자차익이 발생하는 경우

　㈜재정은 액면가 5,000원인 발행가 8,000원인 자기주식 1주를 4,000원에 취득
하다.

(차변) 자기주식	4,000	(대변)현금	4,000

　위 주식을 소각하다.

(차변) 자본금	5,000	(대변) 자기주식	4,000
		감자차익	1,000

　감자차익은 감자차손이 자본조정항목인 것과는 달리 자본잉여금 항목이다.
회사가 감자차손이 있는 경우에는 먼저 감자차익과 상계시키고 나머지가 감자
차손으로 자본조정항목에서 자본의 차감항목이 된다. 한편 감자차익은 자본거
래이므로 법인세법 제17조에 의하여 내국법인의 각 사업연도의 소득금액계산
에 있어서 익금에 산입되지 아니한다.

　관련된 기업회계기준은 다음과 같다.

▶ **자본잉여금**

　2. 감자차익
　　자본감소의 경우에 그 자본금의 감소액이 주식의 소각, 주금의 반환에 요한 금액과 결손
　　의 보전에 충당한 금액을 초과한 때에 그 초과금액으로 한다. 다만, 자본금의 감소액이
　　주식의 소각, 주금의 반환에 요한 금액에 미달하는 금액(감자차손을 의미함)이 있는 경
　　우에는 동 금액을 차감한 후의 금액으로 한다.　　　　　　　　　　(기업회계기준 제31조)

---

12. 자기주식의 매각시 회계처리

　자기주식을 소각하지 않고 재판매를 하는 경우의 회계처리를 알아보자.

　자기주식을 재판매하는 경우에는 상품의 경우와 같이 취득원가와 판매가액
을 비교하여 판매이익이나 판매손실이 발생한다. 단지 계정과목의 명칭만 달
리하여 판매이익이 발생하는 경우에는 자기주식처분이익으로 하여 자본잉여
금으로 처리한다. 판매손실이 발생하는 경우에는 자기주식처분손실의 과목으
로 하여 자본조정항목으로 하여 자본의 차감항목이 된다. 단 자기주식처분손

실은 감자차손과 마찬가지로 자기주식처분이익과 먼저 상계시키고 난 금액으로 한다. 사례를 들어보자.

자기주식 처분손실이 발생하는 경우

㈜재정은 액면가 5,000원인 발행가 8,000원인 자기주식 1주를 10,000원에 취득하다.

(차변) 자기주식	10,000	(대변) 현금	10,000

위 주식을 5,000원에 매각하다.

(차변) 현금	5,000	(대변) 자기주식	10,000
자기주식처분손실	5,000		

자기주식처분손실은 자본조정항목임에 유의하자. 자기주식처분이익이 있는 경우에는 자기주식처분이익에서 먼저 상계하고 난 뒤의 금액이 계상된다.

자기주식이익이 발생하는 경우

㈜재정은 액면가 5,000원인 발행가 8,000원인 자기주식 1주를 10,000원에 취득하다.

(차변) 자기주식	10,000	(대변)현금	10,000

위 주식을 12,000원에 매각하다.

(차변) 현금	12,000	(대변) 자기주식	10,000
		자기주식처분이익	2,000

관련된 기업회계기준은 다음과 같다.

▶ **자본잉여금**

1. 기타자본 잉여금 : 자기주식처분이익으로서 자기주식처분손실을 차감한 금액과 그 밖의 기타 자본잉여금으로 한다.　　　　　　　　　　　　　(기업회계기준 제31조)

세무상 유의할 사항

감자차익, 감자차손은 법인세법상 조정사항이 아니나 자기주식처분손익은 법인세법상 손금산입, 익금산입으로 조정됨에 유의한다. 즉, 기업회계상으로 자기주식 처분손실, 자기주식 처분이익은 자본거래로서 손익에 반영되지 않으나, 세무상으로는 각각 손금, 익금으로 조정되는 것이다.

13. 무상증자 회계처리

무상증자란 자본잉여금과 이익잉여금 중 법정적립금을 자본에 전입하고 신주를 발행하는 것을 말한다. 이익잉여금 중 미처분이익을 증자의 재원으로 하는 경우에는 주식배당이 된다. 회사가 무상증자를 실시하게 되면 외부자본의 유입없이 단지 순자산이 계정과목만 바뀌고 주식수가 늘어나게 되는 결과가 된다.

무상증자의 회계처리를 예시하면 다음과 같다.

회계처리 사례

㈜재정은 20X5년 12월 31일 무상증자를 결의하다. 무상증자의 재원은 자본잉여금 중 주식발행초과금 3,000,000과 이익잉여금 중 이익준비금 2,000,000원이다. 무상증자시의 주가는 주당 8,000원이고 액면가는 5,000이었다. 모두 1,000주를 발행하다.

| (차변) 주식발행초과금 | 3,000,000 | (대변) 자본금 | 5,000,000 |
| 이익준비금 | 2,000,000 | | |

한편 투자자의 입장에서는 무상주의 취득은 수익으로 보지 아니하므로 회계처리할 사항은 없고 주식수와 주당가액을 조정하는 비망기록만 하면 된다. 그러나 세무상으로는 자본잉여금의 전입에 의한 무상주의 취득은 기업의 수익으로 보지 않으나 이익잉여금의 전입에 의한 무상주의 취득은 배당수익으로 보게 되므로 익금산입이라는 세무조정을 해주어야 한다. 무상증자와 주식배당을 비교하여 보면 다음의 표와 같다.

적용　＼　형태	무상증자	주식배당
증자의 원천	자본잉여금, 이익잉여금 중 법정적립금과 기타의 법정적립금	미처분 이익잉여금
기업회계기준	수익이 아님	수익이 아님
세　　법	자본잉여금으로 인한 무상주의 수령은 수익으로 보지 않는다.	수익으로 본다.

제3절 자본잉여금

1. 자본잉여금의 이해
2. 주식발행초과금
3. 감자차익
4. 자기주식처분이익

━━ **1** ━━

자본잉여금의 이해

1. 의의

자본잉여금이란 주주와의 자본거래에서 발생한 잉여금으로서 주식발행초과금, 감자차익, 자기주식처분이익과 기타 자본잉여금이 있다. 부채를 제외한 자금의 원천 중 주주가 불입한 금액에서 법정자본금(액면자본금)을 제외한 나머지의 금액이 자본잉여금을 구성한다.

✍ 자본잉여금의 계정과목

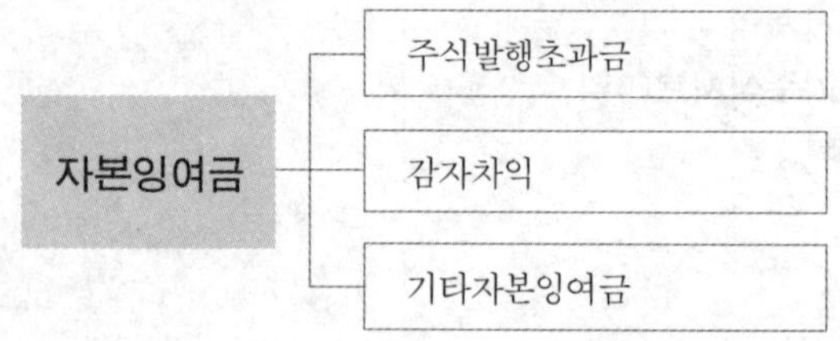

2. 자산재평가 적립금

자산재평가 적립금이 자본잉여금의 항목이다. 자본잉여금의 항목에 관하여는 앞 절에서 자본금과 같이 설명되었으므로 추가적인 설명을 생략한다.

이하에서는 재평가적립금에 대하여만 알아보자.

자산재평가적립금을 알기 위해서 먼저 자산재평가법의 규정에 대하여 알아본다.

자산재평가법(제4조)에 의하면 법인, 개인사업자 모두 분기별로 재평가가 가능하도록 하고 있다. 그리고 재평가자산의 범위에 관하여는 자산재평가법(제5조)에서 국내에 소재하는 사업용자산으로서 토지와 감가상각자산을 규정하고 있다. 따라서 비사업용자산이나 매매목적용자산(재고자산)은 재평가대상자산이 될 수 없으며, 자산재평가법 제8조에서는 재평가차액을 재평가대상자산의 시가에서 장부가액을 차감한 금액으로 한다고 규정하고 있다.

자산재평가법의 규정에 관하여 간략하게 알아보았다.

📖 적립금 계산방법

이하에서는 재평가적립금을 계상하는 방법을 순차적으로 알아보자.

① 재평가차액은 재평가대상자산의 시가에서 장부가액을 차감한 금액으로 한다.

② 재평가세의 과세표준은 재평가차액에서 이월결손금을 공제한 금액이다.

　단, 이 때의 이월결손금은 법인세법 또는 소득세법에 의한 이월결손금을 의미함에 주의하자.

③ 재평가세율은 다음과 같이 결정된다.

- 97년 12월 31일 이전에 취득한 토지로서 84년 1월 1일 이후에 취득한 토지의 세율은 1%로 한다.
- 83년 12월 31일에 취득한 토지로서 84년 1월 1일 이후에 재평가를 실시한 토지의 재평가시 세율은 1%로 한다. 이 경우에는 이미 재평가세를 한번 납부하였는데 또 3%를 부담시키기에 가혹하다는 배려때문으로 1%로 해주는 것이다.
- 위외의 토지는 3%이다.
- 감가성 자산의 재평가시의 재평가세율은 모두 3%이다.

이렇게 하여 재평가세가 결정되면 재평가 적립금은 다음과 같이 계산된다.

재평가자산의시가 장부가액 재평가세 이월결손금＝재평가적립금

재평가 적립금

　장부가액이 1,000원인 자산의 재평가액이 2,000원이고 재평가세율이 3%인 경우 재평가적립금의 회계처리는 다음과 같다(단, 기업회계기준 상으로 이월결손금이 100원 있고 세법상 이월결손금은 없음).

자산재평가시

(차변) 유형자산	1,000	(대변) 재평가차액	1,000

재평가세납부와 이월결손금 보전시

(차변) 재평차액	1,000	(대변) 현금(재평가세)	30
		이월결손금	100
		재평가적립금	870

이렇게 계산된 재평가적립금이 비로소 자본잉여금의 계정에 계상된다.

한편 재평가세를 계산하기위하여 이월결손금을 차감하였는데, 그 당시의 이월결손금은 세법상의 이월결손금이고 여기서의 이월결손금은 기업회계상의 이월결손금임에 주의하자.

사산재평가법은 2000년 12월 31일자로 폐지되었다.

2

주식발행초과금

 의의

주식발행초과금은 주식을 발행할 때 주식의 발행가액이 액면가액을 초과하는 경우 초과하는 금액을 말하는데, 발행가액의 결정시에는 신주발행비를 차감하여야 한다.

업무 · 적요

주식발행초과금의 회계업무는 결산시 계상내용 및 내용에 대하여 회계처리 적정여부를 확인한다.

• 대차대조표 〉 자본 〉 자본잉여금 〉 주식발행초과금

회계처리요령

회계처리 사례

신주 20,000주를 6,000원(액면가 5,000원)에 발행하였다.

(차변) 현금	120,000,000	(대변) 자본금	100,000,000
		주식발행초과금	20,000,000

3
감자차익

🖐 의의

감자차익은 자본감소의 경우 감소시킨 자본금의 금액이 주주에게 되돌려준 회사자본을 초과하는 차액을 말한다.

🖐 업무 · 적요

감자차익은 회사가 사업을 축소하거나, 주주에게 반환하기 위해 액면가 이하로 소각하는 유상감자의 경우와 대가없이 소각하는 유상감자의 경우와 대가없이 소각하는 무상감자의 경우 발생한다.

• 대차대조표 〉 자본 〉 자본잉여금 〉 감자차익

🖐 회계처리요령

회계처리 사례

자본금 감소를 위해 100,000주(액면가액 5,000원)를 3,000원에 매입소각하였다.

(차변) 자본금	500,000,0000	(대변) 현금	300,000,000
		감자차익*	200000,000

당기에 100,000,000원의 결손이 발생하여 주주총회에서 감자차익 100,000,000원을 보전하기로 결정하였다.

(차변) 감자차익	100,000,000	(대변) 이월결손금	100,000,000

4

자기주식처분이익

 **의의**

자기주식처분이익은 자기주식의 처분시 처분가액이 취득원가를 초과하는 경우를 말한다. 자기주식처분손실은 자기주식의 처분시 처분가액이 취득원가 (자기주식처분이익 포함)에 미달하는 경우를 말한다.

업무 · 적요

• 대차대조표 〉자본 〉자본잉여금 〉기타자본잉여금 〉자기주식처분이익

회계처리요령

회계처리 사례

자기주식 50,000주를 주당 30,000원에 취득하였다.

(차변) 자기주식	1,500,000,000	(대변) 현금	1,500,000,000

자기주식 10,000주를 주당 35,000원에 매각하였다.

(차변) 현금	350,000,000	(대변) 자기주식	300,000,000
		자기주식처분이익	50,000,000

자기주식 30,000주를 20,000원에 처분하였다.

(차변) 현금	600,000,000	(대변) 자기주식	900,000,000
자기주식처분이익	50,000,000		
자기주식처분손실	250,000,000		

제4절 이익잉여금

1. 이익잉여금의 이해
2. 이익준비금
3. 기타법정적립금
4. 임의적립금
5. 차기이월이익잉여금
6. 이익잉여금처분계산서
7. 현금배당과 주식배당

1
이익잉여금의 이해

 **의의**

　이익잉여금이란 회사의 자본중에서 주주가 출자하지 않고 회사가 영업활동에 의하여 스스로 창출한 자본의 원천이다. 물론 기업이 당기순이익이 있어야만 이익잉여금의 창출이 가능하다. 회사가 한해를 결산하고 남은 이익 즉 당기순이익 중 일부는 주주에게 배당하고 남은 것을 적립한 것이 이익잉여금인 것이다. 한편 회사는 당기순이익 중에서 배당을 하고 난 뒤 일정금액을 준비금이나 적립금 형식으로 적립한 뒤 나머지를 미처분이익잉여금으로 남겨 차기로 이월시키게 된다. 따라서 이익잉여금도 처분된 이익잉여금과 미처분된 이익잉여금으로 구분된다.

이익잉여금의 계정과목

과 목	내 용
이익준비금	상법의 규정에 의하여 적립하는 것으로 한다.
기타법정적립금	상법 이외의 법령의 규정에 의하여 적립된 금액으로 한다. 재무구조개선적립금, 기업합리화적립금 등이 있다.
임의적립금	정관의 규정 또는 주주총회의 결의로 적립된 금액으로서 사업확장적립금, 감채적립금, 배당평균적립금, 결손보전적립금 및 세법상 적립하여 일정기간이 경과한 후 환입될 준비금 등으로 한다.

2
이익준비금

 **의의**

　이익준비금은 상법에 의하여 적립된 금액으로서 상법에서 회사는 그 자본의 2분의 1에 달할 때까지 매결산기의 금전에 의한 이익배당액의 10분의 1이상의 금액을 강제적으로 기업내부에 이익준비금으로 적립하여야 한다. 이렇게 이익준비금의 적립을 강제하는 이유는 회사가 과도한 배당으로 인하여 회사의 재무상태의 부실을 방지하자는 데 그 이유가 있다.

　한편 회사가 결손으로 인하여 또는 다른 사유로 금전에 의한 배당을 하지 않는 경우에도 이익준비금을 적립할 수 있는가 하는 문제가 있을 수가 있겠으나 이익준비금의 적립은 금전배당액의 최소한을 적립하여야 할 의무사항이므로 회사가 임의로 이익준비금을 적립하는 것은 무방하다. 그러나 자본금의 1/2 이상을 적립하는 경우에는 법정적립금이 아닌 임의 적립금으로 본다.

업무 · 적요

- 대차대조표 〉 자본 〉 이익잉여금 〉 이익준비금

회계처리요령

회계처리 사례

　결산기에 미처분이익잉여금 중 20,000,000원의 현금배당과 10,000,000원의 이익준비금을 적립하기로 하다.

(차변) 이월이익잉여금	30,000,000	(대변) 미지급배당금	20,000,000
		이익준비금	10,000,000

　당기에 1,000,000원의 결손이 발생하여 이익준비금 1,000,000원을 보전하기로 하였다.

(차변) 이익준비금	1,000,000	(대변) 이월결손금	1,000,000

 회계처리시 유의할 사항

주주총회에서 이익준비금을 적립하기로 결의하면 이를 이익잉여금처분계산서상 이익잉여금의 처분항목으로 계상한다.

3
기타법정적립금

 **의의**

  기타법정적립금은 상법이 아닌 다른 법에 의하여 적립하여야 하여야 하는 적립금으로서 조세특례제한법에 의한 기업합리화 적립금과 상정법인 재무관리 규정에 의한 재무구조개선 적립금이 있다.

  기업합리화 적립금이란 기업이 법인세법에 의하여 소득공제, 세액공제 및 세액감면 등으로 인하여 절약한 법인세는 당기의 배당으로 사외유출 시키지 않도록 회사로 하여금 의무적으로 회사에 유보시키도록 하여 이월결손금의 보전, 자본전입의 두 가지 사유 외는 임의로 처분시키지 못하도록 한 적립금이다. 결국은 법인세의 혜택을 주주에게 배당시키지 말고 회사의 재정상태의 건전성에 도움이 되도록 한 적립금이라 하겠다.

  한편 재무구조 개선적립금이란 상장법인의 재무관리 등에 관한 규정 제7조에 규정되어 있는 것으로서 상장법인이 유형자산의 처분이익이 처분손실을 차감하고 해당 법인세 및 주민세를 초과하는 경우에는 그 초과액의 50%를 또는 당기순이익에 이월결손금을 차감한 금액의 10%를 당해 법인의 자기자본비율이 30%가 될 때까지 적립하는 것을 말한다.

업무·적요

• 대차대조표 〉 자본 〉 이익잉여금 〉 기타법정적립금

 ## 회계처리요령

기업합리화적립금

주총결의로 미처분이익잉여금 중 투자세액공제액 3,000,000원에 대한 기업합리화적립금의 적립하기로 하였다.

(차변) 이월이익잉여금	3,000,000	(대변) 기업합리화적립금	3,000,000

당기에 세무상 결손 2,000,000원 발생하여 기업합리화적립금으로 보전하기로 하였다.

(차변) 기업합리화적립금	2,000,000	(대변) 이월결손금	2,000,000

 ## 결산처리시 유의할 사항

회사가 이익을 처분할 때 우선적으로 이익준비금을 적립하고 난 뒤 기업합리화적립금을 적립한다. 기업합리화적립금은 결손보전 목적이나 자본전입에 충당된다.

4
임의적립금

 **의의**

임의적립금은 회사의 목적사업을 위하여 익의적으로 적립한 것을 말하며, 적립 금액은 사업확장적립금, 감채적립금, 배당평균적립금, 결손보전적립금 그리고 각종 준비금 등이 있다.

업무 · 적요

• 대차대조표 〉 자본 〉 이익잉여금 〉 임의적립금

회계처리요령

회계처리 사례

(주)재정은 처분전 이익잉여금이 1,000,000원이다.

이 중 200,000원을 현금 배당하기로 하고 200,000원은 기업합리화적립금으로, 그리고 500,000원은 임의적립금으로 적립하고 나머지는 미처분한 상태로 이월시키기로 한다.

(차변) 이익잉여금	1,000,000	(대변) 이익준비금	20,000
		미지급배당금	200,000
		기업합리화적립금	200,000
		임의적립금	500,000
		미처분이익잉여금	80,000

5
차기이월이익잉여금
(차기이월결손금)

 **의의**

차기이월이익잉여금은 처분전이익잉여금과 임의적립금이입액의 합계에서
이익잉여금처분액을 차감한 금액을 말한다. 즉, 차기이월이익잉여금을 이사회
에서 결정하게 되면 이익잉여금처분계산서(안)에 기재되는데 처분전이익잉여
금에 임의적립금이입액이 있는 경우, 이를 가산하고 이익잉여금처분액을 공제
한 차액이 차기이월이익잉여금으로 표시되는 것이다.

업무 · 적요

차기이월이익잉여금은 이익처분전의 대차대조표에 표시되고, 그 처분에 대
한 사항은 이익잉여금처분계산서에 표시된다.

차기이월결손금은 결손금처리전의 대차대조표에 표시되고, 그 처분에 대한
사항은 결손금처리계산서에 표시된다.

• 대차대조표 〉 자본 〉 이익잉여금 〉 차기이월이익잉여금

회계처리요령

회계처리 사례

(주)재경은 처분전이익잉여금에서 현금배당금으로 500,000,000원을, 이익준비
금으로 200,000,000원을 적립하기로 하였다.

(차변) 처분전이익잉여금	700,000,000	(대변) 미지급배당금	500,000,000
		이익준비금	200,000,000

6
이익잉여금처분계산서
(결손금처리계산서)

회사가 잉여금을 처분하는 경우에는 그 내역을 재무제표의 일부로 하여 공시하도록 하고 있는 바 그 양식의 명칭이 이익잉여금처분계산서 또는 결손금처리계산서이다.

> ▶ 이익잉여금처분계산서 등
>
> 1. 이익잉여금처분계산서는 이익잉여금의 처분사항을 명확히 보고하기 위하여 이월이익잉여금의 총변동사항을 표시하여야 한다.
> 2. 결손금처리계산서는 결손금의 처리사항을 명확히 보고하기 위하여 이월결손금의 총변동사항을 표시하여야 한다.
> 3. 이익잉여금처분계산서의 양식사례는 별지 제7호 서식과 같고, 결손금처리계산서의 양식사례는 별지 제8호 서식과 같다.　　　　(기업회계기준 제76조)

이익잉여금처분계산서의 양식은 다음과 같다.

이익잉여금처분계산서

20×4년 1월 1일부터 20×4년 12월 31까지

㈜재정		처분확정일　20×5년 2월 28일
I. 처분전 이익잉여금		
1.전기이월이익잉여금	100,000	
2.회계변경의 누적효과	100,000	
3.전기오류수정손익	100,000	
4.중간배당액	100,000	
5.당기순이익	100,000	500,000
(당기순손실)		
II. 임의적립금 이입액		100,000
합　　　　계		600,000
III. 이익잉여금 처분액		
1.이익준비금	100,000	
2.기타법정적립금	100,000	
3.주식할인발행차금상각액	100,000	
4.배당금	100,000	
5.사업확장적립금	100,000	
6.감채적립금	100,000	600,000
IV. 차기이월이익잉여금		0

한편 이익잉여금처분계산서의 명칭은 잉여금의 처분이 있느냐에 따라 명칭이 달라진다는 것에 유의 하여야 한다. 즉, 처리전 결손금을 전부 처리하고 난 뒤에 잉여금의 처분사항이 있다면 이익잉여금처분계산서의 명칭을 사용하고, 그렇지 않고 당기에 처리전 결손금을 처리하고 난 뒤에 잉여금의 처분사항이 없다면 결손금처리계산서의 명칭을 사용한다.

결손금처리계산서

20×4년 1월 1일부터 20×4년 12월 31까지

(주)재정　　　　　　　　　　　　　　　　　　　　　　　처분확정일　20×5년 2월 28일

I. 처리전 결손금		500,000
1.전기이월결손금	100,000	
2.회계변경의 누적효과	100,000	
3.전기오류수정손실	100,000	
4.중간배당액	100,000	
5.당기순손실	100,000	
II. 결손금 처리액		400,000
1.임의적립금이입액	100,000	
2.기타법정적립금이입액	100,000	
3.이익준비금이입액	100,000	
4.자본잉여금이입액	100,000	
III. 차기이월결손금		100,000

위의 결손금처리계산서에서는 결손금을 처리하고 난 뒤에 처분한 잉여금이 없으므로 그대로 결손금처리계산서의 명칭을 사용한다.

만약 위의 결손금처리계산서에서 결손금을 처리하고 난 뒤에 남은 잉여금이 있어 잉여금을 처분하였다면 잉여금처분계산서의 명칭을 사용하게 되는 것이다.

대차대조표의 자본 계정인 이익잉여금란에는 이익잉여금처분계산서(결손금처리계산서)의 처분전 이익잉여금(처리전 결손금)을 이기하여야 한다.

7

현금배당과 주식배당

배당가능액의 범위

이익의 배당에는 현금배당과 주식배당이 있는 바 배당에 관한 상법의 규정을 살펴보면 다음과 같다.

▶ **이익의 배당**

1. 회사는 대차대조표상의 순재산액으로부터 다음의 금액을 공제한 액을 한도로 하여 이익배당을 할 수 있다.
   가. 자본의 액
   나. 그 결산기까지 적립된 자본준비금과 이익준비금의 합계액
   다. 그 결산기에 적립하여야 할 이익준비금의 합계액
2. 전항의 규정에 위반하여 이익을 배당한 때에는 회사채권자는 이를 회사에 반환할 것을 청구할 수 있다.

(상법 제462조)

위 상법의 규정을 보면 결국 회사의 배당의 재원은 이익잉여금인 바 이익잉여금 중 상법의 의한 법정적립금인 이익준비금과 조세특례제한법에 의한 기업합리화 적립금 그리고 상장법인 등의 재무관리 규정에 의한 재무구조개선 적립금 등의 기타법정적립금을 제외한 임의적립금과 미처분 이익잉여금만이 배당의 재원으로 사용이 가능하다.

현금배당

회사가 배당을 결의하고 배당금을 지급하기까지에는 두가지의 회계처리가 필요하다.

회계처리 사례

㈜재정은 20X5년 12월 31일 현금배당 1,000,000원을 결의하다.

(차변) 이익잉여금	1,000,000	(대변) 미지급배당금	1,000,000

20X6년 2월 28일 주주총회에서 배당결의가 원안대로 확정되다.

회계처리 없음			

20X6년 3월 5일 배당금을 현금으로 지급하다.

(차변) 미지급배당금	1,000,000	(대변) 현금	1,000,000

위의 미지급배당금은 유동부채의 항목인 반면에 후술하게 되는 미교부 주식배당금은 자본조정항목임에 유의하여야 한다.

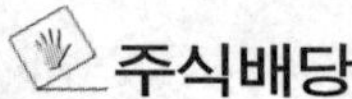

주식배당

한편 회사는 현금외에도 주식배당도 결의할 수 있는 바 주식배당에 관한 상법의 규정은 다음과 같다.

> ▶ **주식배당**
>
> 1. 회사는 주주총회의 결의에 의하여 이익의 배당을 새로이 발행하는 주식으로써 할 수 있다. 그러나 주식에 의한 배당은 이익배당총액의 2분의 1에 상당하는 금액을 초과하지 못한다(상장, 등록법인 제외).
> 2. 제1항의 배당은 주식의 권면액으로 하며, 회사가 수종의 주식을 발행한 때에는 각각 그와 같은 종류의 주식으로 할 수 있다.
> 3. 주식으로 배당할 이익의 금액중 주식의 권면액에 미달하는 단수가 있는 때에는 그 부분에 대하여는 제443조 제1항의 규정을 준용한다.
> 4. 주식으로 배당을 받은 주주는 제1항의 결의가 있는 주주총회가 종결 한 때부터 신주의 주주가 된다. 이 경우 제350조 제3항 후단의 규정을 준용한다.
> 5. 이사는 제1항의 결의가 있는 때에는 지체없이 배당을 받을 주주와 주주명부에 기재된 질권자에게 그 주주가 받을 주식의 종류와 수를 통지하고, 무기명식의 주권을 발행한 때에는 제1항의 결의의 내용을 공고하여야 한다.
> 6. 제340 조제1항의 질권자의 권리는 제1항의 규정에 의한 주주가 받을 주식에 미친다. 이 경우 제340조 제3항의 규정을 준용한다. (상법 제462조의 2)

주식배당시에는 액면가액만 이익잉여금에서 차감시키고 그 금액만큼 자본금을 증가시켜야 한다.

발행당시의 주가가 어떠하건 주식의 권면액만큼만 자본금을 증가시켜야 함에 주의하여야 한다.

회계처리 사례

㈜재정은 20X5년 12월 31일 주식배당을 결의하다. 배당결의 당시의 주가는 8000원이고 권면액은 5000원이다. 발행주식수는 1000주이다.

(차변) 이익잉여금	5,000,000	(대변) 미교부주식배당금	5,000,000

20X6년 주주총회에서 주식배당을 결의하다.

회계처리없음

20X5년 3월 5일 주식을 발행하다.

(차변) 미교부 주식배당금	5,000,000	(대변) 자본금	5,000,000

전술하였다시피 결산재무제표에서 미교부 주식배당금은 자본조정항목임에 유의한다. 주식배당은 주주의 입장에서는 수익이 아니기 때문에 주식수와 단가를 조정하는 비망기록만 필요할 뿐 추가적인 회계처리는 필요가 없다. 그러나 법인세법상으로는 주식배당은 무상증자와는 달리 법인의 이익으로 보기 때문에 익금산입되는 세무조정을 하여야 함에 유의하여야겠다.

중간배당

1998년 상법의 개정으로 이제는 중간배당도 가능하게 되었다. 중간배당에 관한 상법을 알아보자.

▶ 중간배당

1. 연 1회의 결산기를 정한 회사는 영업연도 중 1회에 한하여 이사회의 결의로 일정한 날을 정하여 그날의 주주에 대하여 금전으로 이익을 배당(이하 이 조에서 중간배당이라 한다)할 수 있음을 정관으로 정할 수 있다.
2. 중간배당은 직전 결산기의 대차대조표상의 순재산액에서 다음 각 호의 금액을 공제한 액을 한도로 한다.
   가. 직전 결산기의 자본의 액
   나. 직전 결산기까지 적립된 자본준비금과 이익준비금의 합계액
   다. 직전 결산기의 정기총회에서 이익으로 배당하거나 또는 지급하기로 정한 금액
   라. 중간배당에 따라 당해 결산기에 적립하여야 할 이익준비금
3. 회사는 당해 결산기의 대차대조표상의 순재산액이 제462조 제1항 각호의 금액의 합계액에 미치지 못할 우려가 있는 때에는 중간배당을 하여서는 아니된다.
4. 당해 결산기 대차대조표상의 순재산액이 제462조 제1항 각조의 금액의 합계액에 미치지 못함에도 불구하고 중간배당을 한 경우 이사는 회사에 대하여 연대하여 그 차액(배당액이 그 차액보다 적을 경우에는 배당액)을 배상할 책임이 있다. 다만, 이사가 제3항의 우려가 없다고 판단함에 있어 주의을 게을리하지 아니하였음을 증명한 때에는 그러하지 아니한다.
5. 제340조 제1항, 제344조 제1항, 제350조 제3항(제423조 제1항, 제516조 제2항 및 제516조의 9에서 준용하는 경우를 포함한다. 이하 이 항에서 같다),제354조 제1항, 제370조 제1항, 제457조 제2항, 제4858조, 제464조 및 제625조 제3호의 규정의 적용에 관하여는 중간배당을 제462조 제1항의 규정에 의한 이익의 배당으로, 제350조 제3항의 규정의 적용에 관하여는 제1항의 일정한 날을 영업연도말로 본다.
6. 제399조 제2항. 제3항 및 제400조의 규정은 제4항의 이사의 책임에 관하여, 제462조 제2항 및 제3항의 규정은 제3항의 규정에 위반하여 중간배당을 한 경우에 이를 준용한다.

(제462조의 3)

중간배당은 연 1회에 한하여 금전배당만 가능하며 이익준비금을 설정하여야 한다. 그리고 중간배당은 반드시 직전년도에 미처분이익잉여금이 있어야 함에 주의하여야 한다.

제5절　자본조정

1. 자본조정의 이해
2. 주식할인발행차금
3. 배당건설이자
4. 해외사업환산차(대)

1
자본조정의 이해

 **의의**

　자본조정이란 그 과목의 성격상 자산이나 부채 또는 자본의 어느 한 과목으로 분류하기 어려운 애매한 성격의 계정과목을 자본의 차감항목 또는 가산항목으로 모아 놓은 항목으로 이해하면 되겠다. 기업회계기준에 의한 자본조정의 과목은 다음과 같다.

자본조정의 계정과목

계정과목	내　용
주식할인발행차금	주식발행가액이 액면가액에 미달하는 경우 그 미달하는 금액으로 한다.
배당건설이자	개업전 일정한 기간내에 주주에게 배당한 건설이자로 한다.
자기주식	회사가 이미 발행한 주식을 주주로부터 취득한 경우 그 취득가액으로 하고, 그 취득경위, 향후처리계획 등을 주석으로 기재한다.
미교부주식배당금	이익잉여금처분계산서상 주식배당액으로 한다.
투자유가증권평가이익(또는 투자유가증권평가손실)	제59조 제2항, 제59조 제3항 및 제60조 제3항의 규정에 의하여 발생한 투자주식의 평가손익 또는 투자채권의 평가손익으로 한다.
해외산업환산대(또는 해외사업환산차)	제69조 제2항의 규정에 의하여 발생한 해외지점 등의 외화환산이익(또는 외화환산손실)으로 한다.

2
주식할인발행차금

 **의의**

　주식할인발행차금은 주식발행가액이 액면가액에 미달하는 경우 그 차액을 말한다. 상법에서는 액면가 이하의 주식발행을 규제하고 있기 때문에 실무상 별로 일어나지 않는다. 주식할인 발행차금은 주식발행연도부터 또는 증자연도부터 3년 이내의 기간에 매기 균등액을 상각하고 동 상각액은 이익잉여금의 처분으로 한다. 다만, 처분할 이익잉여금이 부족하거나 결손이 있는 경우에는 차기이후연도에 이월하여 상각할 수 있다. 상법에서는 주식의 할인발행을 금지하고 있으나 회사의 설립일로부터 2년이 경과한 후에 주주총회의 특별결의를 거쳐 법원의 인가를 얻은 경우에 한하여 할인발행을 허용하고 있다.

업무 · 적요

• 대차대조표 〉 자본 〉 자본조정 〉 주식할인발행차금

회계처리

회계처리 사례

　㈜재경은 당해년도의 주식발행으로 인한 주식할인발행차금이 3,000,000원이 계상되어 있다. 이익잉여금은 3,000,000원이다.

(차변) 이익잉여금	1,000,000	(대변) 주식할인발행차금	1,000,000

＊3,000,000/3＝1,000,000

<h1 style="text-align:center">3
배당건설이자</h1>

 **의의**

　　배당건설이자란 제꼬리 배당으로서 회사가 정상적인 영업의 전부의 개시가 불가능하여 주주에게 지급할 배당의 재원 즉, 이익잉여금이 없는 경우에 일정한 요건을 갖추면 이익잉여금이 없더라도 배당을 하는 경우 그 금액을 말한다. 대규모의 시설투자로 인하여 설립 후 장기간 당기순이익이 없어 배당을 못하는 경우에는 투자자들이 투자를 기피할 것이므로 투자를 촉진하기 위하여 이익잉여금이 없더라도 상법에서는 일정한 요건을 갖추어 배당을 할 수 있도록 하였다. 배당건설이자는 자본금의 6%이상 배당시 그 금액을 초과하는 경우 그 금액과 동액 이상을 상각 하도록 하고 있다. 상각액은 이익잉여금의 처분으로 하여야 한다.

배당건설이자의 지급요건

> ▶ **건설이자의 배당**
>
> 1. 회사는 그 목적인 사업의 성질에 의하여 회사의 성립후 2년 이상 그 영업전부를 개시하기가 불가능하다고 인정한 때에는 정관으로 일정한 주식에 대하여 개업전 일정한 기간 내에 일정한 이자를 그 주주에게 배당할 수 있음을 정할 수 있다. 그러나 그 이율은 년5분을 초과하지 못한다.
> 2. 전항의 정관의 규정 또는 그 변경은 법원의 인가를 얻어야 한다.
>
> (상법 제463조)

업무 · 적요

• 대차대조표 〉 자본 〉 자본조정 〉 배당건설이자

회계처리요령

회계처리 사례

㈜재정은 당기에 순손실을 기록하였으나 2,000,000원을 당기에 배당하다

(차변) 배당건설이자	2,000,000	(대변) 현금	2,000,000

(주)재정은 당기에 이익잉여금 5,000,000원을 보고하다. 당기에는 자본금의 10%인 3,000,000원을 배당하기로 하다.

(차변) 이익잉여금	4,500,000	(대변) 미지급배당금	3,000,000
		이익준비금	300,000
		배당건설이자	1,200,000

현금배당의 1/10을 이익준비금으로 적립하고 자본금의 6 %를 초과하는 1,200,000원은 배당건설이자를 상각한 결과에 대한 회계처리이다.
3,000,000/(10%-4%) = 1,200,000

4
해외사업환산차(대)

🖐 의의

해외사업환산차(대)란 회사의 해외소재의 지점이나 해외사무소의 재무제표를 현행환율법으로 환산하는 경우에 발생하는 과목이다. 예를 들어 해외지점의 재무제표는 전혀 변동이 없다고 가정할 때 연초와 연말의 환율의 변동으로 인하여 환산액이 다른 경우에 발생하는 환산차이이다.

🖐 업무 · 적요

• 대차대조표 〉 자본 〉 자본조정 〉 해외사업환산차(대)

🖐 회계처리요령

해외지점, 해외사업소 또는 해외소재 지분법적용대상회사의 외화표시 자산 · 부채를 원화로 환산하는 경우에는 원칙적으로 대차대조표일 현재의 적정한 환율로 규정을 준용한다.

다만, 영업 · 재무활동이 본점과 독립적으로 운영되는 해외지점, 해외사업소 또는 해외소재 지분법적용 대상 회사의 경우에는 당해 자산 · 부채는 대차대조표일 현재의 환율을, 자본은 발생당시의 환율을 적용하며, 손익항목은 거래발생 당시의 환율이나 당해 회계연도의 평균환율을 적용하여 일괄환산할 수 있다.

영업 · 재무활동이 본점과 독립적으로 운영되는 환산손익은 이를 상계하여 그 차액을 해외사업환산차 또는 해외사업환산대의 과목으로 하여 자본조정으로 처리하며, 그 내용을 주석으로 기재한다.

해외사업환산차 또는 해외사업환산대는 차기 이후에 발행하는 해외사업환산대 또는 해외사업환산차와 상계하여 표시하고 관련지점, 사업소 또는 지분법적용대상회사가 청산, 폐쇄 또는 매각되는 회계연도의 특별손익으로 처리한다.

제4장
이익잉여금처분계산서

제1절   이익잉여금처분계산서

1. 의의

기업이 벌어들인 이익은 주주에게 전액 배당되지를 않고 일부분은 상법 등의 제반법률에 의하여 강제로 일정금액이 유보되거나 향후 투자에 소요되기 위하여 사내에 유보된다. 따라서 이러한 이익잉여금의 변동사항을 주주 등의 외부정보이용자에게 설명하여야 할 필요가 있는 바 이러한 설명을 위한 기업회계기준에 따른 일정한 양식이 이익잉여금처분계산서이다. 기업회계기준에 따른 이익잉여금처분계산서의 의의를 살펴보면 다음과 같다.

2. 기재요령

이익잉여금처분계산서는 이익잉여금의 처분사항을 명확히 보고하기 위하여 이월이익잉여금의 총변동사항을 표시하여야 한다.

3. 처분전이익잉여금

전기이월이익잉여금(전기이월결손금)에 회계처리기준의 변경으로 인한 누적효과, 전기오류수정손익(전전기 이전에 발생한 오류사항을 비교목적으로 작성하는 전기재무제표에 반영하는 경우에 한한다), 중간배당액 및 당기순이익(당기순손실) 등을 가감한 금액으로 한다.

4. 임의적립금 등의 이입액

임의적립금 등을 이입하여 당기의 이익잉여금처분에 충당하는 경우에는 그 금액을 처분전이익잉여금에 가산하는 형식으로 기재한다.

5. 이익잉여금처분액

이익잉여금의 처분은 다음과 같은 과목으로 세분하여 기재한다.
① 이익준비금
② 기타 법정적립금

③ 이익잉여금처분에 의한 상각 등

주식할인발행차금상각, 배당건설이자상각, 자기주식처분손실 잔액, 상환
주식상환액 등의 이익잉여금처분액으로 한다.

④ 배당금

당기에 처분할 배당액으로 하되 금전에 의한 배당과 주식에 의한 배당으
로 구분하여 기재한다. 주식의 종류별 주당배당금액, 액면배당률은 주기
하고 배당수익률, 배당성향 및 배당액의 산정내역은 주석으로 기재한다.

⑤ 임의적립금

6. 차기이월이익잉여금

처분전이익잉여금과 임의적립금이입액의 합계에서 이익잉여금처분액을 차
감한 금액으로 한다.

제2절   결손금처리계산서

1. 의의

결손금을 처리하고 난 뒤 잉여금의 처분이 없는 경우를 결손금처리계산서라 하고 과목으로는 처리전결손금, 결손금처리액, 차기이월결손금 등이 있다.

2. 기재요령

결손금처리계산서는 결손금의 처리사항을 명확히 보고하기 위하여 이월결손금의 총변동사항을 표시하여야 한다.

3. 처리전결손금

전기이월결손금(전기이월이익잉여금)에 회계처리기준의 변경으로 인한 누적효과, 전기오류수정손익(전전기 이전에 발생한 오류사항을 비교목적으로 작성하는 전기재무제표에 반영하는 경우에 한한다), 중간배당액 및 당기순손실(당기순이익) 등을 가감한 금액으로 한다.

4. 결손금처리액

결손금의 처리는 다음과 같은 과목의 순서로 한다.
① 임의적립금이입액
② 기타법정적립금이입액
③ 이익준비금이입액
④ 자본잉여금이입액

5. 차기이월결손금

처리전결손금에서 결손금처리액을 차감한 금액으로 한다.

이익잉여금처분계산서는 기업의 이월이익잉여금의 처분사항을 명확히 보고하기 위하여 작성되는 재무제표이다. 즉, 이익잉여금처분계산서는 한 회계기간동안 발생한 이월이익잉여금의 총변동사항을 요약하여 보고하는 보고서이다. 따라서 이익잉여금처분계산서는 전년도 대차대조표상의 이익잉여금이 어떻게 처분되고 변동되어 당해 연도 이익잉여금이 되었는지 그 변동원인을 설명해 준다.

그리고 손익계산서의 당기순이익은 바로 대차대조표로 전입되지 않고 이익잉여금처분계산서를 거쳐 대차대조표의 자본계정에 전입된다. 따라서 대차대조표의 자본계정에는 당기순이익(손실)이 나타나지 않는다. 그래서 대차대조표에 당기순이익을 주기하도록 한 것이다.

기업회계기준에서는 대차대조표상의 이익잉여금은 당기의 이익잉여금 처분이 끝난 후(이익잉여금처분계산서를 반영한 후)의 금액으로 기재하도록 되어있다. 전기오류수정손익을 특별손익에서 이월이익잉여금으로, 회계처리기준의 변경으로 인한 영향액을 소급법으로 처리함에 따라 이익잉여금처분계산서 양식도 이에 따라 변경되었다. 그리고 상장법인의 경우 당해 연도 중에 배당한 중간배당액을 처분전이익잉여금에 반영토록 하였다.

6. 처분전이익잉여금과 임의적립금의 이입

처분전이익잉여금은 법정적립금이나 임의적립금 또는 주주배당금으로 처분되기전의 잉여금을 말하며 이는 전기이월이익잉여금과 회계변경의 누적효과, 전기오류수정손익과 당기순이익으로 구성된다. 처분전이익잉여금을 가지고 회사는 어떻게 처분 할 것인가를 결정하게 된다. 한편 처분전이익잉여금이 당기에 처분할 금액에 모자라게 되는 경우에는 처분할 수 있는 잉여금이 더 필요한 바 당기 이전에 적립해 두었던 임의적립금으로 그 부족분을 보충하여야 하는데 이를 임의적립금의 이입이라 한다.

7. 이익잉여금의 처분

처분전이익잉여금은 법정적립금 등 강제로 처분하여야 되는 경우와 임의적립금, 배당금 등 임의로 처분하여야 하는 경우가 있다. 여하튼 처분전이익잉여금으로 처분하고 난 뒤의 남은 금액이 차기이월이익잉여금이 되는 것이다.

제3절 이익잉여금처분계산서와 결손금처리계산서

1. 명칭사용기준

이익잉여금처분계산서 등의 명칭을 사용하는 경우에 결손금처리계산서와 같이 그 명칭을 달리 사용하는 경우가 있다. 이런 경우에 명칭을 사용하는 기준을 알아야 할 것이다. 요는 처리전 결손금을 처리하고 난 뒤 잉여금의 처분이 있다면 이익잉여금처분계산서의 명칭을 사용하여야 하고 결손금을 처리하고 난 뒤 잉여금의 처분이 없다면 결손금처리계산서라는 명칭을 사용하여야 한다. 따라서 결손금처리계산서라는 명칭을 사용하는 경우는 처리전 결손금이 있고 잉여금의 처분이 없는 경우 단 한가지이다. 다음은 기업회계기준 등에 관한 해석 내용이다.

2. 실직적 기준

이익잉여금처분계산서 또는 결손금처리계산서의 명칭은 이익잉여금의 실질적인 처분 여부를 기준으로 구분하는 것이 합리적이다. 따라서 처리전결손금이 계상되었으나 이를 보전하고도 잉여금의 처분이 있는 경우에는 이익잉여금처분계산서의 명칭을 사용하고, 처리전결손금 일부 또는 전부만 보전하는 경우에는 결손금처리계산서의 명칭을 사용하는 것이 타당하다.

3. 당해연도 기준

또한 직전연도는 결손금처리계산서를 작성하고 당해 연도에는 이익잉여금처분계산서를 작성한 경우(반대 경우 포함)에는 당해 연도를 기준으로 명칭을 사용하여야 하며, 이 경우의 작성양식은 이익잉여금처분계산서와 결손금처리계산서를 결합하여 사용하되 동일한 명칭에 결손금을 표시하는 경우(예: 처분전이익잉여금란에 처리전결손금 표시)에는 △등 부(負)의 표시를 하여야 한다.

4. 이익잉여금처분계산서와 결손금처리계산서의 양식

이익잉여금처분계산서		결손금처리계산서	
제×기 :　년 월 일부터 년 월 일까지 　처분확정일 : ××년 ××월 ××일		제×기 :　년 월 일부터 년 월 일까지 　처분확정일 : ××년 ××월 ××일	
Ⅰ. 처분전이익잉여금	×　×　×	Ⅰ. 처리전결손금	×　×　×
1. 전기이월이익잉여금		1. 전기이월이익잉여금	
(또는 전기이월결손금)		(또는 이월결손금)	
2. 회계변경의 누적효과		2. 회계변경의 누적효과	
3. 전기오류수정손익		3. 전기오류수정손익	
4. 지분법평가손익		4. 지분법평가손익	
5. 중간배당액		5. 중간배당액	
6. 당기순이익(또는 당기순손실)		6. 당기순손실(이익)	
Ⅱ. 임의적립금등의 이입액	×　×　×	Ⅱ. 결손금처리액	×　×　×
1. ××적립금		1. 임의적립금이입액	
2. ××적립금		2. 기타법정적립금이입액	
		3. 이익준비금이입액	
Ⅲ. 이익잉여금처분액	×　×　×	4. 자본잉여금이입액	
1. 이익준비금			
2. 기타법정적립금		Ⅲ. 차기이월이익잉여금	×　×　×
3. 이익잉여금처분액에 의한 상각 등			
4. 배당금			
가. 현금배당			
나. 주식배당			
5. 임의적립금			
Ⅳ. 차기이월이익잉여금	×　×　×		

제5장
건설업 회계처리와 세무실무

제1절   건설업 회계와 세무

1. 건설업의 이해

건설업의 회계처리와 세무를 이해하기 위해서는 건설업의 주체를 먼저 파악하여야 한다. 건설업의 주체에 따라 회계처리와 세금문제가 달라지므로 먼저 건설업의 주체를 파악하고 다음에는 회계처리 방법과 세무관계를 이해하여야 한다.

2. 회계처리 일반

건설업의 주체에는 공사를 시행하는 주체인 건축주와 건축주로부터 공사를 발주 받아 실재 건축공사를 행하는 시공사의 두 경우가 있다. 건축주에는 건물을 먼저 짓고 난뒤 분양 또는 임대하는 경우와 선 분양(아파트) 후 건물을 짓는 경우의 두가지로 대별할 수가 있다.

시공사는 건축주로부터 공사를 도급 받아 실재 건축을 행하는 단 한가지이다. 따라서 건축주의 두 가지와 시공사의 한가지가 건설업회계처리에 있어 주체가 된다. 건물을 먼저 짓고 난 뒤 분양하는 경우에는 수입금액을 알 수가 없으므로 건물을 지을 동안 모든 공사원가를 건설가계정 또는 미성공사계정으로 모은 뒤 완공되고 난 뒤에는 건물계정으로 대체하고 분양시 수입금액과 원가를 인식한다.

그러나 아파트처럼 분양을 미리 하거나 도급을 받아 공사하는 시공사의 경우에는 분양수입금액 또는 도급수입금액을 미리 알 수가 있으므로 진행기준 또는 완성기준을 사용하여 수익을 인식하여야 한다.

3. 건축주의 회계처리

① 건물을 짓고 난 뒤 분양을 하는 경우(대체로 소규모의 빌딩이나 주택)

건물을 완공하기까지 모든 원가를 건설가계정에 집합시켜 놓았다가 공사 완료 후 (준공시점)에 건물계정으로 대체하는 회계처리를 한다. 이 때 임대 목적으로 건물을 완공하였다면 유형자산으로, 분양할 목적이라면 재고자산 계정으로 계리한다. 이 후 분양이 될때마다 분양금액을 수익으로 인식하고 분양금액에 따른 원가를 면적별 또는 분양금액 비례로 안분하여 인식한다 (부동산 매매업 또는 임대업이 된다).

② 미리 선 분양 계약(예약매출)을 하고 건물을 짓는 경우

이 경우에는 분양 시에 수입금액이 확정되므로 공사기간이1년 이내인가 아니면 초과하는 가에 따라 완성기준 또는 진행기준을 사용하여 공사수익을 인식하여야 한다(부동산 매매업, 임대업). 예약매출은 대부분 공사기간이 2년 이상인 장기이므로 진행기준을 사용하여 공사수익을 인식하여야 한다.

4. 시공사의 회계처리

시공사는 도급계약에 의하여 수입금액이 확정되므로 공사기간에 따라 완성기준 또는 진행기준을 사용하여야 한다(건설업).

시행사가 시공을 겸하는 경우에도 같다.

위의 각 각의 경우를 도표로 보면 다음과 같다.

기업회계기준서에 의한 수익인식

구분	건축주(시행사)	시공사
건물을 짓고 난 뒤 분양하는 경우	공사기간에 관계없이 공사완료까지 건설가계정에 원가 집합 후 건물계정으로 대체후 분양금액에 따라 수익인식하고 면적안분하여 원가인식	진행기준으로 수익인식,진행율을 알 수 없는 경우에는 원가 범위 내에서 수익인식 (중소기업은 단기 공사인 경우 완성기준 선택가능)
선 분양 후 건물을 짓는 경우(예약매출)	분양율에 따라 진행기준으로 수익인식	진행기준으로 수익인식, 진행율을 알 수 없는 경우에는 원가 범위 내에서 수익인식 (중소기업은 단기 공사인 경우 완성기준 선택가능)

세법에 의한 수익인식

구분	건축주(시행사)	시공사
건물을 짓고 난 뒤 분양하는 경우	공사기간에 관계없이 공사완료까지 건설가계정에 원가 집합 후 건물계정으로 대체 후 분양금액에 따라 수익인식하고 건물 면적 안분하여 원가인식	단기공사는 완성기준 또는 진행기준으로 수익인식 장기공사는 진행기준으로 수익인식(진행율을 알 수 없는 경우에는 인도기준)
선 분양 후 건물을 짓는 경우(예약매출)	분양율에 따라 진행기준으로 수익인식	단기공사는 완성기준 또는 진행기준으로수익인식 장기공사는 진행기준으로 수익인식(진행율을 알 수 없는 경우에는 인도기준)

중소 건설업은 공사기간이 1년이내인 단기 공사인 경우에는 완성기준 또는 진행기준을 사용하여도 기업회계기준, 세법 모두 충족할 수가 있다.

5. 건설업의 회계처리

✋ 수익과 비용인식

건설업에 있어서 수익과 비용을 인식하는 방법은

첫째, 세금계산서 의 공급가액(기성)을 당해 연도에 수익으로 인식하는 방법 (건축주가 건물을 짓고 난 뒤 분양하는 경우가 여기에 해당된다. 시공사는 기성이나 완성기준 또는 진행기준을 사용하여 수익을 인식 한다)

둘째, 세금계산서 공급가액과 관계없이 공사가 완료되는 시점에 수익을 인식하는 완성기준 공사기간 1년 이내인 단기공사를해주는 시공사

셋째, 세금계산서 공급가액과 관계없이 공사의 진행율에 따라 수익을 인식하는 진행기준 의 세가지가 있다(선분양하는 시행사, 시공사 공통).

✋ 건축주(시행자)의 입장

① 공사완공 후에 분양하는 경우에는 분양금액에 따라 수익을 인식하고 원가도 분양면적에 따라 안분하여 인식한다(진행기준, 완성기준의 개념이 없다). 물건을 만들어 파는 것과 동일

② 공사완공 전에 분양하는 경우에는 분양수입금액을 알 수가 있고 대체로 공사기간이 1년이 넘으므로 공사기간동안 진행기준을 사용하여 분양율에따라 수익을 인식하여야 한다.

✋ 시공사의 입장

시공사는 도급금액을 알 수가 있으므로 기성실적이나 완성기준 또는 진행기준을 사용하여 수익을 인식하여야 하는 것이다(세금계산서 공급가액 기준인 기성실적에 따라 수익을 인식하는 것은 기업회계나 세법모두 인정하지 않고 있는 방법이다. 그러나 실무에서는 기성실적을 진행기준에 근사한 것으로 보아 그대로 사용하고 있는 실정이다).

✋ 통상적인 경우

구분	시행사(건축주)	시공사
공사완공 후 분양	건설가계정 후 건물로 대체 이후 분양에 따라 수익인식 하고 원가인식	대체로 1년 이내 공사가 되어 완성기준에 따라 수익인식하거나 기성(세금계산서)에 따라 수익인식
분양 후 공사완공	진행기준	대체로 1년 이상 공사가 되어 진행기준에 따라 수익인식

건설업회계는 일견 상당히 복잡하게 보이나 주체를 판단하여 수익을 인식하는 기준인 완성기준과 진행기준을 이해하면 그 처리는 간단하다. 그리고 부가가치세법상 세금계산서 공급가액과 수입금액의 차이를 이해하면 되는 것이다. 이하에서는 실무에 바로 적용이 되도록 설명하였다.

건설업의 회계처리를 하기 위하여서는 먼저 완성기준과 진행기준을 필히 이해하여야 한다.

제2절 건설업 회계처리 사례

1. 완성기준(시공사의 입장)

공사를 완성하여 준공하는 시점에 공사수익과비용을 인식하는 방법이다. 따라서 공사가 완성하기까지의 제반원가 및 비용을 결산기에 미성공사계정에 대체하여, 즉 재고자산으로 남겨두었다가 공사완성연도에 원가로 대체함과(도매업의 재고자산을 결산기에 매출원가로 대체하듯이) 동시에 공사도급금액을 수익으로 처리하는 방법이다. 시공사의 입장에서 공사기간이 1년 이내인 단기공사인 경우에는 당해 년도의 회사의 이익이 과대하여 회사의 이익을 다음해로 이월시키기 위하여 완성기준을 사용할 수가 있고 이익이 필요한 경우에는 진행기준을 사용하여 당기에 수익을 인식할 수가 있다.

시공자의 회계처리 및 부가가치세 처리 사례

5월1일 가나 건설회사는 김씨와 도급금액 1억2천만원 계약을 맺다.(부가세 별도)
5월1일 계약금 4천만원, 12월20일 중도금 4천만원, 다음해 1월2일 잔금 4천만원
(부가세 별도)받기로 계약하다.(부가세 별도)

5월 1일

(차변) 예금	44,000,000	(대변) 공사선수금	40,000,000
		예수부가세	4,000.000

12월 3일

재료 1천만원 오상으로 구입하다(부가세 별도).

(차변) 재료	10,000,000	(대변) 외상매입금	11,000,000
선급부가세	1,000,000		

12월 4일

노무비 1천만원 지급하다(원천징수액 5십만원).

(차변) 노무비	10,000,000	(대변) 예금	9,500,000
		예수금	5,00,000

12월 6일

재료 5천만원 외상으로 구입하다.

(차변) 재료	50,000,000	(대변) 외상매입금	55,000,000
선급부가세	5,000,000		

12월 7일

전기료 5백만원 지급하다.

| (차변) 전기료 | 5,000,000 | (대변) 예금 | 5,000,000 |

12월 8일

수도료 5백만원 지급하다.

| (차변) 수도료 | 5,000,000 | (대변) 예금 | 5,000,000 |

12월 20일

수중도금을 수령하다(부가세 별도).

| (차변) 예금 | 44,000,000 | (대변) 공사선수금 | 4,0,000,000 |
| | | 예수부가세 | 4,000,000 |

12월 30일

노무비 1천만원 지급하다(원천징수액 5십만원).

| (차변) 노무비 | 10,000,000 | (대변) 예금 | 9,500,000 |
| | | 예수금 | 500,000 |

12월 31일 결산

건설기계 감가상각비 5백만원 계상하다.

| (차변) 감가상각비 | 5,000,000 | (대변) 감가상각충당금 | 5,000,000 |

재료 기말재고 실사결과 5백만원 남아 있다.(총구입액 6천만원 중 5천5백만원을 사용)

| (차변) 미성공사 | 5,500,000 | (대변) 재료 | 5,500,000 |

노무비를 미성공사계정에 대체하다.

| (차변) 미성공사 | 2,000,000 | (대변) 노무비 | 2,000,000 |

기타 공사경비를 미성공사계정에 대체하다.

(차변) 미성공사	15,000,000	(대변) 전기료	5,000,000
		수도료	5,000,000
		감가상각비	5,000,000

당기에 발생한 재료비, 노무비, 기타 경비는 모두 미성공사원가 계정에 대체되어 미성공사라는 새로운 계정으로 재고자산이 되는 것이다. 즉 올해 사용된 재료비 5천5백만원과 노무비 2천만원 기타 경비1천5백만원 총 9천만원이 올해의 원가로 계상되지 않고 당기의 미성공사 계정으로 대체되어 재고자산으로 계상된다. 당기에 사용되지 않은 재료5백만원은 재료비 계정에 그대로 남아 있는 것이다. 위의 결과 이 회사는 공사와 관련하여 당기에는 아무런 수익도 없고 비용도 인식되지 않는다. 기말재고는 미성공사 9천만원, 재료 5백만원

다음해 1월 1일

노무비 5백만원 지급하다(원천징수 2십만원).

| (차변) 노무비 | 5,000,000 | (대변) 예금 | 4,800,000 |
| | | 예수금 | 200,000 |

다음해 1월 1일

노무비 5백만원 지급하다(원천징수 2십만원).

| (차변) 노무비 | 5,000,000 | (대변) 예금 | 4,800,000 |
| | | 예수금 | 200,000 |

1월2일 공사를 완성하여 준공을 받다. 재료 실사결과 남아 있는 재료가 없다. 즉 당기에 다 사용하였다. 당기 재료비와 노무비를 미성공사 계정에 대체하다.

| (차변) 미성공사 | 5,000,000 | (대변) 재료 | 5,000,000 |
| 미성공사 | 5,000,000 | 노무비 | 5,000,000 |

잔금을 수령하다.

| (차변) 예금 | 44,000,000 | (대변) 공사선수금 | 40,000,000 |
| | | 예수부가세 | 4,000,000 |

미성공사를 당기 공사 매출원가로 대체하다

| (차변) 공사원가 | 100,000,000 | (대변) 미성공사 | 100,000,000 |

공사가 완공되어 당기에 수익을 인식하다.

| (차변) 공사선수금 | 120,000,000 | (대변) 매출 | 120,000,000 |

이 회사는 전기부터 공사를 시작하여 당기에 공사를 완성하였다. 공사기간 이 1년 이하라서 완성시점에 수익과 원가를 한꺼번에 인식하였다. 이것이 완 성 기준이다.

건축주(시행자)의 회계처리 및 부가가치세 처리 사례

5월1일 김씨는 가나 건설회사와 도급금액 1억2천만원 계약을 맺다(부가세 별도).
5월1일 계약금 4천만원, 12월20일 중도금 4천만원, 다음해 1월2일 잔금 4천만 원(부가세 별도)지급하기로 계약하다(부가세 별도).

5월 1일

계약금을 지급하다.

| (차변) 건설가계정 | 40,000,000 | (대변) 예금 | 44,000,000 |
| 선급부가세 | 4,000,000 | | |

12월 20일

중도금을 지급하다(부가세 별도).

| (차변) 건설가계정 | 40,000,000 | (대변) 예금 | 44,000,000 |
| 선급부가세 | 4,000,000 | | |

12월 30일 결산

회계처리 없음

| (차변) 건설가계정 | 40,000,000 | (대변) 예금 | 44,000,000 |
| 선급부가세 | 4,000,000 | | |

> 1월2일 공사를 완성하여 준공검사를 받고 건설가계정을 건물계정으로 대체하다

(차변) 건물	120,000,000	(대변) 건설가계정	120,000,000

건축주는 1억2천만원에 건물을 완공하였다. 이 후 건물을 분양하는 경우에는 분양금액을 당기의 수입으로 계산하고 건물의 매출원가를 수익에 대응하여 면적 비례나 분양금액 비례하여 원가로 인식하여야 하는 것이다.

부가가치세 문제

시공회사의 부가가치세법 상 세금계산서 발부는 어떻게 되는가?

① 계약금, 중도금, 잔금으로 나누어 받기로 하고 잔금일자까지의 기간이 6개월을 초과하는 경우

위의 사례처럼 김씨와 계약금, 중도금, 잔금으로 받기로 하고 계약금부터 잔금날짜까지의 기간이 6개월 이상인 경우에는 가나 건설회사는 김씨에게 돈을 받기로 한 때에 세금계산서를 발부하여야 하고 김씨가 임대사업을 하기 위하여 건물을 짓는다면 김씨는 사업자등록을 하여 세금계산서를 받아 부가세 매입세액공제를 받도록 하여야 한다. 계약금, 중도금, 잔금으로 계약이 되어 있고 그 기간이 6개월을 초과하는데도 불구하고 건설회사가 완성시점에 일괄적으로 세금계산서를 발부하면 건축주는 부가가치세 매입세액공제를 받지 못하게 됨에 특히 유의하여야 한다.

② 계약금, 중도금, 잔금으로 계약이 되어 있으나 그 기간이 6개월을 넘지 않는 경우(예를 들어 계약이 12월 1일이라면 잔금까지의 기간이 6개월이 안 된다). 이 경우에는 건물을 완공하는 시점에 일괄로 세금계산서를 발부하면 되는 것이다.

그렇게 되면 위의 12월1일, 12월20일, 다음해 1월2일의 각 회계처리는 다음과 같게 된다.

회계처리 사례

12월 1일(계약시)

| (차변) 예금 | 40,000,000 | (대변) 공사선수금 | 40,000,000 |

12월 20일(중도금)

| (차변) 예금 | 40,000,000 | (대변) 공사선수금 | 40,000,000 |

다음해 1월 2일(잔금)

(차변) 예금	52,000,000	(대변) 공사선수금	40,000,000
		예수부가세	12,000,000
공사선수금	120,000,000	공사매출	120,000,000
공사원가	100,000,000	미성공사	100,000,000

③ 중도금은 없고 계약금과 잔금사이의 기간이 6개월을 초과하는 경우 완성 시점에 세금계산서를 발부하면 된다.

완성시점에 세금계산서를 발부하더라도 건축주가 준공일로부터 20일 이후에 사업자 등록을 하는 경우에도 건축주는 매입세액공제를 받지 못하게 됨에 유의하여야 한다.

즉 중도금이 있고 잔금까지의 기간이 6개월을 초과하는 경우에만 각 대가를 받기로 한 때에 건설회사는 세금계산서를 발부하여야 하는 것이다. 그럼에도 불구하고 완성시점에 일괄 세금계산서를 발행하면 상대방은 부가가치세 매입세액 불공제가 되는 것이다.

계약금, 중도금, 잔금으로 계약이 되어 있고 그 기간이 6개월을 초과하는 경우에는 그 대가를 받기로 한 때에 세금계산서를 발부하여야 한다고 하였다. 그런데 공사기간이 1년 이하여서 수익인식은 완성기준을 사용하는 위의 사례를 보면 1차연도에 세금계산서상 공급가액은 8천만원이 되었다. 그런데 수익은 전혀 인식되지 않아 법인세 신고시 손익계산서의 매출액은 0으로 신고되는 것이다. 따라서 세무조정 결산서의 수입금액 조정명세서 하단에부가세 공급가액과 수입금액의 차이를 설명하여 주어야 하는 것이다("완성기준에 따른 수익금액 미인식"으로 설명).

2차연도에는 세금계산서상 공급가액은 4천만원이나 수입금액은 1억2천만원 신고 되므로 결산시에 그 차이를 설명하는 것이다("완성기준에 의한 전기 수익 미인식분 당기 인식"으로 설명).

만약에 회사가 수익인식기준을 완성기준을 사용하고 세금계산서 발행도 요건이 충족되어(중도금이 없거나 공사기간이 6개월이 안 되는 경우) 완성시점에 일괄적으로 발행한다면 손익계산서상의 수입금액과 부가세 공급가액은 차이가 나지 않을 것이다.

2. 진행기준

공사가 완공되지 않더라도 공사진행율(당기원가가 총원가에서 차지하는 비율)에 따라 공사수익을 인식하고 원가를 인식하는 방법이다. 공사기간이 1년 이상이고 진행율을 알 수가 있는 경우에는 대기업, 중소기업 가릴 것 없이 무조건 이 방법을 사용하여야 한다(기업회계기준, 세법 충족).

건설업에 있어서 진행기준의 세무 및 회계처리는 남의 땅에 건물을 지어주는 시공사의 입장과 완공 전에 선 분양 하는 시행사의 입장 및 완공 후 분양하는 시행사의 입장 등 세 가지로 나누어 살펴보아야 한다.

(1) 시공사가 남의 땅에 건물을 지어주는 경우(도급공사)

단지 도급공사를 해 주는 건설업자는 도급금액에 의하여 수입금액이 확정되어 있으므로 그 공사기간이 장기인 경우에는 진행기준을 사용하여 수익을 인식하여야 한다. 진행기준을 이해하지 못하는 실무자들은 세금계산서 공급가액을 당기의 매출로 인식하고 그에 따른원가를 인식하는데 과세당국에서도 용인하고 있는 실정이기는 하나 엄격히 말하면 이는 기실 잘 못 처리하고 있는 것이다.

진행기준을 적용하기 위해서는 도급금액, 총 예정원가, 당기투입원가, 작업진행율 등의 개념을 알아야 한다.

도급금액이란 건물을 지어주는 대가로 얼마를 받기로 하는 경우 그 계약금액을 말하는 것이고 총 예정원가란 건설회사가 얼마의 원가가 소요되리라 예상하는 추정치를 말한다. 당기 투입 원가란 총 예정원가 중 당기에실재 투입된 원가를 말한다. 작업진행율이란 당기 공사투입원가가 총원가에서 차지하는 비율을 말한다.

간단한 예를 들어 도급액 1억원을 수주 받아 건설회사가 총원가가 8천만원이 들 것이라고 추정하고 공사를 시작한 결과 당기의 공사원가(재료비, 노무비, 기타 경비)가 4천만원 들었다면 작업진행율이 몇 %인가? 총원가 8천만원 중 당기 원가가 4천만원 투입되었으므로 작업진행율은 50%가 되는 것이다. 따

라서 당기에 인식할 수입금액은 1억원의 50%인 5천만원이 되는 것이며 원가
는 4천만원이 되고 당기순익은 1천만원이 되는 것이다.

수입금액 = 계약금액 x 누적작업진행율 - 전기까지 인식한 수입금액
공사원가 = 당기에 발생한 원가

회계처리 사례

계약금액 1억원, 총 예정원가 8천만원

	1차연도	2차연도	3차연도
투입원가	40,000,000	24,0000,000	16,000,000
누적원가	40,000,000	64,000,000	80,000,000
누적진행율	50%	80%	100%
공사선수금	30,000,000	40,000,000	30,000,000
세금계산서 공급가액	30,000,000	30,000,000	40,000,000

1차연도

(선수금 수령시, 세금계산서 발행)

(차변) 예금	33,000,000	(대변) 공사선수금	30,000,000
		부가세 예수금	3,000.000

(원가 발생시)

(차변) 재료비	20,000,000	(대변) 외상매입금	20,000,000
노무비	10,000,000	현금	10,000.000
기타경비	10,000,000	미지급등 등	10,000.000

(결산시)
(수입금액의 인식)

결산기에 작업진행율에 따라 수입금액을 인식하되 이미 받은 공사선수금과 상
계하고 나머지 금액을 공사미수금으로 계리한다.

수입금액 1억원 x 50% = 5천만원

(차변) 공사선수금	30,000,000	(대변) 매출	50,000,000
공사미수금	20,000,000		

(각종원가의 미성공사계정에 대체)

(차변) 미성공사	40,000,000	(대변) 재료비	20,000,000
		노무비	10,000,000
		기타경비	10,000,000

(공사원가에 대체)

(차변) 공사원가	40,000,000	(대변) 미성공사	40,000,000

1차연도에는 수입금액이 5천만원이고 공사원가는 4천만원, 부가세 공급가액은
3천만원이다. 수금은 3천만원(부가세 별도) 하였다.

2차연도

계약금액 1억원

| (차변) 공사원가 | 40,000,000 | (대변) 미성공사 | 40,000,000 |

1차연도에는 수입금액이 5천만원이고 공사원가는 4천만원, 부가세 공급가액은 3천만원이다. 수금은 3천만원(부가세 별도) 하였다.

	1차연도	2차연도	3차연도
투입원가	40,000,000	24,0000,000	16,000,000
누적원가	40,000,000	64,000,000	80,000,000
누적진행율	50%	80%	100%
공사선수금	30,000,000	40,000,000	30,000,000
세금계산서 공급가액	30,000,000	30,000,000	40,000,000

(선수금 수령시, 세금계산서 발행)

(차변) 예금	43,000,000	(대변) 공사미수금	20,000,000
		공사선수금	20,000,000
		부가세 예수금	3,000,000

(원가 발생시)

(차변) 제료비	10,000,000	(대변) 외상매입금	10,000,000
노무비	10,000,000	현금	10,000,000
기타경비	4,000,000	미지급금 등	4,000,000

(결산시)

(수입금액의 인식)

결산기에 작업진행율에 따라 수입금액을 인식하되 전년도에 이미 인식한 금액은 차감한다. 공사선수금과 상계하고 나머지 금액을 공사미수금으로 계리한다.

수입금액 1억원 × 80% - 5천만원 = 3천만원

1차, 2차연도 모두 합쳐진행율은 80%이다. 따라서 수입금액은 8천만원이고 이 중 5천만원은 전기에 인식하였으므로 당기에는 3천만원만 인식한다.

| (차변) 공사선수금 | 20,000,000 | (대변) 매출 | 30,000,000 |
| 공사미수금 | 10,000,000 | | |

(각종원가의 미성공사 계정에 대체)

(차변) 미성공사	24,000,000	(대변) 공재료비	10,000,000
		노무비	10,000,000
		기타경비	4,000,000

(공사원가 대체)

| (차변) 공사원가 | 24,000,000 | (대변) 미성공사 | 24,000,000 |

2차연도에는 수입금액이 3천만원, 공사원가는 2천4백만원, 부가세 공급가액은 3천만원이다. 수금은 4천만원 하였다.

3차연도

계약금액 1억원

(차변) 공사원가	40,000,000	(대변) 미성공사	40,000,000

1차연도에는 수입금액이 5천만원이고 공사원가는 4천만원, 부가세 공급가액은 3천만원이다. 수금은 3천만원(부가세 별도) 하였다.

	1차연도	2차연도	3차연도
투입원가	40,000,000	24,0000,000	16,000,000
누적원가	40,000,000	64,000,000	80,000,000
누적진행율	50%	80%	100%
공사선수금	30,000,000	40,000,000	30,000,000
세금계산서 공급가액	30,000,000	30,000,000	40,000,000

(선수금 수령시, 세금계산서 발행)

(차변) 예금	34,000,000	(대변) 공사미수금	10,000,000
		공사선수금	20,000,000
		부가세 예수금	4,000,000

(원가 발생시)

(차변) 재료비	10,000,000	(대변) 외상매입금	10,000,000
노무비	5,000,000	현금	500,000
기타경비	1,000,000	미지급금 등	1,000,000

(결산시)

(수입금액의 인식)

결산기에 작업진행율에 따라 수입금액을 인식하되 공사선수금과 상계하고 나머지 금액을 공사미수금으로 계리한다.

수입금액 1억원 x 100% - 8천만원 = 2천만원

(차변) 공사선수금	20,000,000	(대변) 매출	20,000,000

(각종원가의 미성공사계정에 대체)

(차변) 미성공사	16,000,000	(대변) 재료비	10,000,000
		노무비	5,000,000
		기타경비	1,000,000

(공사원가 대체)

(차변) 공사원가	16,000,000	(대변) 미성공사	16,000,000

3차연도에는 매출은 2천만원, 공사원가는 1천6백만원, 부가세 공급가액은 4천만원, 수금은 3천만원 하였다.

	1차연도	2차연도	3차연도	합계
수입금액의 인식	5천만원	3천만원	2천만원	1억원
부가세 공급가액	3천만원	3천만원	4천만원	1억원
수금액(별도)	3천만원	4천만원	3천만원	1억원
공사원가	4천만원	2천4백만원	1천6백만원	8천만원

위의 표에서 보듯이 수입금액의 인식금액과 부가세공급가액, 수금액이 각각 다름에 유의하여 회계처리를 하여야한다. 일견 약간 복잡하게 보이나 몇번 해 보면 금방 숙달할 수가 있다. 도급공사의 경우에는 공사진행기준을 사용하는 경우에 기말에 미성공사는 당기원가로 대체 됨을 알 수가 있다.

시행사는 공사 완공 후 분양을 하는 경우에는 매입 세금계산서를 받을 때마다 건설 가계정으로 처리하고 완공 후 건물계정으로 대체한다. 차후에 건물을 분양하게 되면 분양금액에 따라 수익과 원가를 인식하면 된다.

(2) 시행사가 공사 완공후 분양을 하는 경우

시행사가 공사 완공 후 분양을 하는 경우에는 완성기준 또는 진행기준을 사용하여 수익을 인식하는 것이 아니고 공사 완공 후 실재 분양된 금액에 따라 수익과 원가를 인식하면 된다.

회계처리 사례

1차연도

(세금계산서 수령 시)

(차변) 건설가	30,000,000	(대변) 미지급금	33,000,000
선급부가세	30,000,000		

(결재시)

(차변) 미지급금	33,000,000	(대변) 예금	33,000,000

2차연도

(세금계산서 수령 시)

(차변) 건설가	30,000,000	(대변) 미지급금	33,000,000
선급부가세	3,000,000		

(결재시)

| (차변) 미지급금 | 33,000,000 | (대변) 예금 | 43,000,000 |
| 공사선급금 | 10,000,000 | | |

3차연도

(세금계산서 수령 시)

| (차변) 건설가 | 40,000,000 | (대변) 공사선급금 | 10,000,000 |
| 선급부가세 | 3,000,000 | 미지급금 | 33,000,000 |

(결재시)

| (차변) 미지급금 | 33,000,000 | (대변) 예금 | 33,000,000 |

(건설가계정을 건물계정으로 대체시)

| (차변) 건물 | 100,000,000 | (대변) 건설가 | 100,000,000 |

(3) 시행사가 선 분양 하는 경우

(분양을 하기 전에 발생한 모든 원가는 건설가계정에 모아 놓았다가 분양수익을 인식하는 해에 진행율에 따라 공사원가에 대체 된다)

자기 땅에 아파트나 상가를 준공하기 전에 선 분양하는 예약매출의 회계처리는 도급공사와는 달리 총예정원가, 당기투입원가, 작업진행율 외에 총분양가, 분양계약금액, 분양율, 용지비 등의 개념을 알아야 한다. 시공사의 진행기준에서 분양율을 하나 더 알아야 한다는 것이다. 총예정원가,당기투입원가, 작업진행율은 도급공사에서 설명한 바와 같고 총분양가란 아파트 분양업자가 모두 분양을 하였을 경우의 총 금액을 말하는 것이고 분양계약금액이란 분양업자가 실재 분양계약을 한 금액을 말한다. 이 금액이 도급공사에서의 도급금액이 되는 것이다. 분양율이란 총분양가에서 실재 분양한 금액의 비율을 말한다. 예를 들어 총분양금액이 100억원이나 실재 분양 계약된 금액은 80억원이면 분양율은 80%가 되는 것이다. 용지비란 건설업자가 가지고 있는 토지의 가액 중 공사원가에 산입되는 가액을 말한다.

진행율 계산시 용지비는 산입하지않고 건물투입원가만을 가지고 진행율을 계산하여야 함에 유의한다. 용지비는 진행율에 따라 계산한다.

수입금액 = 분양계약금액(총분양가 × 분양율) × 작업진행율 – 전기까지 인식한 수입금액

분양된 것에 한하여 수입금액을 인식하되 작업진행율 즉 원가투입비율에 따라 수익을 인식하라는 의미이다(시공사의 도급금액에 해당).

당기공사원가 = 누적원가 × 분양율 - 전기까지 인식한 공사원가

도급공사와는 달리 분양율을 곱하는 것은 총 발생원가 중 분양된 것에 한하여만 원가를 인식하고 나머지는 미분양 되었으므로 당기에 공사원가로 인식하지 말아라는 의미이다(수입금액도 분양율만큼 인식하였으므로 원가도 분양된 분에만 인식).

기말 미성공사= 누적원가 × (1 - 분양율) 는 전기미성 + 당기발생원가 - 당기공사원가

총 공사원가 중 미분양된 것에 대하여는 당기의 공사원가로 인식하지 말고 미성공사로 하여 기말 재고로 남겨놓아라는 의미이다. 당기 중 발생원가를 공사원가로 대체하고 남는 금액이다.

용지비 = 토지원가 × 분양율 × 작업진행율 - 전기까지 인식한 용지비

토지원가에 분양율을 곱하는 이유는 토지의 금액 중 분양된 것에 한하여 토지의 원가를 공사원가로 배분하라는 것이다.

아파트 건설업의 회계처리 사례, 시행사

총 분양금액 3억원, 실재 분양계약금액 2억4천만원(분양율 80%), 용지비 1억, 총공사금액 1억원(도급 받은 상대방 건설회사의 회계처리는 2-2-1과 같다)

	1차연도	2차연도	3차연도
투입원가	30,000,000	40,000,000	30,000,000
누적원가	30,000,000	70,000,000	100,000,000
누적진행율	30%	70%	100%
세금계산서 공급가액	30,000,000	30,000,000	40,000,000

1차연도

기성 30%에 따라 3천만원을 지급하다.

(차변) 건설가계정	30,000,000	(대변) 예금	33,000,000
선급부가세	3,000,000		

(결재시)
(수입금액의 인식)
결산기에 작업진행율에 따라 수입금액을 인식한다.

수입금액 = 분양계약금액×작업진행율 - 전기까지 인식한 수입금액
수입금액 2억4천만원×30% - 0 = 7천2백만원

| (차변) 분양미수금 | 72,000,000 | (대변) 매출 | 72,000,000 |

(공사원가에 대체)

공사원가 = 누적원가×분양율-전기까지 인식한 공사원가
　　　　3천만원×80% - 0 = 2천4백만원

| (차변) 공사원가 | 24,000,000 | (대변) 건설가계정 | 24,000,000 |

(용지비의 공사원가에의 대체)

용지비= 토지원가×분양율×작업진행율-전기까지 인식한 용지비
　　　　1억원×80%×30%-0 = 2천4백만원

| (차변) 공사원가 | 24,000,000 | (대변) 토지 | 24,000,000 |

　수입금액은 7천2백만원이고 공사원가 2천4백만원 용지비 2천4백만원을 차감한 순이익은 2천4백만원이다. 이 공사는 총분양가 3억원에서 건설비1억원과 토지 1억원을 차감한 1억원의 이익이 있는 공사인데 분양이 80%만 되어 분양이익은 8천만원이 된다. 그런데 당기의 작업진행율은 30%이므로 당기의 이익은 2천4백만원이 되는 것이다. 다시 말하면 분양금액 3억원 중 건축비1억원과 토지비 1억원은 각 각 분양금액의 1/3을 차지하고 있다. 따라서 진행율에 의한 원가도 분양수입금액에 각 각 1/3을 차지하고 있다.

2차연도

　총분양금액 3억원, 실재 분양계약금액2억4천만원(분양율 80%), 용지비 1억, 공사도급금액 1억원

	1차연도	2차연도	3차연도
투입원가	30,000,000	40,000,000	30,000,000
누적원가	30,000,000	70,000,000	100,000,000
누적진행율(기성고)	30%	70%	100%
세금계산서 매입액	30,000,000	30,000,000	40,000,000

　총 기성 70% 중 전기 30% 제외한 당기 기성 40%에 따라 4천만원을 지급하다.

(차변) 건설가계정	30,000,000	(대변) 예금	43,000,000
공사선급금	10,000,000		
선급부가세	3,000,000		

(결산시)

(수입금액의 인식)

결산기에 작업진행율에 따라 수입금액을 인식한다.

수입금액 = 분양계약금액×작업진행율-전기까지 인식한 수입금액
수입금액 2억4천만원×70% - 7천2백만원 = 9천6백만원

| (차변) 분양미수금 | 96,000,000 | (대변) 매출 | 96,000,000 |

(공사원가에 대체)

공사원가 = 누적원가×분양율-전기까지 인식한 공사원가
　　　　7천만원×80% - 2천4백만원 = 3천2백만원

| (차변) 공사원가 | 32,000,000 | (대변) 건설가계정 | 32,000,000 |

(용지비의 공사원가에의 대체)

용지비= 토지원가×분양율×작업진행율-전기까지 인식한 용지비
　　　1억원×80%×70% - 2천4백만원 = 3천2백만원

| (차변) 공사원가 | 32,000,000 | (대변) 토지 | 32,000,000 |

3차연도

총 분양금액 3억원, 실재 분양계약금액 2억4천만원(분양율 80%), 용지비 1억, 공사도급금액 1억원

	1차연도	2차연도	3차연도
투입원가	30,000,000	40,000,000	30,000,000
누적원가	30,000,000	70,000,000	100,000,000
누적진행율(기성고)	30%	70%	100%
세금계산서 매입액	30,000,000	30,000,000	40,000,000

총 기성 100% 중 전기 70% 제외한 당기 기성 30%에 따라 3천만원을 지급하다.

| (차변) 건설가계정 | 40,000,000 | (대변) 예금 | 34,000,000 |
| 선급부가세 | 4,000,000 | 공사선급금 | 10,000,000 |

(결산시)

(수입금액의 인식)

결산기에 작업진행율에 따라 수입금액을 인식한다.

수입금액 = 분양계약금액×작업진행율-전기까지 인식한 수입금액
수입금액 2억4천만원×100% - (7천2백만원+9천6백만원) = 7천2백만원

| (차변) 분양미수금 | 76,000,000,000 | (대변) 매출 | 72,000,000 |

(결산시)
(수입금액의 인식)
결산기에 작업진행율에 따라 수입금액을 인식한다.

수입금액 = 분양계약금액×작업진행율-전기까지 인식한 수입금액
수입금액 2억4천만원×100% - (7천2백만원+9천6백만원) = 7천2백만원

(차변) 분양미수금	76,000,000,000	(대변) 매출	72,000,000

(공사원가에 대체)

공사원가 = 누적원가×분양율-전기까지 인식한 공사원가
　　　　1억원×80% - (2천4백만원+3천2백만원) = 2천4백만원

(차변) 공사원가	24,000,000	(대변) 건설가계정	24,000,000

(용지비의 공사원가에의 대체)

용지비= 토지원가×분양율×작업진행율-전기까지 인식한 용지비
1억원×80%×100%-(2천4백만원+3천2백만원) = 2천4백만원

(차변) 공사원가	24,000,000	(대변) 건설가계정	24,000,000

위의 결과를 각 연도별로 살펴보면 다음과 같다.

	1차연도	2차연도	3차연도	합계
분양수익	7천2백만원	9천6백만원	7천2백만원	2억4천만원
건물원가	2천4백만원	3천2백만원	2천4백만원	8천만원
토지원가	2천4백만원	3천2백만원	2천4백만원	8천만원
당기순이익	2천4백만원	3천2백만원	2천4백만원	8천만원
건설가계정잔액	6백만원	8백만원	6백만원	2천만원
토지계정잔액	7천6백만원	4천4백만원	2천만원	2천만원

시행사는 시공사에게 청구받은 기성에 따라 처리하면 되므로 시공사보다 회계처리가 훨씬 수월한 편이다. 반면에 토지원가를 산입하는 절차가 한가지 더 있을 뿐이다.

♣ 김병열

부산상업고등학교
경희대학교 경영학과
부산대학교 경영대학원
공인회계사 · 세무사
외국어대학교 겸임교수
환경관리공단 사회이사
경실련 납세자운동본부 본부장
부산은행 자문위원
세무회계사무소 대표

(저서)
　보험금융컨설팅(한국재정경제연구소)

직인
생략

계정과목별 회계처리와 세무실무

제1판 발행　·　2001년 5월 25일
제2판 발행　·　2003년 2월 20일
제3판 인쇄　·　2005년 2월 21일
제3판 발행　·　2005년 2월 25일

저　자　·　김병열
발 행 인　·　강석원
발 행 처　·　**한국재정경제연구소**
등록번호　·　제 2-584호

주　소　·　서울특별시 강남구 대치동 889-5
전　화　·　(02) 562-4355
팩　스　·　(02) 552-2210
홈페이지　·　www.kofe.or.kr
E-mail　·　info@kofe.or.kr

정가　25,000원
ISBN　89-85808-63-X (13320)